U0919175

全胜

——信息网络时代的制胜之道

王建伟 著

長江出版傳媒 | 长江文艺出版社

北京长江新世纪文化传媒有限公司
www.cjxinshiji.com
出品

习近平主席要求：

高级领导干部，一定要深入研究重大战略问题，拓宽战略视野、更新战略思维、增强战略素养，提高战略筹划和指导能力。

要紧跟世界新军事革命发展趋势，深入研究信息化战争制胜机理，……创新战略指导理论。

目录
CONTENTS

第一章

战争的“圆”点

是故百战百胜，非善之善者也；不战而屈人之兵，善之善者也。

——孙子

筹划和指导战争，必须深刻认识战争的政治属性，坚持军事服从政治、战略服从政略，从政治高度思考战争问题。

——习近平

战争，是阶级社会以来的一个永恒话题！

制胜，是古今中外所有军队希冀破解的一个难题！

为此，无数的军事家、政治家，甚至哲学家，都在苦苦追问，希冀能够获得智慧女神的青睐，一劳永逸地寻找到那个终极答案。

于是，在历史的时空隧道中，我们隐隐听到——

古希腊军事家修昔底德说："仅凭军事权力并不足以确保安全，而必须对各种非军事因素做整合的运用。"

战争理论大师克劳塞维茨说："战争是迫使敌人服从我们意志的一种暴力行为"，"战争无非是政治通过另一种手段的继续"。

哲人与将军恩格斯说："一旦技术上的进步可以用于军事目的并且已经用于军事目的，它们便立刻几乎强制地，而且往往是违反指挥官的意志而引起作战方式上的改变甚至变革。"

意大利军事天才杜黑说："胜利总是向那些预见战争特性变化的人微笑，而不会向那些等待变化发生后才去适应的人微笑。在战争样式迅速变化的时代，谁敢于先走新路，谁就能获得用新战争手段克服旧战争手段所带来的无可估量的利益。"

未来学家托夫勒说："世界已经离开了暴力与金钱控制的时代，而未来世界政治的魔方将控制在拥有信息的强人手里，他们会使用手中掌握的网络控制权、信息发布权，利用英语这种强大的文化语言优势，达到暴力和金钱无法征服的目的。”

这些名言，连同他们的名字，一起镌刻在了浩瀚的人类军事史册上，后来者在反复的诠释与引用中，试图不断揭开战争的最后面纱。

但是，令人遗憾的是，他们都未能探寻到战争的真谛！

一、古老的命题

在对战争制胜之道的探寻中，我国古代兵学圣祖孙子提出了一个命题：

“凡用兵之法，全国为上，破国次之；全军为上，破军次之；全旅为上，破旅次之；全卒为上，破卒次之；全伍为上，破伍次之。”

“全”，《说文解字》解释为“纯玉曰全”，引申为完整、完备、完美的意思。《孙子兵法》全书共用了10个“全”字，其基本含义：一是名词，意为全局、全策，如“必以全争于天下”（《孙子兵法·谋攻篇》）；二是动词，意为保全，如“全国”“全军”“全旅”“胜乃可全”“安国全军”等。

在《孙子兵法·形篇》中又进一步阐述，“善守者，藏于九地之下；善攻者，动于九天之上，故能自保而全胜”。孙子提出的“全胜”思想，犹如一道闪电，以耀眼夺目的光芒，闪耀在历史延宕的漫漫长河中，照亮了过去，也照亮了未来。以至于当我们面对21世纪战争方程式的时候，心中萌生的智慧源泉，依然是这位兵学天才的思想。

在《孙子兵法》这一彪炳史册的经典中，孙子所提出的“全胜”思想，比克劳塞维茨对战争的理解更深入，比修昔底德对战争的理解更全面。这一思想，源于其对战争本质的深刻认识。

浓缩而言，孙子之“全胜”思想要诀如下：

其一，“全胜”思想的核心——“不战而屈人之兵”

“是故百战百胜，非善之善者也；不战而屈人之兵，善之善者也。”孙子认为，不经过直接或激烈的交战而使敌方屈服于我方意志，即“不战而屈人之兵”而非“百战百胜”才是战争指导的最高境界。相反，不计代价和后果的战争，即使屡战屡胜，也难免损兵折将、耗费国力，结果必然是胜而不利、兵胜而国弱。

孙子以“不战而屈人之兵”作为战争指导的最高原则，由此达成解决战争问题的最佳结果——“全胜”，改变了一般战争“杀敌一千，自损八百”的“惨败”结局。“屈人之兵而非战也，拔人之城而非攻也，毁人之国而非久也，必以全争于天下，故兵不顿而利可全”，也就是在战争指导上贯彻“非战”“非攻”“非久”的原则。其中，“胜”是最终结果，而核心目的则是“全”。只有将“全胜”作为战争追求的最高目标，才能收获“用兵之利”而规避“用兵之害”。

其二，实现“全胜”的手段——“伐谋”“伐交”

《孙子兵法》提出实现“全胜”的方法是，“故上兵伐谋，其次伐交，其次伐兵，其下攻城。攻城之法，为不得已”。这体现了孙子的战争观：战争问题不一定非得运用战争手段来解决，综合运用政治、谋略、外交等非暴力手段，也能使对手屈服；夺取战争胜利的方法也不只限于战胜或消灭敌方的有生力量，可以通过瓦解敌方的政治、挫败敌方的谋略、破坏敌方的外交等手段来达成战争目的。

《孙子兵法》为实现“全胜”开出了一套“组合拳”，包括“伐谋”“伐交”“伐兵”及“攻城”等。孙子把“伐谋”摆在“全胜”的首位。“伐谋”就是运用“诡道”谋略，在决定战争胜负的各个环节上欺骗对手、扼制对手、削弱对手，形成我方占绝对优势的地位和态势，使敌方不得不放弃与我对抗的企图。其次是“伐交”，旨在通过外交斗争争取盟友，壮大自己，分化、孤立、削弱敌人。孙子认为，以伐谋、伐交这样的非暴力手段迫使敌方屈服是最明智、最合理的选择。

其三，谋求“全胜”的原则——破中求全

孙子是一个有着崇高理想的现实主义者，他认识到理论与现实之间依然存有很大的差距，在追求“全”的同时，又辩证地提出了“破”的概念，他列举的“五全”和“五破”，都是战争中可能出现的结果。孙子主张在实践中将“全”与“破”结合起来，通过局部的“破”，对敌人产生震慑，再配合伐谋、伐交等手段，使敌人在全局上屈服，以小“破”求大“全”，将敌我双方的损失减少到最低限度。由此可见，孙子的“全胜”思想并不仅仅是一种理想追求，也是一种可以付诸实践的作战理论。

孙子“全胜”思想的提出有着特殊的时代背景。春秋战国时期，受各诸侯国之间的姻亲关系和周天子作为天下共主的影响，当时的战争，大多是以使敌方屈服为目的，军事威慑多于实际交战。也就是说，以军事威慑和政治谋略迫使对方屈服并接受对方提出的条件，是当时普遍存在的现象。齐桓公“九合诸侯，一匡天下，不以兵车”就是当时战争的生动写照。

孙子的“全胜”思想，实现了两个超越：一是在战胜上，追求低消耗的“全胜”，这是战争目标的超越；二是在暴力对抗的伐兵、攻城手段上，追求非暴力的伐谋、伐交，这是战争手段的超越。

囿于时代，孙子的“全胜”思想并非完美无瑕。比如，没有给予科学技术应有的重视。《孙子兵法》明确将道、天、地、将、法列为战争五事，却并不言器。没能明确提出战争是一种结构性暴力活动，这种战争演进的大趋势，在20世纪已然呈现，21世纪则更为明显。甚至孙子都未能明晰地对“全胜”这一概念给出一个界定。然而，我们依然要明确地说，在这部光耀千秋的兵书中，孙子提出的“全胜”这一傲视群雄、穿越时空的古老命题，为我们驱散战争迷雾提供了一把钥匙，凭借这把钥匙可以打开未来战争的胜利之门。

然而，不无遗憾的是，人们却并没有沿着孙子标示的道路前行。人类战争从冷兵器战争、热兵器战争，一直到第二次世界大战的机械化战争阶段，都未能摆脱“暴力制胜”的魔咒，在追求武力杀伤的道路上渐行渐远，登峰造极。

二、历史的轨迹

回溯战争演进的历史，可以看到，战争在谋求杀伤的道路上碾压出了骇人的轨迹——

在公元前3200年至今的5000多年历史中，绝大多数时期都是战火频仍，和平年代只有区区329年。自有文字记载的人类第一次战争至今，全世界爆发战争1.45万次，共有70多亿人死于战争。单单20世纪，全世界就发生战争373次。其中，又以第一次世界大战和第二次世界大战最为疯狂。

第一次世界大战，累计有30余个国家卷入战争，涉及总人口达13亿，战场遍及欧、亚、非三洲和大西洋、地中海、太平洋等海域。战争期间，协约国总计动员军队4218万余人，伤亡2210万余人，其中死亡515万余人。同盟国总计动员军队2285万人，伤亡1540万人，其中死亡338万余人。交战双方直接战争费用约为1863余亿美元。无数的城市、乡村被战争夷为平地，沦为废墟。

第二次世界大战，战场遍及三大洲、四大洋，先后有61个国家参战，参战军队达1.1亿余人，死亡1690余万人，平民死亡3430余万人。战争消耗军费万亿美元以上，经济损失超过4万亿美元。战争制造的“人间悲剧”“永久创伤”，比比皆是，骇人听闻。当年美军在日本投掷原子弹，异常惨烈的核毁伤，瞬时就给广岛和长崎的市民以深深的心灵杀伤，无以计数的人爬出废墟，带着满身的血污狂奔于空旷的大街，本能的反应促使他们去寻找一处避难之所。然而，街道两旁疮痍满目的景况彻底击溃了每个人心中的那一丁点希望，到处是残垣断壁，到处是伤者哀号。多年之后，灾难的幸存者每每想起那悲惨的一幕，双眸中无不立刻惊现一种绝望般的恐惧。战争的惨烈性，由此可见一斑。

人类战争以往的历史之所以这般残酷，一切皆因为，它沿着这样的轨迹一路走来：

1. 唯军事主义

战争作为人类社会发展到一定阶段产生的社会历史现象，它是“从有私有财产和有阶级以来就开始了的、用以解决阶级和阶级、民族和民族、国家和国家、政治集团和政治集团之间，在一定发展阶段上的矛盾的一种最高的斗争形式”。[①] 当社会无法用和平方式解决矛盾时，就有可能企图或实际地运用战争这种暴力手段来解决问题。暴力性是战争的根本属性，是贯穿战争始终与方方面面的根本性质，是通过政治、经济、军事领域的现象与中介表现出来的，是以军事斗争为中心的综合力量的聚合。军事斗争不只是敌对双方军事力量的较量，也是

① 毛泽东：《毛泽东选集》（第1卷），北京：人民出版社，1991年版，第171页。

敌对双方以军事力量为基础的多种力量的综合较量和全面角逐。孙子“全胜”思想早已洞察到这一点。然而，反观人类战争史，却与孙子的“全胜”思想背道而驰，在“唯军事主义”的道路上疾速前行。

回眸军事领域那些熠熠生辉的名字，修昔底德、韦格蒂乌斯、克劳塞维茨、约米尼、马汉、杜黑、米切尔、富勒、布罗迪、索科洛夫斯基、博弗尔及鲁登道夫等。与他们闪烁着永恒智慧光芒的著作，即《伯罗奔尼撒战争史》《论军事》《战争论》《战争艺术概论》《海权论》《制空权》《空中国防论》《装甲战》《绝对武器：原子武力与世界秩序》《军事战略》《战略入门》及《总体战》等，我们能够感受到驱动人类战争进化的“唯军事主义”之强大逻辑。自古以来，战争发动者为实现自己的“绝对胜利”，追求的是从肉体上彻底消灭敌人，攻占敌国领土，颠覆敌国政权，掠夺敌国资源等，军事上“绝对胜利”是衡量战争胜负的主要标准。消灭的敌人越多，取得的胜利就越大。占领敌国的领土越多，取得的胜利就越彻底。20世纪的两次世界大战就是在这种“唯军事主义”思想的指导下爆发的，人类经受了前所未有的浩劫，“唯军事主义”的战争也演进到了顶点。物极必反，“暴力推进到其最高的极限，结果也就是绝对的失败”。[①]

战争发动者们“把希望寄托在克劳塞维茨的理论上，继续推行着他的理论，力图借助于会战和战役来夺取完全的胜利，以至于最后把力量完全消耗光了，而彻底的胜利却永远不可能达到”。[②]这显然背离了孙子“全胜”思想所蕴含的大智慧。如果我们仍然执迷不悟地从“军事”这个唯一的切口介入战争，那么，“杀敌一千，自损八百”就将

① 约米尼等：《西方战略经典》，北京：时事出版社，2002年版，第315页。

② 利德尔·哈特：《战略论》，北京：战士出版社，1981年版，第481页。

继续成为战争史上较量双方的宿命。

2. 杀伤力崇拜

武器是实现暴力意志的根本手段，是赢得战争胜利的重要保证，是战争赖以进行和制止战争的重要物质基础。恩格斯曾经指出：“暴力不是单纯的意志行为，它要求促使意志行为实现的非常现实的前提，特别是工具。”[①]所以，杀伤力在武器装备发展史上占有头等重要的位置。

为实现“消灭敌人，保存自己”的目的，武器装备作为战争的工具，不断应用科技成果特别是物理学前沿理论，在激烈的战争行为中不断得以改进，其杀伤力也标示了战争暴力程度的高低。美国的 T. N. 杜普伊根据武器的射程、发射速率、精确度、可靠性及杀伤半径等性能计算，提出了武器的杀伤力指数。从表 1-1 中可以看出，各个历史时期各种兵器的杀伤力发生过几次大的跃迁，人类战争发展也经历了从材料对抗、能源对抗到信息对抗三个阶段，武器装备从刀、剑等冷兵器到火器、速射武器、火炮、毒气弹、坦克、飞机、导弹和核武器，其杀伤威力不断增强。第二次世界大战后，不仅大多数主战武器装备在技战术性能上逐步达到或接近其物理极限，而且出现了基因武器、精确制导武器和新概念武器。

于是，我们看到，在人类数千年的武装暴力冲突中，战争以暴力为核心，在“杀伤力崇拜”的刺激下，追求大规模搏斗、残酷性杀伤，以消灭敌人有生力量成为战争制胜的主要目的。如《吕氏春秋》一书指出：“举凶器必杀；杀，所以生之也。”库图佐夫认为：“作战追求积极的

---

① 马克思、恩格斯:《马克思恩格斯军事文集》(第 1 卷)，北京：战士出版社，1981 年版，第 12 页。

表 1-1　兵器杀伤力的理论指数 TLI

兵器名称	TLI
白刃剑兵器（剑、长矛等）	23
标枪	19
普通弓	21
长弓	36
十字弓	33
火绳枪	10
17 世纪的滑膛枪	19
18 世纪的燧发枪	43
19 世纪的来复枪	36
19 世纪中叶的来复枪（采用的圆锥形子弹）	102
19 世纪末叶的后膛来复枪	153
斯普林菲尔德 1903 型来复枪（连发式）	495
第一次世界大战时的机关枪	3463
第二次世界大战时的机关枪	4973
16 世纪的 12 磅炮弹加农炮	43
17 世纪的 12 磅炮弹加农炮	224
18 世纪格黑比尤伏尔 12 磅炮弹加农炮	940
法国 75 毫米火炮	386530
155 毫米迫击火炮	912428
105 毫米迫击火炮（M-1 型）	657515
155 毫米舰载中央主炮	1180681
第一次世界大战时的坦克	6926
第二次世界大战时的坦克	575000
第一次世界大战时的战斗轰炸机	6926
第二次世界大战时的战斗轰炸机（P-47）	135000
V-2 型弹道导弹	3338370
2 万吨级高空爆炸核弹	49086000
100 万吨级高空爆炸核弹	695385000

目的——歼灭敌人……将歼灭敌军作为自己的目的，而不使自己的军队被歼灭。”歼灭敌人的有生力量，也是拿破仑军事思想的核心，“在战场上，我看见的只有一个，那就是敌人的兵力，我全力消灭它，因为我相信，随着敌军兵力被歼灭，其他一切也将随之崩溃”。

同时，由于科学技术的运用，战争滑向了人类战争无限杀伤的巨大“黑洞”，从而使得战争暴力向无限化、极端化发展，也使整个人类面临毁灭的危险。

3. 总体战

战争是政治的继续，是流血的政治。既然战争是政治的继续，所有对战争具有影响和作用的因素都会成为敌对双方暴力活动的对象。因此，战争不单是武力冲突，而且还包括政治、经济、外交、意识形态等领域的斗争，从而演变成为一种总体战。总体战是人类社会生产力发展到一定阶段的产物。构成总体战的核心要素——动员整个国家力量，即军事的、民用的、精神的和物质的力量参战——早在公元前就已出现。《孙子兵法》中的“积形”思想告诉我们，要使自己的国家免受侵略，就必须建立强大的国防，不断提升本国以政治、经济、军事为主要内容的综合国力，做到政治先进、经济发达、军事强大。

当然，构成国防力量的诸因素并不是平均相等的关系，其中起主导作用的仍然是军事力量。此后，许多军事理论家都或多或少地论及过这一问题，许多军事将帅也在战争指导中对这些问题或深或浅地给予过关注和付诸实践。鲁登道夫在《总体战》中，总结了第一次世界大战的经验教训，论述了总体战的本质：从战场范围看，总体战已经扩展到了参战国的全部领域，参战国的全部领土都已变成战场；从参战人员看，总体战不单单是军队的事，它直接涉及参战国每个人的生活和精神，不仅军队，而且人民都程度不同地直接承受着战争的苦痛；从作战手段看，它使用各种手段为战争服务，敌对双方在宽广战场和海域作战的同时，也需要对敌国人民的精神和肉体施以攻击，以达到瓦解其精神、瘫痪其意志和摧毁其生命的目的。

然而，“负责解决战争问题的人，基本上都是职业军人，因而很自然地出现了一种倾向，即往往忘记了国家的基本目的，而只注意到军事目标。结果，在每一次战争爆发以后，政治目的反而会常常受到军事目标的制约。人们把军事目标当作是最终的目的，而不把它看成是达到政治目的的一种单纯的手段”。[①]第二次世界大战至今，世界发生的局部战争和武装冲突，都呈现出总体战的某些特征。如果不能认识到这种特征及变革，必将付出惨痛的代价。以美国为首的西方国家接连陷入了朝鲜战争、越南战争的泥潭，尤其是越南战争的失败，就是这种以“绝对胜利”为核心的传统战争胜负观的必然结果。如在历时 11 年的越南战争中，美国几乎打赢了每一场战斗，然而却输掉了整个战争。美国著名的战略思想家柯林斯在他的《大战略》一书中指出:“孙子说：‘上兵伐谋。’……美国忽视了孙子的这一英明忠告，愚蠢地投入了战斗。我们过高地估计了己方的能力，过低地估计了敌人的能力。我们热衷于使用武装力量，其结果很快产生了一个不起决定性作用的目标：战场上的军事胜利。”[②]

随着人类文明和社会的进步、全球经济一体化、战略格局多极化以及新军事变革的不断推进，传统的战争胜利观发生了变化，总体战理论也在不断得到丰富与发展，构成总体战的各要素都在向更深、更广的领域拓展。“未来战争，胜利的定义可能和过去相比更无固定形式。胜利的意义可能是重建区域稳定；胜利也可能包含时间的成分，其意义是一个相当安定的时期，或是一个少有战乱的时期。胜利的意义可能是迫使敌人履行某种特定要求，……上述目标的达成，全部不必由

① 利德尔·哈特：《战略论》，北京：战士出版社，1981 年版，第 472 页。

② 约翰·柯林斯：《大战略》，北京：军事科学出版社，1978 年版，457 页。

武力征伐或攻占敌人领土，同样的道理，未来和平也可能以法律条款加以规范，包括禁止使用武力或恐怖主义活动。”①

时代在前行，理论要发展。褒扬与尊崇古人先哲的最好做法，绝不是固守传统而是谋求创新。为此，我们也不得不清醒地认识到，早在2000多年前，孙子就能从哲学的高度审视战争问题，突破常人战争思维的局限，超越对战争活动的一般性认识，以大战略的视角和思路寻求战争问题的最佳解决之道。

何为战争?

何以全胜?

这个历史的问号在孙子抛出之后，穿越漫漫时空，在美苏争霸的历史关口，又激起回响，那是跨越千年的时代共鸣与思想呼应。

跨越这一历史之弧，战争走过了一个“圆”。

这个“圆”，警示着过去，启迪着未来。

三、美苏争霸不战而胜

当人类战争发展到第二次世界大战的时候，武器装备的杀伤力、战争的规模和破坏程度，都已达到了顶峰。

沿着原有的战争轨迹，美国人兴奋至极，萌发出一种从未有过的狂妄和幻想：如果投在长岛和广崎的原子弹，仅仅掌握在美国人手中……如果，储存在美国核武库中的原子弹杀伤力足够大……那么，这种“核垄断”的绝对优势，必将给美国带来绝对的霸权。

这种称霸世界的心理寄托，自然而然也映射在美国的一些军事家、

① 约翰·亚历山大：《未来战争》，北京：知识产权出版社，2004年版，第286页。

政治家的言论中。

时任美国总统杜鲁门认为，“美国的安全和自由世界的安全，在很大程度上有赖于我们在核能力方面的领先”。

冷战的帷幕开启之后，美国政府频频抛出核威胁言论。如在1948年6月，苏联封锁西柏林的陆上和水上交通，导致东西方在西柏林问题上发生了一场严重的危机。当时，杜鲁门对美国新闻界宣布，他正派遣60架B-29轰炸机前往柏林。众所周知，美国空军当年就是利用B-29轰炸机将两颗原子弹投到广岛和长崎的，作为当时唯一的核运载工具，B-29轰炸机几乎与核武器等同。为此，美国国防部还制订了代号为“烤肉机行动”的对苏作战计划。一星期后，又修改为“嬉戏行动”。当柏林危机进一步发展时，它又被修改为“烤肉机行动”。由于当时美国正在大量生产“马克-Ⅲ”型原子弹，该计划曾设想对70个苏联城市使用原子弹。如果战争持续两年，那么将有200枚原子弹投向苏联。苏联40%的工业将被摧毁，700万人将死亡。

这是恐怖的核威胁，也是赤裸裸的核讹诈。

然而，打破美国幻想的是1949年8月29日。这一天，苏联成功地爆炸了第一颗原子弹，打破了美国的核垄断地位，拉开了美苏核军备竞赛的序幕。之后，美国依然不断高调宣布要挥舞核大棒，制定“大规模报复战略”“灵活反应战略”，以维持美国的世界霸权地位。1950年11月30日，杜鲁门总统在记者招待会上放出狂言，要用原子弹介入朝鲜战争。然而，虚张声势的背后，美国却已悄然开始在另一个战场上深耕细作、排兵布阵，这就是“和平演变”这个没有硝烟的战场。

1945年，时任美国中央情报局局长的艾伦·杜勒斯在国际关系委员会上说：“战争将要结束，一切都会有办法弄妥，都会安排好。我们将倾其所有的黄金，全部物质力量，把人们（苏联）塑造成我们需要的样子，让他们听我们的。人的脑子、人的意识，是会改变的。只要把脑子弄乱，我们就能不知不觉改变人们的价值观念，并迫使他们相信一种偷换的价值观念。用什么办法来做？我们一定要在俄罗斯（苏联）内部找到同意我们思想意识的人，找到我们的同盟军。”

1951年，美国中央情报局在极其机密的《行事手册》中，提出了对付中国的办法，此后，随着中美关系的变化不断修改，至今共有十项，内部代号称为《十条诫令》，其内容如下：

第一，尽量用物质来引诱和败坏他们的青年，鼓励他们藐视、鄙视、进一步公开反对他们原来所受的思想教育，特别是共产主义教育。为他们制造对色情产生兴趣的机会，进而鼓励他们进行性的滥交。让他们不以肤浅、虚荣为耻。一定要毁掉他们一直强调过的刻苦耐劳精神。

第二，一定要尽一切可能，做好宣传工作，包括电影、书籍、电视、无线电波和新式的宗教传布。只要让他们向往我们的衣、食、住、行、娱乐等的方式，就是成功的一半。

第三，一定要把他们青年的注意力，从以政府为中心的传统引开来。让他们的头脑集中于体育表演、色情书籍、享乐、游戏、犯罪性的电影，以及宗教迷信。

第四，时常制造一些无事之事，让他们的人民公开讨论。这样，就在他们的潜意识中种下了分裂的种子。特别要在他们的少数民族里找好机会，分裂他们的地区，分裂他们的民族，分裂他们的感情，在他们之间制造新仇旧恨。

第五，要不断制造新闻，丑化他们的领导人，我们的记者应该找机会采访他们，然后利用他们自己的言辞来攻击他们自己。

第六，在任何情况下都要宣扬民主，一有机会，不管是大型小型、有形无形，就要抓紧发动民主运动。无论在什么场合什么情况下，我们都要不断对他们（政府）要求民主和人权。只要我们每一个人都不断地说同样的话，他们的人民就一定会相信我们说的是真理。我们抓住一个人就是一个人，我们占住一个地盘就是一个地盘，一定要不择手段。

第七，要尽量鼓励他们（政府）花费，鼓励他们向我们借贷。这样我们就有十足的把握来摧毁他们的信用，使他们的货币贬值，发生通货膨胀。只要他们的物价失去控制，他们在人民心目中就会完全垮台。

第八，要以我们的经济和技术优势，有形无形地打击他们的工业，只要他们的工业在不知不觉中瘫痪下去，我们就可以鼓励社会动乱。不过我们表面上必须非常慈善地去帮助和援助他们，这样他们（政府）就显得疲软。一个疲软的政府，就会带来更大的动乱。

第九，要利用所有的资源，甚至举手投足、一言一笑来破坏他们的传统价值。我们要利用一切来毁坏他们的道德人心。摧毁他们自尊自信的钥匙，就是尽量打击他们刻苦耐劳的精神。

第十，暗地运送各种武器，装备他们的一切敌人，以及可能成为他们敌人的人们。

这十条，除了第十条是要“动武”以外，其他各条都强调非暴力手段，即用“和平”的方式渗透、颠覆我国的社会主义制度。

在中央情报局出台《十条诫令》之后，让我们再把目光移到1953年1月15日，杜勒斯在美国国会考虑任命他为国务卿时的证词中说：

“……只要苏维埃共产主义统治着世界现有各国人民总数的1/3，

只要它正在设法至少把它的统治扩展到许多其他的国家，我们便绝对得不到巩固的和平和欢乐的世界。……因此我们必须深刻记住这些被奴役的人民的解放问题。不过，解放并不就是解放战争。解放可以用战争以外的方法达到。……只有不断保持着解放的希望，只有利用一切的机会，我们才能终止这个笼罩着全世界的恐怖的威胁，这个威胁强迫我们去做如此可怕的牺牲，使我们对未来存有那么大的恐惧。但是这一切是可以而且是必须以这样的方式完成的，这种方式将不至于引起世界大战，这种方法将不至于引起叛乱，因为暴乱会被他们用血腥的暴力镇压下去……它必须是而且可能是和平的方法。那些不相信精神的压力、宣传的压力能产生效果的人，就是太无知了。”①

1953 年 4 月 18 日，杜勒斯在华盛顿美国报纸编辑协会上又公开发表演讲，他宣称：

“……发动真正的和平攻势的时机已经到来，艾森豪威尔总统已经发动了和平攻势。苏联的领导机构现在正面临着艾森豪威尔的考验。那些代表着一个有着美国的传统与力量的国家的人，必须大胆地、有力地按照他们相信是正确的事情而行动。”②

至此，在冷战大幕开启之后，从凯南遏制战略中的“软化”政策，到艾奇逊企图通过“民主个人主义者”从中国内部搞演变，再到“马歇尔计划”试图用经济援助诱惑东欧剧变，美国在这场没有硝烟的战争中的战法，到杜勒斯这里初步成型，即凭借“杜鲁门主义”“马歇尔计划”和北约组织称霸世界的逻辑，拉开“颜色革命”的帷幕。如

① 辛灿主编：《西方政界要人谈和平演变》，北京：新华出版社，1989 年版，第 2 页。
② 薛启亮等：《和平演变与反和平演变的历史记录》，沈阳：辽宁人民出版社，1992 年版，第 2 页。

图所示：

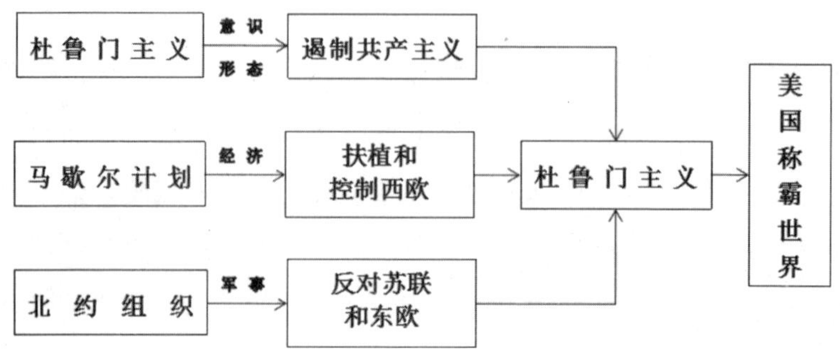

之后，经肯尼迪与尼克松进一步完善，“不战而胜”的战略思想横空出世。到20世纪70年代，美国总统卡特上台之后，继续重视发挥“美国之音”在意识形态影响战略中的作用，并称“‘美国之音’是美国对外政策的一个关键性因素……电台广播是足以颠覆社会主义制度的重要手段”。

尼克松总统极其重视无线电广播在冷战中的工具价值，他在1980年出版的《真正的战争》一书中就曾说：“他们（社会主义国家）需要我们的技术，需要同我们做生意，他们无法阻挡我们的无线电广播。当他们打开门伸手去取他们所需要的东西时，我们应当竭尽全力把尽可能多的真理塞进门。”而在《1999——不战而胜》一书中，他又进一步宣称：“如果我们在意识形态领域中失利，我们所有的武器、条约、外援和文化交流都将毫无意义……最终对历史起决定作用的是思想，而不是武器。”

尼克松在《怎样和莫斯科竞争》一文中，谈到必须发挥六项关键的能力，以便能同莫斯科进行有效的竞争，它们分别是“意识形态的力量”“外交”“经济援助”“军事援助”“军事力量”及“秘密行动”。

而在另一篇文章《怎样威慑莫斯科》一文中，他甚至更详细地阐述了如何利用导弹防御系统对苏联进行围剿战。

"呼吁一个天衣无缝的反弹道导弹防御体系只不过是通过总体军事优势来实现完美和平神话的最新版本。一个保护美国不受弹道导弹核袭击的防御系统必须是天衣无缝的。即使防御系统将拦截敌人 99% 的弹头，在一场全面核大战中，剩余的 1% 亦意味着 100 枚原子弹，这将使美国人民遭受灾难性的伤亡。更糟糕的是，我们能够建造一个有效性达 99% 的防御系统的可能性是微乎其微的，主张总体防御的人呼吁我们建立一面'太空盾'。但是在眼下我们所能现实地建造的顶多是一面'太空筛'……虽然我们无法通过一个天衣无缝的防御系统使核武器作废，但建立一个美国战略力量的有限防御系统现在却是可能的。同时它也是合乎需要的……我们应当继续从事战略防御计划以增强威慑，而不是取代威慑。"①

在此，尼克松毫不遮掩地说出了建立导弹防御系统的首要目的，在于增强对苏联的战略威慑效果，但更潜在的企图，他却缄口不言。事实上，围绕导弹防御系统，美国做了大量的文章，长期在隐蔽的战线上对苏联进行战略心理战，进行着尼克松所谓的"和平演变"。对此，尼克松没有来得及实施，但在其继任总统里根手里，终于给这一阴谋找到了施展的舞台。

然而，苏联继续沿着过去的道路与美国展开军备竞赛，最终被"阿波罗登月计划""星球大战计划"为代表的军备竞赛拖垮。美国却凭借军民融合机制，孵化出一大堆尖端的科技创新成果，如 1969 年在美

① 理查德·尼克松：《1999——不战而胜》，北京：世界知识出版社，1989 年版，第 75 页。

国国防部资助下诞生的全球第一个网络“阿帕网”，极大地增强了综合国力。同时，美国利用广播宣传对苏联长期进行“宣传战”和“攻心战”，利用人员交流大搞思想渗透，大力支持“持不同政见者”，广泛利用非政府组织打破苏共在新闻舆论、组织等方面的垄断，操控了苏联公众的思维意识，成功实施了“和平演变”战略，在将苏联送入坟墓的同时，自己登上了全球霸权的顶峰。

四、严峻的挑战

伴随着苏联的轰然崩塌，世界格局发生了剧变。美国凭借其军事实力、经济实力及科技实力，开始肆无忌惮地在全世界推行单边主义、霸权主义及新干涉主义。1991 年的海湾战争，让人们通过血淋淋的残酷现实看到了国际政治强权的本质，同时也标志着信息化战争的到来，说明美国已牢牢占据了战争制高点。接着，美国又接连发动了科索沃战争、阿富汗战争及伊拉克战争，国际竞争的“丛林法则”并没有改变。

传统战争的硝烟尚未散去，非传统战争的阴云已笼罩在全球上空。保护主义、民粹主义、狭隘民族主义升温，民族宗教矛盾等问题更加凸显，地区热点问题此起彼伏，军备竞赛、恐怖主义、网络安全等传统安全威胁和非传统安全威胁相互交织。与军事行动并行，冷战结束后，美国在第二条战线上，沿着对付苏联的和平演变道路，在东欧，以及西亚、北非制造“颜色革命”，导致局部地区动荡频繁发生。比如，美国在南联盟制造的悲剧就是这样。在西方推动的所谓“民主化”浪潮的冲击下，南联盟知识精英和政治精英完全接受了西方的政治话语，天真地以为只要实行所谓的多党制、言论自由、私有化，南联盟的发展就会走向“阳光大道”，一帆风顺。谁知事与愿违，南联盟迎来的却是内战爆发，国家崩溃，总统被抓，20万人民命归黄泉，数百万人流离失所，上演了一场“二战”以来欧洲最大的人间悲剧。

“风乍起，吹皱一池春水。”现在，我国发展再次面临“400年未有之大变局”，我国前所未有地靠近世界舞台中心，前所未有地接近实现中华民族伟大复兴的目标，前所未有地具有实现这个目标的能力和信心。我国日益增强的综合国力正在转化为国际政治、经济、安全等领域的话语权和影响力，我国同国际社会的互联互动变得空前紧密，世界从来没有像今天这样关注中国、重视中国，我们的战略回旋空间不断扩大。

同时，我们也要看到，随着我国快速发展壮大，一些西方国家的焦虑感不断上升。“卧榻之侧，岂容他人酣睡。”不论是从国际战略格局上，还是从意识形态上，他们是绝对不愿意看到共产党领导的社会主义中国发展壮大的，阻滞我国发展的图谋一刻也未停止，对我国的戒备和防范心理越来越重，千方百计对我国发展进行牵制和遏制，加大对我国实施西化、分化战略的力度。我国同西方敌对势力之间渗透和反渗透、破坏与反破坏、颠覆与反颠覆的斗争是长期的、复杂的，有时甚至是尖锐的。之所以这样说，一切皆因为，从早年尼克松的《1999——不战而胜》即可看出，美国借助媒体，通过非暴力手段搞垮一个国家是有理论支撑与长久谋划的。对此，我们不能不防。

世界危机重重，中国岂能独善其身！

面对全球风云变幻的局势，我们必须要清醒地发问：

谁是我们的敌人？谁是我们的朋友？我们处在什么安全环境？我们站在什么历史方位？我们面临什么潜在威胁？我们应对什么现实挑战？

唯有如此，我们才能拨开笼罩的乌云，驱散发展的迷雾，拆解安全的隐患，穿越历史的险滩。

不同历史时期和社会发展阶段，国家安全有着不同的内涵、特点和形式。传统的国家安全是建立在自然空间上的，强调国家的领土、领海、领空、外空等有形空间的安全。当前，伴随着科技的发展，特别是全媒体时代的到来，国家安全的边疆逐渐由自然空间拓展到技术空间、认知空间和社会空间。

挑战一：自然空间波谲云诡

人类的发展与自然环境密切相关。人类社会是在特定的地理空间中存在和演进的，作为一种先天的因素，地缘环境深刻地形塑和雕刻着人类历史的进程和面貌。战争或军事，作为人类的一种特殊暴力实践活动，一开始也是臣服于自然的。在这个时期发生的任何军事技术进步和战斗力的提升，主要是围绕对自然资源的改造和利用而展开。人类在从事军事活动时常常受自然条件左右，战争胜负也常常表现为“天意难违”。随后，技术的发展逐渐颠覆了这一切，在技术逻辑的强制驱动下，战争逐渐摆脱了自然环境的制约与束缚。

在经历了漫长的农耕文明之后，人类开始逐步进入海洋时代。伴随着海上动力源的革命性变化，马汉认为，海权对于世界历史具有决定性影响。全球霸权体系从“英国治下的和平”转向“美国治下的和平”，两个世界大国围绕国家安全战略之“制海权”的长期争夺，印证了“海权论”崛起时代的铁律。飞机的发明给国家安全之地缘政治学又增加了一个崭新的维度，带来了一系列崭新的变革。意大利的朱里奥·杜黑在1921年发表的《制空权》一书中，认为飞机为进行战争提供了前所未有的可能性。世界大国围绕“制空权”展开长期争夺。1957年10

月 4 日，苏联把第一颗人造地球卫星“伴侣 -1”号送入了太空，迈出了人类探索太空的第一步，外层空间的面纱从此被揭开，航天时代正式宣告到来。1961 年，美国总统肯尼迪公开宣称：“谁控制了宇宙，谁就能控制地球。”至此，国家安全的自然疆域已完成了从陆地到海洋、天空、太空完整逻辑链条的进化。

我国地缘战略环境“先天不足”。我国疆域东西跨度约 5200 公里，南北跨度约 5500 公里，拥有世界第二长的边界线，陆地边界线是 2.2 万公里，海疆线是 1.8 万公里。而且邻国众多，强邻不少：14 个陆上邻国和 6 个海上相邻或相向的国家。其中，同我国领土领海问题上存有争议的国家就有 8 个，世界 25 支最强大军队中有 8 支在我国地缘周边。民族和宗教分裂活动比较集中的地区和国家也在我国周边，如中亚地区、阿富汗、印度、巴基斯坦、中国台湾和印度尼西亚等。一位美国学者把中国周边的地缘环境与美国做了比较之后写道：“美国的位置使它几乎不会受到外敌的军事入侵，中国的位置却使它千百年来屡遭侵犯。”

我国周边安全环境“日趋复杂”，存在多重不稳定因素，面对多方向安全压力。美国为强化对亚太地区的战略控制，推进亚太“再平衡”战略，插手介入地区热点问题，对我国遏制和强硬的一面更加突出。一些国家安全战略和军事战略的外向性和进攻性明显增强，把我国作为主要战略对手，在我国周边四处煽风点火，频频对我国核心利益发起挑战。日本安倍政府在修宪扩军、突破战后体制的道路上越走越远，强行通过新安保法案，针对我国的意图十分明显。我国周边一些热点地区局势充满变数，恐怖主义、分裂主义、极端主义活动猖獗，地区军事安全因素越来越突出，给我国周边安全稳定带来不利影响。我国家门口生乱生战的可能性增大。

我国海上安全形势面临较多挑战。海洋是一个国家的战略资源，世界海洋资源开发潜力巨大。我国既是陆地大国，也是海洋大国，拥有广泛的海洋战略利益。当前，我国已经进入从陆权国家向陆权海权兼备国家迈进的关键阶段，军事斗争准备基点突出海上军事斗争准备，海上方向对国家安全和发展战略全局的影响越发凸显。一些亚洲国家纷纷制定和实施具有扩张性的海洋战略，不断在钓鱼岛、南海等岛屿归属和海域划界问题上挑起事端，企图联手针对我国，个别海上邻国在涉及我国领土主权和海洋权益问题上采取挑衅性举动，在非法“占据”的我方岛礁上加强军事存在。一些域外国家也积极插手南海事务，个别国家对我保持高频度海空抵近侦察，给我国合理、合法地维护海上领土主权和海洋权益制造障碍，围绕海上争端的斗争将是长期的、艰巨的。

“台独”分裂活动仍具现实威胁。台湾民进党重新上台执政，两岸关系发展面临方向抉择。陈水扁搞“台独”是“功利型”的，蔡英文则是“理念型”的，可能不会明目张胆地采取“急独”做法，但搞“隐形台独”“柔性台独”的可能性增大。如果民进党一意孤行，不听奉劝，在“台独”问题上超越了底线，在台海围绕捍卫国家统一、应对“台独”事变发生一场较大的局部战争的可能性是存在的。

空天安全威胁日益严峻。太空是国际战略竞争制高点，有关国家加速发展太空力量和手段，太空武器化初显端倪。美国凭借其在空间力量和技术能力方面具有的压倒性优势，在太空安全问题上采取咄咄逼人的进攻性战略，以退出反导条约、加快发展导弹防御系统为标志，提出要全面控制太空、必要时阻止其他国家进入和利用太空，并为此投入巨资研制试验各种先进的空间系统与武器。目前，美国正在实施“一小时打遍全球”的“全球快速打击系统”计划，即通过陆基洲际弹道导弹、潜射弹道导弹、高超音速巡航导弹（如 X-51A）、空天飞行器（如 X-37B）等运载工具，建立可在一小时内打击全球任何目标的常规作战系统，预计到 2020 年前后形成攻防一体的全面战略优势。俄罗斯制订“太空军事复兴计划”，建有约 5 万人的太空部队，着力打造现代太空作战系统。印、法等国也在发展有限的空间作战装备和手段。国际太空安全战略环境的变化，以及空间作战装备的快速发展，使我国太空安全面临着相当严峻的形势。

挑战二：技术空间博弈激烈

战争，作为人类社会最激烈、最残酷、最普遍的现象，由于事关利益集团的生死存亡，从一开始，就与科学结下了不解之缘。而从古至今的战争演变，就其与科学的关系而言，也可以称作物理战。因为正是物理学成果在军事领域的广泛应用，推动着战争手段的急剧更新，催化着战争思想的激烈绽放，影响着战争体制的深刻变革，引导着战争模式的火速演进，国家安全的疆域也从陆地、海洋、天空、太空不断向网电空间拓展，人类战争进入“互联网+”战争乃至“智能战”时代。

19 世纪末 20 世纪初，电磁波的发现和无线电技术的发明，既为人类进入信息时代奠定了技术基础，也为人类战争提供了新舞台——电磁空间，电子战成为现代战争的主要作战样式之一。电子战亦称电子对抗或电磁斗争，其实质是作战双方争夺对电磁频谱的有效使用权、控制权，以便压制或破坏敌方电子武器装备，同时确保己方电子武器装备作战效能正常发挥。从第一次世界大战到海湾战争，电磁空间的斗争愈演愈烈，范围也越来越广泛。

1969 年，在美国国防高级研究计划署（DARPA）的资助下，互联网的雏形，世界第一个网络——美军阿帕网——宣告诞生。20 世纪 90 年代，互联网在全球范围内得到了异常迅速的发展与推广。信息网络时代，人们的活动领域在“有形空间”的基础上又叠加了“虚拟空间”，传统的单纯地缘政治理论也发展为地缘政治与网络政治并存。网电空间的快速成长，正在塑造一个“一切皆由网络控制”的未来世界，催生“谁控制网电空间谁就能控制一切”的国家安全法则。

随着信息网络时代的到来，世界各国围绕网电空间发展权、主导权、控制权的竞争日趋激烈，网电空间正在加速演变为战略威慑与控制的新领域、新平台、新战场。网电空间作为“信息环境中的一个全球域，由相互关联的信息技术基础设施网络构成，这些网络包括国际互联网、电信网、计算机系统以及嵌入式处理器和控制器”。网电空间的技术性、虚拟性及广延性特征，决定了该领域国家安全博弈的极端复杂性。面对这一不可阻挡的态势，世界主要军事强国都在加紧筹划网电空间国家安全战略，以便抢得先机。

美国国防高级研究计划署（DARPA）早在 1996 年前后就委托兰德公司组织专家开展网电空间安全想定的兵棋推演，研究网电军事力量建设的规模，并认为工业时代的战争是核战争，而信息网络时代的战争是网电战争。2003 年，美国小布什政府将网电空间安全上升为国家安全战略层面，颁布了《确保网络安全国家战略》。奥巴马政府更是将网电空间安全视为第一国策，相继颁布《网络空间安全战略》《国家网络空间行动军事战略》和《网络空间作战能力构想》等一系列战略文件，2015 年又修订了《网络空间安全战略》，将网络空间安全战略作为核、太空、网络“三位一体”国家安全战略的重要柱石。美军

2011 年以来加紧制定并完善网电空间相关作战条令，比如陆军颁布了《网络空间作战概念能力规划 2016—2028》，空军颁布了《网络空间作战条令》。俄军对“网络—信息战”的理论研究起步较早，已经形成一套自己的“网络—信息战”理论。俄军将“网络—信息战”称为“第六代战争”，认为在未来战争中，要夺取并掌握制信息权和制电磁权，就必须打赢“网络—信息战”。

自 1994 年接入国际互联网以来，网络进入千家万户，网民数量世界第一，我国已成为网络大国。与此同时，网络安全与政治安全、经济安全、文化安全、社会安全、军事安全等领域相互交融、相互影响，已成为我国面临的最复杂、最现实、最严峻的非传统安全问题之一。相对于信息技术的快速发展和广泛应用，我国网电空间安全整体防护能力还不强，基础信息技术水平较为薄弱。据有关数据显示，我国民航、电力、铁路、装备制造等国民经济重要部门 70% 以上的重要信息设备来自国外，核心芯片、操作系统、数据库等基础软硬件大部分采用国外产品，存在重大安全隐患。信息产品的后门、漏洞一旦被用于网络攻击，将可能产生重大网络安全事件，导致金融紊乱、供电中断、交通瘫痪，严重威胁经济社会安全乃至国家安全。据国家互联网应急中心数据显示，2014 年 3 月 19 日至 5 月 18 日，2077 个位于美国的木马或僵尸网络控制服务器，直接控制了我国境内约 118 万台主机。2016 个位于美国的 IP 对我国境内 1754 个网站植入后门，涉及后门攻击事件 5.7 万次。特别是，少数国家极力谋求网电空间军事霸权，组建网电作战部队、研发网络攻击武器，出台网电作战条例，不断强化网电攻击与威慑能力，对我国国防安全构成了威胁。例如，以美国为代表的部分西方国家将“长城防火墙”视为其通过互联网对我国进行意识形态渗透的巨大障碍，持续地为所谓“破网”工具软件的研发提供支持，以期突破我国的网络审查体系。FOE（Feed-Over-Email）就是其中最新出现也是最具代表性的“破网”工具软件之一。

挑战三：认知空间暗潮涌动

认知空间指的是人类认知活动所涉及的范围和领域，它是反映人的情感、意志、信仰和价值观等内容的无形空间，存在于斗争参与者的思想中。国家认知空间分散存在于每个个体的主观世界，由全社会无数个体的认知空间叠加而成。国家利益不仅以实体形式存在于自然空间、技术空间，也无形地存在于认知空间。

随着全球媒体时代的到来，特别是新兴社交媒体的发展，大国之间的政治博弈持续加剧，人类心理困惑、道德危机、信仰迷失等“认知域症状”不断凸显。冷战期间，以美国为首的西方国家就是通过文化交流等活动，逐渐将西方的价值观念渗透到苏联和东欧等社会主义国家，达到和平演变的目的。如今，西方敌对势力又试图通过政治、经济、文化、科学等各方面交流，在正常的信息互动活动中谋求灌输、渗透西方“民主”“自由”思想和价值观念，企图对我进行政治、思想、舆论等渗透。正是在这种背景下，我国国家认知空间安全面临严峻挑战。

政治颠覆。21 世纪以来，美国等西方国家在东欧、高加索、中亚、北非和西亚等地区发动了一系列以“非暴力”手段进行政权更替的“颜色革命”。实现中华民族的伟大复兴是前无古人的伟大事业，也是一次凤凰涅槃的历史进程。在这一过程中，东西方文化相互汇聚、融合；对立的意识形态相互碰撞、消长，不同的社会制度相互竞争、较量；各种思想观念和价值取向相互渗透斗争。在这种空前复杂的环境和条件下，我们不仅要现实地回答社会主义中国是否具有比西方更优越的发展优势，而且要历史地回答中国社会主义道路是否比西方资本主义道路更优越。西方敌对势力把我国崛起视为对其价值观和制度模式的挑战，加紧通过互联网等各种渠道对我进行西化分化，充分利用在国际政治经济体系中的主导地位，企图通过把持经济话语权逐步向把握政治话语权拓展，以经济上的“接轨”促进政治上的“并轨”，甚至试图发动“颜色革命”，颠覆中国共产党的领导，颠覆我国的社会主义制度。如果缺乏足够的警觉性，不能坚持“道路自信、理论自信、制度自信、文化自信”，必然造成严重的后果。

文化渗透。美国等西方国家对我实施长期、广泛、全方位的文化渗透，企图逐渐改变中国民众特别是年青一代的思想观念。在美国精英们看来，运用文化力量来潜移默化地推行西方制度和价值观，不仅是瓦解对手的有效途径，而且是按照美国战略构想来塑造世界的最重要也是最隐蔽的策略手段。一方面，通过电影、电视、流行音乐、体育等大众文化的传播与交流，进行文化渗透，以影响其他国家人民的生活方式。可口可乐、麦当劳、肯德基、迪士尼、CNN（美国有线新闻网）、MTV 流行音乐风行全球，好莱坞电影更是深受青年人的青睐。1961 年 6 月，美国著名电影制片人兼导演发表文章，称好莱坞电影是“铁盒子里的大使”，“这些圆盒子里装有卷得很紧的一卷卷印着美国电影制片者思想、想象和创作才能的走遍世界的影片。我相信，美国影片是对共产主义最有效的摧毁力量”。另一方面，通过交换留学生和访学、文化援助等方式，对其他国家的青年进行美国价值观的重塑，以此促进所谓“非民主国家”发生变化。特别是一些别有用心的人，用互联网散布有害信息、传播错误思想，对党史、国史、民族史等进行恶意解构甚至颠覆，在青少年中宣扬拜金主义、享乐主义、极端个人主义，传播消极颓废的消费文化，思想文化争夺日益加剧。

感知操控。以信息技术为基础的新技术为实施感知操纵提供了可能。“感知控制以各种方式将示真、作战安全、隐蔽和欺骗以及心理作战结合到一起”，[①]它通过利用面对面的交流、印刷品、广播、电视以及计算机网络等手段，将某些加工过的精神信息注入人们的认知空间从而进入人们的思想，对其意志、意识和行为施加最大影响，从而达到“不战而屈人之兵”的目的。阿尔文·托夫勒在《战争与反战争》一书中，将感知操纵的工具归纳为六方面：一是“对暴行的控诉”，包括谴责真实和虚假的暴行，如关于伊拉克军队将科威特的婴儿从早产儿保育器中扔出去的事件。二是“夸大一次战役或一场战争的利害关系”。老布什总统就把“海湾战争描绘成一场为了更加美好的世界新秩序而进行的战争”。三是“把敌人妖魔化或非人化”。当老布什总统把萨达姆说成了“希特勒”时，萨达姆也在把美国叫作“伟大的撒旦”。四是“两极化”，也就是说，如果你不支持我们，你就是反对我们。五是“宣称遵从神的旨意”。如老布什呼唤上帝对他的支持。六是“超宣传——足以诋毁对方宣传的宣传”，就是通过自己的宣传，使对手的宣传失信于人。[②]冷战期间，美国对苏联实施了潜移默化的认知空间攻击。如今，以美国为首的西方国家把在苏联解体过程中使用过的感知操控技巧又移植到新媒体中，具有很大的欺骗性、蛊惑性、煽动性，没有很强的政治鉴别力和判断力，很容易被人家套牢，这应该引起我们的高度警惕。

① 罗杰·C. 莫兰德等：《方兴未艾的战略信息战》，北京：国际文化出版公司、北方妇女儿童出版社，2001年版，第192页。

② 阿尔文·托夫勒：《战争与反战争》，北京：中信出版社，2007年版，第140—141页。

挑战四：社会空间明争暗斗

在人类进化史上，国际关系的演变先后经历了自然关系阶段及经济关系阶段。在自然关系阶段，国家之间的关系主要表现为领土、领海、领空的关系。在经济关系阶段，国家之间的关系主要表现为经济、贸易、货币关系。这个经济关系阶段，也即经济全球化阶段。伴随着经济全球化的波次推进，传统的社会经济、文化、外交等空间，仍然是大国较量的主战场，围绕金融博弈、贸易规则及外交运筹等，不断上演汹涌惨烈的战略争夺使我国国家安全面临着严峻的挑战。

金融博弈。第二次世界大战后，美国主导建立了布雷顿森林体系，组建了关贸总协定、国际货币基金组织、世界银行，并确立了以美元为中心的国际货币体系。自此以美国为代表的西方拥有了贸易、投资、金融规则的制定权，成为世界经济的掌控者、主导者。2008 年全球金融危机爆发，西方国家一片混乱，七国集团（G7）和 IMF 等束手无策，中国作为发展中国家的代表，与巴西、印度等国家，先后承诺近 1000 亿美元，扩大 IMF 的救助资金规模，并在国内率先推出 4 万亿人民币的财政刺激方案，不仅使中国经济迅速稳定复苏，而且有效防止了全球金融危机的蔓延和世界经济的崩盘。但是，西方国家在金融和经济危机最危险时刻过去以后，不愿放弃在全球治理中的“既得利益”，仍然希冀维持其主导的金融霸权。当前，发达国家实施超常规量化宽松货币政策的负面效应不断积累，世界经济复苏和金融市场稳定都面临着不确定性。国际金融危机深层次影响在相当长时期依然存在，全球经济贸易增长乏力，保护主义抬头，各种高风险的非经济因素对我国经济稳定的冲击增大。随着中国经济高速增长，改用人民币结算的贸易规模日渐扩大，这无形中威胁到美元的霸主地位。可以预料，美国将利用手中掌握的美联储和世界银行，用各种条款限制人民币结算的规模扩大，人民币国际化任重道远。同时，随着国际力量对比发生新变化，国际经济规则制定主动权之争日趋激烈，有关国家积极推进“跨太平洋伙伴关系协定”（TPP）、“跨大西洋贸易与投资伙伴关系协定”（TTIP），积极谋求为全球经济设立新的规制标杆。国际经济秩序变革，事关我国在国际经济体系长远制度性安排中的地位和作用。

外交运筹。在复杂的国际关系格局中，不同国家的利益博弈关系，也是一种实力基础上的外交智谋的较量。按照国际法和国际规范来处理国家间关系，是人类进步的一个表现，使人们摆脱了弱肉强食的野蛮时代，使国家之间的关系越来越有序。一个国家在世界上的地位不仅取决于其政治、经济和军事的综合力量，也取决于该国运用何种外交战略。从第一次鸦片战争至辛亥革命之前的 70 余年间，清政府与西方列强先后签订了 300 多个不平等条约。这些条约不仅迫使清政府割地赔款、开放通商口岸，而且还将中国与西方列强之间的不平等关系以国际法的形式确定下来，以致民国外交家陆征祥在回忆自己从事对日交涉失败的经历时感慨道：“弱国无公义，弱国无外交。”外交的失败成为中国从世界中心被排挤到世界边缘的原因之一。第二次世界大战以来，美国一直采取以“自我”为中心，国家利益至上的强权外交政策。冷战结束后，美国成为唯一的超级大国，更加重视硬实力而忽视外交手段的运用。特别是“9・11”事件之后，小布什政府借助国际社会对美国的同情，打着反恐的旗号，发动了对伊拉克和阿富汗塔利班政权的战争。虽然美国取得了军事上的胜利，却没有实现自己的政治目标：在伊拉克付出了数千人的生命代价和数千亿美元的经济损失，却没能在伊拉克移植民主，也没有能力恢复实现和平，恐怖主义不仅没有被消灭，反而更具规模，如今的伊拉克千疮百孔，阿富汗至今也没有实现和平。历史的发展表明，美国对实力的依赖和对武力手段的过度运用，不仅没有实现其对外目标，反而适得其反，其利益不仅没有实现，国际形象也严重受损。当前，已经站在世界舞台中心的中国，正以前所未有的方式影响着世界力量对比、全球秩序重塑和国际体系调整。我们该选择什么样的战略和对外政策，如何处理与外部世界特别是与周边国家的关系，已经成为国内政治的议题、世界关注的焦点。

话语争夺。我国作为世界上最大的发展中国家和世界第二大经济体，备受各国广泛关注的同时，也遭受着诸多质疑甚至责难。究其原因就是目前我国在国际话语体系中仍处于“洼地”，话语权与国际地位不相适应。第二次世界大战以后，东西方争夺话语权的斗争，集中表现为争夺意识形态主导权的斗争。以美国为首的西方国家通过宣传西方的价值观念、政治主张、生活方式，形成了强大的话语攻势，打压或颠覆社会主义国家和发展中国家的政权。苏联解体和东欧剧变的一个重要原因，就是跟着西方的舆论和理论导向走，放弃了在意识形态领域的话语主导权。当前，国际话语体系仍然是以西方为中心的基本叙事逻辑，西方发达国家仍然固守“西方文明”的核心话语，习惯用西方价值和逻辑来评判是非，诠释国际和国内议题，以此掌控着国际舆论的主导权，国际话语体系仍处于不平衡、不平等、不公平的局面。当今世界，各种思想文化交流、交融、交锋更加频繁，各种政治利益、经济利益、文化利益相互矛盾、相互交织、错综复杂，因而导致意识形态领域的斗争更趋激烈，掌握话语权的任务更艰巨，责任更重大。

威胁是现实的，也是严峻的！

中国，已没有退路，必须迎难而上！

五、新拐点

大变局带来大机遇。机遇稍纵即逝，抓住了就能乘势而上，抓不住就可能错失整整一个时代。

这需要我们：洞察战争轨迹，把握时代方位，探寻未来走向。

在科学与战争的历史上，人类受困的主要是科学发展的程度。尤其是物理学作为带头学科，在作战手段的创新中成了急先锋，左右着作战理论和战争形态的变化。物理战尽管势所必然，但对其进行检讨，可以发现它已面临一系列困境。

困境一，作战对象偏转。战争的基本目的是“消灭敌人，保存自己”。作战双方都力求杀伤敌人，保存自己。保存自己的结果，就是增强己方的防护力。围绕防护力的提高，人类费尽心机，以至古代修建了万里长城，现代构建了国家战略防御体系。随着防护力的增强，军队的直接作战对象也就发生了偏转。各种武器的设计、构想和研制本来是针对人体的，但由于人体有了防御盾牌，使得直接打击人体变得越来越困难，这就迫使各支军队的直接作战对象不得不发生偏转，即由原本的直接打击人体，变为直接打击物体，通过打击物体，间接达到打击人体的目的。作战对象由人转向物所造成的后果是违背战争初衷的。作为物理战的极致，就是发展无人化智能兵器，比如说无人作战飞机，但当对方也采取同样的手段时，战争就又可能成为一种“电子游戏”，只是电游的操作手是个人，并且在虚拟空间进行，而无人化战争的操作手是国家，在现实空间进行。这种思路固然有利于保存自己，却再也无法消灭敌人，无法达到战争的基本目的，战争成了机器的博弈，最终成了纯粹的经济博弈。

困境二，作战时空受限。人类战争总在一定的时空中进行。时间是一切军事活动的重要因素。在材料对抗时代和热兵器时代，由于受到当时生产力水平特别是科学技术条件的限制，无论是作战力量的集中、作战物资的运输，还是作战阶段的转换、作战行动的实施，都不可能有很高的时效，往往是欲战而未备，欲速而不达，欲停而难止。改变战场力量的对比，转换战争阶段，都需要一个渐进的过程，战争的胜利需要靠许多“小胜”积累成“大胜”。所以战争节奏比较慢，进程较长，少则数月，多则数年。第二次世界大战从20世纪30年代末打到40年代中期，朝鲜战争打了3年，越南战争打了11年，两伊战争打了8年。信息化武器装备改变了战争样式，作战节奏明显加快，运动速度不断突破刷新，作战过程大为缩短，其实质也是通过对时间的高度压缩而求得战争时间的最大化利用。海湾战争和科索沃战争，分别用了42天和78天。2003年爆发的伊拉克战争，用了43天就以联军的胜利宣告结束。有资料表明，以往的战争，从边境交战到决出胜负，超过5年以上的，18世纪占34%，19世纪占25%，20世纪则占15%。

没有不在时间里进行的战争，也没有在空间之外的作战。由于物理学的发展及其用于军事，战争由陆地拓展到海洋，特别是在20世纪，战争进一步向空中、向太空、向网电空间延伸，作战半径、范围、样式空前扩张。但是，迄今为止，各国军队的作战都是在一定的自然空间和技术空间中进行，同时也必然受到严重的局限。物理战可以遂行兵战、可以攻城，尽管在兵战、攻城的过程中，也可达致一定的心战效果，却永远也无法达到“不战而屈人之兵”的最高境界。正因为如此，美国军队才在陆、海、空、天、电（物理域）基础上，提出“认知域”（心理域）的概念，试图突破传统作战空间的局限，实现所谓的“感知操纵”。

困境三，作战费用飙升。在物理战中，破坏几乎成为一条战争法则，被军事理论家和指挥者大加推崇。因此，恩格斯在批评19世纪的军备竞赛时说：“现代的军舰不但是现代大工业的产物，而且是现代大工业的缩影，是一个浮在水面上的工厂——的确，主要是浪费大量金钱的工厂。”据统计，第一次世界大战，美军每天平均消耗费用为1.94亿美元；越南战争时为2.3亿美元；第四次中东战争，阿以双方每天消耗费用均为2.78亿美元；英阿马岛战争共消耗双方638亿美元，日均消耗为8亿美元。海湾战争中，以美国为首的多国部队，耗费640多亿美元，其中“沙漠风暴”43天消耗470亿美元，平均每天消耗11.2亿美元，这还不包括参战的伊拉克及英法和有关中东国家军队所耗费用。据测算，美国原在欧洲的驻军如果打持续一年的常规高技术战争，计划耗资将达15000亿美元，比第二次世界大战的消耗总额还高出3000亿美元。再从歼灭一名敌兵的成本来看：据估算，拿破仑时期消灭一个敌兵花费3000美元，第一次世界大战中歼敌成本上升到2.1万美元，“二战”时为20万美元，朝鲜战争时要花费57万美元的代价，马岛之战时就高达285万美元了。而在伊拉克战争中，美军每歼敌一名的成本高达600万美元。这样的战争实际上已成了贵族式的决斗，也是物理学成果大量用于战争的必然结果。

总之，从越南战争的“空地一体战”到海湾战争的“精确打击”，从科索沃战争后的“非对称、非接触空袭作战”到阿富汗战争后的“网络中心战”，以及伊拉克战争后的“震慑战”“快速决定性作战”，都没有跳出物理战的“窠臼”。

因此，只有对人类战争进程的仔细梳理和缜密思索，才能窥见隐藏在烟波浩渺战史中的规律，认知战争新拐点，参透战争的玄机。

拐点一：跨域

当横亘在自然空间、技术空间及认知空间之间的界限消失的时候，战争的面孔日渐变得模糊。“一次‘黑客’侵袭，算不算敌对行动？利用金融工具去摧毁一国经济，能否被视为一场战争？CNN对美军士兵曝尸摩加迪沙街头的报道，是不是动摇了美国人充当世界宪兵的决心，从而改变了世界战略的格局？以及对战争行为的判断是看手段还是看效果？显然，从传统的战争定义出发，已经无法对以上问题给出令人满意的答案。”[①] 在这种未来的新战争中，横亘在战争与非战争、军事与非军事之间的界限被打破，战场无所不在，手段无所不备，目标无所不及，一切武器和技术都可以任意叠加，许多作战原则将会被修改，甚至连战争法也需要重新修订。这样的战争，是否还有中心与边缘的区分？是否还有前方与后方的界限？这一切需要所有战争研究者和应对者重新审视。

跨域使得国与国之间的较量除军事领域之外，经济、文化、外交等领域都日渐成为主战场，战争已不再是传统的军方“自留地”，军民之间的鸿沟正在被填平，20世纪80年代初美国未来学家托夫勒曾预言的“军民融合”式战争日益走入现实。如果说，过去在争夺世界疆域和商品市场中发挥主导作用的是军事力量，那么在跨域背景下，这些目标的达成则要由间接行动，使用非军事手段，实施一整套政治、经济、军事和文化等方面的组合措施才能奏效。这一点也得到了近十年来美国及其盟友布施的战局证明，尽管这种隐蔽的战争往往以推广

① 乔良、王湘穗：《超限战》，北京：长江文艺出版社，2016年版，第5页。

“民主”的“颜色革命”“保护弱者”的人道干预，惩戒“专制”的反恐战争等精心掩盖和美化。但其本质之一就是揭示出，跨域对抗的力量已由单一的“军人”转向了复合的“军民”。在近年来美军发动的伊拉克战争、阿富汗战争，以及不断升温的伊朗危机、叙利亚危机，再到对西亚、北非的“颜色革命”，美军在动员社会力量参与战争中，倾注了大量心思，当然也收效较大。这一规律性的转变，值得高度重视。

拐点二：全时

在传统的物理战概念框架下，所谓战争与和平，都以一定的物理特性为标志，如枪炮响起、狼烟滚滚、人员伤亡。两个国家或利益集团，一旦动刀动枪，或正式宣战，就是进入战争状态，而没有狼烟、没有硝烟、没有厮杀，就是和平，“战”“和”界限清晰、泾渭分明。一方面，随着科学技术的发展，作为政治的继续，人类的作战手段、作战样式、作战形态已经发生了深刻变化，战争与和平已不存在非此即彼的分界线。第二次世界大战后，以美国为首的西方国家对社会主义国家进行的“和平演变”战略就一刻也没有停止过。在苏联解体前，西方对付社会主义国家的电台就有“美国之音”“自由欧洲电台”，英国的“BBC 电台”“德意志电波电台”以及日本的“NHK 电台”等。其中仅“美国之音”，每天就使用几十种语言，每周播音 900 多小时，全天候地对社会主义国家开展心理战。现在虽然冷战已经结束，但以美国为首的西方国家冷战思维依然存在，他们借助互联网等现代传播手段，每天发往世界各地的信息不计其数，许许多多打上美国烙印的信息也随之飞往世界各地，以很强的渗透性“吞噬”着各国的传统文化，冲击着人们的价值观念，影响着人们的思维方式。正如邓小平所预言：“一个冷战结束了，另外两个冷战又已经开始，一个是针对整个南方的、第三世界的，另一个是针对社会主义的。”①

另一方面，随着现代信息技术的发展，高技术的作战平台和信息系统，广播、电视、网络等传播手段可以不受时间、地点、气候等因素的影响，一天24小时全天候、全时空不间断地进行心理战，从而突破了自然时间的限制，使有效作战时间大大延长。海湾战争中，美国在使用广播、传单等传统心理战方法时，动用了MC-130、HC-130、A-6、F-16、B-52等各种先进的飞机和大炮，总共投撒传单2900多万份，空投了9000多个专门收听美国电台的多波段收音机。“海湾之声”电台每天播音18小时，66个移动式广播站不间断地进行广播，针对伊拉克的录音、录像、图片等通过新闻媒体反复播放，对伊军民进行“饱和”式心理轰炸。科索沃战争时，CNN有线新闻网等新闻工具，每天24小时向世界作信息轰炸，把北约的政治图谋通过新闻媒介广为散布，形成了“一边倒”的宣传攻势。

拐点三：控制

战争的本质是使敌人屈服。自古以来，战争都是通过两种途径来实现其目的：一是通过军事作战，如物理战、化学战和生物战等，即采用暴力手段达到战争目的；二是通过政治作战，如舆论战、心理战和法律战等，即采用心理、思想和精神控制等非暴力手段达到战争目的。军事作战与政治作战既相互联系，又互为条件，二者的结合构成了人类战争的基本特点。不同的社会发展阶段，人们对两种手段的运用各有侧重。心理战是政治作战的重要样式，通过心理战实现“不战而屈人之兵”的目的，历来是兵家追求的理想目标，也是战争的最高境界。

① 邓小平：《邓小平文选》（第3卷），北京：人民出版社，1993年版，第344页。

然而，在传统战争条件下，由于受社会发展水平、科学技术水平和人们认识水平的限制，“不战而屈人之兵”只是一种理想，使用暴力手段一直是人们考虑的重点，心理战也是以武力战“婢女”的身份出现，战争的目标通常是攻城略地、大量消灭对方有生力量。随着人类社会进步和大规模杀伤性武器的出现，暴力的使用受到了诸多方面的限制，世界各国的领导者们逐渐意识到，战争暴力已不是解决国际争端的唯一手段，人们开始寻找一种既能使对方屈服达到己方目的，又不冒或少冒战争风险的战略手段——控制。

哈特在其经典著作《间接行动战略》中指出：“在整个人类历史长河中，战争的结果很少是有效的，除非采取间接行动，出其不意地抓住敌人。间接行动既有物理的，也有心理的行动；第一种是普遍的，第二种是永恒的。在战略中，最长的迂回路线常常是达成目标的最短路线。”的确，在人类以往的战争较量中，通过摧毁其力量并占领其领土使对方屈服，而在未来的大国博弈中，作战行动的首要目标已不再是粉碎敌人的武装力量以及最后占领其领土，而是转向综合采取间接行动和非军事手段，配合政治、经济、信息、文化及其他一切措施，以剥夺敌人的抵抗意志并强迫目标国领导人服从胜利者的意志。这些非军事手段的运用，囊括在社会上制造对手的负面形象，瓦解对方经济体系和金融秩序，曝光其作战计划形成威慑，开展公共外交使其陷入孤立，开动宣传工具瓦解其精神文化等多种手段。是否善于运用这种组合攻击战略以“控制”对手，正在成为衡量国家战略能力的标志。

进入 20 世纪下半叶以来，现代战争的制胜机理已经发生新的变化。一方面，战争作为政治的继续，不但没有过时，反而表现得更加直接、更加鲜明。人类国际关系在历经地缘政治关系、跨国经济关系之后，已进入全球技术关系时代，开放社会的特点是，“你中有我，我中有你”，国家利益相互依存，已不局限于某个狭隘的地域内。当今世界，军事和政治的联系更加紧密，战略层面上的相关性和整体性日益增强，政治因素对战争的影响和制约越发突出，这使得实现对战争的控制成为时代要求。另一方面，人类在科学技术上的进步，已经为战争可控提供了可能。在传统的“三论”中，如果说，系统论是方法，信息论是手段，那么控制论则是结果。这也是实现战争控制的科学依据。因此，控制论、信息论集中诞生于20世纪中叶，绝非偶然。由此开始，信息感知技术、加工技术、传输技术突飞猛进，掀起了军队信息化建设的全球热潮。精确制导武器、电子战武器、模拟仿真手段及C^4ISRK的出现，客观上为可控性战争提供了物质条件，人类终于迎来了战争可控的时代。自海湾战争以来，美军之所以再没有遭遇此前朝鲜战争、越南战争那样的尴尬结局，一个重要原因是美军事先都进行了周密的作战模拟推演，依据现代战争制胜机理，进行战争设计和作战实验，同时，采取间接行动和非军事手段，配合政治、经济、信息、文化及其他一切措施来瓦解对方意志，从而使得战争控制由理想变成现实。

三个拐点的出现说明，现代战争正在发生着新的变化，它在解构以往战争范畴与规则的同时，也在重构未来战争之战场、战法及战规，对于这样一场战争，它与以往的战争本质区别在哪里？我们从国家安全大战略的视野该如何应对？廓清笼罩在新战争上空的这些迷雾，会让我们对明天战争、国家安危多一份未雨绸缪。

如果，这还不能让你信服的话，不妨让我们引用两句名言：

“当历史的风吹起时，虽能压倒人类的意志，但预知风暴的来临，设法加以驾驭，并使其终能替人类服务，则还是在人力范围之内。战略研究的意义即在于此。”[①]“火烧眉毛顾眼前”是人类的通病。重视现在，忽视未来，是一般人常有的心态，毕竟，眼前的事情就已经太多、太急迫了。但战略恰恰要思考如何创造历史、如何控制未来。何况，“战略与医理相通，预防重于治疗，尤其是有许多病只能预防而无法治疗”。[②]

战争，向何处去？

国家安全，从哪里来？

这是我们必须拉直的两个问号！

六、网络信息时代大战略

当战争的轨迹在历史的天空画出了一个大“圆”之后，又重新回到了孙子这里，一个变幻的“圆”，一个神秘的“圆”，也是一个逻辑的“圆”。

揭开这个“圆”背后的秘密，破解这个古老而永恒的命题：

全胜，何以可能？

全胜，我们需要怎样的大战略？

2014 年 5 月 28 日，美国总统奥巴马在西点军校出席学员毕业典礼并发表演讲，特别谈及美国在国际事务中应该承担的所谓“领导”角色：“美国必须永远（处于）领导（地位），如果我们不领导，没有别人会来领导。”“我们面对的问题……不是美国是否会领导，而是我们怎么去领导——不只是保障我们的和平与繁荣，还包括将这种和平与繁荣传播到全球各地。”

2016 年美国总统大选，共和党总统竞选人唐纳德·特朗普以“让

① 钮先钟：《战略研究》，桂林：广西师范大学出版社，2003 年版，第 108 页。

② 同上，第 236 页。

美国重新强大”“美国第一”作为竞选口号，入主白宫。他任命66岁的海军陆战队退役上将詹姆斯·马蒂斯担任国防部长，57岁的退役中将迈克尔·弗林为总统国家安全顾问，52岁的迈克·蓬佩奥为中央情报局局长，“鹰派”当家，似乎已经成为特朗普执政班底的一大特色。就连特朗普选中的白宫中国事务首席顾问白邦瑞，也是一位著名的“鹰派”人物。乃至有媒体调侃说，特朗普是在组建美国的军政府。假如这些“鹰派”人物如期上任，未来四年，美国的对外政策显然会更加具有进攻性，中美关系也极有可能会变得比以往更具有挑战性。

无论是奥巴马还是特朗普，在世界已经趋向多极化和中国正在和平崛起的今天，美国何以重返“世界之巅”保持“领导地位”呢?

理由或许是，资本主义比社会主义优越。我们知道，第二次世界大战结束后，世界分成两大阵营：以苏联为首的社会主义阵营和以美国为首的资本主义阵营。冷战的重要内容之一，就是要向世人证明，自己阵营的社会制度和意识形态比对方的优越。为此，美国拼命地发展高科技，主导金融体系，宣扬西方文化，以强化自己的科技霸权、美元霸权及文化霸权，力图继续主宰世界。

秉承这种信念的美国，强调自己全方位的优势和领导地位，警惕全球其他国家对其霸权的挑战和威胁，不能容忍任何别的国家崛起——哪怕这个国家只是在经济上开始崛起。不管是小布什时期的强势反恐，还是奥巴马政府的巧实力霸权，抑或特朗普的重塑美国，美国国家战略的变化都是围绕国家利益进行，其实质是20世纪冷战思维的延续与翻版，已然与世界大势背道而驰、渐行渐远。

今天的大战略已不同于过去的大战略，过去冷战时期的大战略主要是以军事和战争为核心的战略，现在的大战略已经转为以政治、经济、文化及科技等较量为核心，以军事裁决和武力对抗为后盾的综合大战略。导致这种战略重心转移的根源在于世界范围内正在发生的大变局，即大国综合博弈、全球治理体系、国际战略格局及军事技术与战争形态已然发生重大变化。

其一，大国综合博弈发生重大变化。在人类历史的漫长时期，大国之间的竞争与较量重心主要在军事，军力之强大就是国际政治中大国话语权的筹码。强者霸道，弱者臣服，从来如此。然而，自从有了核武器的强大威慑效应，人们忽然意识到，武力大对决、军力大比拼的传统争夺就意味着人类的集体自杀。相反，国与国之间围绕文化先进与否、科技发达与否、经济繁荣与否等展开的没有硝烟之竞赛，才是正道，才是关键，才是方向。尤其是在全球化浪潮席卷世界的今天，国与国之间的利益交相重叠、相互渗透，面对新一轮科技革命、产业革命、军事革命的加速推进与复合影响，世界主要大国的综合国力竞争更为明显地在经济、科技、军事、文化等领域全面铺开，这必将从根本上影响世界发展的进程和走向，也必将从根本上规制各国竞争的重心与方向。

其二，全球治理体系发生重大变化。在全球化尚未全面展开与深度发展的较长时期，全球安全问题主要是以军事安全为核心的传统安全，全球治理体系也主要是由少数西方大国所强力主导，拳头的大小与否，决定着话语的强势与否，更直接与利益分享的多少捆绑在一起。今天，全球治理体系变革正处在历史转折点上，几个西方国家凑在一起就能决定世界大事的时代已经一去不复返了。一方面，全球治理体系正在从几个西方国家行为体主导，向国际组织、区域组织及非政府组织等行为体参与共治转变。另一方面，全球治理体系正在从列强通过战争、殖民、划分势力范围等方式争夺利益和霸权，向各国通过制定国际规则、相互协调关系和利益的方式演进。上述这种转变与演进的方向，更加凸显了前瞻性战略筹划的极端重要性。

其三，国际战略格局发生重大变化。作为世界各主要国家或地区一定时期内相互关系的基本结构，国际战略格局是国家战略环境的总体框架，标示了世界主要力量的分布、组合与对比。19 世纪以后，欧洲列强统治和影响着世界广大地区，从而形成以欧洲为中心的国际战略格局。这一格局的特点就是几个大国都想争夺欧洲和世界霸权，于是，列强内部发生剧烈矛盾，结果引发 20 世纪上半叶的两次世界大战。第二次世界大战后建立的“雅尔塔体系”形成美苏主导的两极国际战略格局。20 世纪 80 年代末苏联解体后，美国军力和经济膨胀到极点。但由于日本、德国、西欧在经济上的迅速崛起，海湾战争之后美国的“单极”世界格局梦逐渐破灭。几百年间，虽然国际力量格局发生了几次大的变化，但都是在西方世界内部范围开展。如今，新兴市场国家和发展中大国力量显著上升，这对西方在国际格局中的地位产生重大冲击，从而导致国际力量加快分化组合，大国关系进入全方位角力的新阶段。

其四，军事技术与战争形态发生重大变化。在当今前所未有的大变局中，军事领域发展变化广泛深刻，是世界大发展、大变革、大调整的重要内容之一。世界新军事革命本质是争夺战略主动权。这场军事领域的发展变化，以信息化为核心，以军事战略、军事技术、作战思想、作战力量、组织体制和军事管理创新为基本内容，以重塑军事体系为主要目标，以武器装备远程精确化、智能化、隐身化、无人化为标志，以太空和网络攻防为军事竞争新的制高点，正在推动新军事革命深入发展，其速度之快、范围之广、程度之深、影响之大，为第二次世界大战结束以来所罕见。面对风起云涌的军事革命浪潮，世界各主要国家纷纷调整安全战略、军事战略，调整军队组织形态，抢占军事战略制高点。美军在总结反思近几场局部战争经验教训基础上推动“二次转型”，加紧实施第三次“抵消战略”，不遗余力地进行军事技术和体制创新。俄罗斯围绕建设“职业化、常备化、精干化”军队深入推进“新面貌”军事改革，提出“创新型军队”建设理论，着力打造信息化新型军事力量。英国、法国、德国、日本、印度等国也不断采取新的重大军事举措。围绕谋取军事优势地位、争夺军事战略主动权的国际竞争进一步加剧。

大变局呼唤大战略，大变局催生大战略。

实现中华民族伟大复兴，是国家和民族的最高利益。现在，我们比以往任何时候都更加接近这一目标。越是在这样一个关键的发展阶段，我们越是要保持战略清醒，增强战略定力，处理好战争和政治的辩证关系，把战争问题放在实现中华民族伟大复兴这个大目标下来认识和筹划，不能出现战略性失误。第二次世界大战后，美国先后打了朝鲜战争、越南战争、两次海湾战争、阿富汗战争，苏联入侵阿富汗，不仅在军事上付出了高昂代价，而且在政治上失了大分。为此，我们要善于从政治、经济、文化及军事等方面综合谋划战争问题，善于从世界大格局演变中思考战争问题。

这是怎样的大战略呢？

答案就是：力胜、智胜、心胜。

其一，力胜。

战争是实力的较量。拿破仑有一句名言——“从长远来看，刀枪总是要被思想战胜的”，许多人在引用时往往有意忽略了前半句，其实，拿破仑在前面还说，“世界上只有两种强大的力量，即刀枪和思想”。

美国政治学家史蒂文·卢克斯在《权力：一种激进的观点》中也指出，权力有三种：以武力为代表的强制力、议程设置背后的操纵力，以及一种潜藏在无形之中的影响力。

其实，孙子早在2000多年前就将“五事七计”作为决定战争胜负的决定性因素，不单单以谋略定胜负，而是高度重视“以力胜人”，既有精神因素的考量，又有物质因素的庙算。

“全胜”之力胜，主要体现在三个层面：军事力、威慑力及精神力。

军事力。“有文事者，必有武备”，“能战方能止战”，“要想得到和平，必须准备战争”——这些广为流传的名言都说明了，国家没有强大军力做后盾，一切都无从谈起。历史上因武备废弛而招致祸殃的悲剧并不罕见。如法国在拿破仑时代曾威力无比，但之后因国内政治腐败，国防意识淡薄，导致在普法战争中巴黎这个数百年来的欧洲政治经济中心不得不挂出白旗。鸦片战争中，清朝的经济实力不可谓不强，但依然被列强欺凌得一塌糊涂，其中的教训不可谓不深刻。

从某种意义上讲，战争是最伟大的审计员，它能映照出你的国家实力、军事实力。在国际较量中，政治运筹固然很重要，但说到底还是要看有没有实力、会不会运用实力。有足够的实力，政治运筹才有强大的后盾，光靠三寸不烂之舌是不行的。当前，世界各国军队都在“信息化建设”的跑道上冲刺，我们不能落后，否则，十分危险。相反，我们认为，小国可以没有大国防，但大国绝对不能只有小国防。特别是像我们这样对近代列强欺压有切肤之痛的大国，千万不能忘记，军事手段始终是保底的手段。只有建设一支世界一流军队，运用军事力量和军事手段营造有利战略态势，才能最大限度地预防危机，积极化解和控制危机，遏制武装冲突和战争爆发，为祖国人民铸起一道长城，为世界和平贡献一份力量。

威慑力。威慑是现代军事力量发展的重要目标之一。在大国博弈中，战争与威慑就像车之双轮、鸟之两翼，具有互联共鸣效应。军事实力是威慑的根基，运用实力的决心和意志是威慑的艺术。基辛格曾经说过，“威慑需要实力、使用实力的意志，以及潜在进攻者对两者的评估三方面因素。威慑，是所有这些因素的乘积”。[①] 赢得战争的力量强大，指导战争的艺术高超，战略威慑的效应就大。军事威慑具有遏制战争、维护和平的强大功能，灵活的威慑艺术拓展打赢战争的途径。新中国成立以来，正是因为我们高度重视国防建设，成功研制“两弹一星”，敢于在关键时刻亮剑，才顶住了来自外部的各种压力，维护了国家的独立、自主、尊严。正如后来邓小平所言：“如果 20 世纪 60 年代以来中国没有原子弹、氢弹，没有发射卫星，中国就不能叫有重要影响的大国，就没有现在这样的国际地位。”

威慑是时代的产物。冷战时期，威慑一度被看作是霸权主义的特权，并出现了全面核威慑理论、有限核威慑理论等。在信息技术与战略武器系统的支撑下，现代战争的时空特性发生了重大变化，战争进入“发现即摧毁”的“秒杀”时代，使用少量兵力、兵器，通过空中或远距离打击，即可达成一定的战略目的；同时，由于拥有高技术优势的一方一般都掌握着主动权，能有效地控制战争的规模和过程，从而使得现代战争呈现出实战与威慑并重的发展趋势。也就是说，威慑不仅要以一定的军事实力为后盾，有时也可以采取一定的军事行动达成一定

① Henry A. Kissinger. Nuclear Weapons and Foreign Policy [M]. New York: Harper & Row, 1957: 12.

目的。因此，有些国家为了实现某种政治目的，通过有限军事行动来达到战略威慑的目的。比如，2015 年 10 月，俄罗斯以反恐名义在叙利亚实施的较大规模军事行动，既展示了强大的战争意志、高超的军事艺术和海空远程打击能力，也对西方国家产生了强大的军事震慑力。我国作为世界上唯一一个尚未完成国家统一大业的大国，必须把备战与止战、威慑与实战、战争行动与和平时期军事力量运用作为一个整体加以运筹，全面提高信息化条件下的威慑和实战能力。唯有如此，才能最有效地捍卫国家的根本利益。

精神力。在战争制胜问题上，人是决定因素。无论时代条件如何发展、战争形态如何演变，这一条永远不会变。克劳塞维茨说，物质的原因和结果不过是刀柄，精神的原因和结果才是真正锐利的刀刃。人类战争史告诉我们：无论武器装备多么先进，都不能代替人的战斗意志和作风所激发的力量；无论未来战争打的是钢铁还是硅片，军心士气始终在战争中占据重要地位。我军素以有强大的战斗精神闻名于世。我们能够用“小米加步枪”打败美式装备的国民党军队，能够在朝鲜战场上打败武装到牙齿的美国军队，靠的就是强大的战斗精神。抗美援朝战争开始时，美国人狂妄自大，完全不把我军放在眼里，但战场上我军不怕牺牲、视死如归的大无畏精神让美国人也不得不佩服。

未来战争是信息化条件下的战争，尽管信息化战争极大地改变了战争形态和作战样式，但并没有改变“人是战争胜负的决定因素”这一铁律。信息化战争不仅仅是高技术武器装备的较量，也是人的谋略、技能、智慧和勇气的比拼。信息化战争并没有因为注入了“文明”和“人道”色彩而变得柔情仁慈，相反变得更加残酷、血腥和激烈。据美国军方统计，海湾战争中，空袭战的军事效果是非常有限的，伊军损失飞机10%、装甲坦克18%，而心理打击（包括武器杀伤效力的心理打击）却造成伊军士气下降40% ~ 60%。可见，“兵可挫而气不可挫”，心理打击能够有效地摧垮对方的战斗精神和意志，在一定条件下，精神因素的“软杀伤”甚至比单纯军事打击的“硬杀伤”更加有效。不管时代如何变化、条件如何变迁，精神力始终是战争制胜逻辑链条中的关键一环。

其二，智胜。

人类伊始，就进入了一个追求智慧，也不断产生智慧的时代。历史发展到新的十字路口，考验着世界各国参与全球竞逐的战略定力与智慧。拿破仑曾经说过，真正的征服，唯一不使人遗憾的征服，就是对无知的征服。刺穿无知之幕的是智慧之光。在冷战刚刚结束的1992年，美籍日裔学者福朗西斯·福山出版了《民主的终结与最后的人》一书，认为在苏联解体、东欧剧变之后，世界正在迎来自由民主制度的统一。言外之意，一个自由民主的世界秩序也即将来临。然而，20多年过去了，自由民主的世界秩序并未建立起来，国际形势动荡多变，各种意外频频发生。与此同时，恐怖势力蔓延扩散，“逆全球化”思潮日益显现，当今世界正面临开放与保守、合作与封闭、变革与守旧的重要抉择。在大国角逐的疆场上，我们要主动谋划、积极运筹，以中国智慧参与全球治理，提出“中国方案”“中国模式”，以中国“和合文化”之王道对冲西方“征服文化”之霸道，推动国际秩序朝着更加公正合理的方向发展。

和而不同。作为战争的另一面，人类对和平的追求，是一种最古老、最悲壮的追求，也是一种最痛苦、最艰辛的追求。现实的世界历史，充满着血与火的断拼与抗争。从殖民时代开始，西方国家凭借坚船利炮，大肆屠杀别国人民，侵吞别国土地和财富。可以说，在长达几百年的时间里，西方国家始终奉行“谁拳头硬，谁就说了算”的霸权主义。不仅如此，这种弱肉强食、仗势欺人的传统已深深浸入西方文化之中，“国强必霸”“赢者通吃”成为其思维中一个根深蒂固的观念。如美国的政治家、战略家们都认为，中国崛起必将陷入“修昔底德陷阱”，亨廷顿甚至断言，“未来儒家文明和伊斯兰文明可能共同对西方文明进行威胁或提出挑战”。“文明的冲突”的背后，就是“顺我者昌，逆我者亡”的“普世价值”推广，就是铲除异质文明的“推土机”战略，就是企图用一种模式或制度控制世界的“文化帝国主义”。显然，这是西方对异质文化的傲慢与偏见。

自古以来，和平、和睦、和谐的“和合文化”就深深融入中国人民的血脉之中，根植于中华民族的精神世界之中。“以和为贵”“化干戈为玉帛”“君子和而不同，小人同而不和”“国虽大，好战必亡”等理念，世代相传。中国历史上曾经长期是世界上最强大的国家之一，但没有留下殖民和侵略他国的记录。郑和七下西洋，五次到马六甲海峡，不是去征服掠夺别人，而是带去了大米、丝绸、茶叶和瓷器。中华民族曾经遭受西方列强的长期侵略和欺凌，但中国人民从中学到的不是弱肉强食的强盗逻辑，也不是开疆拓土的殖民扩张，而是更加坚定了维护世界和平的决心。

人类因无知或偏见引起的冲突，有时比利益引起的冲突更可怕。“和而不同”为人们提供了符合人类共同利益的价值取向，提供了体现人类共同智慧的思维方式，也提供了人类共同向往的世界和平图景。人类文明多样性赋予这个世界姹紫嫣红的色彩，多样带来交流，交流孕育融合，融合产生进步。不同文明凝聚着不同民族的智慧和贡献，没有高低之别，更无优劣之分。国家和民族无论穷富、大小、强弱、先进还是落后，都要相互尊重，共同发展。文明相处更是要对话，而非冲突；交流，而非取代；尊重，而非歧视。我们只有相互尊重，平等相待，兼收并蓄，互学互鉴，才能推动人类文明实现创造性发展。

斗而不破。过去几百年都是由大国的实力来决定世界的和平，以及国家之间的秩序与平衡。第二次世界大战结束后，美苏两个超级大国都力图控制自己的盟国，推行自己的国际秩序。苏联解体后，东欧国家纷纷倒戈加入欧盟和北约，世界格局分化重组，美国成为唯一的超级大国。这时的美国几乎得意忘形，用福山的话来说就是，“资本主义已经战胜社会主义”“历史已告终结”。小布什甚至公开宣称：美国的权威高于联合国。因此，美国在战略上不断出现误判，东扩西进，传播“美式民主”，策划“颜色革命”，干涉别国内政，挤压俄罗斯和中国的战略空间，“在全世界到处寻找敌人”，而且一再发动战争，以为“美国的价值观就是国际秩序”。

然而，美国忘记了一个最基本的事实，即世界已经发展到“以和平与发展为主题”的时代。我们要跟上时代前进的步伐，就不能身体已进入21世纪，而脑袋还停留在过去，停留在殖民扩张的旧时代，停留在冷战思维、零和博弈的老框架内。用冷战的始作俑者之一的美国前驻苏联大使乔治·凯南的话来说，这个世界绝不会接受一个单一的领导中心，无论是美元还是刺刀，都不能赢得胜利。因此，构建当代国际秩序的关键是，代表20世纪国际秩序的美国和引领21世纪世界秩序的中国能否携手共建、共治、共享。中国和美国，一个是最大的发展中国家，一个是最强大的发达国家，两国之间的差别是显而易见的，谁也改变不了谁。同时，在全球化的今天，两国又有着日益广泛的相互需求和共同利益，谁也离不开谁。竞争与合作并存，摩擦与协调同在，“斗而不破”是中美在世界大棋局中的明智选择。

构建平等互信、包容互鉴、合作共赢的新型大国关系，不是要打破原有的国际秩序，也不是固守“美国治下的和平体系”，而是要在维护现存国际秩序合理部分的同时，改造其不公正、不合理的部分。中国既是这一国际体系的创建者之一，也是获益者和贡献者，同时还是国际体系变革的参与者。新型大国关系是平等关系，各个国家都享有平等参与国际事务的权利，任何国家都不能为实现自身利益最大化而修改规则或实行双重标准。各国应将避免对抗、寻求合作视为最低限度的共同利益，并将维持相互关系平稳健康发展置于最优先位置、作为最低准则。妥善处理传统大国和新兴大国之间的结构性矛盾，通过和平方式处理和解决各种国际分歧与争端。但是，大国博弈历来波谲云诡，各国为了自身的利益纵横捭阖，彼此之间明争暗斗，这些争斗有流血的形式，也有不流血的形式。其中，“斗”是绝对的、客观的，“不破”是相对的、建构的，关键是在“斗”与“不破”之间保持张力，既要敢于斗争，又要善于斗争。在维护国家核心利益上要敢于针锋相对，不在挑战面前退缩，不拿原则做交易，不在任何压力下吞下损害中华民族根本利益的苦果。同时，兼顾相互关系的改善，将共同利益扩大、推广到不同层面和范围，将矛盾和分歧缩小、限定在特定层面和范围，管控分歧，增信释疑，实现世界秩序由战争冲突主导的“霸权政治”向制度机制决定的“规则政治”转变。

同舟共济。在不同时代，都有哲人喜欢仰望星空，预知未来。然而，对今天的世界，尽管先哲们有足够的智慧，但仍缺乏足够的想象。基辛格曾经感叹，在每一个时代，政治家们都尝试着寻求和平，然而“和平总是地区性秩序，从未能建立在全球的基础上”。无论是哥伦布发现新大陆，还是“日不落”帝国的崛起，无论是威斯特伐利亚体系还是维也纳体系，无论是两次世界大战的惨烈厮杀还是冷战时的两强争霸，国际秩序变迁背后的“世界观”始终是“一己之利”的狭隘考量，康德希冀的“永久和平”只是一个虚无缥缈的梦想。

人类只有一个地球，各国共处一个世界。国际社会日益成为一个“你中有我，我中有你”的有机整体。面对恐怖主义、金融动荡、环境危机等全球性问题挑战，没有哪个国家可以置身事外、独善其身，这就呼唤着全球治理观念的改变。2012 年 11 月，关于人类命运，中共十八大报告里一段文字引发了世界的关注：“合作共赢，就是要倡导人类命运共同体意识，在追求本国利益时兼顾他国合理关切，在谋求本国发展中促进各国共同发展，建立更加平等均衡的新型全球发展伙伴关系，同舟共济，权责共担，增进人类共同利益。”2013 年 3 月，中国国家主席习近平在莫斯科国际关系学院演讲，再一次向世界传递对人类文明走向的中国判断，“这个世界，各国相互联系、相互依存的程度空前加深，人类生活在同一个地球村里，生活在历史和现实交会的同一个时空里，越来越成为‘你中有我，我中有你’的命运共同体”。

从“你中有我，我中有你”的判断，到“人类只有一个地球”的感言；从“牢固树立命运共同体意识”的宣言，到“让命运共同体意识在周边国家落地生根”的实践；从“共筑亚太梦想”的呼吁，到“迈向亚洲命运共同体”的方案，十八大以来，习近平主席对命运共同体的不断阐释，把握人类利益和价值的通约性，在国与国关系中寻找最大公约数。“人类命运共同体”强调人类的命运趋同性，是一种超越民族国家和意识形态的“全球观”，具有开放性、包容性和合作性。

它在尊重主权平等、不干涉内政、和平共处等国际关系准则基础上，强调维护国际公平正义，提倡正确义利观，倡导亲、诚、惠、容等周边外交新理念，倡导共同、综合、合作、可持续的新安全观，倡导建立不冲突、不对抗、相互尊重、合作共赢的新型大国关系，倡导遵守共商、共建、共享原则合作构建“一带一路”，等等。这是智者的思虑，也是时代的命题。

其三，心胜。

行王道者得天下。孙子在“全胜”思想中，将“道”放在赢得战争“五事”之首。《尉缭子》中也提出用兵有三“胜”：道胜、威胜、力胜，其中道胜是最高境界。“道”就是道义，就是民心。心胜的前提是道胜，根基在人心，源于认同，源于自信。

民心。民心是最大的政治，也是力量之源。谁赢得了民心，谁就能赢得战争。德国、意大利、日本三国发动第二次世界大战的政治目的是夺取世界霸权，掠夺与重新瓜分世界。他们进行的是非正义的侵略战争，完全违背了世界人民的意愿，与“道”相违背，失去了民心基础。尽管在战争初期，他们凭借强大武力逞凶一时，但终究没能摆脱失败的命运。正义的战争符合于“道”，符合于民心，因此，正义的军队哪怕它是弱小的，由于有民心的支持，有正确的政治目的，也会很快强大起来，并能战胜非正义的军队。中国的抗日战争就是正义战争战胜非正义战争的典范。

“战争胜利的实质是改变意识，而不是消灭意识。”[1] 单纯凭借武力实施暴力征服，是征服不了人心的，只会激起更强烈的反抗和仇恨。

① A. X. 沙瓦耶夫：《国家安全新论》，北京：军事谊文出版社，2002 年版，第 112 页。

2003 年 3 月 20 日，美英等国抛开联合国，不顾世界各国的反对，发动了伊拉克战争。美军凭借超强的武力虽然非常顺利地推翻了萨达姆政权，却没有赢得伊拉克的人心，反而播下了仇恨的种子。仅到 2007 年年初，战争就造成 200 多万伊拉克人逃离该国，170 万人成为“国内流离失所者”。为此，美军也付出了代价，截至 2010 年 8 月 16 日，4415 名美国军人丧生伊拉克，约 3.2 万人战斗受伤。虽然美国已从伊拉克撤军，但战争留给伊拉克人民深深的伤痛、无穷无尽的教派冲突，以及没完没了的汽车炸弹。据英国 YouGov 公司在 2009 年 6 月一次民意调查中显示：关于伊拉克战争，67％的受访者认为，驻伊美军在伊拉克不得人心；54％的受访者则认为，驻伊美军不会给伊拉克民众带来所谓的民主。在此，全世界人们看到的已不再是那个高举火炬、和蔼可亲的自由女神，而是一个高举导弹、霸气逼人的美国大兵。美国“正义化身”的国际形象，因其在全球不断扩张军力、进行伪善干涉而遭严重毁容。

认同。人类战争史表明，虽然战争的重要形式是物质力量的对抗，但人仍然是战争胜负的决定性因素。如果迫使对方屈从我方意志，那么消灭敌人的目的和手段就有了直接同一性。使对方屈服的方法通常有两种，一种是说服，一种是强迫。强迫一般是运用武力的或强权的手段使对方屈服，如果对方不愿意屈服，就采取摧毁对方的物质和肉体的暴力手段，强迫他不得不屈服于自己。说服则不同，它主要依靠灌输、劝诫、诱导、启发等非暴力方法，使对方认同其意识形态、文化及价值观等，从而达到说服与征服的耦合，世界正由“角力”向“角心”转换。

冷战以来，以美国为首的西方国家一直把意识形态和文化价值观的较量，作为同社会主义国家进行较量的重要战场。进入21世纪，政权更替和“颜色革命”成为美国等西方大国谋求霸权利益的主要“法宝”。2011年，中东版“颜色革命”肇始。在西方所谓“民主”“人权”等价值观的鼓动下，突尼斯、埃及、利比亚、叙利亚等国先后发生政权更迭或陷入内乱。然而，五年多过去了，西方模式导致的后果有目共睹：突尼斯政权频繁更迭，埃及经济持续凋敝，利比亚派别纷争、军阀割据，“伊斯兰国”在叙利亚异军突起，血腥杀戮震惊世界，这种外溢效应最终也引爆了欧洲难民危机和恐怖袭击。正如美国《国家利益》文章所说，试图支配全球和把民主强加于其他国家是行不通的。各国国情、政情、民情不同，照搬西方发展道路与政治制度模式的“颜色革命”不仅不会带来和平与发展，反而引发暴力与流血的恶性循环。强扭的瓜不甜。发展、变革必须适合本国自身国情，走什么样的发展道路必须由本国人民自己决定。

“穷则独善其身，达则兼济天下。”这是中华民族始终崇尚的品德和胸怀。作为一个拥有13亿多人口的发展中大国，我国坚持走和平崛起的发展道路，一心一意办好自己的事情，实现国家持续发展和稳定，为世界贡献了“中国模式”“中国方案”。正如美国助理国防部长约瑟夫·奈所说：“中国的经济增长不仅让发展中国家获益巨大，中国特殊的发展模式和道路也被一些国家视为可效仿的榜样……更重要的是，将来中国倡导的政治价值观、社会发展模式和对外政策做法，会进一步在世界公众中产生共鸣和影响力。”当然，这种认同不是我们一厢情愿的结果，倘若有些患“偏见症”严重的国家，故意要曲解、丑化、讽刺我们的发展理念、道路及信仰，那就另当别论，正所谓“道不同，不相为谋”。

自信。“知人者智，自知者明；胜人者有力，自胜者强。”老子所讲的“自胜”，就是说要战胜对手首先要相信自己、战胜自己、超越自己。自信是发自内心的一种信仰，一种信念，一种意志。自信的火炬一旦被点燃，就会焕发出无穷的力量。毛泽东当年领导工农红军开辟井冈山革命根据地时，针对党和红军内部不少人对革命前途流露出的悲观情绪，指出，“星星之火，可以燎原”。毛泽东何以能发出如此豪迈的预言？靠的就是对我国国情的深刻了解，靠的就是对共产主义的坚定信念，靠的就是对中国革命必胜的决心和意志，“这支军队具有一往无前的精神，它要压倒一切敌人，而决不被敌人所屈服。不论在任何艰难困苦的场合，只要还有一个人，这个人就要继续战斗下去”。正是凭着这种自信，中华民族走向了民族独立和国家富强。

然而，在有些人眼里，西方不仅代表着强大的科技、经济、政治和军事实力，也代表着一种“先进的”精神文化和“优越的”价值观，实质上是骨子里透着对本民族的不自信。其实，中华民族有辉煌灿烂的文明，法国启蒙运动者还从中华文化中寻找根治西方制度弊病的药方，“己所不欲，勿施于人”被写入法国人权宣言。一切的改变发端于19世纪，伴随着科学技术的发展，科学文化成了一种强势文化，进而带动了军事强权的崛起，西方借此获得了文化优越地位，以致“西方中心论”滥觞。鸦片战争以来，我们一而再、再而三地在与西方的军事冲突中惨痛败北，自信心丢失殆尽。当今，从农耕型走向工业型、从内陆型走向海洋型、从地区型走向全球型的中华文明，再次面向世界。冷眼向洋看世界，“西方之乱”与“中国之治”成了鲜明对照，风景这边独好。我们必须摆脱“西天取经”的思维定式，破除对西方的制度迷思、价值迷思、文化迷思，坚定中国特色社会主义的道路自信、理论自信、制度自信、文化自信，以更加自信、开放、包容的心态，面向世界，走向未来。

这就是全胜之最高境界——心胜策！

力胜！

智胜！

心胜！

永远在路上……

第二章

力量

世界上只有两种强大的力量，即刀枪和思想。

——拿破仑

如果20世纪60年代以来中国没有原子弹、氢弹，没有发射卫星，中国就不能叫有重要影响的大国，就没有现在这样的国际地位。

——邓小平

人类社会已然经历了无数场战争的磨难与洗礼，然而，有一场战争却让对垒双方皆目瞪口呆。

这就是海湾战争。

1991 年爆发的海湾战争，美军经过五个月全面封锁、38 天空中突袭、100 小时地面作战，以 146 人阵亡、467 人受伤的代价，击毁和缴获伊拉克坦克 3847 辆，装甲输送车 1450 辆，火炮 2917 门，俘虏伊军 8 万余人，使号称“世界第四”的伊拉克军队迅速土崩瓦解。

历史从未记载过这样的战争，这简直就是单向屠杀。在这场战争中，美军的高技术武器扮演了至关重要的角色，尤其是精确制导武器的闪亮登场，彻底颠覆了传统的作战样式，也让人们领略到了何为力量。

一、战争是力量的竞逐

作为敌对双方的暴力行动，战争是生死的博弈，是力量的竞逐。

力量到底是什么？

战争力量是指可直接和间接用于战争的各种现实力量和潜在力量，也就是战争赖以进行并对其进程和结局具有重大影响的物质基础，包括武装力量及武器装备、战争物资等，以及能够动员或开发的用于战争的人力、物力、结构力和动员力等。

人力。影响战争胜负的因素固然很多，但经过战争的洗礼，最后剩下的是人和武器。两者孰轻孰重，历代兵学大师见仁见智。恩格斯曾经说过，“赢得战斗胜利的是人，而不是枪”。毛泽东进一步指出：“武器是战争的重要因素，但不是决定的因素，决定的因素是人不是物。”[①]可见，人力重要，已成共识。此处的人力并非个体数量的简单累加，而侧重指的是人的质量，囊括人的体能、技能及智能三个维度。从理论上讲，体能、技能、智能作为个体素质能力的有机组成部分，任何时候都不能截然分开，而且缺一不可。

在不同时代，战争对军人的素质要求也各不相同。冷兵器时代军队的较量主要靠体能。体能是一种物质性的力量，它虽然有赖于实践，但更多地包含有天生的成分，有遗传的因素。体魄的强壮是一种得天独厚的优势，力大过人便具备了当将领的基本条件。战争的展开也是围绕体能的化身——将领们进行的，一般士卒只是一群乌合之众而已，结果是个人英雄主义大行其道。热兵器时代军队的较量主要靠技能。随着火药问世，一种划时代的杀伤兵器——火器登上了战场。与冷兵器不同的是，火器威力的充分发挥，主要不是取决于人的体能，而是如何控制操作的技能。因此，自从火器登上战场，军队较量的重心便由体能过渡为技能。技能是一种经验性的东西，它更多地依赖于人的后天训练与实践。信息化战争时代军队的较量主要靠智能。信息化战争面临的是知识密集型的高新技术、武器装备和作战体系，以新的作战力量、攻防手段、作战样式为核心特征。如果没有一大批具备科学的思维方式、合理的知识结构、丰富的实践经验，以及强烈的创新意识的智能型军人，是难以在未来战争中立于不败之地的。

① 毛泽东：《毛泽东选集》（第1卷），北京：人民出版社，1964年版，第437页。

物力。决定战争胜负的要素中，人与武器缺一不可。武器装备是军人在作战时直接使用的物质手段。军事技术的发展，新式武器的发明和使用，对军事组织、作战体系、作战样式、指挥方式、后勤保障，以及战争的胜负，都会产生重大影响，一个以武器为核心的新系统——军事技术——开始步入进化之路。

冷兵器时代军事技术的进步主要依赖于材料改进。冷兵器只是传递能量的装置，其传递效能则依赖材料的性能，形成材料主导型武器装备体系。从石制兵器到青铜兵器、铁制兵器，直到东汉末年发明百炼钢，冷兵器的作战效能达到极限；热兵器时代军事技术的进步主要表现在能量转换方面，形成能量主导型武器装备体系。一方面，通过能量释放实现有效杀伤，从鸟铳、突火枪、火炮和导弹、原子弹的出现，能量释放已登峰造极。另一方面，通过能量转化实现快速机动，从汽车、坦克、航空母舰到飞机，从常规动力到核动力，动力性能与日俱增；信息化战争时代，信息主导型武器装备体系成为控制能量的工具，追求释放更大的能量来获得战场优势已经失去实质性意义，1969 年美国和苏联正式批准了《防止核扩散条约》。同年，在美国国防部产生了计算机和通信技术相结合的阿帕网，控制能量成为武器装备发展方向，精确制导武器、战略预警系统、联合作战控制系统和激光武器等闪耀登场。

除了武器装备之外，影响战争的物力还包括可供使用的物资。冷兵器时代，军队物资包括粮草、兵器、车马、战船、衣甲等，其中主要是粮草。热兵器时代，装备物资的种类和数量迅速增加，弹药比重显著增大，交通运输、卫生保障和技术保障的作用越发重要，装备物资筹措更加依赖于后方生产。机械化战争时代，主要参战国已具备雄厚的工业基础和经济实力，军队列装了大量高技术武器装备，并基本实现了摩托化和机械化，物资消耗达到前所未有的程度。信息化战争时代，随着武器装备信息化、自动化、系列化、野战化和轻便化，军队物资也向技术密集型方向发展。在保障方式上，为提高效益，便于发展，军用物资与民用物资逐步融合。

物力也包括军费，主要用于军事建设、武器装备研发与制造，以及战争的经费。军费的变化，与世界战略形势、国家安全环境、战争形态、经济发展有着密切的联系。冷战期间，美苏两个超级大国在军事领域展开竞赛，不断增加对国防和军队建设的支出，军费开支均保持在很高的水平上。冷战结束后，人们对世界战略形势和未来战争规模重新审视，认为未来战争是局部战争，没有必要保留那么多军队。加上一些国家受经济状况的影响，世界军费保持平稳状态。美国、英国、俄罗斯等世界主要国家军费占 GDP 的比例一般都在 2% ~ 4%，中国军费占 GDP 的比例不到 1.6%。根据《简氏防务周刊》发布的年度国家军费报告，2016 年度十大军费支出国分别是：美国（6220 亿美元）、中国（1917 亿美元）、英国（538 亿美元）、印度（506 亿美元）、沙特阿拉伯（486 亿美元）、俄罗斯（484 亿美元）、法国（443 亿美元）、日本（416 亿美元）、德国（357 亿美元）及韩国（334 亿美元）。毫无疑问，美国仍然是当今世界上军事力量最强的国家，但依旧投入大量军费研制和生产先进武器装备，确保武器装备性能始终处于遥遥领先的地位。日本为了“防范中国”，2016 年 12 月 22 日通过的防卫预算，更是达到了创纪录的 435 亿美元。

结构力。结构决定功能，结构决定效益。军队是一个相对独立而又错综复杂的系统。军事力量的结构是否科学合理，直接影响着作战效能。军事力量结构既包括军队的军兵种结构，涉及军兵种的种类、划分、比例及编配，也包括人和武器的结合方式。恩格斯曾指出，“有组织的暴力首先是军队”。与人类其他实践迥异，军事实践一开始就具有高度的组织性，强调整体对抗。然而，受科学技术发展水平的制约，在人类历史的不同阶段，有组织的战争对抗形态，呈现出一种从低级到高级、从无序到有序、从简单到复杂的进化之路。这种演进经历了从基于人力系统的单元对抗，到基于电讯技术的系统对抗，再到基于信息系统的体系对抗三个主要阶段。

冷兵器时代，军队主要由陆军和海军构成。陆军作为主要军种，又可分为步、骑、车、象、辎重等兵种。公元前 8 世纪，亚述、波斯等帝国组建了独立的骑兵。进入封建社会后，骑兵以快速的机动性和突然性在战争中占有优势地位，因而成为主要兵种之一。公元前 700 年左右，腓尼基人就建造了用于海战的战船。著名的布匿战争，罗马舰队用战船击溃海上强国迦太基，建立了在地中海上的霸权。从人与武器的结合方式看，连接作战单元的信息只能依赖人的感官系统，也就是通过令旗、锣鼓、号角、烽火、狼烟以及快马传递等方式单向发布信息，信息量极其有限，作战对抗的范围往往非常狭小。这种作战模式，可以称为“材料主导式武器 + 体能型军人 + 基于人力系统的单元对抗”。

热兵器时代，军队兵种力量结构发生了变化。北宋时期，火器大规模生产并用于战争，出现了崭新的火器部队。1800 年，拿破仑创立了炮兵。近现代，随着坦克、飞机、潜艇的出现，陆、海、空多军兵种联合作战的时代开始到来。从陆军来看，不仅步兵、炮兵、工程兵发展到全新阶段，还创建了装甲兵、陆军防空兵、陆军航空兵、化学兵、通信兵等新的兵种，形成诸兵种合成化陆军。从人与武器的结合方式看，随着蒸汽机、电报电话、飞机、坦克、雷达等发明及其广泛应用于军事，作战范围大大扩张，协调速度大大加快，产生了闪电战、空地一体战等新的作战样式。军队高度依赖电讯技术，正如恩格斯指出的，“战略行动——各军队集团行动的协调——应当由一个中枢地点用电报线路来指挥”，“而不采用电报，就绝不可能指挥他们”。但这时的信息沟通仅限于线性传递，因此难以实现不同军种、兵种的联合作战，这种立体型作战模式，可以称为“能量主导式武器 + 技能型军人 + 基于电讯技术的系统作战”。

信息化战争时代，随着科学技术在军事领域的广泛应用，出现了新的军种。1960 年苏联组建了战略火箭军，2001 年俄罗斯组建了天军，2002 年美国组建了网络作战部队。各军兵种的规模结构更趋合理，作战行动讲究联合性、协调性、整体性，一体化联合作战成为基本作战形式，体系与体系的对抗成为现代战争的本质特征。从人与武器的结合方式看，网络信息系统把各种作战力量、作战单元、作战要素融为一体，实现陆、海、空、天、电多维一体，各军兵种通过信息系统开展联合作战。这种多维型作战模式，可以称为“信息主导式武器 + 智能型军人 + 基于信息系统的体系作战”。

动员力。衡量一个国家的国防强弱，不能单看其军事实力，还应看其战争潜力转化为战争实力的能力。战争动员力就是国家由平时状态转入战争状态时，调动人力、物力、财力及精神力量来保障国家安全和战争活动的能力。现代战争完全突破了军事领域的局限，广泛涉及政治、军事、经济、科技、文化等各个领域，呈现出总体战特征。国家的组织力、政治凝聚力、经济和社会发展的现代化水平、战略资源及地理状况等，都以不同方式和途径转化为国家的战争能力，成为决定战争胜负的重要因素。

然而，对世界上的大多数国家而言，一旦处于相对稳定的和平发展时期，都面临着安全与发展的两难困境。为了统筹兼顾安全与发展，各国的普遍做法是实行寓军于民，将国家安全所需的大部分常备国防力量，以国防潜力的形式寓于民用领域，走军民融合发展之路。比如，日本寓军于民、平战结合的发展模式。根据斯德哥尔摩国际和平研究所的统计，现在有 1300 家日本企业从事坦克和其他武器的制造，有 1100 多家从事跟 F-15 战斗机相关的制造，从事爱国者导弹制造的有 1200 家企业，从事宙斯盾导弹驱逐舰建造的有将近 2200 家企业。这些企业尽管许多是民营企业，但其实都是专门搞军工的。事实上，早在第二次世界大战中，日本制造的像伊 -400 潜水航空母舰，赤诚、加贺、苍龙、飞龙等航母，都是由私营企业搞出来的。现在日本的四艘航母，日向、伊势、出云、加贺，都是由石川岛播磨重工业公司生产的，这是日本一家船舶重工业公司，也是重要的军火供应商。有资料显示，如果允许日本出口武器的话，日本会有多大的生产能力？经日本的测算，如果允许出口的话，世界舰艇市场的 60% 都将会被日本控制。如果允许，不到六个月的时间，日本就能够生产出原子弹和氢弹，一年之内就能够生产 1000 ～ 2000 枚中程导弹或远程导弹。

战争是力量的对抗。从人力、物力、结构力及动员力来看，科学技术始终是不可或缺的重要力量。不能抢占高科技制高点，没有驾驭高科技的人才，就无法拥有未来战争的入场券。

二、技术制胜

战争与科技的联姻，走过人类历史的漫长岁月。《孙子兵法》没有涉及战争中的科技因素。到了近代，克劳塞维茨在《战争论》中谈到制胜战争的“精神要素、物质要素、数学要素、地理要素、统计要素”时，就已经开始重视科技在战争中的作用。时至今天，美国空军少将布莱斯·戴尔在谈到美国的军事优势时说：“现代战争已成为科技战，许多美军潜在的对手并不了解美国在高科技作战方面，以及卫星制导的智能武器的威力。不管是伊拉克，还是美国及其盟国的其他敌手，我都会告诉你们，美军主宰太空科技方面的所有优势，我怜悯自以为能对抗美军的国家。”尽管布莱斯·戴尔的言语透露着一种狂妄，但也折射出打赢现代战争确实已离不开科技的支撑，现代战争已经是名副其实的科技战。

冷兵器时代，科技发展水平较低，武器装备的设计、制造和使用相对简单，无须太多的技术含量。此外，冷兵器简单耐用，即使毁坏了，可以通过民间工匠的维修和制造重新获得，并不需要专门的武器生产作坊。这时的军事技术与民用技术、生产实践与战争实践、生产工具与武器装备是融为一体的，即“打猎的工具和捕鱼的工具同时又是武器”。虽然随着冶炼技术的发展，出现了青铜兵器、铁兵器，但发展仍然相对缓慢，这就无怪乎《孙子兵法》没有涉及武器对战争的影响了。

火药的发明并大规模应用于战争，不仅使军事技术发生了划时代的变革，也使战争变得日益复杂，技术在战争中的地位和作用得到了极大的提高。15 世纪初黑火药兵器的问世改变了筑城和攻城技术的落后局面，海上巨人“战列舰”的异军突起表明黑火药兵器开始支配海洋。

美国海军军官马汉提出的“要取得世界霸权，就要得到制海权；要取得制海权，就要拥有强大的海上力量，就要建造装备有大口径火炮的重型战舰”的大炮巨舰主义也充分体现出了武器装备已成为战争制胜的关键因素。

杜普伊在《武器和战争的演变》中如此记录：“15 世纪初，黑火药兵器的问世很快改变了这种局面。新型火炮对城堡的攻守技术产生了巨大的影响。即使是 15 世纪初原始的射石炮、迫击炮和加农炮也要比黑火药出现之前的攻城兵器威力强大得多。面对发射石弹的早期加农炮，最坚固的中世纪砖石建筑也会土崩瓦解，……从而结束了这样一个历史性时期，那就是通过使用技术装备进行持久不懈的攻击并采用饿降的办法，设防坚固的城市不再是不可攻破的了。”①

英国军事历史学家富勒也在《西洋世界军事史》中这样评价火器对战争变革的深远影响：“由于火药的发明，战术进入了它的技术阶段。个人的英勇敌不过机械的技术，谁能使用比较优越的兵器，谁就是比较可怕的敌人，至于他的社会地位和勇气都没有关系。”②

在经历漫长的火器发展阶段之后，人类军事史进入 19 世纪，由于工业革命的推动与军事需求的牵引，一场激烈的变革即将展开，战争工业化在军事领域掀起滔天巨浪。“19 世纪 40 年代，普鲁士陆军、法国海军和英国海军抛弃了欧洲各国旧体制政府感到满意的武器，这些变化预示着战争工业化的开始。”③ 这是美国军事历史学家麦克尼尔在

① 杜普伊：《武器和战争的演变》，北京：军事科学出版社，1985 年版，第 135 页。

② 富勒：《西洋世界军事史》(第 1 卷)，桂林：广西师范大学出版社，2004 年版，第 414 页。

③ 麦克尼尔：《竞逐富强——西方军事的现代化历程》，上海：学林出版社，1996 年版，第 238 页。

《竞逐富强——西方军事的现代化历程》一书中所提的观点。就整个世界军事史而言，自1840 ~ 1884年的44年，恰恰是战争工业化的开端。随着科学技术发展而诞生的一系列新式武器开始扭转战争前行的轨道。

就舰船而言，富尔顿于1807年在哈得孙河上第一次成功展示了蒸汽动力船只的远景，仅仅30年后，装有明轮的“天狼星号”汽船即横渡大西洋。汽船的飞速发展必将促使海战发生革命性变革。就枪炮而言，1849年法国米尼埃上尉发明了一种特殊子弹。随后，英国人于1851年购买了此项专利。经克里米亚战争实战检验后，法国军队于1857年将米尼埃子弹定为标准枪弹。普鲁士人也于1854 ~ 1856年将其老式滑膛枪改装为米尼埃式。几乎同时，美国陆军于1855年也改用米尼埃子弹和来复枪。显然，自19世纪中叶开始，海军和陆军武器装备开始更新换代。

19世纪中叶至20世纪中叶长达一个世纪中，人类内部厮杀的战火连绵不绝，特别是经历了两次世界大战的浩劫，战争与科技的联姻更为密切。倘若要寻找对第一次世界大战前后军事技术不断涌现的解释，或许贝尔纳的论述是最好的答案之一，“科学与战争一直是极其密切地联系着的。实际上，除了19世纪的某一时期，我们可以公正地说，大部分重要的技术和科学进展是海陆军的需要所直接促成的”。[①] 速射武器、坦克、飞机、潜艇及无线电等军事技术出现与第一次世界大战恰好同步，在经历了四年的战争之后，得到了进一步发展。战争对编制体制和军事理论的影响也是巨大而深远的。富勒在战后撰写了《1914—1918年大战中的坦克》和《机械化作战》等名著，丰富了机

① 贝尔纳：《科学的社会功能》，北京：商务印书馆，1982年版，第241页。

械化作战理论；哈特撰写了《历史上的决定性会战》等名著，提出了闪击战理论；杜黑撰写了《制空权》一书，颇具远见地展望了空中力量的未来前景。

第一次世界大战在不同的国家激起不同的反响。美国开始特别重视军事技术研究，建立了种类繁多的武器研究所。美国的一些军事技术专家认为："在第一次世界大战之后，美国的军事机构，特别是海军，完全相信现代技术在战争中的效力了。在陆军方面，步兵从欧洲归来，思考着机关枪和化学战对于陆军这一行的意义，骑兵开始发展装甲战术。飞行员则重视空中武器的威力。海军认识到，在 20 世纪他们的未来也将依托在高技术上面：在导航、火炮的改进、新型战船设计、潜水艇、鱼雷以及无线电通信方面的进步。"[①] 第二次世界大战开始后，诸如诺伯特·维纳、冯·诺依曼、万尼瓦尔·布什等著名科学家开始不断加入各自学科领域，开展军事技术研究和武器装备研发，取得了丰硕成果，为赢得反法西斯战争胜利提供了巨大支持。正所谓"盟军用雷达赢得了战争，用原子弹结束了战争"。[②]

早期的军事技术发展相对简单，需求比较容易认知。第二次世界大战期间原子弹的研制成了一个转折点，探讨武器装备潜在需求的战略意义得以凸显。1944 年 11 月 17 日，罗斯福总统在第二次世界大战胜券在握时，出于对如何尽快而有效地把战时的成功经验移用于和平环境的战略设想，给时任美国科学研究与发展局局长万尼瓦尔·布什写了一封信，提出了四个问题，希望布什能组织有关专家进行磋商并尽快回答。

① 许嘉：《美国战略思维研究》，北京：军事科学出版社，2003 年版，第 81 页。

② 孙大廷：《美国教育战略的霸权向度》，长春：吉林大学出版社，2009 年版，第 20–21 页。

问题一：如何能在不妨碍军事安全并征得军方认可的情况下，把我们在战争期间对科学所做的贡献尽快公之于世？

问题二：战争中科学成功地战胜了疾病，怎么能使出色的医学研究得以持续发展？

问题三：我们应当慎重地考虑公立研究和私立研究的相互关系及各自的任务，政府能做些什么，来帮助公立组织和私立组织进行研究活动呢？

问题四：为了发现和培养美国青年的科学才能，我们能制定出什么样的有效方案，来确保我国将来的科学研究水平超过战争期间所达到的水平呢？

为了回答罗斯福总统所提出的问题，布什成立了四个咨询委员会，即医学顾问委员会、科学与公共福利委员会、发现和培养科技人才委员会、科学情报出版委员会，聘请了40余名美国著名科学家就相关问题提出意见和建议。经过近半年的研究与讨论，布什于1945年7月5日向杜鲁门总统提交了题为《科学——无止境的前沿》的报告。这是科学家和政治家第一次联袂就科技发展与军事需求问题进行战略分析，标志着国防科技战略或政策研究已成为国家战略的重要组成部分。在报告中，布什认为未来科技发展与国家实力紧密相关，为此，提出了三点战略建议：第一，希望能保证对科学有足够的资助，这样才能够拥有一个基础理论的知识宝库，让工业和军队从中自由地汲取，以激发经济的增长并加强国家的安全；第二，希望改进美军研究的质量，以提高军队的武器和战略的效率；第三，希望将科学方面的专业知识用于改善政府决策的工作。具体而言，首先要在教育、科研、军事和国家安全等方面进行改善，但是最终也要在政府的其他方面推行。

如果不从历史的视野考察，人们很容易被美军表面上复杂而炫目的所谓新战略、新理论、新技术障目。聚焦这支“迷恋”创新的美军历史，不难发现，“技术制胜”始终是其谋求军事优势的阿基米德支点，其实质就是将战争制胜寄托于技术领先上。它不仅是美军提升战斗力的一种“方法论”，更是美军筹划部队长期建设的一种“价值观”。布什的《科学——无止境的前沿》报告就深深洞察到了科技创新对美军优势的支点作用。帕斯卡尔·扎卡里在《无止境的前沿——万尼瓦尔·布什传》一书中写道，有人把20世纪称为“美国世纪”，而万尼瓦尔·布什就是“美国世纪的工程师”。正因为如此，当1957年苏联发射第一颗人造卫星之后，美国朝野极为震动，掀起了一场声势浩大的科技与教育“抢救运动”。美军也在经历阵痛之后成立了国防高级研究计划署（DARPA）的前身ARPA，虽然其研发重点随历史境况不同而不断变化，但始终不变的是一直站立在技术发展最前沿，成为新概念武器的“摇篮”，为美军孵化出诸多尖端武器装备。近60年来，从ARPA到DARPA，从第一次“抵消战略”到第三次“抵消战略”，其逻辑依然是“技术制胜”。对此，曾任美军参谋长联席会议副主席的杰里·迈亚说:“技术领先是美国武装力量的一个标志。”美国防部长阿什顿·卡特也明确表示：“面向未来，我们需要最好的人才、最好的技术和最强的创新力，以维持我们世界领先的战斗力。”

三、美军三次“抵消战略”

2014年11月7日，美国国防部长查克·哈格尔在“里根国防论坛”上发表主题演讲，提出了一个投资尖端技术与系统的“国防创新计划”，并把这个倡议称为美军第三次“抵消战略”，旨在谋求技术优势抵消主要对手的战略优势，掌握军事革命的主动权。这既是“技术制胜”思维的现实产物，也是前两次“抵消战略”的历史延续。

第一次“抵消战略”

20世纪50年代初，朝鲜战争的失败促使美国政府意识到自身军事力量的局限性，要在世界各地维持庞大的地面部队经济上也力不从心。1953年，艾森豪威尔担任美国总统。通过对当时美国国内外军事、经济、技术等领域的分析评估，他提出了“大规模报复”战略，即第一次“抵消战略”。该战略强调利用美国拥有的绝对核优势，在战争初期以战略核武器实施“先发制人”的突然袭击，摧毁对方的主要工业中心和军事基地，力求迅速制敌于被动之中，在短期内取得战争的胜利。总之，要么不打，要么打一场全面核大战，尽量避免卷入像朝鲜战争那样的局部战争。

艾森豪威尔政府提出第一次“抵消战略”，主要是缘于技术因素，即美国在核武器生产技术、氢弹技术以及远程投送技术三方面拥有的优势。当时，“对核武器的看法发生了变化。到1953年1月，杜鲁门时期上马的各种项目有许多已经取得了成果，美国这时已经获得了一系列不同水平的核打击能力，大至可以摧毁一个城市的氢弹，小至战场上可以使用的小型核武器”。[①] 相比苏联，美国拥有绝对的核力量优势，远程轰炸机和陆基弹道导弹是其倚重的主要力量。20世纪50年代初，美国生产并部署了战术级小型“内爆式”核弹（MK-5、MK-7和MK-12），以及海军的深水核炸弹（MK-8和MK-11）。此外，随着核航弹的研制和部署，运载核弹的轰炸机力量也得到了加强和扩大，

① 劳伦斯·弗里德曼：《核战略的演变》，北京：中国社会科学出版社，1990年版，第97页。

出现了 B-47 中型战略轰炸机，战略空军司令部在苏联、欧洲、北非的边缘地带建立了前沿基地。虽然苏联于 1949 年 8 月 29 日爆炸了第一颗原子弹，打破了美国的核垄断，但并没有撼动美国的核力量优势地位，特别是在运载工具上，直到 1955 年，苏联研制的图 -6 中远程轰炸机才进入现役。正是出于对核武器的迷信，艾森豪威尔提出了“大规模报复”战略思想，主张用核武器的威慑与实战力量来确保美国的国家安全。在艾森豪威尔看来，这种军事战略思想是对抗苏联威胁的最经济、最有效的手段。为此，也就不难理解艾森豪威尔多次公开主张使用核武器了，1955 年 3 月的一次记者招待会上，艾森豪威尔总统说：“如果是用来袭击严格意义上的军事目标并且是为了达到严格意义上的军事目的，我看不出有什么理由不应该使用原子武器，就像你用子弹或其他什么武器一个样。”①

美国的第一次“抵消战略”从长远角度来看待美苏军力竞争，把技术优势作为抵消苏联数量优势的杠杆，协调运用经贸、军事、外交、心理和秘密行动等多种手段，平衡把握了安全与经济的关系。美国核弹头数量到 1960 年大约是苏联的 10 倍，洲际导弹数量到 1962 年大约是苏联的 3 倍。但第一次“抵消战略”在实践中遇到了种种难以解决的障碍，遭到质疑。首先，苏联的核武器与运载工具迅速发展，1957 年，射程达 8000 公里的 SS-6 洲际弹道导弹发射成功，具有了对美国本土实施核打击的能力，美苏之间出现了核对峙僵局；其次，亚、非、拉争取民族独立解放的武装斗争蓬勃发展，但“大规模报复”战略根本无法遏制这些中小规模的局部战争；最后，此种将发展核武器建立

① 劳伦斯·弗里德曼:《核战略的演变》，北京：中国社会科学出版社，1990 年版，第 98 页。

在牺牲常规军事力量基础上的做法，使美国核武器发展与常规武器发展之间的比例严重失衡。但不可否认的是，第一次“抵消战略”基本实现了其制定的目标。

第二次“抵消战略”

20 世纪 80 年代初，苏联军事实力有了长足发展，苏联与美国战略武器数量之比是：洲际导弹 1398 对 1054，潜射导弹 950 对 656；常规武装力量之比是：军队规模 370 万对 200 万，坦克 48 万辆对 11 万辆，战斗机 4885 架对 3988 架，潜艇 370 艘对 121 艘。苏联对外侵略扩张的野心也日益膨胀，苏联领导人甚至宣称，“地球上没有一个角落不在苏联的考虑之列”。当时的美国尚未从越南战争的阴影中走出来，同时又要面对苏联霸权主义的战略进攻。在此背景下，美国国防部长哈罗德·布朗与分管研究与工程的国防部副部长威廉·佩里启动了所谓的第二次“抵消战略”，旨在用美国的技术优势抵消苏联的数量优势，打造一支更为强大的常规军事力量。布朗在 1981 年的国会报告中说：“技术可以是力量倍增器，是可以用来帮助抵消对手数量优势的一种资源。先进技术是平衡军事能力的一种有效途径，而不必以‘坦克对坦克’或‘士兵对士兵’的方式来与对手对垒……”

在第二次“抵消战略”中，美军将信息技术与现有武器装备有机结合起来，提出了包括“技术集成与系统概念验证计划”在内的一系列新的研制计划，加大了对机载预警与控制系统（AWACS）、联合战术信息分发系统（JTIDS）、F-117A 隐形战斗机、无人侦察机、威力更大的精确制导武器（PGM）、增强型侦察卫星以及全球定位系统等项目的研发力度。同时，通过一系列出口和贸易管制措施来维持、资助、打造和控制已有技术优势，其中包括 1976 年制定的《武器出口管制法》《武器贸易条例》和《导弹及其技术控制制度》。这些新技术虽然构思于 20 世纪 70 年代，但大部分直到 80 年代中晚期才具备实战能力，并大批量部署。例如，当时尚属机密的 F-117A 隐形战斗机计划在 1977 年秋进入研发阶段，到 1981 年具备初始作战能力。全球定位系统（GPS）在 20 世纪 70 年代初提出并开始研制，直到 1994 年才全面建成，一直到今天仍然是应用最广泛的定位系统。正是这一系列技术创新成果与“纵深打击”概念相结合，最终演变为“空地一体战”理论。

由于苏联解体，美军从未在欧洲与苏联和华约部队实际交战，但第二次“抵消战略”的成果，在海湾战争的“沙漠风暴”和“沙漠盾牌”行动中首次得到大规模的综合应用。海湾战争也因此被称为第一场信息化战争。苏联观察家在这场战争结束之后总结说，“控制、通信、侦察、电子战以及常规火力投送的融合”已经首次实现，“沙漠风暴”行动更多的是处于新旧军事革命之间的一场过渡性战争。由此可见，美军的第二次“抵消战略”，在当代美军演变历程以及军事变革史上，具有承前启后的战略意义。

第三次“抵消战略”

第三次“抵消战略”是美军在加速推进亚太“再平衡”战略背景下提出的战略构想，旨在确保美军未来几十年内与主要对手在新一轮军事竞赛中保持绝对优势。特别值得注意的是，这次战略将“抵消”的潜在对手确定为中国，其目的是利用美国的技术优势，针对具备强大“反介入 / 区域拒止”能力的对手，在必要的时间和地点保持持续的前沿存在和力量投送。同时，通过传统的联合作战行动来恢复原有的常规威慑战略，更多地强调“拒止式威慑”和“惩戒式威慑”。

为了推进“抵消战略”，美国国防部制定了技术路线图，相继颁布了《迈向新抵消战略》《长期研究与发展计划》《更佳购买力 3.0 白皮书》《转型路径：国防工业协会采办改革建议》等一系列战略文件，希望吸引私营部门和学术界为武器项目和投资计划注入新思想，激励技术创新，以保持过去几十年推动美国成为全球唯一超级大国的技术霸权。美军此次特别强调，必须高度关注支撑“反介入 / 区域拒止”能力的所谓“颠覆性技术”。根据美国防务智库“战略与预算评估中心（CSBA）”发布的报告《迈向新抵消战略：利用美国的长期优势恢复美国全球力量投送能力》，美国借以维持军事技术优势的五个关键领域是：

无人作战。美军的军事优势首先体现在无人作战系统中。由于无人系统具备任务航时长、生命周期成本低以及机组人员零伤亡等优势，自主程度日益提高的无人系统将构成美军全球监视与打击网络的核心。目前已形成优势作战能力的系统包括空军的各型无人机、陆军和海军陆战队的无人地面战车（UGV）等。海军的无人水面舰船（USV）和无人水下航行器（UUV）等作战系统仍处于研发试验阶段。

远程空中作战。美军在全球空中作战方面具有独一无二的优势。这种优势的形成是两种技术力量共同作用的结果：一是作为全球打击网络节点的飞机本身就具备大半径作战的能力，二是美军在全球部署的空中加油机增加了飞机的机动范围。在新的“抵消战略”中，美军将使这种优势继续扩大：利用无人作战系统与有人驾驶飞机相结合，使美军具备全时打击和全球监视的能力。

隐形空中作战。美军在隐形空中作战方面的优势十分明显，主要体现为三点：一是美军现役的隐身飞机虽然并非无法侦测，但侦测成本很高；二是美国在设计、制造隐身飞行器上具有巨大的质量优势，尚无法被俄罗斯和中国超越；三是美军的隐身战机飞行员具有30年以上的实践经验积累，技术的娴熟程度无人能及。美军拟将这些优势与电子攻击与新式武器结合，提高空军的作战能力。

水下作战。美军潜艇具有深海作战能力，可以渗透到对方高度威胁的“反介入/区域拒止”环境中，执行情报监视与侦察任务，开展反潜和反舰作战行动，执行特种作战任务，并实施出其不意的精确对地攻击。如果美军要进入防守严密的沿海区域，就必须具备以下能力：自主性更高且难以侦测的远程无人水下航行器，可在平时由潜艇和水面舰船部署或战时由隐形战机部署的沉底式载荷模块，可由核潜艇提前部署的拖曳式载荷模块。

复杂系统工程与集成。美军和国防工业部门过去在复杂武器系统和“系统之系统”的架构设计、制造、操作和维护方面取得了巨大成就。美军可以利用这一优势，将分散的多种作战平台，如长航时无人机、远程隐形战机和水下系统等结合起来，构建一个全球监视和打击（GSS）网络，以可靠的方式在多个地区保障美军的投送力量，包括在“反介入/区域拒止”环境中，增强应对危机的能力，减少对容易遭受抵近攻击的基地的依赖。涉及的关键技术领域包括替代全球定位系统精确导航与授时功能的地面系统，多任务无人水下航行器网络，电磁轨道炮和定向能导弹防御，反传感器武器、干扰机和诱饵，以及陆基局部地区“反介入/区域拒止”网络等。

第三次“抵消战略”与前两次一脉相承。但时移世易，这次“抵消战略”能否实现预期效果，将主要取决于美国自身的国防工业支撑能力、军事科技创新能力和国内外政治经济因素，以及美国潜在对手的军事实力和战略能力等方面。在“抵消”与“反抵消”的对抗博弈中谁能胜出，关键看能否发挥战略优势，锻造自己的“撒手锏”，形成核心竞争力，而不是一味盲目跟风，更不能被对手战略“锁定”。

四、撒手锏

撒手锏，“撒”是绝招，“锏”是利器。绝招是长期练成的，依靠绝招取胜，只能让人艳羡，却难以模仿，拙劣者千撒万撒，可能不如艺高者一撒。冷兵器时代，撒手锏当然也可以撒枪、撒刀、撒石，但主要依靠日积月累的撒技，所以，战争制胜主要囿于技法创新。在人类战争史上，撒手锏固然令无数沙场将士为之神往，为之癫狂，但到19世纪末20世纪初，随着科技的发展及其在军事领域的广泛运用，重心也随之移向器物而不在技法，战争制胜也由单一技法创新拓展到了武器装备创新。

与一般武器装备相比：撒手锏具有易攻难守的非对称性，如坦克、导弹、原子弹的横空出世；效果的倍增性，凭借新的武器，打破早先的实力平衡，以达成出其不意的效果；研发的保密性，确保作战使用时让对方措手不及；模仿的复杂性，由于新手段的研发是一系列科学原理、技术原理的组合，即使其秘密大白于天下，对方的模仿跟踪也存在一定难度；时间的有限性，撒手锏的地位不可能长久维持，一旦对手模仿成功或有效制衡，则风光不再。

“消灭敌人是军队一切军事行动的基础，是一切行动的最基本支撑。”克劳塞维茨的这句名言几乎成为整个工业时代战争制胜的普遍准则和实施作战的基本原则。信息化战争是体系与体系的对抗，网络信息系统把各作战要素、作战单元和作战系统链接成一个结构完善的

“大系统”。体系中最敏感的要害部位，是连接、控制、协调、支撑作用的各分系统，如指挥控制系统、侦察情报系统、作战系统和保障系统。这些系统具有“牵一发而动全身”的作用，是作战体系中的主要关键节点。这些系统内部结构复杂，技术性强，依赖性大，点多面广，自身防护力差，容易遭到攻击。只要能够破击这些系统中的某些关键薄弱环节，就可以达到“击一点而瘫一片”的效果，引起一连串连锁反应，使其各系统运行失调，力量结构和整个系统运转失灵，从而使对方整个作战体系瘫痪，整体作战功能丧失。因此，信息化战争的作战“重心”已不再是敌人的有生力量，而是敌方指挥控制中心的关键部位。现代战争的撒手锏就是能够破击体系，摧毁这些“重心”或关键部位并使其丧失作战能力的武器。

当前，美国凭借其在军事技术方面的主导优势，依靠“前沿部署”与“兵力投送”的作战模式，构筑一个攻防兼备的庞大作战体系，该作战体系的关键节点及要害目标主要集中在太空、海洋及网电空间之中。但是，美国认为一些国家已经掌握了网络电磁、空间卫星、远程打击、先进潜艇等对美作战体系弱点和关键节点构成直接威胁的“撒手锏”武器装备，使美军前沿部署和兵力投送面临极大的危险，从而挑战美国全球军事霸主地位。为此，美军相继提出了“空海一体战”构想和第三次“抵消战略”，确保其在西太平洋地区的绝对军事优势。由此可见，卫星、航母及网电空间是美军的“软肋”。倘若要谋求对美军的非对称优势，就必须针对这些关键节点和要害目标，大力攻克在空间卫星、远程打击、先进潜艇及网络电磁等方面对其作战体系构成直接威胁的“撒手锏”武器装备，从而获得控制太空、打击航母及破击网电空间的力量优势。

1. 控制太空

太空是赢得未来信息化战争的战略制高点，是获得信息优势的基础和源头，也是体系作战的关节和纽带。随着太空和临近空间技术手段不断取得新突破，空天战场日趋融为一体，空间态势感知技术、进攻性空间对抗技术、防御性空间对抗技术、“全球快速打击”武器系统的发展，将构建起从临近空间到太空的新型打击力量体系和空天一体化的武器装备体系，这必将改变传统战略攻防格局。

为了争夺和维护太空利益，世界各军事强国纷纷制定太空发展战略，加强天基武器系统和军事航天力量的建设。在美军的“空海一体战”构想中，一方面着重发展快速重建空间的能力，应对空间突袭并提高空间装备的抗毁性。比如，“快速发展小型火箭”和“战术星”将在2020年前形成作战能力。此外，还着力发展各种空间软硬对抗技术，如以“卫星通信对抗系统”来干扰卫星频率，或以X-37B捕获卫星，在2030年前形成控制空间能力。另一方面，不断提高空间态势感知能力，计划在2020年前完成“空间篱笆”和“天基空间监视系统”的建设，为实时评估空间安全威胁和遂行空间对抗提供关键支撑。同时，加速发展全球快速打击武器系统，将使全球精确打击、天对地打击、反卫星作战成为现实。美国空军前首席科学家马克·路易斯认为，“21世纪的美国军事霸权，将不再体现为隐身技术，而是高超声速技术，前者是建立在‘敌人不知道你在哪里，就无法阻止你’的逻辑上，而后者则是非常直白的‘速度威慑’，对手即便发现你，也因追不上而无从防御”。X-37B空天战斗机、X-51A“驭波者”飞行器等陆续取得重大进展并相继进行飞行试验，标志着高超声速武器形成作战能力已为时不远。高超声速武器一旦投入使用，将改变未来战争的打击速度和打击范围，打破常规的攻守平衡。

我军要赢得体系作战的胜利，离不开可靠的空间安全。控制太空已成为赢得未来信息化战争的关键。控制太空本质上就是获取并保持空间优势，确保己方进出和利用空间的自由，同时具备阻止对方进出和利用空间的能力。这就需要采用“非对称”战略，以空间对抗、信息对抗为手段，通过按需发射、轨道机动、系统防护等保卫和增强己方空间系统的生存能力和应用能力，通过探测、跟踪、识别、拦截、破坏或抑制来自空间的威胁。发展地基、天基空间作战武器，掌握空间作战飞行器、天基对地打击武器等兼具实战与威慑作用的“撒手锏”，遏制或打破来自太空大国的空间垄断地位，及时抢占空间战略制高点。据美国“防卫者”网站2016年4月11日报道，中国向太空轨道发射了动力拦截器，这种拦截器在没有弹药的情况下借助撞击力摧毁了目标，表明中国已经具备可以击毁任意轨道卫星的能力，在反卫星武器方面取得了突破性进展。国外防务专家指出，中国发展中的太空战系统还包括陆基激光器和小型机动式卫星，并且还在开发双用途共轨卫星。如果不出意外，到2020年中国就能完成反卫星导弹系统的部署并形成作战能力，同时建立起可靠的主动导弹防御系统，从而确保在未来战争中的决胜能力。

2. 打击航母

在现代信息化的体系作战中，航空母舰是融侦察、预警、指挥、作战、保障为一体的作战平台，其地位作用越来越大。特别是，由于核动力航空母舰几乎拥有无限制的航程和续航力、舰载航空联队的空中力量和能够提供重要指挥与控制能力的强大通信系统，以及为完成指定任务而调整相关装备的能力，其往往被美军派遣到陆基战术空中力量活动范围之外进行机动作战。这种机动灵活性使得美国能够在阿富汗战争、伊拉克战争等军事行动中克服路途障碍，在缺乏空军基地或在受限区域内发挥关键作战效能。在 2001 年的阿富汗战争中，4 个美军航母战斗群保持了充足的出动率，从而确保了空中力量在 400 海里之外的阿富汗战区的持续存在，并在战役中提供了 70% 以上的战斗飞行架次。2003 年的伊拉克战争显示了航母舰载航空兵在一个陆地环绕的区域支援 700 海里以外作战行动的能力，每次任务持续 8 ～ 10 小时，为多国部队承担了空中支援、武装侦察、指挥控制以及电子战任务。可见，航空母舰已经成为美军信息化作战体系的重要组成部分。

目前，美国海军的总体规模已大大缩小，虽然面临着诸多挑战，但它仍然是世界上最强大的"蓝水"海军。在航母作战平台方面，随着"企业"号核动力航母的退役和"乔治·布什"号核动力航母的服役，美国海军目前共有 10 艘"尼米兹"级二代核动力航母部署全球各地，形成局部威慑。另外，下一代核动力航母"福特"级的首舰"福特"号未来数年内也将服役。对此，兰德公司在提交给美国军方的《改变美国航母能力》研究报告中，专门就"航空母舰在未来作战行动中的运用"进行了想定，认为在"台海危机""巴基斯坦政变""朝鲜危机""霍尔木兹海峡危机"等七种情况下，美国军方都要动用航母战斗群来介入军事冲突。该报告公开承认，尽管包括航母在内的美国海军部队有自身的优势，但也有关键的薄弱点，无论是通过空中或水面的毁灭性导弹攻击，还是利用高空核爆来破坏其 C^4ISR 系统，都给美军带来了巨大的挑战。

也正因为如此，我军反航母介入作战的“撒手锏”武器“东风-21D”导弹一度引起美军的恐慌。美军认为我军反舰弹道导弹已对美军航母构成现实威胁，2009年《美国海军学会会刊》的一篇文章甚至构想了西太平洋战场“中国反舰导弹造成航母中弹起火”的场景。美军由此加快了应对措施的研究和部署。根据一份名为《2035年如何空袭中国》的报告，未来美军作战模式主要为“防区外打击”“潜入打击”和两者结合的“密集饱和打击”三种战役概念。可以预见，美军作战概念和模式的改变，必然会导致未来航母在区域作战中的地位、运用和作战形态发生变化。在这场“反制”与“反反制”军事角逐中，我军反航母介入作战将面临严峻挑战。一是美军重返亚太，强化在西太平洋的军事存在，提出“空海一体化”理论，使我军反航母介入作战形势严峻；二是美国研制新一代航母（福特级）和舰载武器（X-47B无人机等），使我军打击航母编队面临更大挑战；三是美军不断加强航母编队作战能力建设，特别是在防护能力方面，美军提出并研制电磁轨道炮、高能激光武器等新概念武器，对我军未来反航母介入作战能力和手段要求更高。

3. 破击网电

网电空间是继陆海空天之后的第五维空间。美国等发达国家越来越依赖网电空间技术与装备：一方面，国家安全直接依赖于军队的战场对抗能力；另一方面，国家安全最终建立在国家基础设施的基石上，即依赖国家的战争潜力。因此，网电空间攻击不仅可以直接削弱对手的作战力量，甚至还可以引发重大国家安全问题，从而使网电攻击技术成为继核武器之后的又一战略威慑力量。美国前国防部长帕内塔曾警告，“下一次珍珠港事件将是网络空间攻击”，这绝非危言耸听。

目前，美国在网电空间对抗领域处于领先地位。在战略层面，美军完成了从以防御为重点到攻防兼备，再到控制网电空间对抗的战略转型；在网电探测方面，不断强化全球海量信息感知、快速态势融合和跟踪反制能力，构建多层次综合的网电空间侦察探测系统；在网电攻击方面，着力强调发展先发制人的进攻能力和网电一体攻击能力，具备网电全域的体系对抗能力；在网电防御方面，美军具备在遭到入侵和攻击时仍可完成作战任务的防御能力；在力量编成方面，2009年，美国组建了世界上第一支网络战“特种部队”，目前各军种在网电司令部的统一领导下，将分布在不同部门的网电作战力量进行整合，这表明美军初步形成了整体网电作战能力。

网电空间由于目标繁多、体系庞大，采用的软硬件和体系结构协议、交互协议、应用服务不可避免地存在漏洞和薄弱环节，而战场网络又大多采用无线链路传输方式，网络信号开放，这为实施网电探测与攻击提供了可能性。同时，网电空间易攻难防，攻击性网络作战力量相比防御性网络作战力量更廉价，以进攻性作战行动执行溯源攻击，消减威胁源头，投入要小得多。不难预料，在未来围绕网电空间的攻防对抗将更加激烈。因此，我们必须深入分析当前网电空间攻防对抗所面临的形势，研发网电攻击的基础技术，发展针对重点目标的攻击技术与装备，探讨作战运用策略等，为未来可能出现的网电对抗做好准备，为获得非对称战略威慑能力锻造“撒手锏”。

五、角力

战争胜负不仅取决于力量的大小，而且决定于力量的运用。

力量的运用是艺术，是方法，是谋略。战争之所以是艺术，是因为战争具有不确定性。战争的不确定性，一方面源自作战双方力量的复杂变化，另一方面产生于军事指挥员对形成、提升和运用战争力量的主观创造，而这种主观创造见诸军事实践，便是战争艺术。克劳塞维茨曾经说过，战争是一个“充满不确定性的领域”，“人类任何活动都不像战争那样给偶然性这个不速之客留有这样广阔的天地”。正是战争这种不确定性的存在，为历代军事家演绎战争艺术提供了广阔舞台。

今天，当人类战争从过去的陆、海、空、天的较量，不断拓展到网电空间和认知空间、社会空间的较量时，多维空间的耦合与叠加无疑增加了战争的复杂性，这就为运筹战争的艺术树立了新的标杆，只有拥有宽广的视野、艺术的修养、敏锐的思维，运筹帷幄，才能号准未来战争的脉搏。

为此，必须把握道与器、软与硬、奇与正的辩证法。

道与器。所谓“道”，就是规律，是理论和战略；所谓“器”，就是器物，是技术和手段。在人类战争实践的不同阶段，二者的发展并不平衡。中国历来就有重道轻器的文化传统，《周易·系辞》曰：“形而上者谓之道，形而下者谓之器。”直到鸦片战争，在西方的坚船利炮面前，古老的重道轻器传统遭到质疑，矫枉过正的结果是逐渐形成了重器轻道的思想观念，并延续至今。一些人言必称美军，言必称装备，重技术轻战略，重军事轻政治，重科技轻人文，即使在信息化建设中也只看重硬件建设，有意无意地轻视了文化建设。20世纪以来，军事领域发生了革命性变革，理论与技术呼应，战略与工具协同，思想与行动并进，是新军事革命的鲜明特征。谋划和指导战争，既需要军事技术、武器装备等“器”的支撑，更需要军事战略、作战理论等“道”的引领，做到道器并重。

科学的军事理论就是战斗力，一支强大的军队必须有科学理论作指导。军事战略创新也好，军事技术创新也好，其他方面军事创新也好，都离不开军事指导。军事变革并不是自发产生的，而是作战需求、战略思想、军事理论等规划、选择的结果，并形成一定时期的核心军事能力，从而创新战争的“游戏规则”。随着世界军事革命迅猛发展，信息化战争制胜机理是什么？如何筹划实施一体化联合作战？如何构建现代军事力量体系？等，这些重大问题亟须从理论上做出回答。2015 年，美国确定的五大颠覆性技术领域，就是在“亚洲再平衡”战略和第三次“抵消战略”指导下提出来的，其实质就是要颠覆“信息技术主导下的精确作战能力”，改变“非接触精确作战”的“游戏规则”，揭开了新一轮军事革命的序幕。当前，我们正由全面的“追赶者”向部分领域的“并行者”靠近，并在某些领域加速向“领跑者”迈进。追赶和领跑是有本质区别的，追赶相当于把提出问题和判断可行性这最难的两步都跳过去了，引领就是要在没有明确跟踪目标的情况下创新，面临的难度和不确定性同以前相比不是一个数量级的，需要经过缜密细致的理论研究，高屋建瓴的战略研判，增强技术认知力和鉴别力，才能看清方向、廓清技术迷雾。当年，苏联被美国人大肆渲染的“星球大战计划”牵着鼻子走、弄得晕头转向，就是丧失了战略定力，陷入“被动锁定”陷阱，教训不可谓不深刻。因此，我们不能囿于昨天的思维设计明天的战争，只盯着主要对手和当前任务适应需求，而是要用前瞻眼光密切关注世界新军事革命发展态势，瞄准未来可能“打什么仗、和谁打仗、在哪打仗、怎么打仗”，通过设计战争创造需求，真正牵引和驱动军事技术创新，铸造战争制胜的“利器”。

恩格斯指出：“在长久的和平时期，兵器由于工业的发展改进了多少，作战方法就落后了多少。”[①]从历史上看，军事理论的变革往往落后于军事技术的发展。由于人们往往只可能根据以往的战争来研究将来的战争，这就必然导致军事理论发展的滞后性。近代以前，科学技术和武器装备对战争胜负影响有限，军事理论更注重韬略、谋略，缺乏对技术的理解和关注。显然，只有根据军事技术的不断更新和战争的新变化适时地在军事理论上进行创新，才能产生新的军事理论，并产生新的军队编成，进而充分发挥新技术、新武器的作战效能。军事理论必须主动回应科技创新提出的挑战，源于技术、面向技术、超越技术，从技术的原点上寻找创新的灵感。如美军 1982 年提出“空地一体作战”理论时，新型坦克、隐形飞机、精确制导等并未大量装备部队，许多甚至还没有投入生产。近年来，无论是“自主战争”“影子战争”“第六代战争”等，还是美军的《2020 联合构想》，抑或俄军的《2020 年前武装力量建设计划》，都是基于科技发展态势，提出的未来作战样式、战争形态及力量建设构想。因此，我们必须坚持非对称作战思想，洞察强敌技术上的“软肋”，构建具有我军特色、符合现代战争规律的先进作战理论体系。

攻与防。战争是进攻与防御的矛盾运动，战争的过程也就是敌对双方相互展开进攻与防御对抗活动的过程。从历史上看，进攻与防御的矛盾对立在战争发展的不同阶段，以及在不同国家、不同的战争舞

---

① 马克思、恩格斯：《马克思恩格斯选集》（第 1 卷），北京：人民出版社，1972 年版，第 363 页。

台上，均具有不同的表现形式。在具体的交战过程中，力求获胜的交战双方以一定时期的科学技术为基础，必然采用一系列相互对立的战争工具，如侦察器材和伪装器材、杀伤兵器和防护器材、运输工具和障碍器材、通信手段、指挥工具和干扰器材等。每一种战争手段的出现，都向对立手段的出现提出了需求。与此同时，它也就使对立手段的出现有了依据，提供了一种可能性。由此可见，攻防互易的矛盾运动，或者说，"一物降一物"作为一个基本规律，贯穿整个战争史。

从战争登上人类历史舞台那刻起，攻防这一对矛盾就总是在对抗中寻找平衡的支点。《孙子兵法》提到，"十则围之，五则攻之，倍则分之，敌则能战之，少则能逃之，不若则能避之"。大意是说：在作战行动中，如果参战方在力量上占有优势，就应主动出击；如果力量不如对方，则应以防御为主。可见，在当时条件下，防御是一种"较强的作战形式"。第一次世界大战时，人们认为速射武器是有利于进攻的，但速射武器和铁丝网、堑壕等的结合，使得战争更有利于防御，于是出现了凡尔登"绞肉机"。而后，为了突破防御阵地，出现了坦克。第一次世界大战结束以后，人们认为坦克还是辅助性兵器，法国军队构筑了马其诺防线，试图正面阻止德军的进攻，但出乎法国军队意料的是，德国人创造了闪击战，凭借飞机和坦克的结合，绕过了马其诺防线，打了法国一个措手不及。法国沿用陈旧的防御理论和防御形式——马其诺防线——在借助新式武器采用新的作战形式的攻势面前吃了大亏，由此，防御进入了一个新的发展阶段。1991 年的海湾战争，伊拉克军队仍然沿用传统线式防御思想，耗巨资修筑了萨达姆防线，结果在美军新的非线式进攻的打击下迅速土崩瓦解，从此战争攻防进入了信息化时代。

在信息化战争的体系对抗中，伴随着军事技术飞速发展，作战行动早已突破固定战场局限，在多维作战空间同时展开。在此情况下，攻防的难易程度和代价都发生了逆转，地理优势和阵地防护作用大为减弱，防御难度和成本也大为增加。进攻一方拥有更多攻击手段，军事史专家杜普伊所称的进攻性兵器的理论杀伤力指数（简称 TLIS）呈指数级增长，历代军事家梦寐以求的“发现即摧毁”成为现实，进攻作战的地位骤然上升。俄罗斯学者加列耶夫以巡航导弹为例指出，进攻与防御之间存在着 8 ~ 14 倍的费效比差。比如，美国“导弹防御系统”说是“防御”，实际上是攻防兼备的现代化武器系统。正如最好的反导弹武器也是导弹一样，拦截能力很强的反导导弹如“爱国者”系列，也是进攻性很强的导弹。2016 年 7 月，北约在欧洲的“导弹防御系统”已具备初始作战能力，被俄罗斯视为最大的军事威胁。为此，俄罗斯从攻防两方面入手，加强了“白杨 -M”导弹和 S-400“凯旋”反导系统的建设。显然，面对着军事技术发展所导致的“攻易防难”的铁律，确保信息化条件下体系对抗的优势，就必须加强攻防兼备的军事力量建设。随着“萨德”入韩，美国利用岛链构建针对中国的多层导弹防御体系正在构建，将对中国的战略打击力量构成严重的威胁。因此，我军必须加强远程突击能力建设，必要时能够对岛链上的反导阵地进行反击，以保证拥有可靠、稳定的战略反击能力，确保国家安全和权益。

奇与正。“战势不过奇正，奇正之变，不可胜穷也。”这句出自《孙子兵法·势篇》中的名言，揭示了战争力量运筹艺术的千古胜律。通俗而言，战势不过只有奇正两种。然而奇正的变化，却是无穷无尽的。如果墨守成规而不变化，就会正也不是正，奇也未必奇。只有“出其不意，攻其不备”，才能赢得胜利。对此，钱学森早在 20 世纪 70 年代末就多次提出，军事技术发展不能满足于“追尾巴”“照镜子”，而是要独辟蹊径地开拓新领域和新方向。按照钱学森的说法：所谓“追尾巴”，就是人家有什么就跟着人家搞什么；所谓“照镜子”，就是人家有什么，我们就搞个东西来对付。钱学森在这里提出的“非对称”发展，就是“奇”“正”结合的体现。非对称发展有助于打破先进国家的技术垄断，形成强劲的后发优势。它要求决策者具有远见卓识，敢为天下先，才能出奇制胜。

军事力量建设不仅取决于一个国家的经济水平，而且取决于军事家和政治家的敏锐眼光。“非对称”武器装备发展运用所蕴含的新质战斗力，往往是人们始料不及的。1899 年，美国发明家霍兰设计了世界上第一艘真正实用的潜艇。到 20 世纪初，潜艇技术便被世界各军事强国所掌握。但是，保守的英国皇家海军仍崇奉“无畏战舰时代”的战略战术，认为潜艇只是弱国海军的武器，把自己拥有的 32 艘最先进的 D 级和 E 级潜艇用于近海防卫。相反，在技术上并无优势的德国，意识到潜艇的作战潜力，大胆指派潜艇到远海单独作战，以无限制潜艇战在第一次世界大战期间共击沉了 1100 万吨协约国船舶。当人们还没有从第一次世界大战中吸取教训时，德国海军上将邓尼茨在第二次世界大战中，凭借仅有的 57 艘潜艇实施狼群攻击战术，结果竟使盟国几千艘船舶和数万名水手漂尸海上。可见，人要驾驭战争、赢得胜利，从而实现攻防的矛盾易位，必须以先知先觉的头脑，自发自觉地行动，洞悉武器装备对战争制胜机理的影响，“见之于未萌，识之于未发”，超前布局、超前谋划。

从人类战争实践看，新型作战力量始终是军事领域最具有革命性、颠覆性因素，是赢得未来战争的“利剑”和“尖刀”，成为改变战争胜负的关键性力量。新型作战力量是以新需求为牵引、以新技术为支撑、以新质战斗力为标志的作战力量。从本质上说，军事革命的过程就是提升新质战斗力的过程。只有加强新型作战力量建设，才能从根本上使传统军事力量脱胎换骨、凤凰涅槃。当前，战略预警、军事航天、防空反导、战略投送、远海防卫、无人作战、网络攻防等新型作战力量，成为各国军事能力跨越发展的“增长极”。因此，我们要把新型作战力量建设作为战略重点，坚持敌人怕什么就发展什么，加快推进战略力量和非对称制衡力量建设，形成“敌无我有、敌有我精”的力量优势，不断提高有效慑敌制胜的战略能力。

战争，既是科学，也是艺术，期待着善于谋略的军人做出睿智的回答。毕竟，在人类历史上，那些以创造伟业而开辟新纪元的统帅，无一不是胸藏宏韬大略者。在人类战争史上，那些叱咤风云的将军，无一不是智谋超群者。在英雄的桂冠上，在胜利者的胸徽上，都透射出谋略的光彩。在胜利的凯歌中，在成功的乐章中，都荡漾着谋略的谐韵。

科技，战争竞逐的支点。

韬略，强者胜出的艺术。

第三章

威慑

信己之私，威加于敌，故其城可拔，其国可隳。

——孙子

威慑需要实力、使用实力的意志，以及潜在进攻者对两者的评估三方面因素。

——美国国务卿亨利·阿尔弗雷德·基辛格

2016年7月8日，韩国政府不顾俄罗斯、中国等周边国家的强烈反对，执意部署“萨德”系统。同日，朝鲜也宣布将择机进行核试验。两个月后的9月9日上午9时，朝鲜成功进行了历史上第五次核试验。朝中社发表声明称，试验彰显了朝鲜人民报复敌人挑衅的钢铁意志，在美国变本加厉进行核战争威胁之下，朝鲜必须自主锻造核武利剑，以捍卫生存权利和国家尊严。显然，“萨德”系统的部署与核试验的进行，皆是朝鲜半岛上两大敌对阵营的相互威慑行动。

威慑，作为一种显示或威胁使用武力以迫使对方屈服的战略行为，古已有之。这就是《孙子兵法·九地篇》所言：“信己之私，威加于敌，故其城可拔，其国可隳。”中国古代兵书《兵家领要·先声篇》也写道：“兵有先声而后实者，谓以先声夺敌之魄，故敌不烦兵而服也。故张我军实，张我先声，惮敌闻之，或恐惧投降，或未战自溃，皆兵之机，所谓用力逸而成功多也。”这里所讲的就是通过先声夺人的威慑行动来达到“不战而屈人之兵”的目的。美国国防大学哈伦·厄尔曼等人说，他们提出的“震慑”理论就源自孙子“吴宫教战斩美姬”。

威慑，已成为和平时期军事力量常态化运用的重要方式。

一、示形·造势

威慑，总要在一定场合、以一定方式公开展示力量，以显示强大威力。如果没有这种公开展示，就无法使对方确信这种力量的存在及威力，自然也就不能慑服对方。“兵无常势，水无常形。”示形·造势作为威慑的一种重要方式，可以通过虚实结合，强化威慑效果。

1. 阅兵

1941 年 10 月底，纳粹德国铁骑兵临城下，莫斯科岌岌可危。在德军望远镜中，克里姆林宫的红色穹顶清晰可见。面对步步进逼的德军，莫斯科军民临危不惧，11 月 7 日，在苏联十月革命 24 周年纪念日，毅然在红场举行盛大阅兵式。列宁墓前，斯大林向受阅官兵发表了慷慨激昂的演说，号召苏联军民奋起反击，彻底粉碎德国侵略者的进攻。随后，受阅方队依次通过并接受检阅——手握钢枪英姿勃发的军校学员方队，穿着白色雪地伪装服的摩托化步兵方队，穿着深蓝色呢大衣的水兵方队，全副武装的莫斯科武装工人支队……最后，坦克编队驶入红场，马达的轰鸣声加上履带转动的金属声，震撼着红场，震撼着大地，也震撼着每一个人的心灵。苏军官兵热血沸腾，高喊着“俄罗斯虽大，但已无路可退，后面就是莫斯科！”许多部队直接从红场开赴战场，去迎接极端艰苦、极端残酷，也极端血腥的战斗……[①] 苏联军民在阅兵场上展现出的镇定自若、传递出不屈信念与必胜信心，有力震慑了纳粹入侵者，创造了“一个冬天里的奇迹”。

红场阅兵创造的奇迹表明，战时的阅兵能够有效展示部队作战意志，以激励士气，震慑敌人。在没有硝烟的和平时期，国庆日、建军节等重大庆典上的阅兵，既展示了国防实力，也彰显了国威军威，同

① 马尔钦·科济列夫斯基：《血捍莫斯科》，合肥：安徽文艺出版社，2010 年版，第 236-237 页。

时也振奋民心士气，宣示决心意志，形成“威加于敌”的有利态势。

特别是在重大庆典阅兵中，受阅装备不乏“国之重器”，并且它们许多是首次公开“亮相”，在万众瞩目中揭开“撒手锏”的神秘面纱，极大地发挥了武器装备的威慑力。2010 年，在俄罗斯纪念卫国战争胜利 65 周年的红场阅兵中，“白杨 -M”机动战略导弹和“铠甲 -S1”防空系统的首次亮相，就吸引了世界的目光，有力展示了俄罗斯的军事力量。在 2015 年 9 月 3 日纪念抗战胜利 70 周年的阅兵中，我国同样也展示了诸多新式武器装备。其中，引起轰动的是 DF-21D 和 DF-26 反舰弹道导弹。据香港媒体分析，大小两个型号反舰弹道导弹的公开亮相，所包含的技术、战术及政策含义非常丰富。技术与战术层面，意在提醒人们，在弹道导弹弹头制导和机动这一极难攻克的技术难题上，解放军已经取得了重大突破，并且技术水平日趋成熟。同时表明，我军在西太平洋拥有抗衡美军海空力量的“撒手锏”。或许香港媒体的分析不见得客观，却也指出了在受阅武器装备与战略威慑之间的一种必然逻辑。

阅兵中虚张声势的军力展示，为弱者威慑强者提供一种现实选择。1955 年 7 月，赫鲁晓夫邀请西方各国武官、记者登上观礼台观摩苏联空军航空节阅兵。阅兵式上，一架先进的图 -95 战略轰炸机呼啸着飞越观礼台上空。当飞机飞出众人视野之后，又绕回原出发地，再次飞越观礼台上空。就这样，同一架飞机多次掠过观礼台上空。结果，各国武官纷纷向本国政府报告，苏联已拥有庞大的战略轰炸机群，各国媒体也对此大肆渲染，美国朝野上下受到“震慑”，认为苏联在核军备竞赛中走在了前面。同样的事情也发生在朝鲜。2012 年 4 月，朝鲜在纪念金日成诞辰 100 周年阅兵式中，首次展示了一种由士兵携带的印有放射性标志的背包，在2013年和2015年的两度阅兵中“核背包”反复亮相，从而引起国际社会的广泛猜测。有人说，这是朝鲜的放射性检测设备；也有人说，这是一种“脏弹”；还有人说，这是朝鲜研制的小型核弹。众说纷纭中传递出来的这种“不确定性”，有效地威慑了潜在对手，从而使美韩对朝鲜多了一份忌惮。

2. 高调炫武

高调炫武，顾名思义就是借助传媒大造舆论，对外释放强势武力信息，以攻势宣传对敌造成心理威慑。现代战争及局部地区冲突中，高调炫武已经被广泛运用。它通常先行于大规模作战行动展开之前，有意展示自己的雄厚兵力、精良装备及战斗精神等，特别是借助当今全球传播网络，以高调炫武的“舆论场”对敌形成全方位的“威慑场”，力求达到“先声夺敌之魄”。

1994年9月，美军入侵海地的行动，就成功采用了高调炫武的谋略。当时，海地武装力量只有7400余人，几乎没有海空军力量。面对这样势单力薄的对手，本无须大动干戈，但美国却“杀鸡动牛刀”，派出了精锐的第82空降师和第10山地师，动用了18艘军舰，出动了81架战斗机和66架直升机，总兵力近2万人，对海地实施了强有力的战略威慑。9月18日，美国与海地代表展开谈判。美方代表利用现代传媒手段，将美国的战地实况转播连接手边电脑，然后对海地一方的代表说：“你今天同意不同意我的条件并不重要，你看我们整个空袭计划，作战行动马上就要开始了！”海地代表半信半疑地说：“你这是吓唬。”不料几分钟后，电脑屏幕上就显现出美军轰炸机及第82空降师大型运输机起飞的镜头。海地代表受到强烈的心理震撼，不得不签署自动交权的《太子港协议》。可以说，美方以压促变、以威取胜，迫使海地政府无条件接受城下之盟。

直观形象的视听传播、肆意渲染的打击效果、尖端武器的刻意宣扬，都是高调炫武的惯用手段。在海湾战争中，美军使用 F-117 飞机投掷激光制导炸弹，准确命中伊拉克空军司令部楼顶正中央，从那里穿入大楼底部将其炸毁。战场录像还显示，伊拉克防空司令部楼顶上有三个通气烟囱，激光制导炸弹“神奇”地钻进了其中一个，然后将大楼炸毁。美军开动宣传机器反复播放战场视频，宣扬激光制导炸弹无所不能的打击力，导致伊拉克军队恐惧情绪不断蔓延，最终无心恋战，兵败如山倒。在此后的科索沃战争、伊拉克战争等军事行动中，美军也如法炮制。

当然，高调炫武并不是把自己的“家底”都亮出来，而是虚实结合，让对手既难以承受，又茫然无措，最终导致军事决策上的误判。海湾战争中，美国等西方媒体放弃了所谓的“中立立场”，开动“舆论战车”与军方联合形成一股对伊进攻合力。在“沙漠风暴”行动前一天，西方媒体大肆报道美军航母编队开进苏伊士运河的信息，电视上每天都播放巨型银河运输机起降画面，极大地迷惑了萨达姆，使其认为美军仍未完成作战部署，丧失了主动出击的有利战机。待多国部队集结完毕，在发动地面作战行动之前，美军又故意抛出“夜间骆驼行动”与“四面出击”等多个行动方案，并通过媒体大肆宣扬，扰乱了伊军的决策，使其无法对多国部队的真实意图做出准确研判。可见，“炫武”本身就包含着“放大”和“不实”信息，扰乱对手视线，迷惑敌人心智。对此，美军在战后修订的《作战纲要》中一语道破玄机：“媒体报道的力量，能对战略方向及军事行动的范围造成戏剧性的影响。”

3. 影视渲染

与立足震慑，通过使对手恐惧而瓦解抵抗意志的“高调炫武”不同，影视渲染主要借助电影、电视以及网络等大众传媒，通过潜移默化的影响和感化，塑造自己不可战胜的“神话”与形象，使潜在对手心生畏惧，达到威慑的战略目的。

当今世界，美国的航母最多、最先进，自然也最爱“显摆”。除了时不时打上一仗，并在全球各地的港口停泊以外，美军还有一个重要渠道来炫耀航母，那就是好莱坞电影。美国的第一艘核动力航母 CVN-68“尼米兹”号在 1975 年服役时，美国就专门拍摄了《核子航母历险记》。“尼米兹”号的姊妹舰也多次在好莱坞大片中上镜，CVN-70“卡尔·文森”号先后出现在电影《深入敌后》《绝密飞行》中，CVN-74“斯坦尼斯”号出现在《变形金刚 2》中，CVN-75“杜鲁门”号出现在《太阳之泪》中，CVN-72“林肯”号出现在《绝密飞行》中。就连退役封存的常规动力“小鹰”级航母“肯尼迪”号也在电影《2012》中露了个脸。

五角大楼与好莱坞历来就有着密切合作关系，通过各种方式影响影片拍摄，塑造战无不胜的美军形象。海、陆、空三军及海军陆战队在好莱坞也设有专门的办公室，负责处理协助拍摄事务。早在第二次世界大战期间的 1942 年，美军就专门设立了“电影署”，隶属于“战时新闻处”。当时的负责人戴维斯主任曾说：“将宣传思想注入大多数人头脑的最简单途径，就是让这一思想以娱乐电影为媒介，在人们尚未意识到自己已成为被宣传对象时达到宣传目的。”[①] 美国学者大

① 理查德·麦特白：《好莱坞电影》，北京：华夏出版社，2005 年版，第 260 页。

卫·罗伯特在《操控好莱坞——五角大楼与好莱坞之间的瓜葛》中也描述说，五角大楼一方面向好莱坞提供必需的武器装备用于拍摄电影，另一方面又在影片的剧本、拍摄、发行及上映等各个环节操控好莱坞，以确保好莱坞制作出符合五角大楼意图的影片。①

战争和科幻片一直是好莱坞电影库房中炙手可热的宠儿，它们在给全世界观众带来视觉享受的同时，也将美军超强武器装备的形象深深烙在了人们脑海。从《星球大战》到《变形金刚》系列，再到《独立日》《洛杉矶之战》，美军一直是地球上最尖端武器装备的拥有者，一次又一次扮演了“救世主”的角色。在《变形金刚》系列影片中，全球唯一的第四代战斗机 F-22“猛禽”、美军目前重量和功率最大的直升机 MH-53、美国阿利·伯克级驱逐舰启动的电磁炮等“明星武器”悉数登场，“无比强大”的美军似乎只有外星人才是对手，这类大片经常使好莱坞的影视巨头们赚得盆满钵满。当然，票房好只是一方面原因，背后必有美军的鼎力支持，“不计报酬”地提供尖端武器装备做道具，提供官兵做群众演员，从而能极大地便利拍摄过程，压缩拍摄成本。

二、军力“肌肉”秀

对处于和平时期的很多国家而言，通过“曝光”武器装备试验，开展军事训练演习，军舰和飞机的远程巡航等活动“秀肌肉”，既可以展示自身实力，也可以威慑潜在对手。

① David L. Robb: Operation Hollywood: How the Pentagon shapes and censors the movies, New York: Prometheus Books, 2004, p.68.

1. 武器试验

2013年1月27日晚，我国国防部新闻事务局披露："中国在境内再次进行了陆基中段反导拦截技术试验，试验达到了预期目的。这一试验是防御性的，不针对任何国家。"[①] 这段简单的消息瞬间激起海内外舆论的强烈反响。国内军迷们一片欢腾："新风气啊，有什么说什么，不再藏着掖着。大好！"英国BBC撰文称，中国在中日钓鱼岛对峙、朝鲜核导危机、中美亚太利益碰撞等系列敏感事件期间，高调宣布陆基中段反导拦截技术再次试验成功，引发包括美国、日本、印度等所谓周边"潜在对手"的关注。美国知名中国军事问题专家汉斯·克里斯特藤森认为，中国公布反导试验的目的旨在对潜在对手"显示能力"。[②]

2016年7月24日，中央电视台播出的新闻联播在报道我国导弹和反导试验专家陈德明的先进事迹时，罕见地公布了2010年1月11日和2013年1月27日两次反导试验的视频。陈德明的同事在试验场上接受采访时，背后墙上的大字标语也格外醒目，意味深长，"让一切敌人在我们的胜利面前发抖"。台湾媒体就此指出，大陆高调公开反导专家陈德明的事迹，是对半个月前美韩两国不顾大陆反对，坚持在韩国部署"萨德"系统的回应。由于中段是弹道导弹飞行高度最高的一段，拦截的技术难度远高于末段拦截，因此可以说，陈德明的研究领先"萨德"一个级别，宣告中国有底气、有志气制造出比"萨德"

① 钱彤：《中国在境内进行陆基中段反导拦截技术试验》，载于《新华每日电讯》，2013年1月28日。

② 朱晓磊：《美国专家：中国反导试验欲向潜在对手显示能力》，http://world.huanqiu.com/exclusive/2013-01/3592851.html

系统更先进的反导装置，同时也是对美国进行“反导讹诈”的有力回应。这表明，武器试验，尤其是战略武器试验，绝不仅仅是武器装备研发环节的一部分，它对内可以提高己方敢打必胜的信心，对外则可传达重要的战略威慑信息。

鉴于核武器、洲际导弹等战略武器很少有机会用于实战，试验就成为传递战略威慑信息的最主要途径。在大气层核试验中，强烈的闪光和冲击波、飞腾的蘑菇云在第一时间就能给人以强烈的视觉震撼，甚至能使笃信宗教的人产生上帝显灵、世界末日的感觉。据传记作家描述，美国原子弹研制的技术负责人奥本海默面对第一次原子弹爆炸的闪光时，不禁想起古印度“至高无上”的命运之神克里施纳说过的一句话：“我是死神，是世界的毁灭者。”几乎所有在场的人，其中也包括那些过去对宗教毫无兴趣的人，都相互用神话和宗教语言述说着各自的感受。伴随着军事技术的发展进步，一些常规兵器试验带给人们的感官和心理冲击已开始比肩核武器，同样能够发挥有效可信的威慑作用。在伊拉克战争中，美军通过高调宣传试验中“炸弹之母”的恐怖威力等方式，从视觉、听觉和心理上全面影响伊拉克民众的意志。

2. 军事演习

人们从电视、报刊、互联网等媒体中，几乎可以每天看到或听到：在世界上某一地区或某一角落，陆上海上空中，一时电波频传，硝烟弥漫，金戈铁马，杀声震天；在外人无法看到的密室中或营帐里，一组组指挥官面对微机、沙盘、地图、电台，神色凝重，表情严肃，一会儿盘算比画，一会儿发出命令……全然是敌对双方厮杀较量、斗智斗勇。这就是如同战争而非战争的军事演习。

军事演习是在近似实战条件下实施的综合性训练，可用来检验和展示部队的实战能力、武器威力和组织水平，既是军事斗争准备的重要手段，也是和平时期传达威慑信息的重要方式。美俄等主要军事强国特别重视通过各种军事演习来达成战略威慑。

当今世界，美国是每年举行军事演习次数最多（仅太平洋战区每年就组织了大大小小的各类演习 150 多次）、规模最大（遍及世界各大洲）、种类最全（有单军兵种演习，也有诸军兵种联合作战演习，还有联军演习；有陆地演习，也有空中、海上甚至太空、网络演习；有实兵演习，也有模拟演习；等等）、内容丰富（有针对各种不同作战对象，也有不同作用和不同目的的演习）。随着美国战略重心东移和亚太“再平衡”战略的实施，利用军事演习“秀肌肉”，为日、韩以及南海周边“小伙伴”打气，对我国实施战略威慑，成为美军亚太军演的重要战略目标。在美国首次明确提出亚太“再平衡”战略的 2012 年，美国与其盟友在亚太地区进行了多场演习，“对抗北方 -2012”“金色眼镜蛇 -2012”“环太平洋 -2012”等针对中国的意图愈加明显。“环太平洋 -2012”演习方案设计主管卡尔·贝克尔曾直言不讳地指出，近年来该演习的战略目的就是要“防备亚太地区崛起的新型军事力量，其中自然包括中国”。

2016 年夏，南海局势随着气温节节攀升。美日等国为了迫使中国接受南海仲裁案仲裁庭荒诞不经的非法“最终裁决”结果，外交攻势与军事胁迫行为同时上演，一时间山雨欲来风满楼。在此背景下，军事演习自然就成为美中双方“威慑”与“反威慑”角力的重要舞台。2016 年 6 月至 7 月间，美国打着维护“航行自由”的旗号，派出“斯坦尼斯”号和“里根”号两个“尼米兹”级航母战斗群和多艘导弹驱逐舰，在菲律宾附近海域举行了一场精心策划的演习，甚至穿越我国南海专属经济区。美国海军作战部长约翰·理查德森6月20日在美国新安全中心年会上扬言，美国派出两艘航母在同一片海域演习的情况并不常见，这代表了美国承诺维持该区域安全的信号，也是对有关国家的“威慑”。6月22日，《人民日报》发表评论：“美国是南海域外国家，从浩渺的太平洋一侧跑到另一侧炫耀武力，目的就是要在南海制造紧张局势，挑起事端破坏和平稳定，进而浑水摸鱼，极力维护其霸权。这种贼喊捉贼的勾当是对国际法的公然藐视，也是对他国安全利益的公然损害。”①

2016年7月8日，中国海军组织三大舰队的上百艘舰艇和数十架飞机，以及部分岸基导弹发射单元等新型作战力量，在海南岛至西沙附近海域进行了一场实兵对抗演习，无论是规模还是级别都十分罕见。在中央电视台播出的画面中可以看到，空中力量有轰-6、歼轰-7、歼-11B等飞机，水面舰艇则有海军最新型舰艇052D型“中华神盾”改进型导弹驱逐舰、051C导弹驱逐舰、956EM“现代”级导弹驱逐舰、054A型“江凯Ⅱ”导弹护卫舰和056型护卫舰等主力作战舰艇。还有红旗-16、海红-9防空导弹，鹰击-83、鹰击-62和鹰击-12反舰导弹，以及鱼-7鱼雷等多型武器装备开展对海、对空和对潜等课目的实弹射击画面。此次我国海军三大舰队举行的军事演习，虽然是年度例行性训练活动，但由于演习时间和菲律宾所谓的“南海仲裁案”公布结果时间非常接近，因此引发了诸多猜测。有军事专家指出，这次演习对企图侵犯我国主权安全的外部势力起到了必要的威慑作用，是毫无疑问的，也是十分

① 钟声：《美国炫耀武力就是搞霸权》，载于《人民日报》，2016年6月22日。

必要的。

显然，我军通过南海系列军事演习，在向外界表明我国已具备“打赢信息化条件下海上局部战争”能力的同时，也传达出我国有能力、有信心、有勇气通过各种手段维护南海领土主权和海洋权益，任何人都不要幻想通过强制手段让我国吞下主权受损的结果。

3. 海空游弋

熟悉好莱坞大片的人们或许早就注意到了，当世界某地发生危机之时，美国白宫的战情室里总会有人问道：“我们的航空母舰在哪里？”

海洋具有全球连通和国际“公共大道”性质，谁控制了海洋，谁就能控制世界。控制海洋并不是要把海洋据为己有，海空游弋同样也是有效控制形式。除个别岛礁外，海洋本身并不能驻扎军队，海空游弋便成为维护领海主权、宣示势力范围、威慑潜在敌人的主要手段。美国芝加哥大学教授汉斯·摩根索认为：“海军具有高度的机动性，能把一国的旗帜和权力带到地球的四面八方，而且其壮观景象会给人留下极为深刻的印象，因此，炫耀海军力量从来都是威望政策偏爱的手段。”[①] 苏联海军元帅戈尔什科夫也认为，海军能形象地在国际舞台上显示本国的现实战斗威力，能远离本土实施大规模军事行动，有效保障国家海外利益。

海空游弋“慑战一体，灵活可控”的优势使其成为冷战时期美苏两国屡试不爽的威慑手段。冷战结束后，俄罗斯曾一度中止远程海空游弋的行动，但近年来面对美国和北约的步步进逼，又试图重振海权

① 汉斯·摩根索：《国家间政治》，北京：北京大学出版社，2007 年版，第 114 页。

雄风，通过海空游弋来宣示国家利益，彰显国家意志，提升战略威慑能力。2007 年 8 月 17 日，俄罗斯高调宣布，恢复战略轰炸机远程巡航，这被认为是对美国北约东扩咄咄逼人态势的直接回应。自此，俄罗斯战机飞行区域覆盖了太平洋、大西洋、北冰洋以及黑海。2008 年 3 月，据日美两国政府通报，俄罗斯图 -95 战略轰炸机“闯入”日本伊豆群岛领空，日军战机仓促起飞拦截，俄罗斯战机随后悠然离去。同样，俄罗斯远程轰炸机与正在此海域执行任务的美国航母也玩起了“猫捉老鼠”的游戏，此举引起日美两国外交抗议。俄军方回应简短干脆：我们只是例行巡航，没有越界！俄罗斯战略远程轰炸机以巡航的形式引起国际舆论热议，从而达到己方战略意图。在行动实施过程中，图 -95 战略轰炸机并没有投下一颗炸弹，真正体现了“不用而用”的战略原则。

2016 年 12 月 24 日，我国海军新闻发言人梁阳宣布，辽宁舰航母编队开展首次远海训练，穿过宫古海峡，驶出第一岛链进入西太平洋。随后，编队又绕过台湾岛东部和南部，进入南海。这次出海的航母编队除了辽宁舰及其舰载机外，另外还有三艘驱逐舰、三艘护卫舰和一艘补给舰，这标志着我国航母舰队已经在自身防御能力、舰载机出击能力、航母的远洋性能、舰队装备的维护保障和后勤补给能力上有了质的飞跃，具备了远洋作战能力。预计我国第一艘国产航母将在 2017 年下水，未来十年内中国至少将拥有四艘甚至更多的航母舰队。当拥有了航母舰队，再结合陆地和岛礁的军事部署，我国对周边爆发军事冲突的应对能力将会大幅跃升。当然，我国航母编队远洋训练绝不是为了挑衅某个国家，也不是要重塑海上战略格局，而是要提高海军综合作战能力和应对非传统安全威慑能力，遏制冲突，制止战争，维护我国领海主权和海洋权益。

三、兵临城下

国家的综合国力和军事实力，在特定时间内是确定不变的，但是通过军事部署调整力量实现空间上的集聚，形成兵临城下之势，就能体现力量运用的决心和意志，达到力量的“乘积”效应。

兵临城下，既是战争发动前的必要准备，也是军事威慑的重要手段。设置海外军事基地和前沿军事部署，是先于对手实施行动前所做出的一种武力威胁，追求的是“劝阻”性战略目的。大军压境，是迫使他国停止正在实施的行动、消除已实施的行动或从事己方要求它实施的其他行动，比如停止抵抗、撤军或投降等，追求的是“劝行”性战役目的。

1. 海外基地

海外军事基地是大国参与全球事务的“桥头堡”。通过部署海外军事基地，大国从遥远的第三方变成了地区格局中的“利益攸关方”，得以扮演“离岸平衡手”的角色，将冲突地带推进到潜在敌国周围，通过构建地区均势阻止地区霸权国的出现。在不同历史时期和不同地缘政治背景下，海外军事基地扮演着不同角色，发挥着军事作战、外交宣示、政治塑造、关系建构和军事训练等重要作用。英国在 18 世纪通过战争夺取了直布罗陀，从而打开了通往印度洋的战略要地，扼守了大西洋通往地中海的咽喉，该基地至今仍发挥着巨大的战略作用。

在很多人看来，美国的海外军事基地同好莱坞电影、流行音乐及快餐一样，一直被视为美国的象征。美国自“二战”开始在全球范围部署军事力量以来，在 70 余国家部署军事基地近 800 个，总兵力近 30

万人。[①]

由于亚太地区和印度洋地区的重要战略价值，美国在该地区部署的军事基地数量仅次于欧洲，约占海外基地总数的 42.7%，共有七个基地群。这些基地大体呈三线配置：第一线由阿拉斯加、东北亚、西南太平洋和印度洋 4 个基地群组成，控制着具有战略意义的航道、海峡和海域；第二线由关岛和澳大利亚、新西兰两个基地群组成，是第一线基地的依托和重要的海空运输中转基地，也是重要的监视侦察基地；第三线由夏威夷群岛基地群组成，既是支援亚太地区作战的后方，又是美国本土防御的前哨。在这些基地中，较主要的有设在日本的横须贺、冲绳海军基地，设在韩国的乌山空军基地和首尔基地，设在关岛的安德森空军基地和阿帕拉海军基地等。

维持美国庞大海外驻军和基地网的传统需求之一就是威慑。冷战期间，遍布全球的美国海外军事基地为威慑和遏制苏联提供了支撑和依托。美国遏制苏联的“前沿政策”，要求在尽可能靠近苏联的地区维持大量军队和军事基地，以此包围和“遏制”所谓的苏联扩张主义政策。苏联解体近 30 年之后，尽管已经没有与美国对立的超级大国，但来自不同政治阵营的人，都坚信美国海外军事基地对保卫国家至关重要。在两党制陷入空前低潮之际，很少有议题如海外驻军这般能让民主党和共和党达成高度一致。小布什政府曾经宣称，海外军事基地“维持了和平”，“象征着美国对盟友和友邦的承诺”。奥巴马政府也表示，“基地前移以及理性地部署美国军队依然是有意义且必要的”，它们“在

① 大卫·韦恩：《美国海外军事基地：它们如何危害全世界》，北京：新华出版社，2016 年版，第 6 页。

海外产生了稳定局势的作用”。[①]

维持为数众多的海外军事基地会给那些想要在战时袭击美军基地的潜在对手造成挑战，迫使他们放弃孤注一掷的冒险想法。美国军事决策者希望“快速应对世界上任何地方出现的危机和突发事件”，遍布全球的军事基地网则为全球到达、全球威慑提供了可信性：如果战时东道国拒绝美军使用该国的美军基地（就像土耳其和欧洲其他国家在 2003 年美军准备第二次入侵伊拉克时所做的那样），那么，美军可以转而使用另一个军事基地。

2. 前沿部署

“前沿部署”原是美国冷战时期对付苏联的军事战略思想。该战略强调美军重要的作战武器装备，都应尽量部署到靠近苏联的地区，甚至部署到其“家门口”，以“直接威慑对手”。如果威慑失败而发生冲突的话，这些前沿部署的武器装备就可以快速出击，以最快的速度实施立体打击。冷战结束后，由于国际形势的变化和驻地民众的反对，美国关闭了大量海外军事基地，也削减了大量兵力，但这些部队的重型装备有许多还是原地封存，以“前沿部署”的形式继续发挥着威慑价值。

人们记忆犹新的是，美国 2007 年决定在东欧部署反导系统，宣称是为了应对千里之外的伊朗核武器和导弹。后来，伊核问题达成和解，伊朗放弃了发展核武器计划，但美国的反导系统不仅没有撤出东欧，反而继续推进，并于 2015 年 5 月大张旗鼓地部署到了罗马尼亚，矛头

① 大卫·韦恩：《美国海外军事基地：它们如何危害全世界》，北京：新华出版社，2016 年版，第 10 页。

直指俄罗斯。

前沿部署是美国亚太“再平衡”战略的重要组成部分，意图就是要对付所谓“潜在的”和“老谋深算的”对手中国，对我国实施战略威慑。按照美国国防部长利昂·帕内塔正式披露的美军在亚太地区部署军力的长期计划，目前，美国在太平洋地区的海军力量只有50%，到2020年，美国海军力量将有60%驻扎在太平洋地区。美军参谋长联席会议主席马丁·登普西在五角大楼也进一步披露说，部署在亚太地区的军事力量将装备美国最先进的武器系统，这包括美国第五代战机和导弹防御系统。2016年7月13日，南海仲裁案仲裁庭宣布其所谓“最终裁决”后首日，美海军第七舰队就宣称，海军洛杉矶级攻击型核潜艇“基韦斯特”号已抵达横须贺军港协防日本，而美军“俄亥俄”号核潜艇也于同日驶入韩国釜山。同时，美国决定在韩国部署“萨德”系统，监控范围可覆盖俄罗斯“东方”航天发射场、乌克赖纳远程航空兵基地、海军太平洋舰队主要港口海参崴和纳霍德卡等军事重地，以及我国东北、华北、东南沿海部分地区。“项庄舞剑，意在沛公”，矛头直指中俄，既有利于美国完成对俄罗斯的战略封锁，又能削弱中国的战略威慑能力，可谓“一石二鸟”。

3. 大军压境

如果威慑方追求的战略目标仅仅是劝阻性的“慑止”，通过设置海外军事基地、前沿军事部署往往就能奏效。如果威慑方采取的行动危及对方的核心利益，比如放弃政权或领土、撤军、投降等，那么仅靠设置海外军事基地、前沿军事部署往往不够，还要进一步“威逼”，在对方边境集结重兵，在战役层面完成战争准备，不断提高威慑等级，迫使对方签订“城下之盟”。

20世纪50年代末，中苏关系恶化，苏联以大军压境的方式对我国实施威慑。1968年，苏联入侵捷克斯洛伐克并提出“有限主权论”，被我国政府认为是极其严重的挑战。1969年，在珍宝岛事件爆发之后，一系列边境冲突将中苏两国关系彻底推向决裂。从20世纪70年代开始到80年代中后期，苏联在中苏、中蒙边界陈兵布阵，部署了45个陆军师，加上边防部队和其他武装力量，总兵力达到百万之多，并配备了包括核导弹在内的大量先进武器装备，试图通过大军压境的方式迫使我国就范。但是，我国并没有屈从，而是采取在中苏、中蒙边境集结重兵，做好“早打、大打、打核战争”的准备，进行了战略疏散和加强“三线”建设等方式积极备战，实施反威慑，并联合第三世界国家反对霸权主义，改善同美国等国的关系，通过多种措施缓解压力，最终在20世纪80年代末通过中苏关系正常化实现了“化干戈为玉帛”。

20世纪80年代后，随着高技术常规武器装备射程、精度、毁伤力的提高，以及部队机动、突防能力的跃升，大军压境不再需要在边境线上陈兵百万，而是采取火力集中与战役合围。在海湾战争以来历次“大军压境”行动中，美军在兵力部署上都注重“海空部队的先行先至”。1990年8月7日，美国总统布什正式签署实施“沙漠盾牌”计划，部署阻止伊拉克入侵沙特和其他海湾国家的军事威慑力量，形成在海空封锁、经济制裁及外交解决无效的情况下，摧毁伊拉克战争机器的强大军事能力。根据该计划，美军“艾森豪威尔”号核动力航空母舰等八艘大中型舰船奉命游弋于地中海东部海域，“萨拉托加”号航空母舰、“彼得尔”号巡洋舰等10余艘军舰也驶向海湾地区。几个军事基地的数百架飞机处于战备状态。美82空降师和美101空降师一部也于8月

9日前抵达沙特。在短短一星期之内，美、英、法等国协调行动，快速反应，迅速将海、空作战力量部署到地中海、阿曼湾、波斯湾和沙特境内，初步对伊拉克形成了包围和威慑的军事态势，从而使伊拉克政府在进攻沙特问题上不敢“越雷池一步”。[①]

四、从“战争工具”到“战略符号”

作为威慑战略的核心，武器装备扮演着十分独特的角色。无论是阅兵、炫武，还是试验、演习，围绕武器装备而展开的军事威慑，是其重点所在。要认识这种威慑活动，就离不开我们对武器装备功能的审视。众所周知，技术物的使用价值即技术物的有用性，往往是工具价值和文化价值的统一体。比如，小汽车的工具价值是载人交通工具，同时也承担着文化功能，被看作是社会地位、个人品位的象征符号。一般技术产品如此，武器装备自然也不例外。回顾武器装备进化史，我们不难发现，它经历了一个从“战争工具”到“战略符号”演化的过程。

1. 演化的军事技术

武器装备是进行战争的物质基础和技术手段，它伴随着科学技术的发展而呈现出不同的特质。

原始社会条件下武器装备与劳动工具合二为一，平时用作采集和狩猎，战时用于格斗与搏杀。社会生产力的发展、剩余劳动的出现、阶级的产生，形成了国家以及作为国家极其重要组成部分的专事战争

① 鲁杰：《美军心理战经典故事》，北京：团结出版社，2004年版，第106页。

的常备军。常备军使用专门的器械作战，战争由以往的部族掠夺和血亲复仇变成了阶级间的经常性的激烈冲突，从而导致原始条件下技术母体的分娩，分化出一个以武器为核心的新系统，即军事技术。

军事技术的核心部分是武器技术。武器技术变革的前提是人类对物质的能量形式认识的深入。机械能之所以首先用于战争，是因为古代人类对运动的把握开始于简单的机械运动，相应的自然科学只是对事物力学性质的粗浅认识。在这一阶段，人类的军事对抗主要是材料对抗。也就是说，对抗双方谁在材料上占有先机，谁就有可能取得战争的胜利。因此，军事较量在手段上的突破，主要体现在新材料的发明上，于是才有从石器、青铜器、铁器到百炼钢。然而，就材料的杀伤功能而言，钢制冷兵器已达到极限，因为没有比钢刀更锋利的武器了，战争的发展迫使人们不得不另辟蹊径。

就在材料对抗停滞不前时，公元10世纪，中国人首先发明了火药，从而为军事斗争注入了新的活力。火器相对于冷兵器，具有明显优越的杀伤力、震撼力和威慑力。自此以后，靠材料取胜的局面被打破，人类的军事行动围绕能源较量而展开，于是就有了火药的发明。随着火药的发明和对事物化学性质的认识和掌握，出现了枪炮，人类开始自觉地用武器来完成各种能量转换，从而产生了武器发展史上第一次重大革命。从黑火药、高爆炸药到原子弹的发明，就能量杀伤而言，核武器终于达到极限，因为寻求比核武器更具杀伤力的武器，已经失去任何意义。核武器是在20世纪以来人类对微观世界的探索取得大量成果的基础上出现的。因为原子物理、核物理、物理化学、量子力学、相对论等学科的发展，使人类对核能的利用成为可能，从而导致了武器发展史上的第二次革命。

回顾军事技术从冷兵器、热兵器到核武器发展的历程，我们不难发现，军事技术自古就兼具战争工具功能和符号象征意义。剑曾经是一种非常重要的冷兵器，但随着欧洲中世纪后期重装甲的出现，剑就逐渐失去了实用价值，保留下来的主要是符号象征功能，沿用于册封爵士与骑士、授予荣誉称号等，这个习惯一直流传到今天。核武器与洲际导弹的出现是军事技术发展史上的一次划时代的变革，不仅意味着人类手中第一次掌握了一种“战略”武器，更意味着兵器的战争工具与符号象征两种功能出现倒置：战争工具职能的隐没和战略符号职能的凸显。

2. 隐没的战争工具

到 20 世纪 70 年代，美苏拥有的核武器可以毁灭地球 50 次以上，核战争倘若爆发，将不再是政治的继续，而是人类的毁灭。

核武器的出现使武器的毁伤力达到了极限，其恐怖的威力使人们认识到，在拥有核武器的大国之间如果爆发战争将使所谓的“胜利者”和“失败者”都同归于尽。推行“边缘政策”，挥舞核大棒，最终难免玩火自焚，并拉上全人类殉葬。正如罗素借“公路胆小鬼”游戏暗讽杜勒斯的“边缘政策”时所指出的：

“这个游戏是没有责任感的孩子们玩的，是颓废的和不道德的，虽然它只是让游戏者的生命去冒险罢了。但是当一些声名显赫的政治家玩起这种游戏来时，拿来冒险的就不只是他们自己的生命，还有千千万万人的生命了。有人认为在两边的政治家中只有一边的政治家表现出了高度的智慧和勇气，另一边的政治家则是应受指责的。当然这是荒谬的。双方都应为玩这种不可思议的危险的游戏而受到谴责。

这种游戏玩那么几次也许不会造成灾难，但是或迟或早人们会发现，丢脸事小，核毁灭才是可怕的。当双方都听不到对方嘲弄的叫声‘胆小鬼’时，核毁灭的时刻就来临了。当这个时刻来临时，双方的政治家就将把世界拖向毁灭。[①]在第一颗原子弹爆炸后不久，爱因斯坦就深刻指出，‘原子释放出的能量已经改变了除我们思维方式外的一切。因此，人类正陷入前所未有的危机中’。”[②]

从本质上讲，核武器与洲际导弹的发展，使得军事技术的工具价值陷入困境。

第一，战争目的与战争行为互克。战争的基本目的是“消灭敌人，保存自己”，而核武器的出现，让“保存自己”变得难上加难。美国核垄断的交椅尚未坐稳，苏联就宣布掌握了核武器，紧接着，核军备竞赛一度成为不可遏制的毒雾。对同时拥有核武器的作战双方而言，任何一方都无法确保自身安全。核武器的破坏力无论从范围上还是时效上都突破了物理战的极限，只要有一丝防御的漏洞，核武器就会造成无法弥补的后果。也正因为如此，核打击政策在全球范围内才体现出一定的自我抑制性。战争的最高境界是“不战而屈人之兵”，这种目的的达成不是基于对敌方的恐惧，而是基于对“正义之师”的心悦诚服，是智胜、心胜的结果。核战争将人类逼到毁灭的边缘，非但不能让对方产生臣服或敬仰之情，更可能激起全世界的愤怒与怜悯。在这种背景下，所谓“不战而屈人之兵”，只能暗含并激发更大的危机。

第二，战争思维与政治目的背离。在漫长的物理战时期，人类的

---

① 庞德斯通：《囚徒的困境：冯·诺伊曼、博弈论和原子弹之谜》，北京：北京理工大学出版社，2005 年版，第 229 页。

② 爱因斯坦：《爱因斯坦文集》（第 3 卷），北京：商务印书馆，1979 年版，第 216 页。

战争思维受到机械决定论的影响，信奉“唯军事主义”，追求“杀伤力崇拜”，以战绩书写历史。第二次世界大战结束后，伴随着世界经济的发展与军转民的加速，全球一体化趋势越发明显，国际相互渗透相互影响更为频繁。新的战争样式不断孕育而生，特别是文化战、金融战、思想战等在冷战核门槛之下以暗战形式悄然展开。传统意义上战争前方与后方的鸿沟逐渐抹平，一场战争的胜败裁定不再以战场的即时输赢而定，化解冲突的方式也未必用武力手段流血方式实现。换言之，传统物理战的线性思维已无法应对复杂的国际政治环境，政治目标的多元化已然与“一切谋打赢”的“总体战”观念发生了背离。

第三，战争手段和战争伦理对立。人们之所以生产使用技术，就是为了利用技术达到自己无法实现的目的，而这种主观意愿在制造技术的过程中已经渗透到了技术内部，彻底物化融合到技术体系和方法之中。军事技术以工具的形式服务于人，为人所驾驭，实现作战意图。但是，核武器的使用，暴露出人反制于军事技术的一面。人们无法控制核武器产生负效应，也无法把握核爆炸将引起的世界格局的逆转。相反，核武器的存在却成为制约人类思维的重要因素，并催生出达半个世纪的“冷战思维”，这种濒临热战的非正常状态，为所有热爱和平的人所抵触。核技术的负效应以及对人类的反制，违背了基本的伦理规约。

核武器过于巨大的毁伤力已经使它不再适用于实战，其战争工具价值逐渐隐没，而符号象征意义则凸显出来。

3. 凸显的战略符号

核武器与核威慑战略的发展历史表明，军事技术的战争工具价值发挥迟早会抵近物理极限，而符号象征意义却可能被政治人物和媒体反复塑造和强化，也就是说，符号象征意义的发挥有着几乎无限的空间，也许唯一的极限是人的想象力。

除了核武器与洲际导弹之外，现代军事技术领域备受关注的航空母舰和导弹防御系统，也是最能体现军事技术战略符号意义的。威廉·恩道尔在《霸权背后：美国全方位主导战略》一书中，剖析了美国如何依托导弹防御系统对苏联展开战略信息战，并结合其他手段搞垮了这个庞大的国家。这一见解与美国中情局官员彼得·施魏策尔在《里根政府是如何搞垮苏联的》一书中对“星球大战”计划的剖析如出一辙，都揭示了导弹防御系统在国际政治博弈的舞台上的战略符号意义。

其一，战略威慑符号。目前，实际部署在美国本土上的反导基地，也只是理论上初步具备反导能力。在美军陆基和海基的反导试验中，总体失败率达 40%，即使拦截成功率提高到 90% 以上，只要有一枚核武器“漏网”，也足以引发世界核大战，这是任何国家都承担不起的。因此，美国在已经拥有足够多“长矛”的同时，还致力于打造“坚盾”，就是释放一个信号：我可以打你，但你却可能打不着我。更何况，以当前美国的核大国地位及超强的军事实力，也不会有哪个国家真敢向美国发射核武器。由此可见，美国导弹防御系统的威慑功能远大于实战需要。

其二，战略联盟符号。作为从政治上拉拢、考验和控制盟友的试金石，是否加入美国的导弹防御系统或能否为该系统部署“开绿灯”，已成为折射美国与他国关系远近的一面镜子。同意加入就许以各种政治允诺和经济援助，倘若敢于说“不”，则会被加以安全甚至经济胁迫。之前，传统东欧国家波兰和捷克的表现就是一个鲜活的案例。当然，一旦某个国家加入导弹防御系统之后，由于美国是“保护伞”的提供者，反而更利于其从安全、政治甚至经济上控制该盟国。目前，美国在亚洲试图通过两组“三边会谈”——“美日韩”“美日澳”——推进“新反导壁垒”的做法，就和在欧洲处心积虑地部署该系统的企图一模一样。

其三，战略欺骗符号。当年，冷战导致苏联解体的因素是多维的、复杂的，但被美国劫持了的军备竞赛无疑起到了“催化剂”作用，而这一切都与当年里根政府处心积虑宣传的“星球大战”计划密切相关。1982 年年初，里根总统和几位重要顾问开始制定一项战略，旨在从根基上对苏联体制的经济与政治弱点展开攻击。正是在这种“经济战”或“资源战”的潜在战略意图引导下，里根政府一批智囊人物秘密推出了不无企图的“星球大战”计划。对此，苏联外交部长亚历山大·别斯梅尔特内赫后来在美国普林斯顿大学召开的一次会议上也坦陈——诸如“战略防御倡议（SDI）”之类的计划，加速了苏联的衰落。

军事技术功能的实现，本质上是符号象征意义的建构。示形和造势的最终目的是建构“可怕”“可信”“可知”的形象，三者缺一不可，共同构成强大而不可战胜的象征符号，对敌人形成巨大的心理压力，最终迫使其放弃抵抗。反制敌人的军事技术威慑，除了技术上掌握同类武器或反制手段外，还需要从认识上解构其符号象征意义，或建构相反的形象。

原子弹首次应用于实战后，一度被广泛认为是“终极武器”，是美军不可战胜的象征。然而，不到一年，1946 年 8 月 6 日，毛泽东在接见美国记者安娜·路易斯·斯特朗时便深刻地指出：“原子弹是美国反动派用来吓人的一只纸老虎，看样子可怕，实际上并不可怕……

决定战争胜败的是人民，而不是一两件新式武器。”[①]“纸老虎”的形象比喻很快驰名中外，增强了世界人民反对霸权主义核威慑、核讹诈的信心和勇气。到20世纪50年代中后期，中国自己要研制原子弹时，毛泽东又强调：“不但要有更多的飞机和大炮，而且还要有原子弹。在今天的世界上，我们要不受人家欺负，就不能没有这个东西。”[②]“没有那个东西，人家就说你不算数。”[③]1965年，当斯诺问毛泽东：“主席还是认为原子弹是纸老虎吗？”毛泽东则回答说：“我不过讲讲而已，真打起来会死人的。但是最后它是要被消灭的，那时就变成死老虎了，它没有了嘛！”[④]

从帝国主义吓唬人的“纸老虎”，到象征大国地位的“真老虎”，再到必然消亡的“死老虎”，毛泽东建构出原子弹的一个又一个象征形象，体现出他对核威慑本质以及武器、战争与人类命运关系的深刻洞见。这就启示我们，军事技术的符号象征意义处于变动不安的待定状态，威慑与反威慑、建构与解构的斗争是一个“开放式结局”的剧本，剧情的演进并无确定的结局或套路，只要认识到位、策略得当，技术上的弱者也能演出一幕幕生动的“话剧”。

五、亮剑

“一朝被蛇咬，十年怕井绳”，折射出受到某种攻击后的恐惧效应。在军事对抗领域给我们的最大启示是，敢于亮剑是实施威慑的重要途

① 毛泽东：《毛泽东选集》（第3卷），北京：人民出版社，1991年版，第1194-1195页。

② 毛泽东：《毛泽东文集》（第7卷），北京：人民出版社，1991年版，第27页。

③ 毛泽东：《毛泽东军事文集》（第6卷），北京：军事科学出版社，1993年版，第374页。

④ 毛泽东：《毛泽东文集》（第8卷），北京：人民出版社，1999年版，第401页。

径。不过，经典的威慑战略理论形成于冷战时期的核军备竞赛背景下，“相互确保摧毁”是威慑赖以奏效的逻辑前提，核武器成为高悬于美苏双方乃至全人类头顶上的达摩克利斯之剑，没有任何一方敢于在实战中亮剑。

随着信息化战争形态的加速推进，特别是武器装备结构与功能的深刻变化，军事威慑在运用的时机、方式、指向和谋略等方面呈现诸多新特点、新趋势，使得威慑与实战的联系更加紧密，“亮剑”成为威慑行动的有机组成部分和成功的关键。慑战一体，以战止战，以战慑战，成为军事力量运用的新动向、新趋势。

1. 威慑力量常规化

冷战时期，核武器始终是军事威慑的核心力量，常规威慑处于从属地位。冷战结束后，以常规力量为支撑的威慑日益受到重视，常规威慑在各主要强国的军事战略中，发挥着越来越大的作用。

高技术的发展为威慑力量常规化提供了技术可能。航天、信息等技术系统原本是作为核武器系统的组成部分发挥威慑功能，随着武器装备的信息化，它们逐渐具备独立的作战能力，极大地提升了作战效能，甚至引起作战方式的革命性变革，也随之发展成为新型的威慑力量。高技术常规武器装备，不仅在打击距离和毁伤效果方面与核武器相媲美，而且具有核武器不可比拟的准确性和可控性。例如，美国和北约的“多管火箭发射系统”可一次齐射 12 发火箭弹，每发火箭弹装有 6 枚制导子弹，共 72 枚，可摧毁 30 公里射程内的一个坦克连——相当于一枚战术核武器的杀伤能力，但又避免了核打击所造成的附带伤害。再如已研制出的第二代燃料空气炸弹，其爆炸后可产生 100 千克／平方厘米的超压，不仅能有效地对付陆地目标，而且能摧毁舰艇、导弹等。

海湾战争显示了高技术常规武器的巨大威力，改变了人们对常规武器威慑作用的看法，也改变了常规武器在军事力量中的地位。战争结束后，斯坦福大学国际安全与军控中心主任威廉·佩里（后任美国国防部长）在总结“沙漠风暴”行动时说：“新常规军事力量为美国增添了一整套慑止战争的有效能力。尽管它比不上核武器的威力，用作威慑力量却更加可信，特别是在美国有关键利益的地区冲突中。对付涉及机械化部队作战而不是游击战的地区冲突，新常规军事力量有潜在的重要威慑作用。随着现代武器在世界上政治动荡地区的扩散，这种战争发生的频率将越来越高。新军事能力还可以成为阻止地区强国使用化学武器的威慑力量，使在欧洲和朝鲜阻止大战发生的业已十分有效的威慑机制，得到进一步加强。美国现在可以有这样的自信：在这些地区，只要使用常规军事力量就能够击败常规机械化进攻，从而把核武器的作用仅限于慑止核进攻。”

2. 威慑手段多样化

一是信息威慑。信息技术的迅猛发展和广泛应用，使信息威慑从核威慑中分化出来，成为独立的威慑力量。国际互联网的前身是1969年诞生于美国的“阿帕网”。当时美军开发这一技术的目的是，试图在遭受苏联核打击后仍能最低限度地保持指挥系统运行，实施核反击作战，从而慑止苏联“先发制人”的核打击。在海湾战争中大出风头的“战斧”式巡航导弹，最初也是出于对远距离、高精度打击加固的核武器发射井需求而研发的。信息化主战装备，极大地提高了武器的精度，压缩了反应时间，使战争进入“发现即摧毁”的“秒杀时代”，从而对信息技术相对落后的一方形成强大的威慑。在信息时代，驱逐不怀好意的空中入侵者，已不再需要鸣枪或鸣炮示警，用火控雷达锁定对方就足以使其知难而退。同时，信息化程度较高的国家对信息的依赖更大，而信息网络攻击的“低门槛”则使得信息弱国，甚至非政府组织和个人“蚂蚁战大象”成为可能。

二是太空威慑。航天和空间技术的发展，后冷战时代国际政治格局的变迁，使得太空威慑从核威慑中自立门户，成为战略威慑的新形式。20 世纪 70 年代初，美苏就限制战略武器展开谈判，由于天基信息系统在核攻击预警、战略通信等领域发挥着重要作用，双方约定互不攻击对方的卫星，这一安排从技术和法律层面上维持着相互威慑的核大国之间脆弱的战略互信，也表明了天基系统在核威慑力量中的重要作用。冷战期间，双方都不敢贸然攻击对方卫星，因为担心这种行为会带来突发性的核战争。随着时间的推移，这种稳定性和条约限制使一些人相信“太空是一个免战避难所”[①]。不过，这一乐观的看法很快被美苏相继进行的反卫星武器试验所击碎。2002 年，随着美国单方面宣布退出“反导条约”，部署国家导弹防御系统，太空武器化进程加速推进。此后，美国、俄罗斯、中国、印度等主要航天国家都相继进行过反卫星和反导试验。这一系列新的变化表明，太空威慑已经由担忧变为现实，成为一种新的独立威慑手段。

三是生物威慑。随着现代生物技术的迅猛发展，生物安全问题越来越直接影响和威胁到人类生存、经济活动乃至国家安全，也越来越

① 摩根：《太空威慑和先发制人》，北京：航空工业出版社，2012 年版，第 10 页。

成为军事领域竞争博弈的战略制高点。比如说，“种族特异性基因武器”，可以针对某一种族的特异基因，杀伤或灭亡预想中的特定种族或人群，或使其人口素质代代恶化，包括影响生育力、智力，提高婴儿夭折率等。也可以通过基因工程的改造，增强攻击的性能和环境的适应性，从而使未来战争的理论、模式和战法发生巨大变化。近年来，世界各主要国家高度关注生物领域的安全威胁。美国在 1996 年 4 月成立了化学生物事件响应部队，主要用于迅速应对化学和生物恐怖威胁。美国在生物安全领域连续出台了多项战略文件，2004 年 4 月颁布了《21 世纪的生物防御》总统令，2009 年 11 月出台了《应对生物威胁国家战略》，2012 年 6 月发布了《化学与生物防御计划战略规划》，详细阐述了美国化学防御计划的战略构想、使命和目标，认为强大而有效的生物防御会显著提高生物威慑能力。

3. 威慑方式实战化

威慑与实战作为军事力量运用的两种形式，不能混为一谈，它们之间有着明显的界限，在核威慑中尤为如此。冷战期间，核威慑理论的一个基本信条就是不能把核武器当作常规武器，当量再小的核武器一旦使用就跨越了“核门槛”，很容易通过“不断升级”的核报复演变为同归于尽的核毁灭。冷战结束后，随着威慑力量常规化，威慑与实战相互交融，从而增强威慑的有效性、可信性、针对性和灵活性。

以备止战。冷战后常规威慑注重利用拒止手段，针对的是敌方的军事能力，而不是以别国的城市和人口为抵押品，实施报复威慑。拒止威慑使用的是常规力量，而不是核力量。以信息技术为核心的常规力量，通过高集成、高精度、高效能和高灵活的运用，可以给对手造成难以承受的损失，却不存在“核门槛”的顾忌和“不断升级”的隐忧，在“不战而屈人之兵”的努力失败之后，可以按照实战威慑的逻辑运作，仍能“敲山震虎”却不至于同归于尽。美国等西方国家不仅强调常规威慑的实战化，也开始注重核实战威慑，评估核钻地弹等新型核武器的可行性，试图借助超低当量高精度战术核武器的技术突破，为实施“外科手术式”的核打击提供手段，达成威慑与实战的双重目的。

以战止战。常规威慑强调以实战为后盾，树立“言必信，行必果”的意志，达到“以战止战”的目的。这种威慑的前提是评估威慑对方的风险，关注威慑失效后的行动策略。威慑不再是只能成功、不能失败的战略手段。海湾战争中，美国慑止伊拉克入侵科威特的战前威慑就没有成功，但美国借此机会打了一仗，显示了高技术常规武器的威力，抬高了常规武器在未来冲突中的威慑价值，增加了常规威慑的可信度。如果威慑奏效，就不必再采取其他行动。如果威慑失效，就可以再选择实战。而且实战的成功，反过来又会强化今后的威慑行动。

慑战一体。冷战后绝大多数常规威慑行动都与实战紧密耦合，以实战方式达成威慑效果成为一种常态。信息化战争中的“点穴”打击、“斩首”行动，既是实战，也有威慑作用。通过常规力量的有限实战方式来展示恐怖效果，提高威慑可信度，达成威慑目的，甚至为下一场战争提供威慑样板，已经成为当前威慑运用的重要方式。如在伊拉克战争中，美军贯彻“快速主宰”和“震慑”思想，通过突然打击、重锤猛击、饱和压制、昼夜空袭等方式，给伊方造成灭顶之灾的强大震慑，以实战扩张威慑效果，以威慑增强实战效果，是典型的威慑与实战一体。

4. 威慑行动全程化

在信息化条件下，信息传播的实时性和针对性，以及军事手段的可控性和灵活性，为整个战争中根据战局发展和对手反应实施威慑创造了条件。拥有高技术武器优势的一方，在战争准备阶段就可以给对方心理造成较大的威慑效应。在战争实施过程中，也可以凭借“技术差”克敌制胜，以较小的代价产生巨大的威慑效应。

从冷战后几场局部战争看，以威慑为先导，实战为后盾，先慑后打，边打边慑，全程威慑已成为军事力量运用的重要方式。在科索沃战争中，北约战前在南联盟边境地区先后进行了三次较大规模的海空军事演习，大肆渲染战争气氛，试图以大兵压境的威慑态势逼迫南联盟就范。开战之后，北约采用空中战役逐步升级的策略，先是重点打击南军防空系统、首脑机关和支撑南军及特种警察部队作战的目标，接着打击指挥、控制与通信系统以及石油设施、道路和桥梁，最后打击野战部队、电力系统和工业系统，并配合以强大的心理战攻势，通过这种不断升级威慑与实战强度的做法，迫使南联盟接受北约停止轰炸的条件。在伊拉克战争中，伊拉克曾宣称要进行的巷战、游击战，直到战争结束也没有出现。在英美联军的持续精确打击和强大心理攻势下，伊军官兵失去抵抗意志，许多伊军高级将领不战而降，数十万共和国卫队土崩瓦解，人间蒸发。美军将领声称，此次战争与海湾战争的最大区别在于征服对方心理，而不是摧毁现实力量。为达到在最短时间内以最小代价推翻萨达姆政权的目的，美国利用多种手段，通过新闻传媒等渠道，对伊拉克展开全方位、全过程的战略威慑，取得了先声夺人、震慑心理、不战而胜的效果。

威慑是一种综合效应，单一的威慑形式所产生的效果是有限的。在军事斗争中，军队摆开作战架势的硬威慑，与军事外交、舆论宣传等软威慑交替使用，威慑效果会更好。

军事威慑的新特点、新变化，对国家威慑力量的职能定位和使命任务提出了新要求。我军第二炮兵部队掌握着威慑反击的“国之重器”、精确打击的“撒手锏”，从诞生伊始便肩负着捍卫国家安全的重任。在深化国防和军队改革中，习近平主席亲自决策第二炮兵更名为火箭军，授予军旗并致训词：“火箭军全体官兵要把握火箭军的职能定位和使命任务，按照核常兼备、全域慑战的战略要求，增强可信可靠的核威慑和核反击能力，加强中远程精确打击力量建设，增强战略制衡能力，努力建设一支强大的现代化火箭军。”“核常兼备、全域慑战”既是对火箭军的战略要求，也是顺应科技、政治发展大势和军事变革潮流的必然抉择。

第四章

微战争

小的是美好的。

——英国经济学家 E. F. 舒马赫

21 世纪战争的新理念，就是用一支相对小型的地面部队，配合强大的空中炮火和一流的情报系统直插敌人心脏。

——美国国防部部长唐纳德·亨利·拉姆斯菲尔德

《圣经》记载，非利士的将军歌利亚，有万夫不当之勇，带兵讨伐以色列，以军闻风而逃，退避三舍，无人敢当。危急时刻，牧童大卫以石子为弹，用机弦甩出，击中歌利亚额头，割下他的首级。大卫战胜歌利亚，既是一则古老相传的《圣经》故事，也是一个以小博大的战争范例。渺小的牧羊人，面对体形庞大的巨人，借助机弦之力，以石子直取要害，一招毙敌，赢得百年和平。

今天的信息化战场，“大卫”式的微战争不断上演：力量精干的小股部队，以精准的军事行动，采取“首发制穴”的方式，达成战略目标，在军事对抗的角力场，放射出璀璨夺目的光彩。

一、从本·拉登之死说起

2011年5月1日23时35分，美国总统奥巴马在白宫发表声明：“今晚，我可以告诉美国人民和全世界，美国在一次行动中击毙了‘基地’头目本·拉登。”

十年追捕无觅处，一朝斩首葬大海。自“9·11”事件以来，为击毙本·拉登，美军耗时十年，发动两场战争，开销万亿美元，付出6600多名官兵生命，以及百万平民伤亡，终因一场“微型化”的军事行动而画上句号。

1. 精确控制，远程制穴

针对敌方首脑人物，使用精锐特战分队，执行“斩首”行动，在人类战争史上屡见不鲜。但在特战手段和武器装备尚不发达的年代，这一作战方式无疑具有高度的风险性与极低的成功率。历史上，荆轲刺杀嬴政、曹操刺杀董卓等，均以失败告终。

进入21世纪，基于信息技术变革的军事革命，构建起涵盖全球信息栅格、卫星通信与定位、高超声速飞行器、隐形战机抵近攻击、微型化制导炸弹、察打一体无人机，以及精锐特种部队突袭在内的整套微战争手段，使传统的刺杀行动再次焕发出新的活力，得以在更远距离、更快时间、更大强度内，对战争实现精确控制。

这场代号“海神之矛”的狙杀行动，最高指挥部是远在千里之外的白宫，一线实施者则是阿富汗空军基地的23名海豹突击队员。从美国总统到普通士兵之间，如何架设起完成任务的桥梁，精确控制这次逾越时空限制的微战争行动？这应当归功于“情报端—指挥端—打击端”的深度链接。

其一，情报端精确锁定。追捕本·拉登的整个过程，美军在三个环节实现了精确锁定：（1）锁定信使。拉登隐踪匿迹之后，一名叫艾哈迈德的信使，成为他与外界联系的唯一纽带。凭借深度改良的无线电监听定位技术，中情局不仅锁定了信使的号码，而且锁定了信使的声纹，通过提取类似指纹的声纹信息，确保其声音一经出现，位置立即被确定。（2）锁定住所。美军派遣无人机和侦察卫星，对拉登住所进行勘查，利用红外、雷达、可见光等多种侦察手段，精确扫描拉登宅院的内部结构。（3）锁定拉登。配合突击行动，海豹队员携带的信息卡片，记载拉登的容貌、身高、体重、举止以及行为习惯信息。击毙拉登后，通过上传照片与采集 DNA 样本，华盛顿的脸部识别专家和生命信息鉴定机构，最终确认了死者的身份，这对行动具有决定性意义。整个追捕过程，信息无间隙地传递在白宫、中情局、联合特种作战司令部、掌握卫星与电讯监视系统的国家安全局、负责打击的海豹突击队之间，技术监测手段、人力侦察行动与军事作战任务完美衔接，短时间内跨越多个部门的情监侦行动，迅速高效，映射出强大的信息融合能力。

其二，指挥端精确控制。微战争条件下的特种作战，爆发突然，时间有限，强度大，作战指挥必须掌控战争节奏，构建技术含量高、指挥层级少、权力高度集中的作战指挥链，成为微战争制胜的关键：（1）依托卫星。在狙杀本・拉登的行动中，搭乘黑鹰直升机的海豹突击队员，正是依靠卫星定位的精确指引，准确抵达拉登的住所。同样，依靠卫星通信，实现队员间全频谱联通。（2）指挥到人。士兵与最高指挥官之间实时信息共享，在直升机出现故障的情况下，最高指挥层与突击队员之间可以实时沟通、及时做出调整，从而确保在完成任务后安全撤离。（3）决胜云端。通过将云终端引入指挥信息网络，远在白宫的指挥部，可以实时掌握突击队的力量分布、火力配置、武器装备以及作战态势，为作战决策提供精准信息支持。

其三，打击端精确制穴。（1）“骨传导耳机”。“右耳”联通单兵通信网，实现海豹队员间实时沟通，“左耳”联通指挥通信网，实现与白宫的直接对话。（2）“智能头盔”。头盔上配有摄像设备和夜视器材，整个行动过程通过头盔传输给白宫，奥巴马及其安全团队可以全程实时跟踪。（3）夜视装备。特种部队使用 MP5/10N 冲锋枪，装有夜视红外瞄准系统，确保在剧烈的运动环境下对目标者做到一击必中，在捕杀行动中，本·拉登被一枪击中左眼，主要是得益于夜视瞄准提供的精确打击力。

2. 力量精干，行动高效

微战争强调以有限、精干力量打击对方关键要害，这与机械化战争时代强调“集中优势兵力，各个歼灭敌人”大不相同，却与中国兵家强调“擒贼先擒王，打蛇打七寸”的思想不谋而合。打造小规模尖兵，以最少投入取得最大回报，成为微战争的制胜法则。

在“海神之矛”的狙杀行动中，23 名海军海豹突击队队员，悄无声息地潜入拉登的住所，在巴基斯坦首都伊斯兰堡以北大约 60 公里的一座三层住宅内，击毙本·拉登，耗时仅 40 分钟。这样的小分队快速行动，依托背后强大的体系作战支撑，给对手以致命打击，体现了微战争作战力量的精干化特征。**微型编配。**微战争需要与之匹配的微型化部队，美军仅有 2000 名左右现役海豹突击队员，采取灵活编制，以 1 ~ 2 人为作战组，以最多不超过 16 人为作战排。其中，8 人以下的作战班，成为执行作战任务的核心力量。**能力复合。**击毙本·拉登的海军海豹突击队第六小队，每个人都具备领航、狙击、攀爬、爆破、审讯、医护、武器操控、载具驾驶等多种特战技能。**隐蔽攻击。**击毙本·拉登需要穿越阿巴边界执行越境反恐，这会对巴基斯坦的主权构成侵犯。为规避巴方雷达探测，美军选取紧靠河床与兴都库什山麓丘陵的飞行路线，紧贴地面穿行，借助夜幕掩护，减少了被发现的概率。

3. 战术行动，战略支撑

战略是筹划指导全局的方略，战术是进行战斗的方法。传统的战争思维中，由于作战力量、作战规模、作战时间以及指挥层级等因素影响，一国的战略资源，难以集中用于支撑某一具体的战术行动。进入21世纪，为应对军事转型的汹涌浪潮，世界各国的军事家积极倡导“新战争要有新思维”。美国前国防部长拉姆斯菲尔德强调，“21世纪战争的新理念”就是“用一支相对小型的地面部队，配合强大的空中炮火和一流的情报系统直插敌人心脏”。在作战力量精干、作战规模可控的微战争样式下，国家军事战略的总体谋划，与战术运用的具体行动能够高度统一。

战术行动贯彻战略意图。小布什政府的“全球反恐战略”是对“9·11”事件做出的“过度反应”，由于缺乏“退出”机制，美国长期深陷伊战泥潭，难以脱身。奥巴马上台后，大幅调整布什政府的反恐战略，全面摒弃扩张性反恐战略，更多依靠所谓的“点穴式反恐”，反恐策略更具针对性和灵活性。与之相对应，美军对于本·拉登的追捕行动，也从无限扩大转向有限展开。击毙本·拉登就是在调整战略之后取得的，整个过程体现了“点穴式反恐”的战略意图，在有限目标设定、有限力量参与以及有限作战时空，取得了“首发制穴”的效果。

战术行动汇聚战略资源。击毙本·拉登的行动，就打击末端而言，只有一个分队的海豹突击队，但就整个作战体系而言，不仅汇聚了太空的卫星、空中的无人机、地面的传感器系统以及海上的航母等军事力量，为战术行动提供了强有力的战略支持，而且进行了国家动员，汇聚了非军事领域的社会资源：地质学家研究本·拉登现身录像中的岩石构成，鸟类学家研究其中的鸟鸣声，从而推测其可能藏身之处。12位高级行为心理学家试图模仿本·拉登的思维模式，超过100名熟悉阿富汗民情的当地特工寻找本·拉登行踪，超过1100名美国特工和情报分析师从事本·拉登的情报研究……各类战略资源的使用可谓发挥到了极致。

战术行动服从战略指挥。在传统的美军作战指挥链中，总统和国防部长作为最高指挥曾负责制定战略决策，联合作战司令部负责战役指挥，军种组成司令部负责指挥战术行动。为追捕本·拉登，美军将战术行动的指挥层级不断提升。在小布什时期，美军即成立“联合特种作战司令部”，将追杀本·拉登的指挥权上升到战役层面，授予该部门“尚方宝剑”，融“搜集情报”“协调作战”“直接灭杀”等职能为一体，成为美国历史上权力最集中的战役指挥部门。到“海神之矛”行动开始后，居于指挥链最高端的总统和参联会接管指挥权力，成为这个囊括海军、空军、联合特战司令部和中央情报局、联邦调查局等多部门的战略指挥系统的核心。

二、可控

战争，就像一头脾气暴戾、桀骜不驯的怪兽，如何驯服这头怪兽，实现可控战争，这是古今中外军事家们孜孜以求的目标。早在2000多年前，孙子就提出了一系列战争控制思想：“安国全军”，强调从国家安全战略的全局控制战争；“暴师勿久”，强调从时间上对战争进行控制；“慎计审算”，强调战争决策过程中的计算与控制；“非危不战”，强调对战争频率的控制；“制怒修功”，强调参战将领主观情绪的控制。

以往的人类战争，既有局部战争，也有世界大战，其实世界大战只不过是规模较大的局部战争。原子弹问世后，局部战争还出现了有限的特征。但传统战争不管是局部的，还是有限的，都难以实现可控。

所谓战争的可控，从其机理来说，具有四方面的含义：即时间可控，避免马拉松，力求速战速决；规模可控，按照战前的筹划，限定作战空间；目标可控，选择性杀伤有限目标，不伤及平民；结局可控，不节外生枝，确保作战达成预期目的。

实现战争的可控，一直是人类在战争不可避免时所追求的目标。传统的做法，往往靠运用条约、协议等社会交往手段，力图实现可控。战国时期，秦国为对付其他国家而采取连横的办法，远交近攻，正是为了实现可控。兵家忌讳两面作战，多方迎敌。20 世纪 30 年代，德国与苏联、苏联与日本先后签订互不侵犯条约，也是为了实现战争的可控。

然而，军事家们尽管为实现战争的可控做了种种努力，理想的结果却少之又少，倒是相反的案例比比皆是：曹操 80 万军队下江南，当然是指望胜利而去的，不承想却落得个大败而归；德国攻打苏联，宣称三个月拿下莫斯科，结果打了近四年，最后惨败投降；日本侵华时，曾野心勃勃地叫嚣八个月征服中国，结果经过中国军民 14 年的殊死抗战，以日本投降而告终；即使到了 20 世纪中叶后，美国这个超级大国曾自恃武备先进，轻率地出兵朝鲜、越南，也都落得个惨败的下场。事实证明，在信息化时代到来之前，传统的局部有限战争并非一定是可控性战争，人类若想控制战争，往往只是一厢情愿。

微战争的出现，既缘于世界政治格局从两极对抗向多极化格局的转变，也是单一超级大国在丧失对世界绝对控制能力的情况下，谋求相对控制能力的一种重要手段。微战争对战争范围的控制，并不局限于国家疆域的界限，而是更加凸显国家战略的利益边疆；对战争手段的控制，并不拘泥于军事手段的范畴，而是谋求对政治、经济、军事复合手段的整体运筹；对战争进程的控制，也不停留于绝对的时间概念，而是更加强调对战争节奏的把握，从而使现代战争控制具有独特的内涵，呈现出不同的微战争样式。

1.“点穴”打击——制造“溃疡面”

“溃疡面”，原本是病理学的名词，具体指黏膜表面或皮肤组织局限性缺损、溃烂的病变部位，常合并慢性感染，可能经久不愈。“溃疡面”的发作是具有周期性、反复性和持续性的过程，发作期与缓解期互相交替。

近年来，美国等西方国家常常炮制“溃疡面”实施微战争。“溃疡面”并非发生重大军事冲突的热点地区，而是有关国家在一些敏感地区利用争端和矛盾，刻意制造出来的影响重大、难以愈合、有可能反复发作的地区性冲突。通过高频度、低烈度的军事打击，将军事干预行动维持在一定限度内，同时持续制造该地区紧张气氛，并力图通过这种方式转嫁危机、谋取利益，既防止地区冲突扩大化，又抑制潜在战略对手在这一地区的影响，同时不断加大当地政府对其依存度，达到强化对“溃疡面”附近地区控制的目的。

作为美国进入中亚的桥头堡，阿富汗就是典型的“溃疡面”。从地理位置看，阿富汗东接中国，西临中东产油区，南濒南亚印度洋，北靠独联体中亚五国。阿富汗由于特殊的战略地理位置，被美国视为其利益的“新边疆”。近年来，由于俄罗斯的复兴和中国的崛起，美国在该地区的影响力受到冲击。于是，2001 年阿富汗战争之后，美军在阿富汗与巴基斯坦边境地区持续展开“点穴”式、“定点清除”等作战行动，将阿富汗制造成政治经济秩序持续混乱、安全形势反复动荡的“溃疡面”。

美军在阿富汗制造的“溃疡面”表现出可控的一面。**作战过程可控。**依靠小型化无人作战系统执行任务，实现打击平台的远程精确控制，想打就打，想停就停，指哪打哪，收放自如。**作战对象可控。**仅以恐怖分子和军事设施为打击对象，区分平民与恐怖分子、高级恐怖分子与低级恐怖分子，使用微型化精确制导炸弹实施“定点清除”，尽量规避不合理使用战争手段而带来的不必要的附带损伤。**战争目的可控。**不同于海湾战争、伊拉克战争等信息化条件下的局部战争，美军在“溃疡面”展开的微战争，并不以颠覆现有阿富汗政权为目的，相反，美军对当地塔利班武装和基地组织的打击，在一定程度上巩固了现有阿富汗政权。同时，美国并未将“溃疡面”转变为与中国、俄罗斯进行直接军事对抗的战场，而是作为制衡两者的一枚重要“棋子”。对美国而言，这个“溃疡面”是否愈合，要视阿富汗在中俄之间所扮演的“棋子”价值而定。

2.“四两拨千斤”——催化“动荡弧”

由北非横跨西亚、中东，一直延伸到波斯湾的阿拉伯世界，像一道新月状的弧形拼图，错落有致地点缀着22个宗教、民族和文化传统相近的阿拉伯国家，被西方政治家和学者称为“动荡弧”。2011年，始于突尼斯的“茉莉花”革命，在阿拉伯世界如火如荼地展开。随后，欧盟和美国在处于“动荡弧”核心的利比亚发起了一场“代理人”战争，加速推进“茉莉花”革命的“多米诺骨牌”效应。

利比亚战争虽然颠覆了统治长达42年的卡扎菲政权，但是，谋求并强化对“动荡弧”地区的控制能力，才是欧美国家发动战争的目的。正如英国首相卡梅伦所强调的，“利比亚不会成为第二个伊拉克，对于利比亚的军事行动是更有限度的”。利比亚战争，展现了与“巧实力”相匹配的微战争样式，灵巧运用可支配的所有政策工具，在综合使用经济、外交、政治、法律和文化等各种力量手段的基础上，采取“四两拨千斤”的方式，以微型化的军事打击来撬动整个阿拉伯世界，达到了“以小控大”的战略目的。

强化对战争“代理人”的操控。英、法、美等主要参战国家均未投入地面作战力量，而是通过极为有限的空中、海上精确打击力量，操控数量庞大的利比亚反政府武装，发动“代理人”战争。**利用社会矛盾实施控制。**通过微型军事行动，引发危机扩散的“涟漪效应”，将独裁统治、资源争夺、领土边界冲突、发展“瓶颈”、部落冲突、宗教争端等社会问题交会在一起，加剧利比亚和整个阿拉伯世界内在危机的集中爆发。**聚合多重手段的整体控制。**将微战争手段，与政治、经济、文化、宗教、意识形态等手段相互结合，综合运用政治挑动，军事施压、经济利诱和文化渗透等方式，对利比亚乃至整个阿拉伯局势实施战略控制。

从利比亚战争的结果来看，欧美国家在一定程度上达成了强化对“动荡弧”控制的效果。一方面，经历政权更迭的中东北非国家，其政治经济改革对欧美发达国家的依赖更为明显；另一方面，中国等新兴国家在“动荡弧”区域的利益严重受损，在利比亚的经济利益一夜间几乎被“清零”。通过控制“动荡弧”，欧美国家可坐收挤压俄罗斯、限制中国、牵制其他新兴国家崛起之利，在欧亚大陆地缘政治博弈中占据先机。

3. 借力打力——实现“再平衡”

微战争样式，既可以在对手力量薄弱、社会矛盾严重的地区制造“溃疡面”，催生“动荡弧”，也可以在面对所谓的“潜在对手”时，借助多方力量谋求“再平衡”。在2012年度香格里拉峰会上，美国国防部长帕内塔提出实施亚太“再平衡”战略。在全球经济危机的持续作用下，亚太地区是世界上发展速度最快、潜力最大、合作最为活跃的区域，对世界经济的复苏具有引擎作用。同时，西太平洋地区是中国国际战略展开的前沿地区，也是中国国家利益密集的核心区域。美国提出亚太“再平衡”，战略重心东移，将中国视为在全球战略和国家安全领域的重要对手，加以遏制和防范。

亚太“再平衡”战略体现了“借力打力”的战争控制思想。在作战力量使用上，作为“空海一体战”构想的重要组成部分，绝不应被解读为美军的“单边行动”，而是借助美日、美澳、美韩等军事盟友，整合亚太地区盟国的海空军作战力量为己所用，以盟国作为支撑与补给平台，规避美军在亚太地区的“距离的障碍”，实现远程借力操控，以精干海空力量，联合盟友共同遏制潜在的区域性对手。在作战范围选取上，强调跨域控制能力，借助美国在太空、网络等新型作战空间的技术优势，弥补在陆地、海洋、天空等传统作战空间相对不足的制胜能力，同时将潜在对手在传统作战空间的军事优势限制在可控范围之内。在具体作战形式上，强调保证美军向全球公域投送力量和在全球公域自由行动能力。回顾美军在南海的一系列军事行动，可以看到，从战机穿越南海岛礁，到组建“联合舰队”的巡航倡议，再到“航行自由”的宣示行动，其意图不仅是宣示存在、实施震慑、传递决心，更在于以精干力量搅乱南海局势，控制和诱导南海主权、利益声索国对中国集体施压，企图谋求美国掌控南海安全格局的主导权。

然而，由于亚太“再平衡”战略是美国从一己私利出发，与许多亚太国家在利益诉求上存在差异，因而难以与合作国完全步调一致，最终将走向幻灭。我国正处在由大向强发展的关键时刻，如何正确处理好战略与战争的关系，同样是一个极其紧迫、极端重要的问题。用大战略设计微战争，用微战争支撑大战略，实现战略与战争的有机结合，是维护我国国家安全利益的必然选择。

三、发现 = 摧毁

发现与摧毁之间，究竟有多远的距离？大卫抛出的石头、希腊人的标枪、马其顿的抛石机、中国的诸葛弩、英格兰的长弓、来复枪的子弹、加农炮的弹头、潜艇的鱼雷、轰炸机的炸弹，要投射多少才能摧毁目标？

据美国军事专家塞斯·克劳普赛统计分析，在第二次世界大战期间，传统远程武器命中率低于 10%，换言之，90% 放了空炮。从发现目标，到摧毁目标，中间存在一道难以逾越的鸿沟。自战争产生以来，这道鸿沟始终制约着战略、战役、战术的设计安排，潜移默化地影响军事理论、后勤支援以及战争本身。机械化战争时代的军事家们意识到，要弥补精确度不足，就必须倾泻更多弹药，以确保摧毁目标，于是就有了所谓的“火力覆盖”“地毯式轰炸”“饱和攻击”等等。

然而，就在第二次世界大战即将结束之际，德国发明 V-1 飞弹，叩开了远程打击的大门。对于缩短从发现到摧毁的距离，这无疑具有划时代的历史意义。战争末期，德军共向英国本岛发射 1 万枚左右的 V-1 飞弹，约 1/4 的飞弹命中目标区域，从而极大地提升了远距离命中率，由原来的 10% 变为 25%。尽管在精准度方面尚存欠缺，但 V-1 飞弹的发明，为人类跨越发现到摧毁之间的鸿沟标示了方向。

随着冷战铁幕开启，各国政要和军方高层，都把注意力集中到核武器与核军备竞赛上，战略轰炸机无疑成为军事家们的宠儿，罕有人关注技术尚未成熟的精确打击武器。直到“相互确保摧毁”的核均势格局形成，如梦初醒的美国人才发现，威力无可匹敌的核弹在常规战争中无用武之地。深陷越战泥潭的美军，迫切需要一种新武器来改变进退维谷的窘境。摧毁清化大桥的紧迫任务，给精确制导武器发展提供了契机。1972 年 4 月 27 日，美军出动 12 架 F-4 战斗机，搭载重达 2000 磅的光电制导炸弹，成功摧毁这座历经八年地毯式轰炸仍然屹立不倒的大桥，切断了维系战时越南军队后勤的大动脉。这意味着在发现与摧毁之间的精确度障碍逐渐消弭。

精确制导武器开启了全新的“发现—摧毁”原理，通过激光或电视等制导系统定位目标，判定方向、距离，自动调整误差，投掷炸弹，提高了摧毁的效率。越战之后，美军不断探索“发现—摧毁”的新模式。**构建精确定位系统**。从 20 世纪 70 年代开始，美国陆海空三军联合研制了新一代 GPS 卫星导航定位系统，能够为美军及其盟友提供全天候、全方位、实时的定位、导航、服务、通信、情报以及监测服务。**研发精确制导武器和作战平台**。20 世纪 80 年代，F-117A 隐身战斗轰炸机和“战斧”巡航导弹装备部队，标志着美军拥有了可以躲避防空雷达、深入敌国腹地的作战平台，以及从敌防御火力圈外投射的纵深打击武器“战斧”式巡航导弹。**实施精确打击战略战术**。1988 年，担任美空军副参谋长的约翰·沃登上校提出“五环目标打击理论”，强调在美军掌握制空权的情况下，空袭应首先打击敌人最脆弱的重心——作战

指挥部和 C^3I 系统。

从海湾战争开始，由于精确制导武器的广泛应用，人们惊叹，发现与摧毁之间的障碍已不复存在。但是，这并不意味着“发现＝摧毁”完全实现。“9・11”事件之后，美军在阿富汗战场上遭遇新对手，海湾战争中确立的“发现—摧毁”模式，在反恐战争中遭遇新的困境。

识别困境。信息化武器装备提升了打击和摧毁的精确性。然而，发现和定位目标的能力并没有同步增长，识别技术尚不足以应对所有挑战。伴随着适配性和响应性干扰、吸波材料、低成本自动诱饵以及量子加密等隐藏技术的蓬勃发展，信息化条件下“首先观察、首先攻击和首先摧毁”的作战样式受到严峻挑战。如果打击目标藏匿于崇山峻岭、山石崎岖、洞穴密布的自然环境中，或混迹于民用目标和平民之中，就难以被发现并摧毁。

时间“瓶颈”。“兵之情主速。”速度是决定战争胜负的重要因素。精确制导武器只是从空间上解决了“发现—摧毁”问题，而没有真正突破时间障碍。现代战争和战场环境的显著特点之一就是高度机动性，难以在一个飘忽不定、变幻莫测、瞬间即逝的战场环境中迅速发现、跟踪、锁定目标并实时摧毁。同时，由于战争法和战争伦理的约束，对打击对象的附带伤害、预期效果、人员伤亡等风险评估过程，也会影响摧毁的时效性。

发现和摧毁，是一对矛盾的统一体。有发现就有隐蔽，有摧毁就有反摧毁。伴随着军事技术的发展，发现与摧毁呈现出此消彼长的矛盾运动规律。在信息化战争条件下，坦克、航母、隐形轰炸机、导弹发射车等作战平台，都是机械化战争时代的产物，难以克服“识别困境”与“时间瓶颈”。微战争依托强大的网络信息系统，使用力量精干的小型化作战平台，特别是利用无人化平台执行作战任务，从而将一种新型的“发现—摧毁”作战模式展现在世人面前。

1. 发现无死角

平台、传感器与通信技术的发展，极大地提升了复杂战场环境下的识别能力，使得侦察更全面、情报更准确、态势更实时，为实施微战争提供了有力的信息支援。

全域存在。微战争条件下的作战平台，具备全域存在的覆盖能力，能够进入传统大型作战平台难以介入的“真空地带”。以无人侦察平台为主体的微型化作战力量，能够进入以高度危险、地形复杂、环境恶劣著称的高原沙漠地区，执行复杂艰巨的侦察任务。譬如，美国“全球鹰”无人机操控员能够坐在7000英里以外的基地，实时控制侦察机在中亚山区的行动，通过数据链和地球同步轨道卫星，提供7.4万平方公里范围内的光电/红外图像，可穿透云雨等障碍连续监视运动目标，定点侦察照片分辨率精确到0.30米，情报信息经由22000英里高空通信卫星回传至控制中心。随着无人作战平台技术的持续进步，微型化作战力量不仅在陆地、空中、海洋执行侦察，还将在临近空间、水下、极地等全球共域展开探测侦察，侦察行动的空间范围广泛渗透至世界每个角落，战争情报的搜集必然会突破现有的时空规则，实现全球、全域、多维部署。

信息栅格。传统的C^4ISR信息系统是纵向到线、组网到面的信息链接模式，难以适应情报、监视、侦察的任务需求。在微战争条件下，无人机或特战力量在全球执行作战任务，需要全球任意两点或多点的实时信息传输能力。全球信息栅格可不受地形、时间、气象的限制，实现情报采集、传输全球化；通过多频谱、立体、多节点的栅格化信息交流，实现情报的全维共享；在正确的时间、以正确的形式、将正确的情报传输到正确的接收者，实现情报分析智能化；通过多层设置的纵深防护，在计算机、网络、链路和关键基础设施等每个环节，构建安全可靠的情报传输环境，实现情报传输保密化。

大数据锁定。在军民混杂、缺乏区分标识的自然空间，信息化战争面临锁定目标的识别困境。微战争将发现、分析、确认目标身份的维度，从自然空间拓展到网电空间。针对社交网络中异常活跃的涉恐账号，通过大数据分析工具，梳理其关注与联系对象，找出其中的关键人物。进而通过关联分析、聚类分析、分类分析、异常分析、特异群组分析和演变分析，从海量账号信息中挖掘出隐藏其中的特殊关联性，建立国际恐怖分子社交账号数据库，研发兼容各类主流社交媒体的社交账号分析软件，收集恐怖分子在社交账号上聊天、交友、购物以及上传视频、音频、图片的信息，分析其使用社交账号的具体行为特征，创建恐怖分子网络活动特征的认知数据库。同时，勾勒出恐怖分子在现实社会的活动轨迹，为锁定和追捕恐怖犯罪嫌疑人提供大数据支持。目前，美军已经在反恐作战中成功应用了这一反制模式。2015 年 6 月 8 日，美国空军空战司令部司令霍克·卡莱尔证实，美军情报部门依据一名“伊斯兰国”武装分子在推特上的自拍照，成功锁定并用导弹摧毁了该组织的一个总部大楼。

2. 摧毁无限制

追本溯源，现代战争在摧毁端面临的“时间瓶颈”，本质上是由于“人在回路”中。人是武器平台的操控者和决策者，随着武器装备性能的快速增长，作战人员的生理和心理指标难以与之匹配。微战争条件下的“定点清除”“平台无人、系统有人”的无人化特征，使作战人员逐渐由战争前端后移，依靠无人自主系统和计算机辅助决策工具，弥补作战人员体能与智能的不足，突破摧毁端的“时间瓶颈”。

突破生理限制。无人 / 自主打击平台将人员与平台分离，具有重量轻、体积小、续航时间长、机动性强、作战半径大以及隐身性能好等优点，可以不受人的生理机能限制，能够承担高风险作战任务。例如，受飞行员生理极限，执行一次任务的时间通常不超过一天，而美国“全球鹰”无人机续航时间可长达一周。再如，美国海军现役的主力舰载战斗轰炸机 F/A-18E/F“大黄蜂”作战半径不超过 1500 海里，而 X-47B 舰载隐身无人攻击机作战半径可达 3000 海里。由于作战人员从炮火硝烟的战场，转移到万里之外的计算机终端前，微战争可以突破人类生理极限，长时间持续保持进攻态势，实现侦察与打击的无缝链接，在第一时间发现并摧毁目标。

超越智能限制。伴随人工智能技术的不断增长，以“捕食者”为代表的无人作战平台，已初步具备了智能化特征，可以在流动、混杂和不断变化的环境中，自动进行识别、锁定和打击目标。虽然处理模糊对象和突发情况的能力，无人 / 自主系统尚无法与人类媲美，但其处理速度却远远超过人类。在瞬息万变的战场环境中，依靠无人 / 自主系统协助无人机操控员快速处理海量信息，快速了解、适应战场环境进而确立先发制人的打击策略，缩短锁定目标的时间，加速推动从发现到摧毁的过程。在获得授权的情况下，执行微战争“斩首”任务的无人作战平台，可以临机快速锁定目标，完全脱离受人为因素影响的“感知—决定—行动”循环，实现“发现 = 摧毁”的作战。

规避伤亡限制。鉴于现代国家对战争人员伤亡的承受能力在不断减弱，微战争追求“无风险、零伤亡”的作战方式，通过发展无人作战平台，使得作战人员免予介入高风险战斗，消除己方人员伤亡，从而避免权衡潜在打击风险的评估过程，实现对敌方的无风险摧毁。美国司法部的一份名为《处决担任“基地”组织及其相关势力高级指挥官的美国公民行动合法性》的备忘录称，美国政府可以在没有情报表明某个美国公民正在策划袭击美国的情况下，下令处决他，只要这个人被技术分析认为是“基地”组织或“相关组织”的“高级指挥官”。目前，美军在阿富汗、巴基斯坦、也门等地推行极富争议的“特征”攻击，在未经确认身份和风险评估的情况下，对战区范围以外、具有与恐怖行动相匹配的标识或特征的目标实施“定点清除”，从而极大地提升了摧毁效率。正如迈克尔·黑斯廷斯所述：“通过无人机执行遥控任务……五角大楼和中央情报局现在不必向地面派出一兵一卒，就可以实施军事打击或暗杀，也不用担心阵亡美军士兵运回国内而引发的舆论反弹。无人机的迫近性和隐秘性，使得国家领导人能够比以前更方便地发挥美国的军事力量，也使得这些秘密攻击的后果比以前更难评估。”①

以无人机“斩首”为代表的微战争打击方式，克服了发现到摧毁之间的制约因素，使得“发现=摧毁”的战争理念在物理层面趋于完善。然而，这并不意味着横亘在发现与摧毁之间的所有问题都得到了解决。

① Michael Hastings. “The Rise of the Killer Drones: How America Goes to War in Secret”. [EB/OL].Rolling Stone. 16 April 2012.http://www.rolling.com/politics/news/the-rise-of-the-killer-drones-how-america-goes-to-war-in-secret-20120416#ixzz22VDkfR00.

相反，无人机攻击的特殊环境，可能引发心理层面的发现与摧毁困境。传统的飞行驾驶是性命攸关的事业，而无人机独特的远程遥控模式，使操控者得以用娱乐的心境驾驭飞行，他们往往沉浸在游戏环境中无法自拔，导致与现实飞行场景的疏离感。这种疏离感可能会逐渐演化成精神上的割裂，其结果是抑制了他们对于非法行为的愧疚感。对以无人机执行反恐作战的美军士兵而言，他们完全听不到战场声音，也嗅不到战场的气味。正如联合国官方报告所指出的，他们对于无人机的控制“通过计算机屏幕反馈来实施，因此存在以游戏心态来看待杀人的风险”。[①] 一旦无人机操控者以游戏的心态对待战争，势必影响发现目标的准确性和摧毁目标的意义。

四、“古罗马军团”重生

人类战争史上，古希腊方阵曾独领风骚。方阵战术的精髓，在于全体士兵同心协力，齐头并进，恰如一头“奔跑的刺猬”，直插对方心脏。方阵的冲击力固然值得称道，却存在一个致命的弱点——缺乏灵活性。因此，方阵的胜利，往往依托士气，一旦战争打响，指挥员的临机应变，就显得无足轻重。公元前 371 年，在琉克特拉爆发了一场影响整个希腊格局的战役，底比斯在兵力处于劣势的情况下，依靠战略家伊巴密农达采取的右侧翼攻击，一举击溃了强大的斯巴达方阵。

希腊方阵之后，古罗马军团采用三线列的战术设计，以“多而小”的阵列，能够依据战场形势的变化临机调整队列，迅速投入最需要的方位，防御、反击甚至可以包围对手，具有极大的灵活性。古罗马军

① Philip Alston: Study on Targeted Killings. A/HRC/14/24/ADD.6. New York: United Nations. General Assembly. 28 May 2010. p25.

团正是凭借这种灵活的步兵阵列，击败了笨拙的大规模步兵方阵，巧妙地战胜了组织松散的部族武装，从而强势崛起。

公元前 2 世纪，古罗马军团在征服东西地中海时达到顶峰，其后逐渐衰落。究其原因，机动能力仍然是其短板，不适应古罗马帝国疆域的拓展。公元 3 世纪，缺乏机动反应能力的罗马军团，大多已沦为普通的地方守备部队。罗马人开始组建名为“威克希拉提欧”的骑兵旅，以弥补远距离战略机动能力的不足。到公元 4 世纪时，君士坦丁诺斯大帝以骑兵部队为主体，组建了名为科米塔托斯的机动野战军，成为捍卫帝国安全的劲旅。

火器的发明，相较于冷兵器，具有明显的杀伤力、震撼力和威慑力优势，打破了中世纪以来重装骑兵独领风骚的局面。增加军队数量规模，依托强大的火力配置提升战斗力，成为该时期各国军队建设的通行做法。集中火力优势进行大规模会战，成为近代欧洲乃至世界范围内主要作战样式。直至今日，规模优势仍然是衡量一支军队强弱的重要标志，“少而大”是目前军队编制体制的普遍特征。

进入 21 世纪，各国军事家普遍意识到，传统的大规模军事力量，在应对由恐怖分子、叛乱分子、海盗、游击队员及网络黑客发起的微战争时，往往显得力不从心。基地组织以“自杀式”袭击的方式，制造了“9·11”事件，花费只有 50 万美元，但袭击造成的直接损失，加上美国人发动反恐战争的总费用，高达上万亿美元。伊拉克反政府武装使用简易爆炸装置，不需要复杂的供应链，也不需要花费大量时间部署，就造成近 6 万美军伤亡。索马里海盗以小型渔船和快艇作为主要工具，给全世界造成约 250 亿美元损失。尽管有装备优良的多国海军部队在索马里海域巡航，他们还是发动了数以百次的袭击。鉴于此，美国《外交政策》杂志主编莫伊塞斯·纳伊姆指出，“在人类战争史上，从来没有人能够用这么低的成本给这么多的人造成如此大的伤害”。

为了应对挑战，各国军队加快了由“少而大”向“多而小”的转型，打造规模优化、力量精干、与微战争相匹配的作战力量。俄罗斯通过“新面貌”改革，削减军区数量，减少指挥层级，将23个师改编为40个旅。美国海军陆战队原本以陆战师为基本作战单位，目前已经被几百人规模的远征小队所取代。美国陆军于2002年春启动模块化转型进程，建成以营以下分队为基本战斗模块的“斯特赖克”部队。“多而小”的编制构成，日益受到各国军队的青睐。美国著名军事战略专家约翰·阿尔奎拉指出，“当与其他作战单位（尤其是当地武装）相互联合，并与少量战斗机保持密切网络链接时，即便规模很小的作战单位，如仅有50名士兵的一个排，也能够产生强大的战斗力”。

微型化的部队编成方式，具有以下三个特征：

1. 模块化

模块化理念源于系统科学思想。在系统结构中，模块是指可分解、组合和更换的基本单元，模块化通过设定不同的功能，把一个复杂系统分解成多个独立的、简化的单元，以处理复杂巨系统运行中产生的问题，体现“以简驭繁”的系统科学思想。模块化军队建设的精髓，在于创建一系列力量精干、可任意拼装拆解的标准化作战单位，在需要重组和扩编时，可快速分离或合并，通过“积木式”近乎无穷的多种组合方式，更好地适应多样化作战需求，提高部队的灵活性、应变性和可部署性。

模块化部队建设是技术发展、平台建设、作战指挥方式变化的必然要求。

小平台崛起。机械化时代的战争是以平台为中心，这就诞生了所谓的“平台制胜论”：将各类最新技术凝聚在作战平台上，研制出比对手更强大的武器平台，在一定程度上决定着战争的胜负。信息化战争，虽然强调“信息制胜”，但一定程度上仍然继承了“平台制胜”理念，配备精确制导武器的航母、战斗机和轰炸机、导弹发射平台成为战争制胜的重要工具。随着各种作战平台的微型化、无人化、智能化，它们比传统作战平台具有更强的机动性、灵活性，可以任意组合，进行不同的作战任务。**弹性指挥层级**。传统的多层级指挥体制，被更具弹性的扁平化指挥层级所取代。指挥员可通过卫星传输信号，在计算机屏幕上获取最新、最全、最准确的战场资讯，准确把握瞬息万变的战场情况，临机下达指挥命令。承担战略指挥的最高司令部门，也可以远程指挥小型模块化部队战术行动。**全频谱作战**。现代战争要求军队职能多样化，具体而言，就是要具有高度灵活的任务适应能力和快速部署能力，不仅要打赢传统信息化战争，也要打赢信息化条件下的微战争。因此，军事组织需要具有模块化的组合能力，作战单位必须维持在较小的力量规模，发挥类似“积木”的拆卸与组合能力，依据作战任务的差异进行灵活调整。

为适应战争样式的时代变化，美陆军中校道格拉斯·A. 麦格雷戈在《打破方阵》一书中，提出军队作战职能与作战行动向更低层级转移，组建大量微型化“战斗群”，具备高度的战术灵活性，能够集中信息优势打击敌人。目前世界各国军队推动模块化转型的做法，具体表现在三方面：

内部效能集聚。用系统观念筹划模块化部队建设，汇聚模块内部各作战要素有机结合为一个整体，实现情报侦察、战术机动、火力打击、警戒防卫和指挥控制等多要素深度融合、一体联动。通过要素聚合，信息作为构成战斗力主导要素，能在整个军事组织体系内快速、顺畅、有序流动。

外部单元融合。依靠强大的信息联通能力，模块化部队在作战环节能够获取航空、工程、装甲、情报、后勤、防空以及海上火力等外部作战单元的支持，实现不同类型的作战力量在战术末端的融合，将信息力转换为体系作战能力。在阿富汗战争、伊拉克战争期间，美军“斯特赖克”部队营以下模块，就是通过与外部火力单元之间的无缝链接来克敌制胜，“全球鹰”无人机提供侦察情报支援，空军固定翼飞机和陆航“阿帕奇”直升机提供近距离空中支援，特种作战部队提供特战支援，重装部队提供火力和防护支援，从而发挥体系作战优势，实现战斗力倍增。

整体动态发展。系统的发展具有动态属性，模块化部队的发展模式不是一成不变的，而是依据安全需求、战略环境、作战样式的变化，在动态过程中创新发展。由于未来战争样式演化的不确定性，传统安全与非传统安全需求的复杂性，模块化部队必须在开放的系统环境下不断探索和完善，在设计规则方面，既包含力量精干、信息化程度高等显性规则，也包含依据战争需求变化实现自适应调整的隐性规则。

2. 超链接

所谓超链接，原本指在网页特定位置植入的、指向一个特定目标的链接关系。依据内容需要，超链接所指向的目标具有多样性特征，可以是图片、网页、电子邮件、文本，甚至是应用程序。依据网络协议，一旦超级链接启动，可以在不输入网址的情况下快速进入指定的链接内容。在信息网络时代，由于网络技术和其他通信手段的高度发达，军事组织的发展，不刻意追求规模的大小，而是关注网络联通能力的强弱，通过超链接的方式，构建快速响应机制，融合一切相关力量与资源，高效组织和共同应对安全挑战。

作为微战争的一种组织形态，超链接模式的形成原因主要有三方面：

网络中心。全球信息栅格、传感器融合 / 数据融合、分布式传感、量子通信为代表的信息技术快速发展，成为超链接能力形成的前提和基础。依靠建立在栅格化基础上的战场信息网络，遍及全球的互联网络，微型化军事组织可以快速链接军队、地方以及世界其他国家的力量和资源协同作战，将分散的力量由强大的网络凝聚成有机整体。

多元安全挑战。当今人类面临的安全挑战，既涉及政治安全、经济安全、国土安全、军事安全等传统安全，又涉及文化安全、科技安全、信息安全、生态安全、资源安全等非传统安全。捍卫国家安全的模式，必然是以“超链接”形式联通军地各方的安全共同体。

轻量化诉求。作为制造业术语，轻量化是指在确保稳定提升性能的基础上，降低耗材用量，节约制造成本。为应对来自陆海空天等领域的安全威胁，各国致力于制造各类庞大的作战平台，围绕大型平台构建军事组织。面对千万美元级数的坦克、上亿美元级数的飞机、上十亿美元级数的军舰、上百亿美元级数的反导系统和上千亿美元级数的太空武器装备，即便是富甲天下的美国也不堪重负。相反，构建超链接的军事组织，以有限资源应对无限多样挑战，体现了应对安全威胁的轻量化诉求。

美国海军陆战队的生化武器反应部队，具有典型的超链接组织特性。该部队并没有整合所有的国家生化防护力量，仅仅是隶属海军陆战队的营级单位，无论数量规模，还是专业能力，都无法独立应对大规模生物、化学武器攻击的严峻挑战。因此，它更多地作为生化防护安全网络的中心节点，利用超链接组织军事领域和民事领域专业力量，既包括军方拥有重型救援装备的搜救部队和处置简易爆炸装置的拆弹部队，也包括民间应对有害物质外溢事件的探测、消毒、急救、消防以及警察局等力量，应对生化武器袭击等突发事件。

3. 分布式

“分布式”是美国海军提出的作战概念。自近代铁甲炮舰出现以来，集中兵力与火力是海上作战的基本原则。中日甲午海战中，日本舰队就采取纵队弦炮集中攻击的战术，击溃了中国北洋水师。到第二次世界大战，航母打击群更是成为兵力集中的重要体现，利用舰载轰炸机“集中式杀伤”，成为美国在太平洋海战中制胜的法宝，航母也因此享有“海上霸主”的称号。21 世纪以来，美国海军逐步摒弃了传统的“航母中心主义”集中制胜的思想，提出依托“分布式”组织结构实施分散打击的新思路，这与微战争“多而小”的军事组织原则十分契合。

“分布式”军事组织适应了军事技术攻防对抗的发展变化。一方面，在防御端确保生存。在传统海战体系中，大型武器平台是整个作战体系的关键节点和支撑点，一旦被摧毁，就会造成整个体系瘫痪。由于弹道导弹、巡航导弹、低噪声潜艇和高性能岸基飞机等对舰作战撒手锏武器大量涌现，航母、大型驱逐舰等大型海上作战平台，极易成为对方综合火力集中打击的目标。实施“分布式”组织架构，让对手无法确定打击重点，从而提高生存能力。另一方面，在进攻端实施“饱和攻击”。相控阵雷达是反舰武器系统的核心，能够实现对多个海上目标搜索、识别、跟踪、制导、无源探测等多种功能。例如，AN/SPY-1 无源相控阵雷达可同时监视 400 个目标，并自动跟踪其中的 100 个目标。依据分布式的组织结构，将原本集中的航母打击群分散开来，增加敌方雷达搜索量，提高敌方执行情报、监视与侦察（ISR）任务的难度。一旦己方目标数量达到并超过对方雷达探测的上限，就可以依靠数量优势实施“饱和攻击”，以大密度、连续攻击的突防方式，破解对手反介入 / 区域拒止的军事力量部署。

“分布式”军事组织，通过“去中心化”“小而全”“网络倍增”来谋求更强的生存与突防能力。

去中心化。“去中心化”是分布式军事组织的本质特征。它以更为分散部署的形式独立作战，使对手找不到打击的关键节点。分布式部署不仅可以发挥网络的联通性优势，而且更加注重网络节点和通信链路的可替代性。通过去中心化的分散部署，减少对单个作战平台的过度依赖，在部分节点遭遇摧毁性打击的情况下，分布式作战网络不会被轻易阻断或瘫痪。

小而全。分布式部署，既强调削弱大型水面平台的中心化地位，也重视发挥小型舰只或者巡逻艇在分布式作战网络中的价值，致力于提升打击能力，丰富打击手段，强化打击效果。俄罗斯在叙利亚的军事行动中，里海舰队四艘小型护卫舰，向近千海里外的叙利亚目标发射 26 枚“口径”SS-N-30A 巡航导弹。美国战略和预算评估中心专家布赖恩 · 克拉克对此解读说：“这通常不是护卫舰携带的导弹，这种护卫舰通常携带的都是更短程的‘俱乐部’（或称‘克卢布’）反舰导弹，而不是对陆攻击导弹。护卫舰发射巡航导弹，使其从一种海洋控制舰只变成了具有分布式杀伤力的舰只。”这就充分展示了分布式作战网络下“小而全”的平台打击能力，同时，也与力量精干、远程制穴的微战争作战方式高度契合。

网络倍增。分布式部署寻求网络环境下分散部署力量的倍增效果。美国海军作战部水面作战处处长方达少将提出“漂浮在水面上就要战斗”的作战理念，要求所有水面舰艇，即便是补给舰、两栖舰、运输船等辅助舰艇，都可以通过装备导弹等方式具备一定强度的打击能力。在分布式作战网络支撑下，广阔海域分布的水面舰艇实现协同作战，联合感知海空威胁，提前预警敌方目标，共同确定突防方案。同时，借助分布式作战网络的支持，实现全平台打击要素共享，通过加装通用化的传感器、发射装置等有效载荷，实现A平台的传感器为B平台的武器提供打击方案，分布式部署部队可以成倍增强杀伤力。

五、蝴蝶效应

“蝴蝶效应”原本是拓扑学领域的概念，指在复杂动力系统中，初始条件下微小的变化，有可能带来整个系统长时段、影响重大的连锁反应。1963年，气象学家洛伦兹提出，由于某地上空一只蝴蝶扇动翅膀扰动空气，长时段后可能导致遥远的彼地发生一场暴风雨。事实上，“蝴蝶效应”的作用也包括军事领域。西方谚语关于马蹄铁上缺了一个钉子导致国家灭亡的典故，讲的就是“蝴蝶效应”在军事领域的体现。

伴随微战争的兴起，利用“点穴”“斩首”等军事行动来“扇动翅膀”，通过军事手段与非军事手段的组合运用，在政治、经济、信息、文化及军事领域，实现波次放大和效果叠加，已经成为微战争支撑大战略的重要体现。

近年来，对于微战争引发的“蝴蝶效应”，在国际军事学界引起了广泛关注，并形成了以“混合战争”为代表的相关理论。早在2005年，美国军事学者弗兰克·霍夫曼和海军中将詹姆斯·马蒂斯，就在《海军杂志》上联合撰文，基于对全球化安全形势判断和新技术发展等因素的分析，共同提出“混合战争”理论，指出现代战争形态正在发生重大变革，“小规模的非正规战争”日益取代传统的“大规模正规战争”，成为主流的作战样式，军事领域与非军事领域的作战手段深度融合。要打赢未来表现形态更复杂、行动界限更模糊的“混合战争”，应统筹整个国家的战略手段和资源，采取综合措施打出组合拳，才能实现有效应对。

俄军总参谋长瓦列里·格拉西莫夫探讨了混合战争与微战争的关联性并指出：“混合战争的核心思想就是以最低限度的武力介入达成政治目的，重点是破坏敌人的军事和经济潜力，施加信息和心理压力，支持敌国内反对派，实施游击战和破坏战术等。”混合战争并不追求大规模的传统军事打击，而是以微战争的打击形式，引发类似“蝴蝶效应”的叠加效果。俄罗斯军方对于“以最低限度的武力介入达成政治目的”的认识，并不是单纯理论层面的设想，而是军事实践层面深入总结的产物。2015年，俄罗斯出兵叙利亚的军事行动，为我们认识微战争引发“蝴蝶效应”的机理提供了范例。

1. 酝酿

“蝴蝶效应”是一种混沌现象，其行为表现为随机性、不确定性和不可预测性。一只蝴蝶无数次扇动翅膀，究竟哪一次能够引起一场风暴？依据拓扑学理论，只有在特定环境下，一次微小的羽翼扇动才能够引发一场风暴。在军事领域，依靠微型军事行动引发“蝴蝶效应”，必须高度关注酝酿“蝴蝶效应”的环境设计。

锁定“奇异吸引子”。混沌理论表明，混沌系统中存在平庸吸引子和奇异吸引子两类不同的吸引子。奇异吸引子具有复杂的拉伸、扭曲结构，不仅是混沌系统中一种无序化的运动形态，而且也是系统不稳定性的集中体现。在混沌系统中，一切到达奇异吸引子内的运动都互相排斥，对应于系统的“不稳定”方向。

在纷繁复杂的叙利亚乱局中，锁定“奇异吸引子”，就可以找到微型打击力量施放的焦点。在俄罗斯出兵之前，叙利亚战争不仅牵涉多个国家参战，还有为数众多的非国家行为体参与其中。叙利亚政府军、北约部队、阿拉维派沙比哈民兵、黎巴嫩真主党、叙利亚自由军、伊朗革命卫队、“伊斯兰国”武装、民间雇佣兵等多股势力错综复杂。俄罗斯通过缜密的形势分析，认定“伊斯兰国”恐怖组织是叙利亚境内不稳定格局的集中体现，其组织特性与“奇异吸引子”具有诸多相似性：一是具有极端性。“伊斯兰国”恐怖分子宣扬“圣战”思想，鼓吹建立全球性的“哈里发国”，是伊斯兰极端主义力量的代言人。二是冲突性。“伊斯兰国”采取暴力手段实现政治理想，频繁制造自杀式爆炸、屠杀平民等恐怖袭击事件。三是排他性。“伊斯兰国”与叙利亚境内其他军事力量之间存在普遍的排斥与对抗关系，且遭到美国、英国、法国等 54 个国家和欧盟、北约以及阿盟等地区组织的联合打击。锁定“伊斯兰国”这一“奇异吸引子”，就找到了介入叙利亚局势的切入点。

设置初始条件。在混沌系统中，奇异吸引子的运动对于初始条件表现出极强的敏感依赖性，在初始值上微不足道的差异，都会导致运动轨道的截然不同。俄罗斯为打击“伊斯兰国”恐怖组织，介入叙利亚安全事务，必须首先设置支持其军事介入的初始条件。

一方面是国内外舆论的支持。俄罗斯围绕叙利亚反恐的舆论铺垫，早在战前就已展开。对于国内民众，从 2015 年 9 月开始，俄国家电视台“第一频道”，就密集播报“伊斯兰国”的反人类活动罪行，特别是揭露其对东正教徒的残酷迫害，以唤起俄罗斯民众的同仇敌忾。同时，俄罗斯官方积极展开对外舆论宣传，在接受俄罗斯官方报纸《俄罗斯报》的专访时，普京向国际社会郑重申明，“俄罗斯没有复辟帝国和苏联的愿望”，“俄罗斯不需要别人的领土，别人的自然资源——我们一切自给自足”，意在消解出兵叙利亚的国际舆论压力。俄罗斯的舆论宣传周密隐蔽，美国“战略之页”网站事后不得不承认“俄罗斯围绕叙利亚危机展开了卓有成效的信息闪电战”。另一方面是法律上确保程序正义。先是巴沙尔政府向俄罗斯领导层发出书面请求出兵，接下来俄罗斯召开联邦安全会议，杜马上院以全票通过支持出兵决议，再由普京总统向国际社会发布对“伊斯兰国”的宣战公告。从接受请求到实施行动，俄罗斯政府确保每一个环节都体现公正、合理、合法。

输入微小扰动。俄罗斯政府利用微型化的军事行动，给叙利亚乱局以微小的“扰动”，主要表现为：（1）“对象有限”。俄军在军事打击上表现出少有的审慎、克制以及鲜明的选择性，不与美军发动正面冲突，也不打击其支持的叙利亚反对派武装，而是主要针对 IS 恐怖组织。（2）“力量有限”。俄军没有在叙利亚地面战场投入一兵一卒，只动用了海上与空中精确打击力量，这是一次典型的“非接触”作战。（3）“范围有限”。俄军严格限定打击范围，只对“伊斯兰国”的司令部、通信枢纽、能源仓库、武装据点以及恐怖分子的训练营等目标实施精确打击，避免平民和民用目标的损失。

2. 强化

反馈体现了混沌与秩序之间的一种张力，有正反馈和负反馈之分。负反馈导致输出发挥与输入相反的作用，使系统输出与系统目标的误差缩小，系统趋于稳定。正反馈使输出发挥与输入相似的作用，使系统偏差不断增大，导致系统振荡，起到放大控制作用。当正反馈能量急剧增长时，系统振荡的规模和强度发生指数级增长，导致发生“蝴蝶效应”。

在以微型军事行动开启“蝴蝶效应”后，俄罗斯政府和军方运用多维度、混合手段强化微打击效果。为持续取得“正反馈”，俄罗斯采取军事与非军事手段相结合的策略，快速派遣小规模精确打击力量。同时，利用各种信息手段展开广泛的舆论战、心理战和外交战，通过“代理人”战争、精心设计的宣传以及充分利用民族和其他社会紧张因素，这些手段混合使用，不断强化系统的“振荡”。

“代理人”配合精确打击。俄军对“伊斯兰国”关键目标的空中打击，受制于目标数量，其影响力相对有限，但通过与叙利亚政府军的地面进攻相配合，俄军事行动的影响力与日俱增。在俄军精确打击力量的支持下，叙政府军在德拉、大马士革、霍姆斯、拉塔基亚等南方沿海地区稳住阵脚，将“伊斯兰国”武装压制在各自孤立的几个区域，巩固了亲俄阿萨德政权的统治，提升了俄罗斯对叙利亚局势的控制力。

舆论渲染军事震慑。俄罗斯出兵叙利亚后，俄军强大的远程精确打击能力，一直是震慑恐怖组织的重要手段。为迅速向外界扩大震慑力，俄军对外公布里海分舰队发射远程巡航导弹的视频，导弹在航路上完成 147 次转弯，以误差不超过 3 米的精度，成功摧毁了 1500 公里之外的 11 处“伊斯兰国”目标，高调展示其远程打击能力和战略威慑能力。这段视频经由门户网站和社交媒体等平台，通过分享、转发等方式迅速传播，不仅令“伊斯兰国”恐怖分子闻风丧胆，也有助于塑造俄军在国际社会的强大形象。

反恐外交赢得国际支持。叙利亚是国际政治力量博弈的重要舞台。为获得国际社会支持，俄罗斯展开卓有成效的外交行动，与欧盟、中国、美国等达成积极共识，连奥巴马在接受美国哥伦比亚广播公司专访时也表示：“只有吸纳‘所有关键玩家’参与的政治方式，才能真正实现叙利亚的和平。”对于俄罗斯出兵叙利亚，立陶宛维尔纽斯大学玛格丽塔•塞西利基特教授指出：“这场冲突，重要的不是传统军事力量，而是俄国人运用的‘混合战争’模式，灵活使用军事、政治、信息等工具，既打击现实敌人的弱点，又捆住‘潜在敌人’的手脚。”俄军在叙利亚的微型军事行动，实现了作用效果的波次放大，获得了“正反馈”的持续集聚，产生让其他国家难以招架的“蝴蝶效应”。

3. 释放

正反馈作用的不断强化，扩大对系统的干扰，混沌系统内部的振荡持续放大，造成系统失稳。当汇聚的能量达到并突破临界点后，必然引发“蝴蝶效应”的释放，进而演变为改变系统结构的一场革命性风暴。俄罗斯利用微型军事行动，采用多元化的混合手段，构建由其主导叙利亚局势的“行动者网络”，不断吸引、汇聚各方力量，通过能量集聚、行动协同和强化正向反馈。俄罗斯对于叙利亚局势的介入，由最初的微打击，发展为牵涉政治、经济、军事等多维度的风暴，展示了超强的影响力与变革力。

打破利益格局。叙利亚危机自 2011 年 3 月爆发，目前已成为西亚、北非地区持续时间最长、牵涉利益攸关者最多的一场变革。在俄罗斯出兵之前，叙利亚反对派借助欧美外力和联合国化武制裁，在与叙利亚政府军的对抗中占据上风。恐怖组织“伊斯兰国”乘虚而入，占据叙利亚大量城镇和战略资源。在国际社会，美国和北约力量掌控划分叙利亚利益格局的话语权。俄罗斯通过给叙利亚局势持续施加不稳定的“正反馈”，加剧叙利亚的权力生态系统向着偏离初始状态的方向发展。这种偏离活动的发生与持续，加速瓦解了叙利亚国内原来的利益格局，由旧稳态发展成新稳态。出兵叙利亚，俄罗斯不仅巩固其在叙境内的既得利益，特别是塔尔图斯港的安全利益，而且日益挑战美国对于利益分配的话语权，逐渐以主导方的姿态，推动叙利亚停火协议、人道主义援助及政治解决叙利亚问题。

引发连锁反应。在混沌系统中，“蝴蝶效应”的作用具有迭代性。上一次产生的结果，可能成为引发下一次“蝴蝶效应”的初始值，进而造成一系列连锁反应。肇始于 2010 年年底的“茉莉花”革命，引爆中东地区长时期、大规模动荡，突尼斯、埃及、也门、利比亚先后政权更迭。叙利亚当前之乱局，本身也是中东乱局“蝴蝶效应”带来的连锁反应。作为当前中东各种矛盾的汇集点和各种势力的“角斗场”，俄罗斯强势介入叙利亚，必然引发“牵一发而动全身”的连锁反应。一方面，俄罗斯南部靠近中东地区，恐怖组织极其猖獗，且与基地组织及“伊斯兰国”有着千丝万缕的联系，俄军出兵叙利亚反恐，斩断了“伊斯兰国”与俄罗斯境内恐怖分子的联系，切断了他们试图在叙利亚战场获得武器、爆炸物以及各种战斗经验的渠道。另一方面，伴随俄罗斯在叙利亚军事行动的顺利推进，其在叙利亚问题乃至处理中东事务上的话语权与日俱增。俄罗斯试图牵头组建叙利亚、伊朗、伊拉克等国构筑“中东反恐联盟”，从而将政治力量触角伸入中东腹地，可能挑战当前美国主导中东事务的国际秩序，伴随多维力量进入“动荡弧”，可能将风暴带至更深的旋涡。

实现多重目的。“蝴蝶效应”的作用环境是混乱、无序的混沌系统。“蝴蝶效应”的实现，在于对一系列不确定性因素的充分利用，才能以小的输入带来大的输出，达到系统的再平衡。俄罗斯出兵叙利亚，本来是一次微型化军事行动，但通过运用舆论、法律、外交、心理等多重手段叠加放大，引导并控制叙利亚乱局中的不确定因素，最终在多个维度取得了对俄罗斯有利的成果。在军事上，展示了俄罗斯军队强大的打击力和威慑力。在政治上，传递了维护国家安全和大国复兴的决心意志。在经济上，缓解了西方因克里米亚问题对俄罗斯的制裁，利用战后军火贸易，提振了因石油危机造成的经济颓势。在战略上，维护了俄罗斯在中东地区的利益，拓展了俄罗斯国家安全的战略空间。

第五章

“互联网+”战争

微乎微乎，至于无形；神乎神乎，至于无声，故能为敌之司命。

——孙子

下一次珍珠港事件很可能是赛博攻击。

——美国中央情报局局长里昂·帕内塔

“现在是晚上 8:15。157 个大城市在 15 分钟内陷入大面积停电；有毒气体云正向威灵顿和休斯敦飘去；多个城市炼油厂在燃烧；纽约、奥克兰、华盛顿、洛杉矶的地铁相撞；四条主干线路上的货运列车在重要枢纽站和马歇尔地区脱轨；飞机在空中无序飞行，发生多起撞机事件；向西北输送天然气的管道破裂，泄漏了几百万单位的气体；金融系统冻结，数以万计的数据丢失；气象、导航、通信卫星脱离轨道；美国军用通信中断；数以千计的美国人死去，更多的人朝医院拥去……”①

这是美国总统安全顾问克拉克和科奈克在《网电空间战》一书中假想的场景。这一假想并非空穴来风。随着信息网络技术的飞速发展，人类社会发展已经站上了“互联网 +”的风口，网络空间已经成为继陆、海、空、天之后的“第五维空间”。战争，也即将迈入“互联网 +”时代。

一、“棱镜门”事件的警钟

2013 年 6 月初，一个默默无闻的名字突然占据全球各大媒体头条。爱德华 · 斯诺登，这名美国国家安全局防务承包商曾经的雇员，成了家喻户晓的风云人物，还登上了诺贝尔和平奖的候选名单。个中缘由，在于他披露了让美国朝野上下为之震惊、各国民众为之愤怒，乃至国

① 理查德 · 克拉克、罗伯特 · 科奈克：《网电空间战》，北京：国防工业出版社，2012 年版，第 63 页。

际政治都掀起波澜的猛料——美国实施代号为“棱镜”的一系列网络监控和入侵项目。

披露的秘密文件显示，从2007年开始，美国国家安全局等情报机构就对数十个国家的领导人进行实时监听，包括联合国秘书长潘基文、德国总理默克尔、巴西总统罗塞夫等在内的各国政要均成为监控对象，联合国总部、欧盟常驻联合国代表团等重要机构也长期处于美国的监控之下。利用这种方式，美国在国际政治的谈判桌前获得了巨大的信息优势。据报道，在2010年联合国安理会围绕是否对伊朗核问题实施制裁悬而未决之时，时任美国驻联合国大使苏珊·赖斯便要求情报部门监听投票意向尚不明朗的理事国，以便其提早采取针对性措施。同时，美国打着“反恐”旗号，肆无忌惮地对全球民众进行全天候、全方位的监控。美国国家安全局通过接入全球移动网络并侵入主要的互联网公司，非法获取了庞大的个人信息资料、通话记录、手机短信、电子邮件、存储资料、传输文件、视频会议等各类数据信息，“可以监控某个目标网民的几乎所有互联网活动”。[①]

“棱镜”系列计划对各国主权、人权以及国际法的侵犯，程度之深、范围之广、跨度之长，令人触目惊心。这些本属于私人隐秘场域，国家主权保护和管辖之下的空间，不为人知且强制性地向美国敞开了大门，这无疑是美国政府在网电“技术空间”发起的一场“新战争”。可以说，在网络空间，谁掌握关键技术，谁拥有核心资源，谁就具备扼人咽喉的强大能力，谁就能赢得这场“新战争”。

技术制胜，在互联网战场上刻下了最鲜明的印痕。

① 互联网新闻研究中心：《美国全球监听行动纪录》，2014年5月26日。

“棱镜门”折射出的美国网络霸权，正是建立在强大的技术优势上。由于历史原因，美国长期以来独霸着网络空间技术标准的设置和资源分配。例如，域名系统是整个互联网稳定运行的基础，域名根服务器是整个域名体系最基础的支撑点，网络通信中使用的地址最终由处于网络顶端的域名服务器来决定。支撑互联网运转的域名根服务器共有13台，仅有的1台主根服务器设在美国弗吉尼亚州，而12台辅根服务器中，有9台也分布在美国，被其完全控制，另外3台则分别设在美国的盟国英国、瑞典和日本，间接受到美国的控制。实际上，掌管这些域名根服务器，美国就掌握着全球互联网的主动脉。如果美国想对任一国家进行打压，无须进行经济制裁、军事打击，只要将该国二级域名服务器与根服务器的链接断开，该国就会立刻成为信息世界的“孤岛”。

不仅如此，美国还主宰着互联网产业链上的各个关键环节，从英特尔芯片到微软操作系统，从思科路由器到谷歌搜索引擎，处处都浸透着美国的身影。这些公司在全球互联网行业有着近乎垄断的地位。例如，微软的Windows操作系统占据着个人电脑90%以上的市场份额，全球移动设备的操作系统则被谷歌的安卓和苹果的iOS所瓜分。由于拥有极其庞大的用户规模，网络空间的一举一动可以说尽在美国掌握之中。美国情报机构与这些企业有着密切的合作关系，可以从其海量数据库中充分挖掘所需要的信息。为了有效收集、存储、分析并利用这些信息，美国国家安全局甚至斥资20亿美元，在犹他州兴建了目前世界上最大的数据中心。

互联网巨头们提供的“弹药”不仅仅是数据信息。全球数以亿计用户使用的这些软硬件产品，也早已布满陷阱和地雷。这些厂商或是在设备和系统上市前就预留后门，或是植入潜藏的“木马程序”，从一开始便为美国政府发动网络攻击和入侵铺设了“快速通道”。据披露，微软就常常将尚未公开的漏洞信息提前向情报机构“报告”，使他们能够利用“时间差”发起远程漏洞攻击。不论是个人用户还是政府部门，在这种攻击面前几乎难有招架之力。正是利用这些技术优势和资源优势，美国在网络空间布下了一层层“棱镜”，通过软硬件、路由器、服务器当中的“陈仓暗道”，在全球互联互通的网络空间肆意行动，事实上已经成为当前网络空间安全的最大威胁。

长期以来，美国把中国视作假想敌。从“棱镜门”曝光的文件来看，中国被列为网络监控和攻击的主要目标。中国领导人、政府部门、银行等机构都遭到美国情报机构的非法监控，美国甚至还在中国驻澳大利亚使馆每间办公室的混凝土墙壁里都偷埋了光纤窃听器。不仅如此，美国政府对中国的主要电信公司和主干网络发动了大规模、长时段的入侵。在其中一起事件里，清华大学的主干网络遭到大规模攻击，导致数十台电脑和服务器被入侵，由于涉及中国六大骨干网之一的“中国教育和科研计算机网”，有报道称此次攻击可能造成数百万中国公民的网络数据失窃。这种攻击绝不是偶发的，针对的也不只是单个网络系统。美国加密技术公司 RSA 有着大量中国客户，包括三大电信运营商、数家大型国有银行，以及华为、海尔等诸多企业。如果它与美国政府勾连，在加密算法中加入漏洞后门，就将使其提供的安全产品成为“特洛伊木马”，变成埋藏在中国网络系统中的定时炸弹。

“棱镜门”事件无疑给中国网络安全敲响了警钟。目前，中国已经是世界上网民数量最多的国家，互联网经济也呈现高速发展态势。但在事关网络安全的一些核心指标上，中国与发达国家仍存有明显的

“数字鸿沟”。例如，中国每百万人拥有的安全服务器数量只有3.14台，而欧盟国家的平均水平则是737台，北美地区更高达1451台，差距显而易见。据中国国家信息安全漏洞库统计，2014年全年我国新增加的安全漏洞达到8622个（也就是平均每天增加23.6个）。这些漏洞绝大多数来自美国互联网巨头的产品，牵涉到各行各业的大量终端和用户，危害极其广泛。在“棱镜门”事件的映照下，网络安全这座脆弱的堤坝，拉响了刺耳的警报声。

网络空间，这个原本只是现代生活方式代名词的虚拟世界，正被越来越频繁地贴上“军事”“战争”“安全”的标签。早在1991年，美国国家科学院在一份关于计算机安全的报告中就已提出警告，“未来的恐怖主义分子使用键盘造成的破坏将远甚于炸弹”。[①]2011年6月，美国国防部在其首份网络战略中，明确表示会将高级别的网络攻击视作战争行为，并考虑用传统军事手段回击，“如果对方借助计算机网络破坏了我们的电网系统，也许，我们会向对方发射一枚导弹”。同时，黑客又力图为自己的网络攻击活动披上合法的外衣。俄罗斯在2013年组建了网络安全部队并随后成立了网络战司令部，新版《军事学说》明确提出用信息战和网络战来加强威慑能力。英国、日本等其他国家也纷纷开始厉兵秣马，摩拳擦掌。

《孙子兵法》讲：“微乎微乎，至于无形；神乎神乎，至于无声，故能为敌之司命。”网络空间这个无影无形无声的技术空间，日益成为国家安全新疆域，大国博弈新空间，意识形态斗争主战场。在未来战争中，倘若不掌握“制网权”，可能连敌人在哪里、何时发起攻击、

① National Academy of Sciences, Computers at risk: Safe computing in the information age, National Academy Press, 1991.

怎么被打败的都不知道，很多作战力量可能还没有使用就瘫痪了或者偏废了。“互联网 +”战争揭开了人类社会刀光剑影新的一幕，世界各主要国家开始在网络空间捉对“厮杀”。

二、鼠标操控的战争

战争作为人类历史中古老而又持久的攻防对抗行为，其表现形式随着时代条件的发展而不断变化。网络空间与现实空间有着明显的区别，以至于传统上用来定义和描绘战争的暴力、毁伤、火力等关键字眼，在网络空间里却很难找到对应的参照。因此，有人质疑下一场战争是否一定会在这一新的领域打响，甚至英国学者托马斯·里德就此断言：“网络战争将不会到来！”[①]

网络战争在理论上能否成立，主要看它是否具有战争的暴力属性。毕竟，战争总是与一定的暴力形式联系在一起的。从“阿帕网”的诞生到现在，以互联网为代表的信息技术日新月异，深度融入世界政治、经济、军事、文化等各个领域。据国际电信联盟（ITU）发布的调查报告显示，至 2016 年年底移动宽带已覆盖全球 84 % 的国家及地区，全球 47% 的人口，总人数约为 39 亿人。可以说，当今世界已经是无网不在的世界。然而，网络架构的“去中心化”埋下了严重的安全隐患：没有中央节点负责监管整个网络空间的信息流动，信息在节点之间的具体“传输”通道常常是不可预知的，信息“接力棒”在每一个站点都面临被截获、篡改或者调包的风险。网络技术的设计者们最初或许并未考虑到这些风险，只因当时能够接入网络系统的人屈指可数（主

① Thomas Rid, Cyber War Will Not Take Place, Oxford University Press, 2013.

要是美国军方、政府部门和少数科研院所）。但随着互联网成为全球化和商业化的新代表，建立在用户相互信任基础上的网络底层架构反而变成了网络空间的安全弱点。也就是说，只要接入了互联网，你便同时交出了引狼入室的钥匙。这就是网络空间的“阿喀琉斯之踵”。据英特尔网络安全公司迈克菲估算，在2014年，由于网络安全问题造成的全球经济损失超过4000亿美元，相当于伊朗、泰国、阿联酋等国家当年的GDP总量，超过了位列全球军费开支第二到第五位的四个国家军费总和，甚至比恐怖主义活动在全球造成的经济损失高出近10倍。在物联网、云计算的广阔前景下，人类社会对于网络技术的依赖性还会不断上升，这无疑助长了网络战争的可能。

与此同时，网络技术深度融入新军事革命的浪潮之中，进一步将网络空间推上了战争的舞台。无论是信息主导、体系支撑，还是精兵作战、联合制胜，都越来越依赖于网络信息技术。现代战争插上了信息化的翅膀，但这对翅膀也自然而然成为打击重点。2007年9月，以色列对叙利亚的几处军事设施发动了空中袭击，虽然执行任务的飞行部队并没有隐身性能，但却从号称强大的叙利亚防空体系中全身而退。据披露，正是由于以色列对叙利亚采取了网络攻击手段，导致叙利亚的整个防空雷达网络崩溃，使得以色列空军得以顺利完成行动任务。

和传统空间相比，网络空间的攻防对抗呈现出不一样的色彩。

标识一：身份模糊。“在互联网上，没有人知道你是一条狗。”这句话很好地说明了网络攻防的身份困境。IP地址是用户接入互联网时的身份标识，网络空间的任何行为都是源于一个特定IP地址的数据流动。但这种身份标识却并不可靠，大部分网络用户都不会限定于单一的IP地址，而是随着上网环境、所选取的网络服务、入网时间等因素而不断变换地址，从而导致网络攻击者很容易隐藏或伪装自己的地址。例如，攻击者可以使用代理服务器，或者首先侵入第三方设备，使信息源头看起来是从代理服务器或其他设备的地址发出，从而隐藏真正的攻击源头。因此，即便查明了网络攻击的IP地址，也很难就此断定这就是攻击者所使用的地址。这就好比在追查交通事故的肇事者时，即使发现了车辆的车牌号码，也可能是查到一个伪造的牌照。当攻击者有意避开追查时，网络技术赋予了他模糊身份的许多办法。

常规武装冲突中，身份通常是确定的。大多数情况下，敌对双方拥有彼此易于区分的服装、旗帜、装备，如此才不致使战争陷入混乱。假设无意开枪走火，事后的追查同样能够定位攻击者的身份：子弹可以通过弹道判断其源头，甚至核武器的裂变材料也能与特定的反应堆联系在一起。但对网络攻击源头的追查却十分困难，这不仅因为攻击者有着太多的手段来伪装自己的身份，也因为追踪溯源的环节太过复杂。即使锁定了攻击源头的IP地址，也未必能准确找出实施攻击的设备和个人；即使找到了实施攻击的个人，也很难准确判断其行为是否与某个组织有关，更难以准确得知其行为背后的真实意图。因此，这种身份模糊性便给了发动攻击者绝好的免责借口，毕竟，要将行为主体、背后主谋和攻击动机完整地拼接在一起是十分困难的。

这显然是前所未有的变革：假如你身受攻击却不知敌人何在，那么任何还击和反制都将无从谈起。同时，身份模糊也极大地提升了战略误判的风险。遭受网络攻击的国家有可能草率做出结论，将矛头指向在传统空间与其颇有罅隙的对手，从而导致不必要的冲突升级。而一些心怀不轨的“第三者”（不论是国家还是其他组织）同样可能利用国家间的紧张关系，将攻击行为嫁祸给其中一方，挑动国家间敏感的神经。试想，假如两国正处在剑拔弩张的危急时刻，一场突如其来的网络攻击，便可能成为压垮和平希望的最后一根稻草。在网络空间的攻防对抗里，不确定性变成了一种常态。

标识二：超越时空。在某种程度上，军事技术变革的历史就是一部不断突破时空限制的历史。马具以及骑兵战术的出现，加快了战场的转换速度，降低了地形对军队推进的阻力；铁路技术的发明和普及，使军队（最早是普鲁士军队）具备了短时间内集结动员的强大能力；航空技术的出现更是使军事力量摆脱了崇山峻岭的阻隔，极大地压缩了攻防准备时间。近年来美军大肆宣扬的“全球快速打击”概念，也是意在通过超高音速飞行器等尖端装备，实现“一小时打遍全球”的目的。

与这些进步相比，网络攻防对时空因素的克服达到了无法企及的极致。网络攻防是在瞬时发生，信息传播本质是电磁波的传递，几乎不受时间和空间的任何影响。当攻击者按下鼠标和键盘攻击键的一刹那，攻击效应便在防御者面前立即呈现。这对战争模式来说无疑是划时代的变革。在常规模式的战争爆发之前，攻击国在政治、军事、外交或经济等方面多少会显露出异常迹象，这些变化能够给对象国提供重要的前期准备。但在网络攻防中，整个攻击过程短至几分钟甚至几秒钟，预先的征兆并不容易被及时发现。因此，网络攻击的突然性大大增强。

而对防御者来说，这绝不是个好消息。网络攻防几乎没有给防御一方留下足够准备的时间，能够御敌于千里之外的侦察和预警机制在网络空间不易实现。由于反应时间极短，被攻击者往往只能采取断开网络连接或关闭系统等应急式措施。这无疑将防御者置于极为被动的境地。同时，在自然空间，国家防御的边界是相对固定的，况且还有许许多多的自然屏障可为戍边利用。但网络空间的防御边界却是不断膨胀的，必须时刻紧盯变化中网络体系的每一个角落，要做到这一点几乎是不可能的。因此，网络空间的攻防之间出现了严重的失衡，在超时空互动的重新布局中，一劳永逸式地构筑“马其诺防线”，有可能招致全线崩溃。

标识三：降低门槛。古往今来，战争的发起者总是面临许多看得见或看不见的门槛。越是现代化的战争，这些门槛就显得越发突出。

一是费用。16-17 世纪英格兰国王为了应付欧洲战事与日俱增的开销，不得不巧立各种名目从社会汲取财富，最终落得与议会和资产阶级新贵族决裂的下场，外战变成了内战。冷战时期的苏联更是被无休止的军备竞赛拖垮了经济，导致不战而败。而网络攻击所需要的费用则微不足道。“零日”漏洞是最重要的网络攻击资源。所谓“零日”漏洞，指的是程序或系统中存在的尚未公开、还没有补丁的安全漏洞。如同人们对从未出现过的新型流感病毒束手无策一样，这些安全漏洞假如被网络攻击者首先发现并利用，就会使受攻击者无法防御。政府、企业甚至黑客都是这些漏洞的积极买家，但通常一个新发现的漏洞不过数千至数万美元而已。意在发动网络战争的国家完全有能力囤积大量漏洞资源，或者与企业合作预先在网络和软硬件产品中埋设后门和陷阱。传统空间的武器系统已不仅仅是一杆枪、一门炮那么简单，而是融研发、制造、升级、保养、维护、后勤、支援等为一体的庞大体系，隐性的费用开支难以估量。网络攻击虽然也要求情报和技术的高度融合，但开支却远远低于常规武器装备。

二是兵力。传统战争中，武器装备更新换代自然是重要条件，而人员规模也不容忽视，兵多将广总体上来说仍然优势显著。网络攻防却并不依赖大规模的兵力动员和投送，许多攻击行动都只需要少量高技术专业人员便能完成。美军网络司令部虽然大肆扩编，但计划中的人数也不过数千人而已。力量精干在网络攻防对抗中颇具现实性。

三是报复。国家发动常规攻击时还必须考虑对手可能的报复。如果对手实力远强于自己，那无异于蚍蜉撼大树，反而自讨苦吃。网络武器则真正成了“每个人的武器”。报复由于前面所说的溯源难题而很难施行，因此对手实力的强弱变得没那么重要。不仅如此，国家在面对传统空间的报复行动时办法不多，很难完全规避损失，但面对网络空间的报复行动，国家大可以提前将自身关键系统和设施关闭网络连接，使报复行为无法以相称的手段实施。从这些方面来看，网络技术正在将横亘在战争面前的一道道门槛逐个拆除。

标识四：规则失位。霍布斯在《利维坦》里，描绘了一个“一切人反对一切人”的自然世界。唯一的规则便是在自我生存的状态下，每个人都是其他人的威胁，世界秩序因之分崩瓦解。网络空间正面临着退回到霍布斯“自然状态”的危险。由于传统战场的诸多概念很难准确映射到网络空间，世界各国对于网络空间和网络战争的性质与界定莫衷一是，而对于传统国际法中哪些原则和精神能适用于这一新疆域，更是缺少共识。更有甚者，美国凭借其网络技术优势，在网络空间一意孤行地推行“霸王条款”，片面曲解所谓的“信息自由”，在网络安全上搞双重标准，故意渲染不实的“中国网络威胁论”，背后却大力推进网络军事化，严重损害了网络空间的信任基础。在一个规则失位的战场上，战争的负面效应将会呈指数级放大，而先下手为强的危险思想也更易找到市场。

如果再回到里德的那条论断上，我们大概可以毫不犹豫地回答：“网络战争已经到来！”呈现在我们面前的是，一幅正在徐徐铺陈的新型战争画卷。

三、网络战争1.0：“赛博”战士

2007年4月，楚德湖畔，湖水如同往昔一样平静。但从驻扎在岸边的士兵那神情凝重的脸上，你仍然能感受到湖水两边剑拔弩张的气氛。楚德湖是俄罗斯和爱沙尼亚之间的界湖。几个月前，爱沙尼亚政府宣布要将首都市中心一处苏联红军铜像挪至别处，点燃了本已十分脆弱的俄爱关系。俄罗斯国内群情激愤，上至官员，下至民众，似乎都对爱沙尼亚举起了拳头。俄方也的确采取了行动：号召国内市场抵制爱沙尼亚商品，甚至威胁要切断至关重要的能源供应。爱沙尼亚国内也出现了此起彼伏的抗议活动，随后对抗不断升级。

当楚德湖畔的卫兵还在警惕地四处张望时，爱沙尼亚国内却已经遭到了大规模的“轰炸”。虽然“轰炸”没有造成任何人员伤亡，但却使爱沙尼亚的许多关键部门——政府、媒体、银行——陷入瘫痪。首当其冲的是政府要员和机构，包括爱沙尼亚总理在内，许多人的电子邮箱都被突然大量涌入的垃圾邮件淹没，整个议会的邮件系统也不堪重负而被迫关闭。许多政府机构的网站受到了严重影响，包括内务部、外交部、经济与交通部在内的官方网站全部停摆。爱沙尼亚最大的新闻网站也未能幸免，大规模的网络攻击使其只得切断与国际互联网的联系。爱沙尼亚的互联网成了“局域网”。在随后数周时间里，又出现了多批次的网络攻击。总统府、议会、几乎全部政府部门、主要政党、主要媒体、两家大银行和通信公司的网站均陷入瘫痪。其中针对爱沙尼亚最大的银行——瑞典银行——的攻击，使其网络服务中断了一个多小时之久，损失达到百万美元。

这次“轰炸”所使用的弹药并不复杂，分布式服务拒止攻击（DDoS）是主力“装备”。这种攻击，黑客事先入侵并控制世界各地成千上万的个人计算机，在被入侵者不知情的情况下组成“僵尸网络”，也就是将被入侵者的计算机变成了黑客远程控制的傀儡。当黑客发起攻击时，便操纵这些“沉睡”的“士兵”同时对攻击目标的系统或服务器发送信息，造成网络流量短时间内剧增。由于对任何网络和网站来说，它的通信容量和内存容量都是有限的，一定时间内网络信息流动的规模如果超过网络通信容量，就会使网络信道发生阻塞，服务器就可能陷入瘫痪。爱沙尼亚的各大政府网站和系统正是遭受了这样的“轰炸”，使得网络服务全面受损。

如果将 DDoS 攻击比喻为大规模空袭，那么逻辑炸弹则像是埋藏在网络空间的“地雷”。所谓“逻辑炸弹”，就是在满足特定的逻辑条件下，比如达到特定的系统时间，或者服务程序收到某个特殊指令时，就触发潜伏的恶意程序并实施破坏。通常，这些破坏行为表现为删除重要的磁盘分区，或是毁坏数据库的数据等。当然，还有一些网络武器则更像是简单粗暴的冷兵器。例如，黑客可以通过非法手段获得网站的管理者权限，从而篡改原本的网页内容，将网站的主标题替换为某国国旗或者宣示性标语。这类攻击在俄罗斯与爱沙尼亚的网络冲突中也屡屡上演。

这是一场不流血的战争。至少，爱沙尼亚政府认为，他们是网络战争的第一个受害者。总理安德鲁斯·安西普做了这样的比喻：“封锁主权国家的港口和机场以及封锁政府机构和报纸的网站有什么区别？”北约更是以此事件为契机，在爱沙尼亚首都塔林建起了网络战中心（北约卓越合作网络防御中心），企图将集体防卫原则扩展到网络空间。在当事人眼里，这是一场不折不扣的战争，这场战争来自网络。

以2007年俄罗斯与爱沙尼亚网络空间“交战”为标志，主权国家之间的网络冲突变得日益频繁。从俄罗斯与格鲁吉亚领土纠纷时出现的网络攻击，到朝鲜黑客攻陷韩国的银行和广播系统，从越南和菲律宾黑客联合攻击中国政府网络，到叙利亚电子军对西方政府和媒体发起的报复性网络战，相似的剧情一次次在网络空间上演。以至于当国家间出现传统冲突或者紧张局势时，网络攻防总会相伴相随，这几乎已经成为一种常态。

据统计，在过去的十年间，国家之间网络冲突的频率迅速攀升。21世纪前五年，平均每年发生的网络冲突数量大约为2.8次，但随后的五年里，这一数字一跃变成15.2次，从频率上说翻了五倍以上，如图5-1所示。值得注意的是，这些冲突当中的绝大部分给被攻击者造成的损失极为有限（相较传统的武力冲突来说），攻击的目标基本停

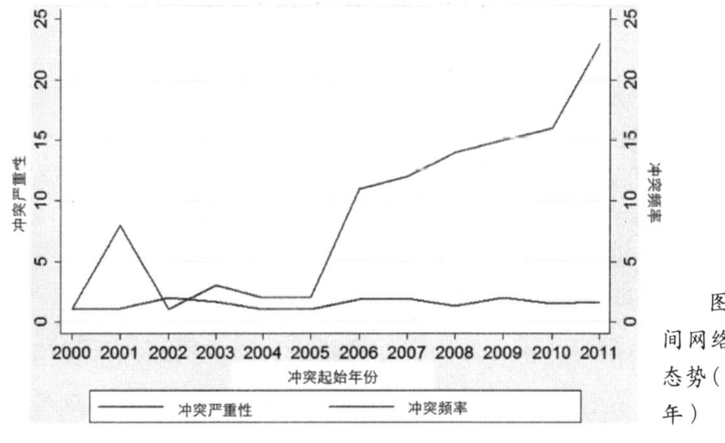

图5-1 国家间网络冲突基本态势（2000—2011年）

留在虚拟空间，而攻击的发起者与普通黑客之间并没有明显的区别。这就是网络战争的 1.0 呈现出的鲜明特征。

1. 政治宣泄

如果时任格鲁吉亚总统米哈伊尔·萨卡什维利在 2008 年 8 月——也就是俄格两国在南奥塞梯和阿布哈兹独立问题上闹得势不两立的时候——仍然有闲暇时间浏览一下总统府和外交部网页的话，他大概会感到又好气又好笑。原本一本正经的政府页面已然不见，整个屏幕上只剩下一组图片，这些图片将他和希特勒的丰富表情做了诙谐的对比。图片下方只有一行简单的落款，“本网站已被南奥塞梯黑客小组攻陷”，如图 5-2 所示。

И кончит он также...

hacked by South Ossetia Hack Crew

图 5-2 黑客将萨卡什维利与希特勒的照片拼接在一起

这显然是网络战争初级版本的生动写照：黑客通过网络攻击的方式，表达着特殊的政治诉求。这类攻击针对的多半是虚拟的目标，如政府部门的网站、电子邮件系统、媒体网站、论坛。有时也将目标指向银行等服务机构的网上运行。所采取的手段则五花八门，最常见的是篡改网页的内容，替换或添加表达自身政治主张的影像和言语。有时则表现为大规模的服务拒止攻击，使被攻击目标的网站和系统超出负荷并陷入瘫痪。从这个意义上看，1.0 时代的网络战争更多的是一种政治符号。

这些攻击还不足以使对手屈服，并做出行为改变。当发现网页被涂鸦，数据可能被窃取，甚至整个网站服务都无法运行，受攻击者理所当然会感到十分愤怒，也必然会采取紧急措施来加以补救——断开连接、清除系统中的病毒、使用替代网站，诸如此类。但攻击者若要凭此达到某种战术或战略目的，那似乎还相去甚远。1.0 级别的网络战争并不会带来严重到让对手屈服的损害。在这起俄罗斯与爱沙尼亚的事件里，最严重的攻击莫过于对爱沙尼亚银行网站的袭击。这次攻击当然是让人恼火的骚扰行为，是对这个国家情绪的打击。但银行本身的网络并没有被攻破，只是网络服务被迫中断了数小时。这次攻击没有暴力性，也没有意图改变爱沙尼亚的行为。作为对爱沙尼亚政府拆除苏联铜像的一种回应，网络攻击只是有力宣示了俄罗斯人的愤怒情绪。

也许有人会质疑，此种类型的网络攻击够不上战争的标准，因为它带来的直接损害相对有限，又很难与明确的战术或战略目的联系在一起。但实际上，这种低版本的网络战争仍然相当危险。一方面，网络战争总是与一定形式的入侵、窃取或破坏行为密不可分，这就意味着受攻击国的合法主权遭到了某种程度的践踏。损害程度较轻反而可能使这种形式的网络攻击越发泛滥，为整个国际体系的安全稳定蒙上新的阴影。另一方面，对被攻击者来说，很难准确判断攻击者的真实意图，因此，被攻击者必须以“最坏的情形”来考量对手可能的后续行动。在这种情况下，极易发生战略误判和不必要的冲突升级举动，从而使网络空间变成现实世界武装冲突的导火索。

2. "低组织化"

网络攻击门槛低的特点，在网络战争 1.0 中得到了最好的体现。由于这种类型的网络战缺乏明确的战术和战略目的，发动攻击所依托的"兵力"主要是政府雇佣或与政府关系密切的黑客，有时还包括一些自主发起的民间黑客小组——这些人共同构成了网络空间的"赛博"战士。

在俄爱冲突和俄格冲突里，网络攻击都是由身份不明的黑客发起的。虽然技术追查能够基本判定攻击源在俄罗斯境内，而且攻击者都打出了鲜明的爱国主义旗帜，但要言之凿凿地确定黑客与政府之间的关系却很难做到。至少从攻击过程来看，部分参与攻击的黑客可能是临时加入的。在大规模网络攻击发生之前，招募攻击"志愿军"的广告已经铺天盖地出现在许多俄语论坛中。这些广告甚至为"有志之士"提供了必要的网络攻击工具和操作指南，即使对黑客技术不太熟稔的网民也能助一臂之力。更加极端的例子还有匿名者组织，这个以电影《V字仇杀队》里骇人面具为标志的黑客团体，在网络空间四处开战，目标既有各国政府和企业巨头，也包括"伊斯兰国"这样的极端组织。但匿名者仅仅是一个松散的联盟，理论上讲，任何人都可以戴上这张面具，然后义正词严地举起网络武器。可见，组织形式灵活且模糊，正是初级网络战争的鲜明印记。

低组织化并不必然意味着小打小闹、零敲碎打。技术手段可以使原本小规模的黑客"兵力"实现大规模的级联效应。分布式服务拒止攻击往往就是通过这种方式实施的。同时，还有更多的手段可以进一步放大攻击规模。例如，DNS 反射攻击通过伪装成攻击目标的 IP 地址，向大量的开放 DNS 服务器请求一个大的 DNS 域文件。这样，这些 DNS 服务器就会向攻击目标的 IP 发送大量的 DNS 域文件，造成攻击目标不堪重负。2013 年，世界反垃圾邮件机构（Spamhaus）遭遇了史上最强 DDoS 攻击，攻击者正是使用了 DNS 反射攻击的方式，使攻击最大流量一度达到每秒 300GBit。尽管 Spamhaus 的系统相对强悍，服务器分布在全球多个国家，但仍然难以抵御如此高强度的攻击。

值得关注的是：策划和实施这场史上最大规模网络攻击的，仅仅是一名年仅 17 岁的伦敦少年。

3.“大众化”武器

武器装备是战争的物质基础，网络战争也不例外。但在初级网络攻防里，使用的攻击手段往往是较为常见的“大众化”武器。作为重要武器的“漏洞资源”和“攻击程序”，早已是互联网市场上的公开商品；黑客技术的有关教程和信息，甚至无须付费都可随处下载；网络武器本质上是程序代码，因此可以无限制地复制、拷贝、转移。有时，网络武器不过是一次简单的键盘输入。如果说利用远程控制渗透网站或系统的黑客是网络世界的“特种部队”的话，那么大规模网络攻击中的一些志愿者只是充当了“步兵”的角色，他们的主要武器仅仅是“ping”，也就是向网络服务器要求响应的简单指令，每秒钟可以重复数百次。当许多“步兵”同时对一个服务器展开“ping”攻击时，就可能使之无力应对。

1.0 时代的网络战争尽管攻势惊人，许多战例也获得了国际舆论的广泛关注，但这些事件很少有明确的战术或战略目的，更多地表现为与政府关系密切的黑客群体的民族主义抗争。战争的发起者往往是组织较为松散的黑客战士，他们使用并不复杂的网络武器，搅动着国际政治的棋局。但是，他们策划的攻击同样是对国家主权的恶意侵犯，而且这些攻击的频率和范围还在不断增加。更加重要的是，这些攻击由身份难以辨认的“赛博”战士所为，在传统军事冲突中，很容易产生战略误判等新的风险。例如，1998 年 2 月，当华盛顿正在筹划对萨达姆政权发动“沙漠之狐”打击行动之时，美国军方数个基地突然遭到网络入侵，涉及空军、海军和航空航天局（NASA）等多个部门。这场攻击险些造成美国军方的误判，以为是伊拉克先发制人的非对称攻击，后来通过深入调查才发现是美国几名青年黑客所为，与伊拉克毫无关联。因此，即便是初级的网络战争，对国际社会和国家安全的风险也绝不容小觑。

可以说，正是“赛博”战士，开启了“互联网 +”战争新模式。

四、网络战争 2.0：“X 计划”

阿富汗坎大哈东南 30 公里处。这里与巴基斯坦相去不远，是塔利班武装组织的腹地，也是美军反恐战争的前沿。此刻，一支美军任务分队扼守着一所村庄的所有进出要道。一伙恐怖分子藏身其中，但村子里的敌情却无法摸清，美军不敢轻举妄动。时间一分一秒地流逝，如果让逃亡的恐怖分子与外部援军取得联系，美军可能会变成腹背受敌，羊入虎口。

在此危急关头，一名士兵从看似略大的背囊中取出一台电脑。没错，不是冲锋枪，也不是便携式火箭筒，而是一台电脑！屏幕界面迅速跃出“联合作战网络行动数据系统”的字样。输入关键词“破解加密通信”和“切断局域网”，他轻松找到了最贴合当下需要的两项数据包

（也就是两个“武器”）——一个用来迅速渗透到恐怖分子使用的加密通信网络，了解对方动向，另一个则在获得完整情报之后，用来瘫痪整个村庄与外部的通信联络。按下命令键，一项攸关美军性命的任务已然完成，美军很快搞清了村庄里的恐怖分子数量及其计划图谋，并阻断了附近村落之间的通信渠道，使目标村庄变成了“信息孤岛”，瓮中捉鳖自然是手到擒来。

这只是一次情景假想，但却是美军在联合作战实验室中早已反复推演的作战构想。无数次诸如此类的构想汇聚到一起，被称为“X 计划”。这项计划在 2012 年开始启动，核心目的是开发能够推动网络攻击作战的新技术。但这绝不是提出一种理念或编写一个程序那么简单，而是要通过这项“X 计划”打造“互联网 +”战争升级版 2.0，使网络攻防嵌入美军的每一次作战和战场的每一个角落。

具体来说，“X 计划”的一项内容，就是建设一个在战场上能够随时使用的网络“武器库”。该“武器库”能够应用到每一处军事设施，每一艘舰船上的作战情报中心和每一个战术作战中心的作战小组，士兵在直观的界面上利用网络武器与敌方对抗，使网络攻防与现实战场真正地融为一体。“X 计划”的另一项内容就是研发一张“网络地图”，像常规地图一样清楚地“画”出网络空间的态势，供美军指挥官使用。按照该计划项目负责人的说法，“X 计划”“能够以可视化方式识别各关键性网络地形因素，从而帮助士兵了解其当前状态，正如通过望远镜观察物理地形一样”。这意味着全球数十亿台计算机和连接互联网的终端都有可能被“画”进网络地图中。这张地图不仅能够时时刻刻保持更新，而且可以提供诸如目标遭受攻击后是否失效等重要信息。有了这张网络地图，美军便能实时掌握网络战场变动不安的态势，也能随时随地根据需要来谋划网络“战术打击”。

可视化技术是支撑“X 计划”的关键所在。该项目的研发者尝试将一种虚拟现实头盔配备到每一个作战人员，以营造出三维的网络空间真实体验，甚至让网络攻防变成电子游戏那样的直观演练。项目负责人在一次采访中说，“戴上（虚拟现实）头盔你便沉浸在环境之中，就好像在互联网当中游泳。你不是在二维的世界中，而是可以真正地环顾数据。你看看左边，再看看右边，看到的将是不同的信息子网”。[①] 在这种可视化技术的帮助下，士兵将能够自主选择想要执行的网络任务，并在任务菜单中找到相匹配的行动方案，从而迅速完成网络攻防的作战指令。

简而言之，“X 计划”就是要让看不见的网络战场变得透明，让摸不到的网络武器变得唾手可得，让无影无踪的网络威胁变得无处遁形。

以“X 计划”为标志，网络战争正在逐渐告别“赛博”战士的单打独斗的初级阶段，开始迈入面向战场、面向实战的 2.0 时代。

1. 战术行动

黑客攻击虽然或多或少得到了背后政府的支持和授意，但更多地表现为情绪宣泄式的破坏和“捣乱”行为。2.0 时代的网络战争，则聚焦于真实空间的军事冲突和战争博弈，将网络手段当作实现战争目的的战术工具，这是初级版与升级版网络战争的根本区别所在。

“X 计划”里的网络“武器库”也好，网络地图也罢，无不渗透着网络战常规化、战术化思想，将网络战力量视同海、陆、空作战力

---

① Andy Greenberg, “DARPA turns Oculus into a weapon for cyberwar”, Wired, May 23, 2014.

量一样参加常规军事行动，将进攻性网络战武器派发到一线作战部队，并计划向美军非洲司令部和南方司令部加派网络作战组，同时下放更多的网络战指挥权，从而把网络战的运用沉降到战役、战术级，以充分发挥网络战的作战效能。

具体来说，美军描绘出一幅三环相扣的战术层面的网络战“蓝图”：第一环是预置网络战场。通过事先的网络战场情报采集分析、软硬件供应链“污染”、人力情报手动后门预留、远程漏洞植入等方式，累积网络战场漏洞知识库，预先开发针对性的网络武器。第二环是网络电磁行动“抵近召唤”。在军事行动期间，以各类海、空、天作战平台，或者遣出特种分队在物理上抵近攻击目标，然后借助网络地图等装备实施目标识别、效果评估，并执行网络电磁行动打击。第三环是远程接入操控。指挥控制分队通过抵近分队构建的联通网络，使用“X计划”这样的网络作战平台，实施远程网络作战控制。抵近网络电磁行动要素与远程指挥控制分队之间形成类似“特种作战+传统火力召唤”式的配合关系。[①] 可以说，这些环环相扣的作战设计，已经将网络战争推向了联合作战的前沿阵地。

美国在对“伊斯兰国”极端组织的武装打击中，除了空袭和偶尔的地面行动外，还发起了网络攻击。虽然攻击的具体细节没有公开，但可能包括阻止“伊斯兰国”通过推特等网站发布信息、传播极端思想、招募极端武装人员并遏制其利用网络从事金融交易等。目前，尚无法断言美军对“伊斯兰国”的网络战争的效果如何，但这一事件至少表明，网络空间的攻击行动已经逐渐与空袭、特种部队和地面袭击等常

① 温庭远：《美军战术网络作战力量评估》，知远战略与防务研究所，2016年4月18日。

规作战方式相协调。美军一体化联合作战可能已经初步完成了对网络战的有效整合。在可以预见的未来，美军各个层级和所有军事行动都将融入进攻性网络作战行动。在此背景下，其他一些国家也在网络战的战术化方面亦步亦趋。据披露，日本防卫省正在研制一种病毒武器，可以在受到网络攻击的情况下，顺藤摸瓜反向溯源攻击路径，并对攻击源进行打击。这显然是将网络战融入战术行动的又一体现。

2. 专业化部队

“互联网 +”战争 2.0 具有实战化特征，组织松散、行动零星的黑客小组显然难以担此重任。因此，许多国家纷纷加快专业化网络部队的建设步伐。据伦敦一家顶尖智库开展的军力评估，截至 2014 年年底已有大约 35 个国家建有或在建不同形式的网络战力量，其中绝大部分是欧美发达国家。

美军将网络战列为“核心能力”之一。2009 年 6 月创建了网络战司令部，并在 2014 年《四年防务评估报告》中，首次提出“建设 133 支网络任务部队”的具体目标。其中，用于执行国家级任务的有 21 支分队，用于执行战斗相关任务的有 44 支分队，而用于执行防御任务的则有 68 支分队，如表 5-1 所示。按照功能和属性明确界定网络战部队的具体职能使命，这说明美军已经在网络战争实战化道路上占得了先机。

表 5-1 美军网络战分队具体分布情况

分队	国家任务	国家支援	战斗任务	战斗支援	网络防护	合计
	13 支	8 支	27 支	17 支	68 支	133 支 /6187 人
海军	4	3	8	5	20	40/1860
空军	4	2	8	5	20	39/1821
陆军	4	3	8	6	20	41/1899
陆战队	1	0	3	1	8	13/607

资料来源：温庭远：《美军战术网络作战力量评估》，知远战略与防务研究所，2016。

3. 实战化演习

与常规军事行动一样，网络战也不可避免地与实战化演练结合在一起。美国于 2012 年建成了国家网络靶场（National Cyber Range，NCR），为网络战演习训练、武器测评提供了逼真的作战环境。从 2006 年到现在，美国已经组织了多次跨界跨国跨域“网络风暴”演习，每一次都把互联网列为直接攻防目标，也都以此前发生过的真实事件为基础进行演练。演习由国土安全部组织，类似于美国国防部每两年举行一次的“施里弗”（Schriever）系列太空安全演习。除了国土安全部以外，国防部、商务部、能源部、司法部、财政部和交通部等美国联邦政府机构纷纷派出人员参演。许多盟国的技术人员也应邀参加了系列演习，协同开展网络战行动。另外，美军还举办每年一次的“网络守卫”演习，用来检验跨政府和军队部门之间的安全合作，以及政府与非政府组织在应对网络攻击方面的配合。北约则于 2014 年进行了世界上最大规模的网络战模拟演习，有来自 28 个国家、80 个组织的 670 多名士兵和平民参与了行动。

当然，战术层面的网络战仍然是个敏感话题，不但受到国际法的束缚，更事关能否保持先发制人打击的隐秘性。所以，公开报道的美军网络战演习，断然不是其加强网络战能力建设的全部内容，甚至可能不是主要内容。目前公开的各种网络战演习都以网络防御作为演练对象，但网络进攻也许才是美军最为关心、投入最多的训练科目。

此外，需要指出的是，中国一直是美国网络战准备的首要假想敌。在“棱镜门”发生之前，美国舆论对“中国网络威胁论”的炒作一度甚嚣尘上。出台报告、媒体鼓吹，甚至子虚乌有地杜撰对中国军人的指控，美国使尽了手段来塑造中国在网络空间的“敌人”形象。在其最新版的网络安全战略中，更是明确将中国和俄罗斯列为网络战的主要威胁。不难推测，美军的网络战术行动演练，必然也是围绕对中国的网络攻击展开的。事实上，中国才是遭受网络攻击的主要受害者，且国家互联网应急中心的数据统计显示，许多攻击恰恰源于美国。随着美国加紧将网络搬上现实战场，中国面临的安全威胁正在直线上升。

“X 计划”或许只揭开了冰山一角，仅仅是 2.0 时代网络战争的一个缩影。

五、网络战争 3.0：震网

没有特工的突袭，没有爆炸的硝烟，伊朗核工厂外表毫发无损，然而内部数千个浓缩铀离心机却已“分崩离析”——这是 2010 年发生的一起震惊世界的重大事件，它是网电空间第一起通过软件损坏核设施的“震网”事件（Stuxnet）。“震网”病毒利用微软操作系统漏洞，巧妙地从互联网“摆渡”到物理隔离的内部网络，进入伊朗核设施的控制系统，通过控制系统加快或者减慢离心机运行的速度，造成伊朗布什尔核电站和纳坦兹铀浓缩工厂至少1000台离心机报废，极大地延缓了伊朗核计划的顺利推进。有人甚至认为，伊朗核计划被迫延后了两年。

“震网”超级工厂“蠕虫”病毒是美国和以色列为了破坏伊朗的核计划而共同研发的，被喻为首个网络战实战的信息导弹。据披露，美国前总统小布什在卸任前，授权开发一项秘密计划，攻击伊朗纳坦兹和布什尔的铀浓缩工厂计算机系统。奥巴马上台后，美、以花费两年时间研制了“震网”病毒，并模拟测试了攻击效果。“震网”攻击主要过程如下：

第一步，“广泛撒网”。利用互联网或谍报手段将精心研制的“震网”病毒投放到攻击目标区域——伊朗。该病毒利用微软的漏洞，通过局域网和U盘等进行大面积传播。伊朗工业部门证实，工业部门的3万台电脑被感染。全世界很多类似的工业控制系统的计算机也被感染。

第二步，“巩固阵地”。病毒进入主机后，若没有管理员权限，则利用两个未公开的漏洞设法提升权限，使病毒获得管理员控制权，从而可以轻易破坏和禁用计算机上的任何安全防护软件，包括反病毒软件、防火墙、主动防御软件等，建立坚固的“桥头堡”。有了系统权限，就可以执行任意代码，实现在公司网络上的传播和攻击。

第三步，“暗度陈仓”。这是突破物理隔离网络的关键，借道U盘或者光盘跨网攻击。为了突破与互联网物理隔绝的内部网络，“震网”病毒使用了未公开的Windows漏洞，自动搜索计算机中的U盘等可移动存储设备，通过在移动设备上建立特制文件感染U盘。当用户在内部网络使用被感染的U盘时，就会被植入“震网”病毒，从而突破到物理隔离的内部网络。

第四步，“探测目标”。进入内部网络后，“震网”病毒继续在联网的计算机上传播，并通过查询注册表寻找安装了西门子公司的工业自动化系统（SIMATIC WinCC）的主机。一旦发现目标，就利用WinCC系统存在的漏洞和软件加载策略缺陷，尝试访问工业控制系统的数据库，用藏有病毒的假冒程序替换原有的程序，从而建立向可编程逻辑控制器攻击的跳板，并保证即使清除病毒，再次启动软件时，也会再次感染目标。

第五步，“直捣黄龙”。当被感染的工业控制主机连接到铀浓缩离心机的可编程逻辑控制器（PLC）时，假冒的控制程序通过“中间人”方式展开攻击，篡改控制代码以损毁设施。假冒软件通过修改控制器间的返回数据，使用户感觉不到目标已出现问题。最终，恶意代码通过提高和减少铀浓缩离心机的速度，造成离心机等物理设施损毁。

可见，“震网”绝不是一次简单的打击行动，而是一整套紧密衔接、精心设计、反复推演的“组合拳”。毫无疑问，“震网”攻击将网络战推进到3.0版。

1. 战略打击

网络战争3.0不仅仅是执行具体任务的战术行动，而且已经成为战略威慑的重要手段。2015年出台的美国网络安全新战略，有一段相当直白的文字：“在紧张关系加剧或直接敌对的情形下，国防部必须有能力向（美国）总统提供广泛选项，以调控冲突升级趋势。一旦接受指示，国防部理应有能力发起网络战行动，瘫痪敌对方的指挥网络、与军事关联且不可或缺的基础设施和武器性能。”这表明，美国已经将网络战纳入整个国家安全战略体系之中，试图将网络空间打造成其不断维系和巩固全球霸权的战略支点。

在应对伊朗核问题的漫长道路上，网络攻击并不是美国唯一的战略选项。美国原本采取经济和外交制裁，但长期的实践证明，这些措施往往起到适得其反的效果；美国曾经试图选择空中打击，一劳永逸地摧毁伊朗的核能力，但那将不得不面对伊朗先进的俄式防空系统，而且还将面临国际社会的空前压力和再一次陷入“伊拉克泥潭”的风险。所以，“震网”成了一种最优选择，并且大大增强了美国的战略灵活性。据报道，美国也试图用类似的“震网”病毒武器来破坏朝鲜的核计划，但终因朝鲜与外界接触渠道较少而未能成功。不管怎样，“震网”已经开启了美国战略网络战的“潘多拉之盒”，或许此刻，它正悄然盘算着下一个“震动”的对手。

2. 延伸至物理空间

过去，网络攻击常常被限定在虚拟空间中，无论是篡改网页、瘫痪网站，还是渗透系统、窃取信息，目标对象都只是数字化的代码对决，从而限制了网络攻击的破坏力。“震网”事件改写了这一规则，跨越藩篱进入现实世界，物理设施成了网络战的打击目标。

2011 年 9 月，出现了“震网”病毒的变种——“毒蛆”（Duqu），该病毒攻击的重点目标是工业控制领域的元器件制造商，盗取目标设备中所有以数字格式保存的信息。2012 年 5 月，俄罗斯计算机病毒防控机构卡巴斯基实验室发布报告，确认发现“火焰”（Flame）病毒，中东地区超过 300 个目标遭受干扰。该病毒在注入、潜伏、攻击、传输等环节都采用最先进技术，是迄今为止出现的攻击力最强的病毒。

它已对伊朗能源部网络进行了攻击，获取了石油部门的商业情报，是一种典型的以情报搜集为主的网电空间病毒武器。同年 6 月，中东地区发现“高斯”（Guass）病毒，该病毒具备强大的情报搜集能力，可截取社交网站、邮件以及即时通信账户的登录信息，盗取相关凭证并进入、攻击了中东国家的金融、银行系统。10 月，出现了“迷你火焰”（MiniFlame）病毒，该病毒运行情况与“火焰”和“高斯”病毒非常相似，用于攻击大型公司。2013 年 2 月，出现了“微型杜克”（MiniDuke）病毒，专门用于监控全球多个政府部门和研究机构的相关信息。

自“震网”病毒被发现以来，针对工业控制系统（SCADA）的漏洞发掘日益活跃。据报道，自 2010 年以来，有关基础设施（如电网、供水系统、电信系统、交通系统）的漏洞数量增长了 600%。更令人担忧的是，许多 SCADA 系统在设计之初并未考虑接入互联网，因而往往忽视了产品的安全性能。即使系统厂商发现了其中存在的漏洞，也缺乏足够的安全意识和能力去开发和安装相应的补丁。这就使得 SCADA 系统成为网络攻击的“软肋”。

2014 年，“超级工厂”病毒攻击了全球上千座发电站，该病毒有能力阻断电力供应或者破坏、劫持工业控制设备。2014 年 12 月，德国联邦信息安全办公室公布消息称，德国一家钢铁厂遭受网络攻击，造成严重的物理伤害，工控系统的控制组件和整个生产线被迫停止运转。2015 年 6 月，波兰航空公司的地面操作系统遭到攻击，导致长达五小时的系统瘫痪，至少 10 个班次的航班被迫取消，超过 1400 名旅客滞留。这是全球首次发生的航空公司操作系统遇袭事件。2015 年 12 月，乌克兰至少三个地区的电力系统被具有高度破坏性的恶意软件攻击，导致大规模停电，伊万诺 - 弗兰科夫斯克地区超过一半的家庭（约 140

万人）遭遇停电困扰。2016 年 10 月，美国东海岸地区遭遇史无前例的大规模网络攻击，攻击目标对象是一家大型域名服务器管理服务供应商，由此导致诸多主流网站在该地区瘫痪。此次攻击的突出特点在于，大量物理设备（特别是摄像头）事先遭到入侵并充当了大规模攻击的“帮手”，再次反映出物联网安全的日益紧迫性。

这些事件未必都是战争行为，但却一次一次改写着我们对网络战的认知。

3. 大规模毁伤

随着网络攻击日趋紧密地与物理空间联系在一起，网络战很有可能成为真正致命且具有大规模“杀伤力”的终极暴力形式。试想，如果向极度严寒地区的发电设施发动网络攻击，造成电力供应瘫痪；如果向交通指挥控制中心发动网络攻击，导致来往航班收到错误指令；如果向水坝等枢纽工程发动网络攻击，致使水位等关键要素脱离人为控制……凡此种种情形都可能带来严重的人员伤亡甚至社会秩序的崩塌。这与网站或系统遭袭不同，这些损害都是物理性的、不可逆转的。甚至有人因而将网络武器类比为大规模杀伤性武器，因为它“不需一枪一弹，便能利用技术来摧毁关键设施，造成计算机操作台背后的实际人员伤亡”。[①]

网络战的暴力性，使人不得不对其发展忧心忡忡。毕竟，核武器、化学武器和生物武器已经带给人类太多的苦难。正是由于这种恐惧感，美国在 2015 年宣布将工业控制系统的安全漏洞以及攻击工具，作为“特

---

① Andy Oppenheimer, “Fighting the Quiet WMD Cyber-Warfare”, Military Technology, No.2, 2012, pp.76-80.

殊武器”列入全球武器贸易条约——“瓦森纳协定”（全称为《关于常规武器和两用物品及技术出口控制的瓦森纳安排》）的控制清单，中国属于被禁运的国家。这一举措给予美国在购买、销售、进出口某些特定网络战工具时的特殊地位，符合美国一贯的战略思维：尽可能地垄断所有的大规模暴力工具，以追求虚无缥缈的“绝对”安全。据2016年2月《纽约时报》报道，如果伊核协议谈判失败，美国将对伊朗展开新一轮代号为“硝基·宙斯”的网络攻击。与“震网”相比，“硝基·宙斯”的攻击目标、范围更广，不仅可以摧毁核设施，而且可以破坏防空系统、通信设备和电网。由此可见，美国网络空间攻防的实战能力不断提升，网络空间打击手段运用呈现常规化趋势。

不管未来网络战争3.0会呈现何种图景，从“震网”和一系列针对物理设施的网络攻击来看，这种图景绝不会是国家安全的福音。

六、战争VS治理

1993年，美国兰德公司第一次提出了网络战的概念，宣称网络战将是“21世纪的闪电战”。如今，网络战正从虚拟空间一步步向物理空间拓展，从数字战场一步步走向现实战场。值得警惕的是，技术发展已经越来越清楚地证明，通过网络手段能够造成大规模破坏甚至人员伤亡。网络空间的军事化、战争化似乎不可避免。如果沿着这条道路走下去，可能是一条不归路。

互联网是一个开放、自由、平等的空间，是世界各国人民共同生活的数字家园。这就意味着，网络空间安全出现任何纰漏，威胁的不只是哪一个或者少数几个国家的安危，可能是整个国际社会的共同安全。网络武器可能存在的大规模毁伤效应，对全人类而言无异于一个新的“核冬天”。美苏两个超级大国在冷战中大搞核军备竞赛，都以为掌握了终极武器便意味着绝对安全，但到头来才发现彼此都沦为了对方的“核人质”，“确保摧毁”变成了自我毁灭。而且，核武器扩散成了国际社会的新难题，成了大国谋求安全的绊脚石。

这样的教训足以发人深省。倘若放任网络空间滑向战争深渊，那么历史悲剧可能再一次重演，甚至带来的风险和威胁还会更加锐利。正因为如此，习近平主席一针见血地指出，“网络安全是全球性挑战，没有哪个国家能够置身事外、独善其身，维护网络安全是国际社会的共同责任”。世界各国只有在相互尊重、相互信任的基础上，加强对话合作，推动互联网全球治理体系变革，共同构建和平、安全、开放、合作的网络空间，建立多边、民主、透明的全球互联网治理体系，才是网络空间真正的制胜之道。

1. 网络空间命运共同体

网络的本质在于互联，信息的价值在于互通。“天下兼相爱则治，交相恶则乱。”网络空间是人类共同的活动空间，网络空间前途命运应由世界各国共同掌握。过度追求自我的、排他的安全，在开放一体的网络空间不仅无法实现，反而会造成整体安全环境的恶化。因此，困扰人类安全互动的零和博弈思维，并不能适应网络时代国家间相互关系的新要求。只有深刻把握网络空间的共生关系，跳出冲突对抗的思维定式，才能为网络空间的共同安全、共处安全、共享安全打开新的机遇大门。

网络空间命运共同体的理念，表达了中国塑造网络安全国际环境的宗旨，体现了中国与各国携手共建网络空间秩序的良好愿望，是中国参与和引领全球网络治理的重要指导思想，也为全球网络体系治理提供了新的思路。“加快全球网络基础设施建设，促进互联互通；打造网上文化交流共享平台，促进交流互鉴；推动网络经济创新发展，促进共同繁荣；保障网络安全，促进有序发展；构建互联网治理体系，促进公平正义。”2015 年，习近平主席在第二届世界互联网大会上提出的“四点原则”“五点主张”，为世界各国共同构建网络空间命运共同体指明了前进的方向。

“凡益之道，与时偕行。”网络空间命运共同体归根结底在于凝聚各国在网络空间的共同利益。网络信息流动具有高度开放性，安全威胁高度全球化，网络攻击的连带损害难以避免。这些都使得网络空间在本质上便是“你中有我，我中有你”的利益嵌套。特别是网络越发达，国家对互联网依赖程度越高。在网络任何一点发动攻击，都有可能给对象国带来不亚于一场战争的灾难。因此，认清网络空间“一荣俱荣、一损俱损”的连带效应，在竞争中合作，在合作中共赢，在追求本国利益时兼顾别国利益，在寻求自身发展时兼顾别国发展。各国在网络空间命运相连，任何制胜之道都不能脱离这一基本认识。

2. 规则塑造

“欲知平直，则必准绳；欲知方圆，则必规矩。”网络空间国际安全博弈不仅仅是技术的博弈，更是理念和规则的博弈。面对日益严峻的国际网络安全形势和迫切的规则需求，美国等西方国家已经在规则制定中占得一定的先机。中国作为网络空间由大向强的行为主体，亦应积极作为，在网络空间国际规则中谋取更大的话语权。完善国际互联网治理体系，构建网络空间良善秩序，必须坚持同舟共济、互信互利的原则，摈弃零和博弈、赢者通吃的旧观念，共同构建和平、安全、开放、合作的网络空间，建立多边、民主、透明的全球互联网治理体系。

网络空间国际规则的核心基础应当是网络主权原则。维护主权完整和独立是一切国家生存发展的基础。自威斯特伐利亚体系以来，主权原则就构成了支撑、维护和保障国际体系正常运行的最重要的国际法基本原则。网络空间中同样也存在主权问题。坚持网络主权是应对网络空间暴力威胁的现实需求，是明确网络空间权责分配的重要保证，也是促进网络空间平等发展的内在诉求。网络空间的全球治理应当遵循《联合国宪章》所确立的主权平等、不干涉内政、不使用武力、和平解决争端、善意履行国际义务等一系列原则，这是确保网络空间秩序公正合理的基石。任何国家都具有监管网络信息是否符合国家安全利益、并不与其政治制度与意识形态相悖的权力。作为负责任的新兴大国，中国强调网络主权，体现出了对联合国宪章与国际法基本准则的尊重，也体现出维护国际体系安全与稳定的根本愿望。

但是也应该看到，由于网络空间的行为体众多，各方利益有重合有分歧，而网络空间与现实世界加速融合，又使得相关矛盾更加错综复杂。当前国际社会在网络法规、准则和行为规范制定上面临着一系列重大困惑和问题：一是国际治理体系仍然极不平等，客观上增加了有效治理的难度，使得人类社会面临前所未有的网络安全困境和难题；二是新兴国家在网络能力、认识和诉求上存在明显差异，使得规则制定的依据不一致，难以达成共识；三是网络空间行为主体多元，如何实现有效管理难度增大。这些都决定了网络空间全球治理规则制定将不会一帆风顺，很可能将是一个长期的渐进过程，其间将充满争执与博弈。

3. 力量制衡

当前，网络空间利用和反利用、威慑与反威慑、控制与反控制的攻防对抗，正日益超越传统军事较量中前线与后方、战时和平时的概念，催生出与传统作战样式完全不同的对抗样式。在这个战争界限模糊的无形战场中，面对网络空间安全威胁的挑战，应对网络空间的可能入侵，确保国家和军队在网络空间的核心利益，不仅要加强网络空间的全球治理，而且要做好网络空间的军事斗争准备。当前，美国在网络空间的霸权主义行径愈演愈烈，不断扩军备战，推动着网络空间的军事化发展。在此情况下，任何大国单方面放弃网络空间的军事力量发展，只会使美国的网络霸权主义图谋更加势不可当。可见，消除网络空间的战争威胁必须从力量制衡切入，以及时的网络预警洞察安全态势，以有效的网络防御消解进攻诱因，以积极的网络反制提升威慑能力，将"能战方能止战"的战略思想贯彻到网络空间的力量建设当中，遏止网络空间军事化的危险洪流。

互联网不仅是网络攻击的对象，更是实施网络攻击的重要手段或媒介。以往，人们极易将"基于网络的攻击"与"攻击网络"混为一谈，因而在很大程度上忽视了利用信息网络来实施的作战行动的军事价值和战略意义。其实，基于互联网的网络作战具有其他作战样式不可比拟的特殊效能。比如，通过互联网可以渗透到敌国关键基础设施（如电信、金融、交通、能源等系统）进行设伏，伺机干扰其经济社会的正常运行，削弱甚至摧毁敌国战争潜能。再比如，利用互联网实施舆论宣传、心理攻击，能有效瓦解敌方战斗意志，甚至动摇国家根基，等等。因此，我们必须完善国家网络安全战略，高度重视基于互联网的网络对抗能力建设，打造攻防兼备的网络威慑力量。

有效的网络威慑离不开先进的网络战装备，可重点发展以下几类网络武器技术：一是智能可控的计算机病毒。提高病毒武器对目标系统的识别能力和精确打击能力，避免造成不必要的连带损害。二是无线接入攻击技术，如能够通过天线电磁波辐射方式发射带计算机病毒的电磁波，以克服物理设施目标的隔绝性。三是隐蔽攻击的新型逻辑炸弹，如在特殊方式接入敌方网络系统后，能够进行一段时间的潜伏，并在预定时间或特定状态下释放计算机病毒。四是自主攻击的新型网络武器，包括能对网络和电子信息设备进行全方位自主攻击的纳米机器人、能吞噬或破坏计算机芯片和其他电子元器件的特种细菌等。只有自主掌握了这些网络“撒手锏”武器，才能在力量制衡中处于不对称的优势地位。

保障国家的网络空间安全，归根结底必须约束他人的网络攻击企图和行为。在应对日益严峻的国际网络安全形势以及潜在威胁的名义下，以俄罗斯为代表的部分国家在联合国框架下以及欧盟、上合组织等地区性组织内大力推动不同形式、不同级别的协调和磋商，积极寻求有效对策以保证国际网络安全秩序的稳定，促进了世界各国对于国际网络安全保障问题的相互理解，促进各方共同寻求相互可以接受的解决问题的方法。但是，我们也应该清醒地看到，俄罗斯等国之所以积极倡导并推动与国际网络安全问题相关的一系列重要活动，尤其是联合国框架下的谈判与磋商，其根本动机还是希望能以领跑者的姿态，在建立国际网络安全秩序的过程中居于主导地位，从开始制定相应的游戏规则时，即为其在网络安全领域的利益争夺进行重要的准备。因此，我们必须主动出击，积极参与和推动国际网络安全秩序的建立，引导相关游戏规则的制定，为国家和军队在网络安全领域争取更多的国际话语权，形成尽可能有利的国际网络安全环境，争取并维护更大的国家安全利益。

力避战争，塑造理念，引领规则，这是“互联网 +”时代维护国家安全的根本出路，是全球秩序转型时期赢得战略博弈主动权的重要法宝，也是大国在网络空间的制胜之道！

第六章

“三理”融战争

胜利总是向那些预见战争特性变化的人微笑，而不会向那些等待变化发生后才去适应的人微笑。在战争样式迅速变化的时代，谁敢于先走新路，谁就能获得用新战争手段克服旧战争手段所带来的无可估量的利益。

——朱利奥·杜黑

你回首看得越远，你向前也会看得越远。

——温斯顿·丘吉尔

在人类战争中,以己方最小的伤亡乃至“零伤亡”,取得最大的胜利,一直是所有军事家梦寐以求的事情。正是在这一逻辑指导下,促使人们不遗余力地研发武器装备,并将之运用于战争实践。人类从材料对抗、能量对抗一直发展到了信息对抗阶段。然而,受制于传统军事思维的惯性,人们对信息化战争的理解总是囿于物理信息战的一隅,而没有充分挖掘信息蕴含的丰富内涵。其实,早在 1948 年,在申农给出信息的数学定义及信息熵的计算方法基础上,一些富有远见的科学家,如惠勒、艾什比等很快注意到了信息的广泛应用,将涉及计算机、生物技术和社会认知等技术领域。

如今,随着新兴交叉技术的不断涌现,新一轮科技革命、产业革命、军事革命的孕育兴起,物理信息战已不再是未来战争的唯一指针。心理科学的进步将探寻人类奥秘的触觉伸向认知与意识领域,生物科技和脑科学成为人类认识自然和自身的终极疆域,这必将反映到军事领域。物理信息战、生理信息战与心理信息战的融合研究逐渐引起各国的关注,三理会聚“融战争”初现端倪。

一、消失的链接

马克思曾经指出,“一切划时代的体系的真正的内容都是由于产生这些体系的那个时期的需要而形成起来的”。[①] 作为人类社会发展到一定历史阶段的产物，战争的存在与发展必然和它所处时代的物质基础有着紧密的关系。

信息战的发展与人类社会的演进密不可分，它本是一个完整的逻辑链条。一方面，物质、能量、信息是构成自然界的三大要素，是一个有机整体。另一方面，人类是从自然界进化而来，不仅涉及自然界中有关物质、能量和信息的交换，也涉及社会实践中有关物质、能量和信息的交换。因此，人的存在方式可以认为是在人脑这个“信息源”的控制下，自然界与人类社会进行物质、能量、信息交换的过程。

其实，从产生机制来看，信息可以分成两大类：物质信息与心理信息。物质信息包括物理信息与生理信息，其中物理信息是目前信息战中占主导地位的信息样式，涉及通常所讲的声光电等信息对抗模式和信息作战方式，生理信息则涉及生物基因等遗传信息，与生物武器和基因武器密切相关。心理信息是人类社会实践的产物，其产生和发展是人类精神活动的成果。物质信息并不依赖于人的存在，但心理信息必须以人的思维为前提。心理信息主要包括事实信息、理念信息和情感信息三类，它们是人类精神活动的概念基础和思维基础。这就意味着，从信息论出发，所谓的信息战，其实存在三种样式，即物理信息战、生理信息战和心理信息战。

遵循这种逻辑，我们不难发现，信息战，本是一个链接物理、生理及心理的完整逻辑链条。但不无遗憾的是，由于人类认知水平的偏狭、

① 马克思、恩格斯：《马克思恩格斯全集》（第3卷），北京：人民出版社，1976年版，第544页。

科技发展的失衡及相关利益的掣肘等众多因素，最终导致在对信息战的总体把握上，出现了一些偏差。形象地说，就是在战争的完整逻辑链条中，物理信息战、生理信息战及心理信息战之间的链接出现了断裂。

1. 物理信息战一枝独秀

人类战争发展至今，手段繁多，战法不一，理论迭出，但这些战法、手段、理论都未能超出物理战的范畴。所谓“物理战”，主要有三层含义：其一，战争应用的知识主要是物理知识；其二，战争研发的手段主要是物理手段；其三，战争对人体造成的创伤主要是物理创伤。这就不难看到，自阿基米德以来，人类大部分重大科学技术成果，从杠杆原理、浮力定律到哥白尼日心说、伽利略落体实验、开普勒行星运动三定律、牛顿力学、麦克斯韦方程、相对论革命、量子力学等，无一不主要出现在物理领域。物理学独占鳌头，一直引领着其他科学的发展，也深刻影响着人类社会和战争变革。

当然，曾经盛行了数千年的物理战符合人类的认识规律，也符合科学的发展规律。物理战尽管势所必然，但时至今日，在科学技术的催化下，物理战也已经进化到物理信息战的阶段，其发展已经开始面临作战对象偏转、作战空间受限以及作战费用飙升系列困境，因此该对其进行反省。唯有如此，才能拓展我们的创新思路，才能呼应世界军事变革浪潮，才能避免步人后尘，达到人无我有、人有我优的理想境地。

事实上，从20世纪下半叶以来，现代科学技术的发展就已呈现出多方称雄的局面，物理学早已不再是一枝独秀。天文学、地理学、生物学和医学狂飙突进；社会科学领域，经济学、管理学、心理学和法学等社会科学如日中天；系统学、信息学、协同学和突变论异军突起；

多国对生物科学的广泛关注，必然引起科学与战争关系的改弦更张，依旧豪情独钟于物理学及其工程和技术的做法，不过是屈从于思维的习惯和定式，是自牛顿以来机械论在战争领域的翻版。

2. 生理信息战异军突起

谈及生理信息战，人们很容易将其与 20 世纪大规模杀伤性的传统生物武器相关联，然而这一观点已严重滞后于技术发展。人类进入 21 世纪之后，生物科技异军突起，成绩斐然。体细胞克隆、基因治疗、生物芯片等技术与产品的大量涌现，在为生物科技创新奠定充足的发展后劲的同时，也为生理信息战的崛起构建了坚实的物质技术基础。

首先，生物科学的发展，不可能不被军事运用。战争的基本目的是消灭敌人、保存自己，拼装备、打金钱只是手段，如果某种武器的使用能避开与敌方武器的对抗，而直接造成人体的伤亡，那么，拼装备也就失去了任何意义。物理学着眼的是能量的开发，它应用于战争，导致的也只能是能量的抗衡，核武器可谓是这一思路的极致。与之不同的是，生物学着眼的是生命奥秘的解读和破译，它应用于战争，可直接作用于人本身，这就与战争的基本目的能够很好地吻合。

其次，生物技术的军事应用，必然产生基因武器。与以往人类使用的武器相比，基因武器的特点在于：杀伤力大、成本极低，没有辐射难以检测，没有硝烟而被杀时并不知道，没有特殊伤口而极难及时抢救，没有特殊标记而极难隔离，只要战争需要随时都可以使用。所以国外也有人把基因武器称作“末日武器”“生物原子弹”。当然，尽管生物武器与化学武器一样，因为杀伤的非选择性而受到国际公约禁止，但在目前这个世界局势动荡不安、恐怖主义和种族清洗死灰复燃的时代，谁对滥用人类基因组知识的行为都不会掉以轻心。

再次，人是一个生物存在，通过对生物的研究，才有了我们今天的生理学或生物学，而生理学和生物学，也为军事斗争增添了新的概念和手段。1996 年，车臣头目杜达耶夫被炸身亡。这一事件被说成是精确制导武器巨大威力的典型案例。但我们认为，目前人们所津津乐道的精确制导，其实都是物理信息制导，根据目标的光、热和外形等物理特性，因而打物理目标时，是精确的，但用于打人体目标，特别是要把不同的人如军人和平民区分开来，进行有选择的打击，就不可能精确。只有生物信息制导，才能确保对不同人群和不同个体的选择性攻击，精确而有效。

最后，人类对脑科学探索正在打开一个黑箱，其军事开发的价值早已被世界各国认识。大脑是最复杂、最高级的器官。人的大脑由上千亿个神经元和其他类型的细胞组成，它们相互连接，构成巨大而高效的网络体系。2014 年诺贝尔生理学或医学奖获得者发现了大脑里存在空间定位“导航系统”，《自然》杂志刊文称，神经学家发现了控制睡眠、梦境的神经网络。从 19 世纪初的“颅相学”到 21 世纪的认知神经科学，在长达 200 年的时间中，人类对大脑探索的热情愈加痴迷。随着美国、欧盟、日本相继提出了“人脑计划”“人脑工程”“机器人大国”等脑科学发展战略，一大批高新技术如雨后春笋竞相涌现，21 世纪脑科学技术的发展突飞猛进，为人类逐步揭开大脑奥秘奠定了坚实基础。

此外，“运筹帷幄，决胜千里”这句古人对于战争艺术的赞誉之词在信息技术高度发达的今天已不再是什么困难的事情。在信息化战争高度发展的今天，人类个体已逐渐从“前线”退离，而进入“后方”的技术堡垒之中，这不仅意味着外在武器装备的改良升级，更意味着士兵认知、生理等内在能力的增强。生物科技的发展及其与信息、纳米、认知等技术的融合，对于提高武器装备性能与增强士兵作战能力起着重要作用，并预示着生物科技必将成为未来军事技术发展的强力“助推器”。

3. 心理信息战焕发生机

人不仅是一个生物存在也是一个精神存在，因而才有心理和精神领域的种种争夺。事实上，人类战争伊始，就存在物理战和心理战两种基本的作战样式。与物理战不同，心理战是运用物理手段所承载的信息，攻心夺气的一种作战方式，目的是造成对方的精神屈服。正如动物之间为争夺食物、领地，总是先怒吼咆哮，以示警告，万不得已才直接打斗。心理战从一开始就只有信息战的特征，物理战则是在“不战而屈人之兵”失效后的一种无奈选择。或可曰，心理战常有而物理战不常有。

但是，由于技术的发展，是材料技术、能源技术先行，信息技术滞后，所以，心理战作为信息战的一种样式，发展极其缓慢。在数千年战争史上，心理战手段一直停留在手工作业的自然状态。直到 20 世纪，随着信息技术的兴起，这一状况才发生根本改变。由于有了扩音设备，才有心理战喊话器；由于有了无线电，才有心理战电台；由于有了电视机、卫星、互联网，才有专用于心理战的插播手段和网络心理战。也就是说，由于信息技术的发展，才有了专门用于心理战的手段，心理战的地位和作用才与日俱增。

沉湎于对上次战争的特点、模式、经验的反思，是人类军事史上屡见不鲜的痼疾与通病。尽管军队的指挥官们深知，没有哪场战争是上一场战争的重演，但刚刚谢幕的战争毕竟太富有吸引力了，它给人们带来了切肤之感或者切肤之痛，谈感论受自然大行其道，面向未来探索的微弱声音结果被淹没在大谈昨日经验乃至围绕昨日战争之冠名权争吵的强大吼声之中。以信息战为例，从其概念提出，到今天变得甚嚣尘上，已有 20 多年的历史。人们围绕信息战的特点、规律、战法展开了广泛的探讨和研究，却忽视了一个问题：那就是随着现代科学技术的发展，所谓的信息战，是否就是今天人们所津津乐道的这般模样？对于信息战的理解，是否应该有更宽广的视野？

信息化战争的先行者美国一直把信息化战争看作是物理信息战与心理信息战的叠加。1993 年，美军认为信息战有五个要素：计算机网络战、电子战、军事欺骗、作战安全和心理作战，其中就包含心理战。1997 年 4 月，时任美国海军作战部长的杰伊·约翰逊上将首次提出“网络中心战”，并称“从以平台为中心的战争转向网络中心战（概念）是一次根本性转变”。2002 年 8 月，美国国防部长拉姆斯菲尔德向国会提交了“网络空间战”报告，认为未来信息化战争将同时发生在物理域、信息域和认知域三个领域。“认知域存在于斗争参与者的思想中。它是知觉、感知、理解、信仰和价值观存在的领域，是通过推理做出决策的领域。它是许多战斗和战争胜负实际发生的领域。这个领域是无形因素存在的领域，这些无形的因素包括领导才能、士气、凝聚力、训练水平和经验、态势感知和公众舆论。”从这里可以看出，美军的认知域实际上就是心理战领域，它是反映人的知识、信念和能力的认知空间。2010 年的时候，美国前国防部部长罗伯特·盖茨又将心理战改名为信息支援作战，试图构建一体化的信息战作战框架。

美军虽然已经将心理战纳入信息战的大框架下，并用战略传播统筹认知作战的相关作战行动，但仍然认为在战争实践中，计算机网络攻击、电子攻击和动能攻击等硬手段，与包括心理作战、军事欺骗等软手段的使用是脱节的，需要整合各种信息作战方式和手段。从美军的信息战构想图引文出处中，我们可以窥见有关物理信息战与心理信息战融合的动向。

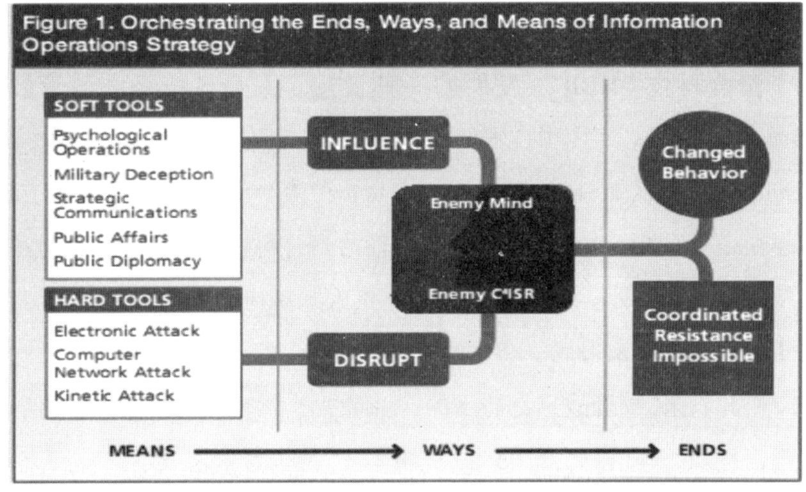

图 6-1 美军信息战框架图①

为了有效弥补物理信息战与心理信息战之间的断裂，美军构建了一个新的作战框架，包括硬工具和软工具两种手段。软工具包括心理作战、军事欺骗、战略传播、公共外交、公共事务等，用来影响敌人的大脑。

①Hans F. Palaoro. Information Strategy:The Missing Link[J]. Essay Winners, 2010(4):85

硬工具包括电子战、网络攻击等，用来摧毁敌人的指挥系统，最终达到使其屈服的目的。最终，他们试图重新在物理信息战与心理信息战之间架起桥梁，即用软工具去影响并用硬工具去摧毁敌人的行为。

美军是一面参照的镜子，其有关信息战的理解是极富前瞻性的。但是，我们也不能唯美军是瞻，当我们洞察未来战争向何处去时，我们必须看到，美军对信息战的理解仍失之偏颇，没有将生理信息战纳入信息化战争的大框架中。

大家可能看过科幻电影《阿凡达》。影片中，受伤的退役军人杰克靠意念远程控制其替身在潘多拉星球作战，这种科幻场景就是基于聚合科技（NBIC）发展的一种设想。聚合科技是由纳米技术（Nanotechnology）、生物技术（Biotechnology）、信息技术（Informational technology）及认知科学（Cognitive science）聚合而成。比如，BCI（Brain Computer Interface）作为DARPA启动的聚合科技探索项目，又被称作直接神经接口技术。BCI技术作为连接人脑和电脑的技术手段，其一旦用于军事将对未来战争产生颠覆性影响。

由此看来，物理战只是初步的、基础的，当然也是必要的。物理信息、生理信息及心理信息会聚的“融战争”，才代表着未来战争的发展方向。

二、生理信息战

在电影《极度恐慌》中，一种来自非洲的“莫他巴山姆病毒”被一个动物走私人员无意中带到美国，引起一片恐慌，甚至总统下令将被封闭的疫区彻底摧毁以防止病毒扩散。当然最后研制成功了新抗体，挽救了数千美国人的生命。这种场景在欧洲中世纪也发生过。1347-1353年，席卷整个欧洲的“黑死病”鼠疫，夺走了2500万欧洲人的性命，占当时欧洲总人口的将近1/3，某些城市的死亡率更是高达70%。“莫他巴山姆病毒”和鼠疫作为传统生物武器，它虽然不像物理武器那样破坏建筑物，但它们侵入人体后，呈几何级数繁殖，最后摧毁人的生命，可以在短时间内令一座生机勃勃、热闹繁荣的城市变成一座死城。

随着生物科技的迅猛发展，特别是基因芯片、蛋白质芯片等技术日臻成熟，酶工程、细胞工程等生物工程层出不穷，生物技术和生物工程的有机“嫁接”，基于BCI技术、AI技术（人工智能）、基因武器、仿生武器、无人武器等不断涌现，未来战争生物化的趋势将日益显现。生物领域作为发展最快、最为前沿的新型军事领域，已成为大国博弈的战略制高点和国家安全的新疆域。生理信息战即将粉墨登场，将与物理信息战合流归一，造就出全新的战争形态。

1. 生物武器

生物科技应用于军事领域便产生了生物武器。生物武器是以生物战剂杀伤有生力量和破坏植物生长的各种武器和器材的总称。它的杀伤破坏作用不是靠炸药爆炸所产生的杀伤力，而是靠其中装载的细菌、病毒、立克次体、病原体、毒素等为主的生物战剂，使人员、牲畜等致病或死亡。

出于军事目的，蓄意使用病原体和毒素的行为古已有之。据文献记载，人类历史上最早使用生物战剂是在公元前1325年，赫梯王国攻打腓尼基人城市士麦拿时放逐感染土拉杆菌的绵羊。1346年鞑靼人围攻热那亚在克里木半岛的卡法城时，将染鼠疫病死的尸体投入城内，热那亚人由于感染鼠疫大量死亡，最后不得不撤出卡法城，并使鼠疫在整个欧洲蔓延。1859年法国在阿尔及利亚作战时，15000人中有

12000人患霍乱而丧失战斗力。

19世纪末，巴斯德为现代微生物学奠定了基础，生物武器也由此进入了实验室研发阶段，这个时期主要是致病细菌、毒素及其他生物活性物质的传统生物武器。第一次世界大战期间，德国首先研制和使用生物武器（当时也称细菌武器）。战争末期，仅一年半的时间内，交战双方患病毒性流感人数就达5亿之众，导致2000多万人死亡，比战死人数高出三倍。第二次世界大战期间，日本帝国主义大规模研制生物武器，并在我国东北建立研制细菌武器的工厂——731部队，对我国10余个省的广大地区施放鼠疫、霍乱、伤寒和炭疽杆菌等10余种生物战剂。1940年7月，日军在浙江宁波用飞机投撒了70公斤伤寒杆菌、50公斤霍乱弧菌和5公斤带鼠疫的跳蚤。1942年夏，又在浙赣铁路沿线投放了霍乱、鼠疫、伤寒等病菌，污染水源和食物，造成疫病流行，致使我大量无辜平民死亡。他们甚至拿活人做细菌试验，仅此一项就杀害我国军民3000多人。

20世纪40-60年代遗传学的发展和70年代基因工程的进步，为人类打开了一个复杂而丰富的生命世界。人类对生命本质的探索，已从细胞、亚细胞进入核酸、蛋白质等分子水平，以基因嫁接技术为标志的遗传工程进入实用阶段。这种神奇的技术使得人们可以在生物细胞中随意接入所需基因，创造出新的有用物种。例如，在普通大肠杆菌DNA中接入产生胰岛素的基因，可以使大肠杆菌大量产生廉价的胰岛素，供给糖尿病人。然而，任何一门新技术的出现都是一把双刃剑：一方面，遗传工程可以用来生产各种有用的生物产品；另一方面，也可用来制造前所未有的新武器——基因武器。

基因武器，它运用先进的遗传工程这一新技术，用类似工程设计的办法，按人们的需要通过基因重组，在一些致病细菌或病毒中接入能对抗普通疫苗或药物的基因，或者在一些本来不会致病的微生物体内接入致病基因而制造成生物武器，尤其是合成生物学的发展，可实现人工设计与合成自然界并不存在的生物或病毒等。基因武器能改变非致病微生物的遗传物质，使其产生具有显著抗药性的致病菌，利用人种生化特征上的差异，使这种致病菌只对特定遗传特征的人们产生致病作用，从而有选择地消灭敌方有生力量。目前，主要的基因武器有两种：一种是针对某个种族的基因密码特征去杀伤特定种族，即“人种武器”或称“种族基因武器”；另一种是利用基因工程制造某种新生物战剂去破坏人的免疫系统，即“人造细菌”或“生物调节器”，包括基因植物、基因动物等。目前，美国已经研制出一些具有实战价值的基因武器，如在普通酿酒菌中植入一种在非洲和中东引起可怕的裂谷热细菌的基因，可使酿酒菌能够传播裂谷热病。俄罗斯已利用遗传工程学方法，研究了一种属于炭疽变素的新型毒素，可以对任何抗生素产生抗药性，至今找不到任何解毒剂。以色列则正在研制一种仅能杀伤阿拉伯人而对犹太人没有危害的基因武器。

生物武器与常规武器、核武器相比，具有以下特征：

杀伤力强。美国国会评估办公室等相关机构研究报告显示，生物武器同其他大规模杀伤性武器相比，具有更强的杀伤力。从杀伤规模看：1 吨 TNT 当量的弹头，可造成两位数的人员伤亡；一枚 300 公斤的化学武器弹头，可造成三到四位数的人员伤亡；一枚携带炭疽菌的“飞毛腿”导弹，可夺去 10 万人的生命，相当于核武器的杀伤力。从杀伤面积看：100 万吨 TNT 当量的核武器，杀伤面积是 300 平方公里；15 吨神经性化学毒剂，是 60 平方公里；10 吨生物制剂，则可达到 10 万平方公里。生物武器的杀伤面积远远大于化学武器和核武器。从成本看，以 1969 年为例，每平方公里 50%致死率的成本分别是：传统武器 2000 美元，核武器 800 美元，化学武器 600 美元，而生物武器则只要 1 美元。所以，生物武器的俗称又叫“穷人的核武器”。

隐蔽性。生物武器使用方法简单，释放手段多样，可用飞机、火炮、导弹等将带菌的昆虫或有致病基因的微生物投入敌方的河流、城市、居民地等，具有极强的隐蔽性，被攻击的地区难以在第一时间觉察到这种攻击。有时候，这种攻击还可以伪装成一种自然流行的疫病。等攻击开始生效后，被攻击的地区很难查找出攻击来自何方，由什么人实施，如何实施。另外，大规模引进国外疫苗，也会增加生物武器攻击的风险，美国威廉·恩道尔在《目标中国——华盛顿的“屠龙战略”》中指出，“中国引进西方的疫苗和药物，其实是引进了一种威胁。药物和疫苗早就神不知鬼不觉地武器化了，而今日中国或许还没有真正觉察到：用药物控制全部人口，过去完全不可能，今天是完全可能的”。

难防御。生物武器与其他武器一样，以人为作战目标和对象，攻击一旦成功，被袭击的目标往往又成为新的增殖载体或传染源，成千上万倍地扩散，产生新的更大的危害源，极容易迅速扩大影响范围，造成灾难性后果。同时，生物武器可利用的生物体种类繁多、数量巨大，被改造和操控的基因序列或蛋白质结构就像一把密码锁，只有研制者才知道它的遗传密码，其他人很难破译和控制。而且，人类基因或蛋白质可被攻击的靶点十分繁多，被攻击后难以迅速明确诊断和及早治疗，因而难以有效防御。

2. 武器生物化

现代生物技术自诞生之日起，就逐步渗透到国防科技和武器装备研制中，并与信息技术、材料技术和制造技术等交叉融合，形成军用生物技术这一新兴技术领域，出现了武器装备生物化，并不断催生新的作战样式和作战理念，深刻影响未来新军事的革命进程。

21 世纪初，基因组学等前沿生物技术初露端倪的时候，DARPA 就开展了军用生物技术的研究，超前部署了一批重要研究项目，其目标就是开发基于生物学的材料和装备，实现武器装备工程技术的优化，提高武器装备作战效能。2010 年 6 月，美国国防大学发布《生物启发的创新与国家安全》报告，全面深入系统地阐述了生物科学技术与国家安全的密切关系及深远影响。国防部评估办公室主任安德鲁·马歇尔在报告中指出，生物技术是未来军队获取战略优势的重要依托。2016 年 5 月，DARPA 又启动了一批新的生物技术探索项目，包括“系统性神经技术新疗法”（SUBNETS）、“超脑芯片”（RAM）、“革命性义肢”（RP）、“手本体与触觉接口”（HAPTIX）、“电子处方”（ElectRx）、“病毒预测”（Prophecy）、“类透析治疗”（DLT）、“生命代工厂”（Living Foundries）、“微生理系统”（MPS）等。

武器装备生物化，主要表现在以下几个领域：

仿生材料。自然界中的生物在“物竞天择，适者生存”的进化规律下，展现出非凡的结构和功能，在一定程度上成为科学家们进行技术创新的“灵感来源”。仿生材料是针对武器装备中的特殊需要，制备新型生物大分子材料和具有仿生结构的化学材料。仿生已成为新装备研发的重要基础，美军将生物和仿生材料列入了“下一代国防”优先发展的五大类材料之一，重点开发仿珍珠母硬装甲、基于 DNA 的电路和信息贮存材料等。特别是微制造技术的突飞猛进使仿生机械在尺度上大大缩小，微型飞行器、微水下航行器将在战场上担负起侦察、目标指示、通信中继等角色，填补卫星和侦察机的盲区。美国陆军研究发展与工程中心已经从织网蜘蛛中分离出合成蜘蛛丝的基因，从而能够生产蛛丝，还将基因转移到细菌中生产可溶性丝蛋白，经浓缩后可纺成一种特殊的纤维，其强度超过钢丝，可用于生产防弹背心、防弹头盔、降落伞绳索和其他高强度轻型装备。

武器装备人机结合。随着科学技术的发展，武器装备各项战技指标在理论上不断提高，但受到人的体力、智力等生物局限性制约，实际效能很难同步提升。认知神经科学的飞速发展模糊了人与武器装备的界限，脑机接口、动力外骨骼等技术正在使武器装备成为作战人员身体的一部分，人和武器形成一个紧密融合的系统，推动武器装备从“人机一体”向着“脑—机结合”方向发展，极大地提高了武器装备的战技性能。2011 年 3 月，美国华盛顿大学研制出思维控制鼠标，可以根据试验者的意念移动显示器上的指针。同年 10 月，德国马普协会采用新型大脑扫描器成功提取到人类梦境信息，并进行了可视化展示，未来这种“读心术”可能被用于侦察、反恐等诸多领域。“脑—脑接口技术”将实现作战人员对战场态势的实时掌握，作战人员认知状态实时评估技术将使指挥员能够及时了解作战单元的战斗力，合理部署兵力。

生物传感与计算。军事生物传感器把生物活性物质，如受体、酶、细胞等与信号转换电子装置结合成生物传感器，不但能准确识别各种生物战剂，而且探测速度快，判断准确，与计算机配合可及时提出最佳防护和治疗方案。生物传感器还可通过测定炸药、火箭推进剂的降解情况来发现敌人库存弹药的数量和位置，成为战场侦察的有效手段。生物计算是生物技术与信息技术融合的产物。目前计算机普遍存在能耗高、数据密度低等问题，成为计算机技术的发展“瓶颈”。生物计算机能够使计算机的能耗降低至少2个量级，储存数据能力提高12个量级，并行度也将提高10个量级，在信息通信、信息存储、信息保密方面都具有巨大的潜力。2011年8月，IBM公司研发出可模拟人脑处理信息方式的认知计算机芯片，称为神经突触芯片，具有极强的信息处理能力。

增强技术。多少世纪以来，人类一直梦想能够超越身体极限成为“超人”。随着生物、信息、机械等领域的技术进展，人们不再局限于利用一些自然的方法来循序渐进式地提高自身的能力，而是通过更直接和快速的方法来提高和完善人类的技能和能力。美国科学院、英国皇家学会等机构发表一系列报告，对人体效能改造，特别是人体增强给予高度关注，并预言人类即将迎来人体增强新时代。DARPA于2014年4月新设立了生物技术办公室，旨在研究使士兵保持最佳战斗力以及迅速、全面恢复战斗力的新技术，主要包括视网膜植入、人工耳蜗等视听增强技术，药物、大脑植入、脑机接口等脑力增强技术，外骨骼等体力增强技术等。比如，可持续辅助计划（CAP）项目，通过药物和训练，能够使战士96小时甚至超过168小时无须睡眠，实现个体认知能力的拓展，从而将从根本上重新定义“行动节奏”等军事概念。除了增强人自身的生理及应激免疫外，还可以利用特殊生物技术，生产出具有生物体自我恢复、记忆、判断、更新功能的产品，运用于军事装备、指挥信息系统等，以辅助增强战场监测、控制、决策和指挥功能。

生物能源。目前，各主战武器装备大多以汽油、柴油为燃料，跟踪补给任务重、要求高。生物技术可利用红极毛杆菌和淀粉制成氢，每消耗 1 克淀粉就可产生 1 毫升氢。氢和少量燃料混合即可替代汽油、柴油。这样，只需要带少量淀粉，就能保障长时间远距离机动作战，大大减少了对石油类燃料的依赖。另外，各种生物电池可利用生物体本身的特性，与传统供电技术紧密结合，在战场上为各种信息化装备提供便携、持久的电力。美军高度重视生物燃料的研发。2010 年 4 月，美国海军部计划到 2020 年，轮船、飞机、坦克、车辆和地上设备总能源消耗的 50% 为替代能源。

3. 战法想定

美国未来学家阿尔文·托夫勒说："人们生产的方式，就是军队作战的方式。每一次军事技术变革，总会强制性地给战争样式、作战方式、武器装备、编制体制带来全新的变化。"[①] 随着生物武器的研发和武器装备生物化，将有可能颠覆传统武器装备的打击方式，催生出全新的作战思想，从根本上改变现有的战争模式，推动信息化战争迈向新的发展阶段。

传统战争的攻防对抗，都是在肉眼能够看得见的宏观世界展开，利用枪弹、炮弹、导弹等武器毁伤目标，通过铠甲、掩体、隧道等进行防御。使用生物武器进行的攻防对抗由宏观延伸至微观，依靠对生命结构功能的调控毁伤目标，在攻防、制导、毁伤等环节呈现出全新的作战模式。概括而言，生物信息战的制胜机理与传统物理信息战的

---

① 阿尔文·托夫勒：《未来的战争》，北京：新华出版社，1996 年版，第 214 页。

区别主要体现在威慑、精准及微创。

威慑。随着现代生物技术的发展，基因武器、脑控武器、“分子点穴”武器等既突破了原有的武器进化之路，从而使国家安全疆域由传统的陆、海、空、天、电、网等领域，进一步向生物领域拓展，成为国家新的战略威慑空间。近年来，世界各主要国家高度关注生物领域的安全威胁，纷纷出台生物领域军事战略或举措。美国在生物领域连续出台了多项国家层面的战略性文件已经形成了较为系统的国家战略与生物国防部署。2009 年 11 月，出台《应对生物威胁国家战略》。2012 年 6 月，美国国防部发布了《化学与生物防御计划战略规划》，详细阐述了生物防御计划的战略构想、使命与目标，认为强有力的生物防御既可以显著提高生物威慑能力，又可以阻止对手对美国军事力量、盟国或合作伙伴实施生物攻击。人类基因组计划的主要支持者是美国能源部及其所属的国家实验室，是主导美国战略武器研究的部门，这里隐藏了怎样的战略意图，不能不引起我们深思。

生物武器不仅可以直接杀伤人员，大规模削弱或瘫痪敌方的战斗力，而且可以在心理和经济上给敌方以沉重的打击，具有极强的威慑作用。即使像“9·11”事件那样最可怕的袭击，也只是局限于特定时间和地点。相反，如果空气中到处弥漫着看不见的不明病原体，就像影片《极度恐慌》中所描述的场景一样，所产生的社会和心理恐惧效应将是十分巨大的。正如美军参联会所说的，使用生物武器所“产生的最大的影响并不是其单纯的杀伤力，而是所造成的在战略行动上、心理上和政治上的巨大冲击力，从而能够影响我们战略和作战的决心”。

随着生物技术门槛和成本不断降低，恐怖组织获得生物材料及相关技术的可能性增大，利用生物武器制造恐怖活动的意图更加明显。国际刑警组织认为，生物恐怖主义已经成为全球最大的安全威胁。2014 年 10 月，美国海关截获了一名“伊斯兰国”成员，该成员试图通过自身感染埃博拉病毒，对美国本土实施生物恐怖袭击。传统意义上，生物恐怖的行为主体是个人或团体，随着大国竞争博弈的日趋激烈，掌握生物技术优势的国家也可能发动国家生物恐怖袭击，这种袭击可以是隐蔽进行，也可以伪装成商业行为。据报道，一些西方国家正以研制疫苗的名义秘密地进行着有关人类基因攻击的生物技术研制。2015 年，美国受理的基因测序相关专利达 4 万余件，并积极到我国申请专利。

精准。物理战对能量杀伤的极致追求，使它逐渐偏离战争的目的。即便是人们津津乐道的精确制导武器，依据目标的光、热、外形等物理特性实施打击，该打击或许是精确的，然而一旦将目标对象换为人体目标，让其针对不同类型的人进行攻击时，则攻击的精准性就将大打折扣，主要原因是所攻击对象的生理信息差异无法通过物理特性来判断。生物武器不同于传统武器杀伤，一方面，它既可以针对整个作战人群，也可以针对某一人种、团体和个体的某些生物特征。另一方面，它可以根据作战目的精确到基因调控的功能性状单元，致伤只作用于某种基因的特定序列或某种蛋白质的某种结构局域，只针对目标的特种生理功能，从而使目标丧失战斗能力。

当今，最具杀伤效果的生物武器是种族基因武器。人类不同种群的遗传基因是不一样的，根据人类基因的这一特征选择某一种族群体作为杀伤对象也就成为可能。由多国联合开展的“人类基因组计划”，已于 2003 年完成，不同种群的 DNA 被排列出来。这样，在理论上就可以设计出针对某一特定种族或民族的基因武器，它们只对某些特定遗传型的敌方人群有毁灭性的杀伤力，而对同一环境下的其他人群则毫无影响。种族基因武器,就是根据种族基因的极其微小差异来进行“对人下药”，使特定种族患病，如免疫缺失、智力丧失、绝育，甚至死亡，而对于其他种族则毫发无损。也可以把对人类健康有巨大威胁的病毒（例如艾滋病毒）改造成易传播的病毒如人类抗力较弱的肝炎病毒、感冒病毒，培育出“杂种病毒”。大量克隆对人类生命有巨大威胁的昆虫、动物，如杀人蚁、杀人蛙等，也是基因武器的一种。利用种族基因武器可以攻击整个种族，杀掉一个种族的几十万人，或灭掉整个种族，这是核武器无法达到的。

近年来,美国等西方发达国家都在加速研发基因武器。2016年2月，据美国《华尔街日报》报道，中国人、欧洲雅利安人、中东阿拉伯人的基因均属美军搜集范围，大量非军方机构，如美国孟山都（全球最大的种子公司）、杜邦公司（全球第二大化工公司）、MCRIC公司（合成核酸、制造基因结构）、国家医药总局，以及负责专业疾病研究的组织等，也参与了基因战项目研究。美国情报部门已将“基因编辑”列入了“大规模杀伤性与防扩散武器”威胁清单，其目的就是限制其他国家发展此类武器。

微创。所有的军事打击手段都是以一个人为最小攻击单位，我们很难想象传统武器装备可以杀伤半个人或一个人的几分之几。生命科学与生物技术的发展，使人类进入分子水平研究生命活动过程以及生命体与环境相互作用规律的生命科学新时代，从而能够以单个人体为最大攻击单位，对人类基因组30亿个碱基之中少数几个进行毁伤，这是人类战争史上划时代的变革。

生物武器以对基因或蛋白质等损伤作为攻击目的，通过对生物体结构蕴藏的生物语言和遗传信息的解读，使探索生物分子结构与功能相联系的全新作战机理成为可能。生物科技既可以通过改变生物体微观结构，实现生物体功能的自我恢复和提高，也可以通过改变生物体微观结构使生命功能受到损伤，从而突破传统战争毁伤机理和“瓶颈”，达到提高战斗力生成的目的。例如，人们通过研究核酸结构与功能的联系，能够进一步认识生物个体之间的差异，以及可能致病的分子的活动机理，进而根据作战目的选择合适的生理打击方式。

微观毁伤已不再着眼于毁伤作战人员整体结构，而是从个体微观结构与功能层面考虑攻防方式，减少对人员的滥杀行为。传统生物武器追求的是大规模杀伤，杀伤效应缺乏选择性，一般都造成不可逆损伤，非死即残，救治十分困难，所以被列为大规模杀伤性武器。现代生物技术的发展完全可以克服这些弊端，通过调控基因或蛋白质表达，影响其相关的重要生理功能，从而可以不同程度地致敌损伤，包括非致命性损伤。同时，致伤手段丰富多样，可根据作战目的需要，选择对敌致伤类型以及致伤程度，并且在作战目的完成后可向被攻击方提供疫苗药物或“致病因子”及攻击靶点的生物信息资料等“解药”。比如，在一些致病细菌或病毒中，接种人能对抗普通疫苗或药物的基因，以产生具有显著抗药性的致病菌，或在一些本来不会致病的微生物体内接种人致病基因，制造出新的生物制剂。这类武器的特点是，只有武器的设计者才能知道它的遗传密码，因而也只有武器设计者才能解救受害者。据报道，英国早在 1997 年就成立了由生物技术、医学等专家组成的小组，专门致力于研究本民族的特异性和易感性基因，研制有效的疫苗并提出防范对策。

现代生物科技是多学科交叉的产物，如 DNA 芯片技术便融合了生物技术、信息技术、物理学、组织化学、数学等学科的最新成果。反过来，生物科技的交叉学科属性又将促进与之相关的技术发展，提升微观空间的作战能力。可以设想，未来的生理信息战场，将按照预先的设定精准攻击人体内的分子结构，从而开启生命微观空间的“制生权”争夺。

三、心理信息战

在人类军事史上，“不战而屈人之兵”的心理战一直为古今中外军事家所推崇。然而，数千年来，由于科学发展的不均衡，以及相关技术创新难度的不相等，致使不同形态的心理战在人类战争舞台上的登场亮相遥隔千秋。追踪传统心理战的发展轨迹，可以看到：一是传播技术的演进，书信、传单、报刊、无线电、电视、网络等信息传媒，一次次给心理战插上了飞翔的翅膀；二是心理科学的发展，冯特、特饮纳、托尔曼、塞尔等专家学者，一次次给心理战奠定了理论的根基。

第二次世界大战之后，美国在国内外建立了庞大的宣传机构。美国前总统艾森豪威尔曾总结指出，战争期间军事科学发生的巨大变化之一就是心理战的发展，他充分肯定了心理战的重要作用，认为心理战“应该有权在我们的军事武库中享有荣誉地位”。1949 年 8 月，美国武装力量通过《实施心理战战役》特别条令，明确了心理战概念——“心理作战包括思想宣传和传递消息等措施，通过这些措施影响敌人的意识、感情和行动。它由指挥部在战时为动摇敌人的士气而组织实施”。1953 年，美国参谋长联席会议认为，“心理战是有计划地利用宣传和类似宣传的通报手段，以期影响敌国和其他外国人的观点、情感、关系和行为，旨在促进实现民族政策和军事计划”。

随着科学技术的飞速发展，尤其是新媒体的崛起，人们对心理战的认识广度和深度不断拓展，心理战逐渐作为一种新的信息化战争样式进入人们的视野，世界各国积极探索，并提出一系列心理信息战的理论。如美军近年来提出的“战略传播”“公共外交”“思想战”“认知战”等概念；俄罗斯军队提出的“战略心理战”“信息心理战”“媒体战”等概念。此外，英、法、日、德等国军队也在不断整合有关认知空间对抗的心理战理论。以心理制胜为目标的心理信息战价值逐渐凸显出来，它已不再单纯是军事领域运用的作战样式，也不仅仅是军事领导人考虑的问题，而是被纳入国家安全战略，打破平时战时界限，以各种方式向目标国家和目标人施加心理影响，从而超越了传统意义上的“工具”功能，演变成为一种战略手段和新的信息化作战样式。俄罗斯学者B.A.利西奇金等在《第三次世界大战：信息心理战》一书中，分析了苏联解体的主要原因，指出“信息心理战的后果可能比生态危机具有更大的危险性”。①

心理信息战实质上是以精神信息为武器，在认知空间展开的攻防对抗。对抗一方制造出心理战杀伤的武器——信息，并通过一定的载体或方式将信息传送出去，另一方的感官或意识接收到这一信息。整个过程主要有三个环节，即信息生成、信息传送及信息影响，相应地以信息生成技术、信息传送技术和信息影响技术为支撑。探索当代心理信息战的发展态势，就是要把握心理战信息生成的新特征，心理战信息传送的新趋势及心理战信息影响的新指向。

1. 心理战信息生成虚假化

倘若我们翻开成语词典，历数那些古哲先贤留下来的智慧结晶，

① B. A. 利西奇金等：《第三次世界大战：信息心理战》，北京：社会科学文献出版社，2003年版，第1页。

蹦入眼帘的有如下颗粒：隐真示假、虚张声势、煽风点火、无中生有……数千年来，古今中外无数广为传诵的成功战例对之做了精彩的诠释，现不妨采撷几例：第二次世界大战中，希特勒为迷惑斯大林，与之签订了《苏德互不侵犯条约》，而后，苏联间谍向莫斯科密报了德军将发动军事进攻的重大情报，但由于斯大林相信条约的可靠性，致使苏军备战不足，最终在战争初期被动挨打。再如，朝鲜战争中，美军在仁川登陆前，麦克阿瑟一边制造种种假象掩盖其真实企图，一边还故意通过报纸和广播，透露其登陆点可能选择在仁川，所谓“实而实之，使敌转疑以我为虚”。最终诱使朝方误判战事，美军得以在仁川成功登陆。多少年来，这些战例一次次被收录在心理战研究书籍之中，以期警醒后人、启迪未来。然而，时至今日，如果我们的心理战研究还一味沉浸在古人创造的种种战例中由衷赞叹而不能自拔，如果我们的心理战运用还一味津津乐道于如何散布谣言混淆视听而不能创新，那么，我们的心理战必将走进死胡同，只能是自欺欺人。这是因为，在今天的战争中，由于侦察技术的发展，对抗双方获取情报的手段早已今非昔比。如此直接而公开的心理战信息，如此简单而熟知的心理战手法将不再神秘，误己都难，何况误人。

现代科学技术特别是合成技术、全息投影、计算机仿真、虚拟现实等信息技术的发展，为心理信息战提供了信息包装、信息加工、信息插入等信息生成新手段。比如，“眼见为实，耳听为虚”，作为民间俗语，早已在普通大众心里深深扎根。然而，令人遗憾的是，现代电脑合成技术和影像投射技术，可以制作真假难辨的影像，眼见不一定为实。电影《盗梦空间》中，主人公多姆·柯布能够潜入人们的梦境中，窃取潜意识中有价值的秘密。影片中不同梦境间切换应用的就是一种信息合成技术，它通过剪辑、拼凑、篡改、合成影像资料，使已有的信息虚假化或干脆直接制造虚假信息。当这种技术用于心理战攻击时，就成了感知操纵武器，这时，谎言与歪曲可以使携带虚假信息的媒体的信息完整性大大降低，进而指向性地影响受众的心理结构，最终实现心理战的攻击目的。

全息投影也是一种十分有效的信息生成技术，它利用高科技投影技术和成像技术，制造海市蜃楼式的具有攻心效果的空中图像和标语。美军全息投影技术已进入心理战实用阶段。典型案例是美军在索马里进行的“全息投影技术试验”。在试验进行的当天，风卷狂沙，天昏地暗，沙石侵袭索马里。试验开始后不久，在沙雾弥漫的空中，旋即呈现出一幅大小150米×150米的受难耶稣人头影像，几分钟之后，影像越发清晰可辨，并随之从空中回传出伴音：“放下武器，回到真主那里去吧！”大约五分钟后，沙尘暴停止，受难耶稣的影像也逐渐消失。当时，驻扎在索马里的美军见状惊恐万分。据当时的一位士兵回忆：“我虽不是最虔诚的教徒，但当看到神像出现在空中时，我脑中却一片空白，不能说话，也不能思维，我不由自主地跪下了，而且泪流满面。”伊拉克战争中，美军使用先进的模拟仿真技术，用两架喷气式飞机在伊军阵地上空“画”出了一幅巨大的伊拉克国旗，使隐伏在坑道和堑壕中的伊军官兵看后倍感欢欣，谁知两架飞机又突然折回，在刚刚画好的画面上毫不留情地打上了巨大的“×”字，这一切使刚刚兴奋不已的伊军官兵顿时大惊失色。由此可见，当现代信息生成技术应用于心理战时，其攻心效果非同一般。

2. 心理战信息传送精确化

回顾心理战发展的历程，我们发现，一部心理战发展演变的历史，也是一部心理战信息传送技术不断创新的历史。传统心理战信息的传送是粗放的，归结缘由主要有以下两方面：其一，在漫漫历史长河中，从材料对抗到能量对抗直至早期的信息对抗，战争长期徘徊在大规模决战的思维逻辑之中，“擒贼先擒王”虽然很早就已问世，但真正要彻底击溃一支组织严密、纪律严明的军队，还是要首先消灭敌人的有生力量；其二，过去信息传送技术的发展水平与今日相比只能望其项背，根本不具备将心理战信息精确地传送至具体某位将领大脑之中的能力。

信息网络技术的飞速发展，打破了世界各国之间地理疆域界限，每一个电脑终端都可能成为战争的导火索，每一个网络系统都可能成为没有硝烟的战场。在海地危机中，美国通过调研把海地民众分成 20 类，通过互联网传播大量亲阿里斯蒂德的传单以影响公众舆论，并通过电子邮件把有关信息送到每个拥有个人计算机的军政领导手中。在利比亚战争中，西方国家通过情报机构掌握了利比亚最高军事领导人的手机号码及电子邮箱，英国心理战专家通过电子信箱向他们发布通告，并用私人和公务电话号码给他们打电话，发送具有威胁性语言的手机短信，如“我们有你们指挥所的 GPS 坐标，也能跟踪锁定你的手机位置，巡航导弹已经对这些坐标设定了程序，你们打算怎么办？”此举对利比亚高官产生了极大的威慑作用，并迫使他们不断地变换手机号码。这不仅有效瓦解了敌人的士气，而且还干扰和破坏了利比亚的通信和指挥系统，起到了“一箭双雕”的作用。同时，北约心理战部队利用 EC-130J 心理战飞机的“信息插入”功能，通过利比亚政府和军队使用的频率，进行“信息插入”式的广播宣传，有时候利比亚老百姓在家里听广播、看电视的时候，能收听、收看到联军的宣传节目，屏幕上有时会突然出现利比亚政府军节节败退的画面，这种强制性宣传，具有强烈的震慑作用。

社交网站、微博、微信、博客、论坛、博客等社交媒体，成为心理战信息传送的新平台。由于社交媒体是由朋友圈或相同理念的群体组成的网络，其运作基于相互之间的一种信任关系。这种信任可以被用来实现某些特殊用途，对因某些社会关系联系在一起的社交网络可以精选内容进行有效打击，从而提高实施心理影响的概率，这就为心理战提供了一片沃土。美军十分注重运用社交媒体实施心理战攻击。据《华盛顿时报》2011 年 3 月 1 日报道，美国中央司令部瞄准恐怖分子所使用的社交网站，通过专门的计算机软件，在网上制造多个假身份，诱使极端分子接纳他们进入聊天室和论坛，有时还在“基地”组织和塔利班等极端组织中散布假情报，扰乱他们的行动。

乌克兰危机中，社交媒体成为相关各方博弈的重要工具。危机初期，乌克兰政府利用社交媒体发布了大量俄罗斯军队出现在乌克兰东部的“确凿证据”。在推特、脸谱等网站上，大量手持武器、着迷彩服的士兵照片被乌克兰媒体发布——他们是谁？实施破坏行动还是激起骚乱？为什么出现在克里米亚？照片反映出他们可能不仅是俄罗斯人，而且是俄罗斯军人。这些照片通过社交媒体广泛传播，在乌克兰民众中强化了“来自俄罗斯的破坏者”形象，成功培植了乌克兰民众的反俄情绪。随着乌克兰冲突的不断升级，亲俄罗斯和亲乌克兰的社交媒体用户，发生了明显分化。2014 年 10 月 24 日，在乌克兰议会选举前，“CyberBerkut”等亲俄罗斯组织通过乌克兰社交媒体在俄罗斯族裔中散布恐惧、焦虑和憎恨情绪。大量散发关于乌克兰军队残暴行径的照片，为遭受酷刑折磨的人准备的大坟墓，平民器官被非法交易，焚烧庄稼来制造饥荒，招募儿童士兵，以及对平民使用重型武器等行径。由此可见，通过社交媒体，这类心理战信息——无论是有一定证据或只是谣言——都会在数分钟内传遍全球，可以轻而易举地对目标人群施加影响，为地面军事行动提供强劲支持。

3. 心理战信息影响隐蔽化

长期以来，意识问题一直是科学领域挑战人类智慧的难题，而关于意识的阈下信息研究正逐渐成为生理信息战领域的重要研究领域。阈下信息中的“阈”是指感觉的阈限，人的感官只对一定范围内的信息刺激做出反应，这个信息刺激范围及相应的感觉能力，心理学称之为感觉阈限。对于超出感觉阈限之外一定范围内的信息刺激，人则会产生阈下知觉。阈下信息影响技术是以心理学为基础，以信息技术为手段，通过信息的阈下植入对人的心理施加影响，进而实现对人的认知、情感、意志的全面操控。从阈下信息的作用机理来看，其传播具有高度的隐蔽性，阈下信息影响技术是一种“不被觉察”的感知操纵技术。

阈下信息影响技术的理论基础是第 25 镜头隐性刺激原理。也就是说，人的知觉器官，有能感觉（意识）到的范围，也有感觉不到的范围。在知觉器官里，阈下信息可以绕开人的自觉意识去操控人的心理。我们日常所看的电影是 24 个镜头。一部影片在放映 24 个镜头的过程中，一秒钟可补充插进一个镜头，即第 25 个镜头。观众不会发现新插进去的这个镜头，甚至连闪一闪的感觉都没有，但是插进去的这个镜头，却能对观众的思想、情感、行为产生明显的影响。专家多次试验证明，在一秒钟内，观众的大脑完全来得及接受和处理第 25 个信号。心理学研究表明，一般人约 97% 的心理活动属于非自觉意识活动，而自觉意识活动只占 3%。

1957 年，心理学家詹姆斯 · 维卡里在新泽西的一家电影院做过一个投影实验，他使用一种特殊的投影机，每隔五秒钟就将写有“吃爆米花”和“喝可口可乐”的阈下信息与电影信息投放到同一个电影银幕上，每则信息在银幕上闪烁的时间只有 1/3000 秒。测试结果表明，爆米花的销售因此增加了 57.5%，可口可乐的销售增长了 18.1%。后来，有人又精心选择了一组彩色图案，通过“第 25 格”隐藏在电视剧中，结果使看该电视的人陷入了一种催眠的恍惚状态。插入的这些图案能通过非自觉意识引起人的内心活动变化，严重者能使大脑血管出现过载。据资料介绍，有些实验人员或微机操作人员，在实验中被致伤甚至致死。20 世纪 90 年代以后，阈下信息技术被迅速应用于政治和军事领域。1998 年美国国防部信息战专家托马斯发表《大脑没有防火墙》一文，引导美军将信息战延伸到认知域。2003 年，美军制定了“心理战、生物战系统结构图”，组织全美著名大学和研究机构中的心理学、生物学、药理学、信息科学等多学科专家，将语言模拟技术、虚拟现实技术、激光技术、现代仿声技术及生物技术引入心理战，从心理行为科学、脑科学及信息科学等领域，对心理战、生物战与信息战进行整合性研究。

阈下信息影响技术能够针对特定心理战对象设计和制作阈下信息，以此潜移默化地影响人的心理过程，包括认知、情绪和决策，从而为心理战提供更加隐蔽的认知操控手段。阈下信息种类繁多，目前主要应用的是阈下视觉和听觉信息。阈下视觉信息通过技术手段处理后，既可以蕴含在公开销售的书籍、报纸、音像制品中，也可以隐藏在广播电视以及其他各类数字图片和视频中。1996 年，叶利钦和俄罗斯共产党中央主席久加诺夫竞选总统时，叶利钦竞选团针对本国女选民多的情况，在讲话视频中植入了阈下信息来拉票，结果险胜对手，达到了通过操纵人的潜意识来影响人的抉择的目的。2000 年，美国总统大选时，小布什的广告策划专家在竞选对手戈尔陈述医疗制度改革方案的电视录像中植入了一个极短的、人们无法察觉到的镜头，上面写着一个很大的单词“RATS”（胡扯），这段录像在全美 33 个州播放了 4400 余次。以此来影射戈尔的医疗政策是欺骗民众，实际上也是利用阈下信息影响技术来操纵选民的潜意识。阈下听觉信息通过技术手段处理后，可以隐藏在广播音频、公开销售的音频制品以及其他各类数字音频中。1991 年 3 月 26 日，美军在“沙漠风暴”行动的心理战中，就使用了阈下信息影响技术。在利雅得美军行动中，有一个“令人难以置信的高度机密”计划，该计划由一整套系统来完成，系统中的标准无线电频率广播承载了潜意识的听觉信息，以达到心理操控的作战目的。

时光飞逝，岁月如梭，在科学技术的不断催化下，心理战早已今非昔比，传统心理战继续走向高技术化。伊拉克战争后，美军相继抛出了“基于效果作战”“震慑论”“战略瘫痪论”等一批崭新作战理论。尽管这些作战理论视角各异，却都不约而同地聚焦在一点上，这就是“希望从网络中心战当中获取的基于效果作战和非线性成果工作概念的关键是人的心理过程”[①]。美军认为，人类认识和决策的认知过程显然是

① 军事科学院世界军事研究部编译：《基于效果作战论》，北京：军事科学出版社，2005 年版，第 148 页。

战争中最核心的领域，对认知过程的了解就是希望通过说服敌人屈服从而缩短战斗进程，达到“不战而屈人之兵”的目的。可以说，伴随着军事技术的进步，在信息化战争时代，军事力量形态发生了重大变化，一是作战力量体系化程度极大地提高，二是军队心理因素对战争的影响日趋增大。因此，大规模地消灭敌人的有生力量已不再是作战的主要目的，取而代之的将是在物理域、信息域及认知域展开攻防对抗，进而剥夺敌人的整体作战能力。

当然，就目前科学技术发展的前沿动态而言，我们尚无法准确而清晰地预知未来战争的图景，只能源于历史与逻辑来设想未来战争，这种战争形态或许就是智能战。

四、智能战

自 2016 年 12 月 29 日“上线”起，短短七天，一个名为“Master”的神秘账号在多家网络围棋平台完胜了 60 名世界顶尖围棋高手，其中包括柯洁、井山裕太和朴廷桓等中、日、韩三国最强选手，以及“棋圣”聂卫平，八冠王古力等，颇有独孤求败之势。2017 年 1 月 4 日晚间，“Master”亮明了身份，它就是“阿尔法狗”（AlphaGo）。终于，人工智能也因此成了时下最炙手可热的“技术之星”。甚至有人断言，人类已进入智能时代。

智能时代的一个显著特征就是智慧彰显。在目前已知的浩瀚宇宙中，只有一个星体演化出智慧，这个星体叫作地球。在目前已知的地球生态系统中，只有一个种群拥有智慧，这个种群就是人类。人类因智慧而超越万物，自然有理由为智慧而击掌高歌：古希腊哲人曾自我标榜爱智慧，古代东方哲人断言智者不惑，甚至主张上智为间。说法不一，但对智慧的崇尚和礼拜溢于言表。

人类文明因智慧“善”用而进化，人类文明也可能因智慧“滥”用而毁灭。

纵观人类社会发展，有一条清晰的演进脉络。在人类社会进入区域性帝国之前（如古罗马、中国、阿拉伯帝国之类），国家与国家、人与物、人与人、物与物是弱关联的。1500年前后的地理大发现，拉开了不同国家相互对话和竞争的历史大幕，开启了全球经贸互联互通的新时代。“阿帕网”诞生，人类社会进入了“万物相连”的互联网、物联网时代，整个世界逐渐成为一个“地球村”。生物交叉技术尤其是脑机接口技术（BCI）的发展，实现了人或动物的大脑与外界的直接信息交流和控制。人类社会发展由此来到了一个新的转折点，未来人与人、物与物、人与物充分互联互通。但是，此物非彼物，此时的“物”是人大脑的延伸、智力的延伸，更是智慧的延伸，人类社会进入“脑联网”的智能时代。

军事系统是社会系统的缩影。军事系统从“物质系统”“能量系统”“信息系统”走向“智慧系统”。智能化战争孕育于信息化战争这一“母体”之中。早在第一台计算机问世后不久，就有科学家预言，人工智能时代必将来临。1950年，艾伦·图灵出版《机器人与智能》一书，六年之后，美国科学家约翰·麦肯锡提出“人工智能”一词，主要含义是指依托计算机运用数学算法模仿人类智力，让机器“学会”人类的分析、推理和思维能力。经过半个多世纪的迂回曲折，近年来，人工智能发展进入“快车道”，正由弱人工智能向强人工智能迈进，预计在2050年前实现超人工智能。美国科学家雷·库兹韦尔预言：2045年将是人工智能超越人类智慧的“奇点”。科学技术领域的日新月异必将引发军事领域的惊涛骇浪，人工智能的快速发展也引起了世界主要军事强国的高度重视。美军推出的第三次“抵消战略”认为，以智能化军队、自主化装备和无人化战争为标志的军事变革风暴正在来临。为此，美国将通过发展智能化作战平台、信息系统和决策支持系统，以及定向能、高超声速、仿生、基因、纳米等新型武器，到 2035 年前初步建成智能化作战体系，对主要对手形成新的军事“代差”。至 2050 年前智能化作战体系将发展到高级阶段，作战平台、信息系统、指挥控制全面实现智能化甚至无人化，更多样的仿生、基因、纳米等新型武器可能走上战场，作战空间进一步向生物空间、纳米空间、智能空间拓展，实现真正的“机器人战争”。

伴随着军事“智慧系统”的自生成性、自组织性、自演化性不断发展，战争对垒双方已不再是用“能量杀伤”以消灭敌人“有生力量”，而是通过“脑”控武器来控制敌人的思想和行动。作战主体由“知识战士”向“超级战士”转化，作战平台由信息化“低智”向类脑化“高智”发展，作战样式由“体系作战”向“开源作战”演进。由此，智能战也将超越“信息主导、体系对抗、精确打击、联合制胜”的传统制胜机理，开启未来之“智能主导、自主对抗、溯源打击、云脑制胜”的崭新攻防模式，催生“分布式杀伤”“母舰理论”“作战云”“蜂群战术”等新的智能化作战理论。

1. 超级战士

在科幻电影中，我们经常看到各种“超级战士”的身影：《机械战警》中人类头脑和机械身体完美结合，身上配备各式武器，能应付各种暴力活动的机械警察；《再造战士》中通过基因设计工程制造出来的拥有超绝战斗技巧和力量的超级战士；《阿凡达》中用人类的基因与潘多拉星球上的纳美人基因相结合，让人类的意识进驻其中，从而成为供星球上自由活动的“化身”。

作为作战链条上的信息终端与执行终端，世界各国军队无不重视单兵作战系统的技术革新与发展。无论是美军的“陆地勇士”，还是法军的“未来步兵”，抑或以色列国防军的“阿诺格”计划，都旨在打造新一代“未来战士”，将传统的作战单兵，从功能简单的指令接受与执行者，转变为融信息感知、传递及处理为一体的智能机器人。随着聚合科技的迅猛发展及其在军事上的广泛应用，人类将在纳米的物质层面上重新认识和改造世界以及人类本身。聚合科技与人类以往所有科技的不同之处就在于，它把提升人类自身能力作为最终目标，而不是扩展人类某种器官的能力。人类将拥有大量成本低廉的各种量级的传感器网络和实时信息系统，机器人和软件将实现个性化，所有的器件均由新型智能材料构成。由此，真正打造科幻电影中的“超级战士”。

突破生理极限。追溯远古时期，以部落为主体的“战争”发端，人体器官遂成为制服对手的最原始“武器”。随着人类社会生产实践经验的累积，人们逐渐意识到身边拾起的石块、木棍可以作为打击工具，从而弥补人的生理缺陷。由此，各种形态的石质、木质工具开始应用于军事实践活动，并成为最原始的武器。但人的生理机能终究有限，存有诸多不可逾越的“瓶颈”，在作战中承受的痛苦逼近生理极限时，就会出现诸如精神疲倦、情绪波动、判断失误等应激反应，从而影响继续参加战斗。面对瞬息万变的战争对垒，极端残酷的战场环境，无论是攻防对抗的战术行动，抑或军事谋略的制胜法则，皆需要“参战者”

在任何时候都能摆脱个体生理因素的限制，这一点是任何传统的“士兵”或“指挥官”无法做到的。代谢工程、外骨骼增强技术、脑机接口技术及人工智能等，可以为超级战士提供强大的身体素质和认知能力，使其既不会受时间所限，也不会被情感左右，极大地弥补了生理缺陷，以应对复杂的战场挑战。美军在阿富汗战场上试验了一款“大狗”机器人，帮助作战人员实施伴随保障，可负重200公斤，奔跑时速达每小时12公里。

消除认知偏差。克劳塞维茨认为，战争是一个“充满不确定性的领域”。研究表明，人类做决策的满意点，是在一系列进化尝试和自然选择过程中形成的，即个体基于过去的数据和经验进行学习、推理、预测并做出选择。一旦环境改变，这种基于过去的经验型认知模式，就有可能出现认知偏差，进而造成行为偏差。当前，世界各国研制的无人机、无人舰艇、无人战车及作战机器人，其核心还是计算机编程，所有作战任务都通过计算机程序来固化。也就是说，根据任务需要进行前期设定，尤其是攻击无人机，实施攻击还离不开远程遥控，这仅仅是人工智能的初级阶段，人工智能系统有智能没智慧、有智商没情商、会计算不会“算计”、有专能无全能。未来的人工智能是具有类脑特性的人工智能体，在信息处理机制上类脑，在认知行为和智能水平上类人，能够像人类一样实现真正的“自我学习”，并不断积累经验提升“自我”，实现人脑被模拟与被超越，人类将迎来人脑智能时代。不难设想，倘若未来作战系统应用了更成熟的人工智能，由于其具有类似于神经网络的学习进化功能，就可以通过深度学习形成足以超越对手的经验智慧，带动作战决策全过程进入一个主观与客观相结合、定性与定量分析相统一、推测与实证相辅佐、艺术与科学相辉映的崭新阶段，这将在很大程度上消除人在作战指挥中的认知偏差。

促进人机融合。电影《超验骇客》中，一个科学家把他自己的意识传到了互联网上，由此拥有了整个互联网世界的全部信息。他不仅能获得各个网络中的信息、知识，还能操纵信息，不断学习进化，并影响现实世界。以色列历史学家尤瓦尔·赫拉利在《人类简史》一书中指出，人机融合的过程已经开始，智能手机、社交网络已经不像过去的锤子、镰刀这些传统工具，它们是智能机器。2100年将完全实现人机融合。到那时，我们看到的将不只是人类精神的延伸，还有精神与机器的统一：神经网和互联网这两个网络合二为一，形成“云大脑”。“云大脑”是所有智能终端包括人与人工智能体的“智慧存储器”“信息库”“决策库”，智能机器人可以将自己的“记忆”“感知”“经验”上传给“云大脑”，也可从“云大脑”中下载他者的“智慧”。

人类战争的历史，也是人与武器不断内嵌融合的历史。从冷兵器战争到信息化战争，武器是人体器官的自然延伸，人与武器的界限尚比较清晰。随着聚合科技的发展与应用，特别是大数据、传感器、可穿戴设备、人体植入及基因编辑等人机结合技术不断突破，人与技术之间的隔阂进一步缩小，人与武器之间的传统界限趋于模糊化，人的“武器”化及武器的“人”化趋势越发明显。一方面，利用生物交叉技术提高和促进人的能力成为可能，可以攻克战士自身体能和智能的缺陷，使武器装备成为人体的一部分，甚至未来用意念远程控制“机械战士”作战，将大大推进人的“武器化”。另一方面，武器装备的打击范围拓展到人类的认知过程和行为，并且可能成为战场上受人意识控制的“超级战士”，促使武器的“人”化。当人机充分实现融合的时候，人类将真正彻底告别作为战争终端的惨烈角色，而是作为“云大脑”

的神经系统控制者，远离血雨腥风的战场，安身于舒适的环境，用自己的智慧与“云大脑”交互，遥控着前线无人机、无人装甲车、超级战士等作战主体展开生死搏杀。

2.“脑”控武器

在物理战的视域下，消灭敌人就是对敌方人体予以毁伤。而敌方人体作为一种物质性的存在，要对其进行毁伤，就必须利用能量。因此，迄今为止，能量杀伤一直是军事对抗的主题。在不同的战争年代，武器的演变主要围绕能量运用的不同方式——传递、转化和控制——而展开。但是，未来的军事系统不仅仅是“物质系统”“能量系统”“信息系统”，还是一个人机融合的“智慧系统”。因此，在智能战中，战争的毁伤方式发生了变化，武器的演变主要围绕智慧的控制与反控制、摧毁与反摧毁而展开。

精神拒止武器。精神拒止武器也称大脑控制武器或神经控制武器，它是通过对人的大脑或神经系统的攻击，来达到攻击人甚至导致人死亡的目的。主要有电磁波武器、声波武器、光波武器，以及药物大脑控制武器、电子芯片植入或纳米技术大脑控制武器等。俄罗斯在精神拒止武器研究方面可谓“历史悠久”，早在20世纪50年代，苏联就已秘密开始了远程控制人的思想方面的研究。近年来，有媒体报道，俄罗斯拟将精神电子武器列入未来武器研发的主要领域之一。这种武器又被称为“脑控武器”，绰号“僵尸枪”，可以通过发射电磁波、声波等扰乱攻击目标的中枢神经系统，影响目标的情绪或行为，甚至使目标完全变成受控于他人的“僵尸人”。

美国对精神拒止武器的研究也不甘落后。中情局的解密档案显示，从冷战初期开始，五角大楼和中情局联手实施了一个庞大的精神控制研究计划，名为“心理操控术”，其中包括 149 个项目，如催眠法、电休克疗法、声波射线干扰法以及大脑化学干扰法等。目前，美国波音公司设计的脉冲发射器可以让目标对象产生令人终生难忘的灼烧感，不敢再实施对抗。雷神公司推出的“警长”系统可以在数秒钟内使上百人同时失去反抗意志。“金属风暴”公司的“心理控制射线”发射器实现了小型化，并可与无人机相结合深入敌后实施“定点清除”，将敌方作战人员变成怯战的懦夫，关键时刻扭转战局。

意念控制武器。脑科学研究发现，人脑就像一台生物电脑，在进行意识活动时，无时无刻不产生脑电波。脑电波的活动状态与大脑的意识之间存在某种程度的关联性，每个人都有特定的脑电波特征码。脑电波技术可以通过采集、破译、编码和发送脑电波推测人的心理状态、紧张度和兴奋度，目前已经用于临床病情监测、犯罪嫌疑人审讯、航天员选拔与训练等领域。在未来战场上，通过采集敌方士兵的脑电波，破译对方的脑电波特征码，利用脑电波编码技术将干扰和控制对方大脑的信息进行编码，产生与对方真实脑电波一致的模拟脑电波，最后利用脑电波发送技术将模拟脑电波发送到对方的大脑。由于敌方士兵的大脑无法区分真假脑电波，从而毫无觉察地接受模拟脑电波，最终受到对方的控制，或放下武器投降，或自杀。

不仅如此，脑机接口技术还可以通过采集与提取大脑产生的脑电波信号来识别人的思想，并据此生成控制信号实现大脑对外部设备的信息控制，从而大大延伸和拓展人脑的功能。传统脑机接口技术最重要的应用领域是帮助残疾人控制轮椅、假肢，修复残疾人的受损功能。现代脑机接口技术，特别是头戴式智能设备的发展，还可以帮助正常人监测大脑的健康状态、提高认知能力。在军事领域，脑机接口技术可以实现士兵直接控制武器装备。作战时士兵不用上战场，而是在后方通过大脑直接控制“代理战士”进行作战。2013年、2014年美国国防部相继披露了多个与脑机接口技术相关的研究项目，如“阿凡达”“机器兵团”等，使科幻电影《阿凡达》中用大脑思维控制物体的神话变为现实。同时，美国国防部还在秘密研制可阅读士兵脑电波的“读心头盔”，只要士兵戴上这种头盔，他们无须开口说话，就可以互相阅读彼此的脑部活动。有军事专家预测，基于脑机接口技术的意念控制武器有望装备部队，引领未来战争的新模式。

电磁脉冲武器。电磁脉冲武器源自美苏两国进行的氢弹试验。1963年7月9日，美国在太平洋上的约翰斯顿岛上空400公里处进行氢弹试验，导致距离其数千公里外檀香山的数百个警报器全部失灵，瓦胡岛的照明变压器全部被烧坏，檀香山与威克岛的远距离短波通信也突然中断。无独有偶，苏联进行氢弹试验时也导致数千公里内的电子设备甚至雷达都被烧毁，通信线路全部中断。当时人们并未解开这个谜。后经过相关研究，才发现原来是由于氢弹爆炸所产生的电磁脉冲所致。电磁脉冲武器主要包括核电磁脉冲弹和非核电磁脉冲弹。核电磁脉冲弹是一种以增强电磁脉冲效应为主要特征的新型核武器。非核电磁脉冲弹，是利用炸药爆炸压缩磁通量的方法产生高功率微波的电磁脉冲武器。凭借“不损一砖一瓦，不伤一兵一卒，却能制敌于无形”的神奇威力，电磁脉冲武器逐渐成为改变战争规则的新概念武器之一，对电子信息系统及指挥控制系统等构成极大的威胁，号称“第二原子弹”。未来智能战的“智慧系统”，既涉及生物芯片、脑—脑通信系统、脑机接口等，也涉及各种精密、复杂、高集成度的电子信息系统，这些都容易受到电磁脉冲武器的干扰、损伤。一旦受到电磁脉冲武器攻击，基于“脑联网”的“智慧系统”有可能瘫痪。

3. 开源作战

信息化战争是体系与体系的对抗。作为“体系”概念运用于作战领域的产物，作战体系是一个庞大、复杂和多层次的综合系统，它由相互关联的若干作战要素、作战单元，按照一定的结构综合集成，并按照相应机理运行的有机整体。在该作战体系中，一方面，不同作战要素和作战单元在力量强度方面存有差异，恰如“木桶理论”中有长板与短板之别一样。另一方面，不同作战要素和作战单元的权重也有区别，有的是整个作战体系的中枢神经，有的只是整个作战体系的局部节点。正是由于该作战体系结构具有非均衡性，从而为实施体系破击战提供了可能，如通过切断敌方作战体系运行中的关键信息链，就可能达到瘫痪敌方整个作战体系的目的。

未来的“智能战”将是开源作战。所谓“开源”，就是开放资源，它来自于计算机软件领域的“开放源代码”。计算机发展早期，软件几乎都是开放的，任何人使用软件的同时都可以查看软件的源代码，或者根据自己的需要去修改它。程序员可以在开源社区中相互分享软件，共同提高知识水平。这是一种合作的开发过程和机制，提倡和鼓励所有人的参与以及成果共享。开源作战不同于以飞机、航母等为主要平台的体系作战，而是以人机一体、自由交互的智能机器人等为主要作战单元的集群作战。军事“智慧系统”是一个开放的复杂系统，具有一定的自主性，各分布式组件之间通过相互协作、互相适应形成一个连贯紧密的有机整体，并根据作战环境、对象及任务的动态变化，适时集聚智慧、实现协同作战。所有的智能机器人通过“云大脑”实现无缝链接，在作战任务来临时集群展开行动。

集群。自然界中，蜜蜂、蚂蚁、白蚁等单个个体并不强大，但它们通过简单的规则形成集群，就能够展现非常复杂的群体行为，整体实力却大大增强。比如，蚂蚁可以通过合作杀死非常庞大的猎物，并确定从食物源至巢穴的最佳路径。蜜蜂可以通过“投票”来共同决定筑巢地点的最佳位置。自然界中动物的集群行为是长期进化而来的，而智能机器人集群行为是设计出来的。大量没有协同能力的机器人并不是“集群”，它们只是数量庞大的群体而已。智能机器人集群具有无中心化和高度的自主性，能够针对战场上瞬息万变的情况，自主协同，配合行动，同步攻防。所有个体自然形成一个稳定的集群结构，一旦有任何一个个体因丧失功能脱离群体或因任何原因改变群体结构位置，新的集群结构排列会快速自动形成并保持稳定。没有一个个体处于中心控制的主导地位，一旦有任何一个个体消失或丧失功能，整个集群依然能够有序行动。

人工智能技术将推动未来战争进入集群作战时代，同信息化战争的体系对抗相比，其在规模、速度、协同和智能化方面将更胜一筹。大批量生产的低成本小尺寸智能机器人，一方面，可以形成数量优势，实现“区域全覆盖”，并以数量优势突破敌人的防御，实施“饱和”式攻击。另一方面，智能机器人集群具有较强的恢复能力，只要数量足够，个体的生存能力也就变得无关紧要。同时，智能化的“感知—决策—行动”模式可以快速处理大量信息，帮助作战人员掌控战况，缩短决策周期，提高军事行动的速度。正如约翰·阿奎拉和戴维·伦菲尔德在《蜂群与网络作战》中所描述的，集群作战将单兵格斗的高度分散性、机动作战的灵活性和体系作战的组织性及凝聚力结合在一起，实现各作战要素、作战单元协同的目的。实施“集群”作战，通过隐蔽、突然、难以侦测和对抗的智能机器人集群，对对方传统武器系统，包括雷达、防空火力、各种作战与保障平台等构成致命威胁，将颠覆传统作战方式。

目前，美国海、空军正在着力打造这一作战方式。根据构想，为突破中国等“反介入 / 区域拒止”能力，美军计划在我国南海从空中、水面和水下三个维度，投入以无人机为主的“机器人集群”，实施立体打击。2017 年 1 月 10 日，美国国防部公布了一段视频，3 架 F/A-18 战斗机释放了 103 架“灰山鹑”（Perdix）小型无人机，这些无人机集群演示了集体决策、自修正和自适应编队飞行，它们根据任务要求一起协作控制、导航、聚集、解散。据美国国防部战略能力办公室主任威廉·罗珀尔称：“这些‘灰山鹑’小型无人机并不是经过预设程序的协调行动的个体，而是像自然界中类似鸟群的动物群体那样共享一个分布式大脑，相互协调行动。”“每一架无人机都可以和另一架通信联络，所以机群没有领袖，可以非常顺利地允许每一架无人机进入或离开这个群体。”由此可见，未来战争所面对的很可能不再是有血有肉的士兵，而是成群结队的智能机器人集群。

涌现。涌现是非线性复杂系统的典型特征，也就是说，当系统各要素组合成体系时，发生突变并产生出新性质的过程。事物的涌现大都依赖于一定数量的群体的聚集。科学研究表明，任何事物随着成员数量的增加，它们之间的相互作用呈现出指数增长的趋势，聚集到一定程度就会产生整体的“涌现效应”，也就是量变到质变。实际上，匈奴人、蒙古人和其他游牧民族的大规模骑兵作战，都采用了集群攻击方式。他们在宽阔的地域分散开来，一旦发现敌人就集中优势兵力实施攻击。同样，第二次世界大战时，德国人对潜艇的运用也采用了“狼群”战术。集群作战是一个非线性的复杂系统，并不是简单无序的集中兵力突袭，也不是所有武器系统均从同一方向对敌人发起攻击，而是在收到不同等级的作战指令后，各集群自主采取行动，并与其他集群保持协同，从而涌现出一种整体作战能力。自组织性是整个集群释放作战效能的关键，每个个体只需遵循一些简单的原则，这个集群就能完成令人难以置信的复杂作战任务。它们或如同“乌云蔽日”集中涌入战场，或化整为零分散自动搜寻目标，对大片区域实施有效监控。不需要地面人员的任何操控，它们就能够自行在战场上巡逻游弋，一旦集群中某个智能机器人发现目标，它们就会从四面八方对目标形成包围，确认哪些目标需要攻击，哪些目标已被摧毁而不再需要更多的火力支援，哪些未击中的目标尚需火力增援。所有这一切都由具有自主性的机器人集群自动完成。此外，智能机器人集群还可以对敌方展开“间歇性攻击”，攻击，疏散，再攻击，直到消灭敌人。

当集群达到一定数量规模的时候，指挥控制模式也将发生根本性变化。它不同于信息化战争中对各作战要素、作战单元实施的集中统一控制，而是对集群整体实施的多平台任务协同式控制。它通过指挥员操控一组平台，平台之间相互协调，以集群为单位完成作战任务。在瞬息万变的战场上，即使最详细的任务规划也会发生变化。因此，指挥员应先拟订一份详细的作战计划，然后指挥集群去具体执行，各集群能够根据战场形势的变化进行调整。或者，指挥员只分配高级别的任务，各集群根据作战任务优先等级的清单，如目标名单、每个目标不同的价值等级等，在自主采取行动的同时与其他集群保持协同，通过集中协同或分散协同的方式自动确定最佳解决方案。或者，指挥员可以仅仅改变集群的目标或参数设置来诱导集群自行调整其行为。如果控制集群的数量超过了个体的认知能力，指挥员可以把集群划分成更小的群体，或按照功能划分相关任务，以分解自己的任务。

美军进行了大型集群的多平台任务协同式指挥控制的演练。美国海军研究生院研究了由各 50 架无人机组成的两个集群对抗，哈佛大学建立了由 1000 个简易机器人组成的集群，通过相互协同进行简单的编队。2014 年夏天，美国海军演示了由 13 艘无人驾驶自控船组成的集群在一个人的控制下，护送 1 艘巨轮穿过模拟海峡的行动。当发现可疑船只时，指挥员向无人自控船集群分派了拦截和包抄的任务，集群成功自主处理可疑船只，展示了集群的指挥控制能力。据参加演练的美国海军研究人员称，单人同时指挥控制的船只数量可达 20 ～ 30 艘，由此，不仅节约了大量人力，也大大降低了风险。

反制。智能机器人集群颠覆了传统的作战方式。一是目标小，难发现。智能机器人大都由复合材料制造，其中许多还采用小型化甚至微型化设计，并应用隐身技术，从而使得传统雷达、声呐等侦察探测手段很难及时发现。比如，美国麻省理工学院在动物蜻蜓中嵌入了一种“光极”芯片，研制出一种比任何人造无人机更小、更轻且更具隐秘性的混合无人机系统，续航时间高达几个月。二是造价低，破坏大。机器人制造成本低，可以大批量生产，只要花费几百美元就可以在网上购买到可编程的、GPS 导航的全自主无人机，这些无人机可以组成一个能自主行动且抗干扰能力强的作战集群，如果携带炸药或者生物武器投入战场，具有巨大的破坏性。三是对抗难，代价高。现有武器装备不适宜于应对智能机器人集群，特别是缺乏应对小微型无人系统的有效手段，用价值100万美元的导弹去击落价值1000美元的无人机，防御的代价太大，甚至可以说是“大炮打蚊子”。

针对智能机器人集群，传统的作战方式难以奏效。因此，必须考虑如何以低成本、高效益的方式，来反制智能机器人集群的威胁。一是以集群对抗集群。只要对抗的集群比敌方的集群成本更低，而且拥有更好的算法、更好的协调性和更快的反应能力，就可以实现低成本反集群作战。二是以代码武器溯源攻击集群。智能机器人集群高度依赖“脑联网”来获取、传递和共享信息，因此，可以插入恶意代码突破敌方的“防火墙”，对智能战的中枢神经系统“云大脑”进行溯源攻击，也可以通过电子欺骗向集群发送虚假数据，直接控制或瘫痪敌方集群。三是以新概念武器摧毁或瘫痪集群。只要集群依赖于通信手段来实现指挥控制和协调作用，就能够通过激光武器、电磁脉冲武器等实施攻击。这些武器并不只针对集群中的单个个体，可以覆盖更大的范围，因而是集群的“克星”。美国海军正在开发的激光武器和电磁轨道炮，就是一种低成本的反集群作战武器。

人类战争演进到智能战时代，我们需要新视野、新思维、新范式，超越牛顿机械论及奠基其上的物理战理论，运用整体观、联系观、演化观等来参悟未来“智能战”，设计和打赢未来“物理—生理—心理”会聚的“融战争”。

第七章

金融战

暴力仅仅是手段，相反，经济利益是目的。目的比用来达到目的的手段要“基础性”得多。

——恩格斯

金融资本要的不是自由，而是统治。

——奥地利政治经济学家鲁道夫·希法亭

恩格斯指出："经济是基础，暴力是建立在经济基础上的上层建筑，人民群众是历史的创造者……政治暴力不过是手段，目的在于获得经济利益，私有制、阶级的起源都是经济发展的结果，暴力在不同的条件下起着不同的作用。"在资本主义生产方式占据统治地位的全球经济体系中，战争的形式和手段悄然发生了变化。资本主义发展到垄断帝国主义阶段，相比于商业资本和产业资本，金融资本的掠夺性更为隐秘、剥削性更强，侵略性更突出。列宁认为，金融资本及其意识形态归根结底是大国为了瓜分世界而采取的国际政策，造成了一种新的金融殖民地——形式上独立，但是经济上高度依附的附属国。正如希法亭所说，"金融资本要的不是自由，而是统治"。金融权力的争夺成为国际竞逐的新战场，国家安全的新疆域，金融袭击已经成为一种隐蔽的战争模式。马来西亚前总理马哈蒂尔曾说，"索罗斯的金融袭击使得马来西亚的经济向后倒退了 20 年"。这是一场没有硝烟、惊心动魄的金融大猎杀。20 世纪 80 年代以来，国际上一系列金融危机表明，一个国家如果对金融安全认识不足或处理不当，就有可能发生金融危机，成为西方发达国家围猎的对象。当前，我国正处于由大向强的关键时期，经济增长由高速增长到中低速增长的换挡期，国际资本觊觎我国经济发展的成果，以金融战为手段阻断中华民族复兴之路的图谋不可不察。

一、资本与战争

在竞逐国家富强的道路上，经济和军事两种力量如影随形，互为倚重。可以说，获取财富是人类一切战争的基本动力，只是不同的历史时期财富的表现形式不一样，国家利益的争夺对象不同。

资本主义萌芽和发展过程中，资本和战争的关系十分密切，工业革命使得资本主义国家需要巨大的市场，资本主义国家曾明火执仗以战争维护资本的利益。17 世纪航海大发现以后，重商主义在欧洲流行，欧洲列强开始殖民扩张，赤裸裸地抢劫财富。比如，地理大发现的一个主要目标是绕过奥斯曼土耳其，直接与东方的印度和中国进行贸易并获取黄金。葡萄牙和西班牙的海外殖民掠夺，通过黑奴贸易和对美洲印第安人的屠杀来获取黄金等财富，赤裸裸地体现了资本主义黑暗的发家史。

第一次工业革命后，英国的钢铁和棉纺织业迅速发展，资本主义生产过剩，迫切需要寻找海外市场。为了打开国外市场，英国不惜以坚船利炮开道，为商业资本寻求原材料和海外市场，导致广大亚非拉国家沦为半殖民地半封建社会。特别是第一次世界大战，主要资本主义国家更是不惜以世界大战的方式相互厮杀，重新瓜分海外殖民地和势力范围，为本国资本在国际上谋求竞争优势。

美国在 20 世纪崛起的一个重要因素就是大发战争横财。两次世界大战对美国崛起起到了巨大的推动作用。1894 年美国超越德国成为世界头号钢铁生产大国，此后国力大增。1917 年，美国瞅准机会参加“一战”，关键时刻扭转战局，参与战后的利益分配。1917 年 7 月，美国总统威尔逊曾得意地对其顾问爱德华·豪斯说，“第一次世界大战结束后别的不说，他们单在财政上就要倚仗我们”，“我们应当以资本供给全世界，而谁以资本供给全世界，谁就应当……管理世界”。第二次世界大战，不仅消耗了美国国内产出的130%，而且也使美国摆脱了20世纪30年代的经济大萧条。战争结束时，美国工业产量占世界的一半以上，失业率从1938年的17%下降为0，GDP达到英国的10倍，黄金储备200亿美元，约占世界黄金储备的2/3以上。在美国的主导下，建立了当今世界经济全球化的制度框架。与此同时，美元取代了英镑成为国际储备货币。1947年，通过布雷顿森林体系，将美元和黄金挂钩，其他货币和美元挂钩，美元成为和黄金一样的硬通货在全球流通，从而奠定了美元的货币霸权地位。

一个国家的经济实力总是有限的，战争如果没有资本市场的支持是不行的。资本市场的强大融资能力，可以为战争的高消耗性提供支撑。以英法第二次百年战争为例，1689-1789年，英法为了争夺世界霸权进行了长达百年的战争，最终英国战胜法国，与英国政府和英格兰银行创造性地利用金融和资本市场密不可分。伊曼纽尔·沃勒斯坦、查尔斯·P.金德尔伯格等人研究认为，“始于17世纪90年代的英国金融革命是英国取得英法百年斗争胜利的一个决定性因素”。英法战争开销巨大，但两国的融资方式却有巨大差别。法国只能通过增加税收融资，从而使其国债规模在1715年达到高峰，不堪重负。而金融市场却为英国筹措到巨额资金。一方面，英国政府在资本市场上获得低息资金，比如1694年英国政府的国债利率只有8%左右，不到法国政府支付利息的一半。另一方面，英国筹资渠道广泛，英格兰银行、东印度公司、南海公司等金融机构，为英国提供长期信用支持，特别是帮助威廉三世的大臣们筹集长期贷款使其渡过难关，得以在1697年9月签订《列斯威克和约》。

战争的直接目的是获取财富或资本，历史上大部分战争都因财起意。然而，在现代社会，资本或金融是国家经济的血脉，战争对垒双方可以通过金融或资本的力量使对手屈服，金融或经济手段成为名正言顺的武器。

1949 年 5 月 27 日上海解放，上海市人民政府宣布国民党发行的金圆券作废，人民币为合法货币，并公布了 10 万金圆券兑换 1 元人民币的比价。开始进行得很顺利，但几天后情况发生了逆转。一些投机资本家和敌特分子利用他们囤积的大量银圆，进行大量非法的黄金、外币、银圆的投机交易，疯狂打压人民币。5 月 28 日，人民币与银圆的兑换比价为 600 ：1，到了 6 月 8 日，这个数字竟变成了 2000 ：1。这不仅严重损害了人民币的信誉，而且引发了前所未有的金融危机和通货膨胀，在短时间内，大米、面粉、煤炭等生活必需品价格上涨了 2 ~ 3 倍。反动势力狂妄叫嚣，“解放军可以打进上海，但人民币进不了上海”。面对投机资本家和敌特分子对新生人民政权的疯狂进攻，中共迅速查封上海银圆交易市场，从金融和经济两方面打压黑市。一是强制使用人民币结算、缴纳税收，禁止使用银圆结算。二是“抓住两白一黑”（大米、棉纱和煤炭）这个上海物价的根本问题，从全国各地调运物资迅速平抑物价，打赢了这场“其深远意义不亚于淮海战役”的金融保卫战。

抗日战争时期，为了配合日军的侵华行动，日本当局对中国发动了一场大规模的以伪钞为重要手段的货币战。当时，日本资源匮乏，军费开支巨大，外汇问题日趋恶化。由于英美等国的支持，中国法币可以在上海租界及香港等地中外银行无限制买卖外汇，而日本需要大量外汇到国际市场购买军用物资，因此开始伪造中国法币。日本利用在华的特务机关或沦陷区的“商社”机构，如日本陆军特务机关“松机关”“梅机关”“兰机关”“竹机关”及其在上海的华新公司、民华公司、诚达公司等，抛售伪造的法币，进入中国金融流通领域。据明治大学登户研究所馆长、历史学家山田朗研究，从1939-1945年，日本陆军登户研究所曾经伪造了大约40万亿日元的中国货币，其中大约有25万亿日元被用来采购军事物资，而1945年日本国家预算才200万亿元，40万亿日元的伪钞可以说是个天文数字，如果按照今天汇率折算，这大约是1600亿美元。日本侵华期间的“伪钞战”给中国的国民经济和抗战造成了巨大的危害。

第二次世界大战后，资本和战争的关系变得微妙起来。社会主义兴起、民族独立运动对资本主义体系产生重大的打击，国际政治和经济秩序发生巨大的变化，和平和发展成为历史潮流。在新的历史条件下，以直接战争获取经济利益变得代价高昂，于是，资本和军事力量开始相互勾结。资本既是手段也是目标，资本成为发达国家获取国家利益的另一种方式。美国凭借美元的货币霸权和强大的军事力量有机融合，获得了称霸世界的密钥。根据美国财政部负责反恐和金融情报事务的副部长戴维科恩介绍，美国财政部有一个恐怖主义和金融情报办公室，它被外界形象地称为“金融作战室”。它的主要任务就是寻找和跟踪犯罪分子的资金流，找到“黑钱”的来龙去脉。美国经常利用洗钱等罪名对各国商业银行进行业务制裁。比如，美国曾经以巴黎银行涉嫌洗钱为名对巴黎银行进行制裁，指责巴黎银行在2002-2009年协助伊朗、苏丹等国家转移财产、逃避美国的经济制裁。

经济全球化时代，资本逐利的实质没有任何改变，利用资本手段获取利益变得更加普遍化。尽管大多数时候，我们并不是特别清楚“金融作战室”和贸易制裁、贸易禁运是怎么一回事情。但是，发达国家利用资本和经济手段来维护国家利益或者对那些所谓“不遵循国际规则”的国家和企业进行惩罚屡见不鲜。比如，2001年美国利用科索沃战争打压欧元。2015年，围绕乌克兰和克里米亚半岛问题，俄罗斯切断乌克兰的能源供应，欧洲对俄罗斯进行经济制裁。这标志着金融战日渐来临，金融安全成为国家安全的重要内容。

二、虚假的逻辑

历史上，战争是发达国家获取资源和财富的重要手段。全球化和信息网络时代，金融资本成为国家获取经济利益的重要手段，是维护国家利益的重要工具。发达国家利用金融资本获取国家利益，有着深刻的经济基础和广泛的意识形态支持，其中资本主义生产关系在全球占据统治地位和新自由主义意识形态的滥觞起着关键的作用。

新自由主义的流行有着深刻的时代背景。20世纪70年代末，资本主义世界和全球发展遇到“瓶颈”。在“第三次中东战争”和OPEC石油禁运之前，由黄金储备支撑的布雷顿森林体系岌岌可危，各国财政危机造成税收大幅下滑，甚至英国在1975-1976年不得不依靠国际货币基金组织接济，凯恩斯主义政策不奏效了。资本借以穿越国界的缝隙，给全球固定汇率带来了很大的压力。美元在世界上泛滥，固定汇率体系最终不得不被抛弃。为了克服危机，人们需要找到某种替代性方案。

20世纪70年代末以来，伴随着新科技革命的兴起，生产力巨大发展，资本主义由国家垄断发展到国际垄断阶段。适应这种需要，新自由主义开始由理论、学术而政治化、意识形态化和范式化，成为美英等国际垄断资本推行全球一体化的重要组成部分。特别是美国总统里根和英国首相撒切尔夫人上台后，在否定凯恩斯主义的声浪中，新自由主义成为美英等国主流经济学，其标志性事件是1990年由美国政府炮制的包括十项政策工具的“华盛顿共识”。正如美国著名学者诺姆·乔姆斯基在《新自由主义和全球秩序》一书中指出的，“新自由主义的华盛顿共识指的是以市场经济为导向的一系列理论，它们由美国政府及其控制的国际经济组织所制定，并由它们通过各种方式实施”。新自由主义企图以更彻底的“三化”，即绝对自由化、彻底私有化和全面市场化，来回应和解决当时资本主义国家的经济和社会问题。

新自由主义作为一种经济意识形态开始在全球畅通无阻，对资本的肆意扩张、贸易的全球化、产业空心化等产生了深远的影响。新自由主义经济政策将发达国家的经济制度以“普世价值”的方式向全球推广，加剧了资本对全球的统治，为资本全球掠夺建构了一套虚假的逻辑。它的基本观点主要包括：（1）市场统治。将自由企业从政府和国家的任何束缚中解放出来，实现资本货物和贸易的自由流动。（2）削减教育、医疗等社会服务的开支，削弱穷人的安全保障网。（3）放松管制，减少政府对经济活动的干预。（4）私有化，将大量国有企业卖给私人投资者。（5）抛弃“公共物品”或者“共同体”的概念，代之以“个人责任”。资本的统治力借助新自由主义的列车滚滚向前。

1. 包治百病的“药方”

被称为“灵丹妙药”的新自由主义经济政策，在20世纪70年代成为许多国家的经济政策。除了撒切尔夫人激进的私有化改革、里根放任自流的经济学政策之外，最典型的就是智利皮诺切特的“芝加哥男孩”，他们在军事政变之后全面实施极端的新自由主义经济政策。

20世纪50年代，智利派遣了一大批留学生到芝加哥大学，他们普遍接受了自由主义经济学家弥尔顿·弗里德曼的思想，芝加哥大学也输送一批经济学家到智利的著名大学任教。在皮诺切特靠军事政变上台后，芝加哥大学毕业的智利学生都被委以重任，被称为“芝加哥男孩”，于1975年主导了智利的经济政策改革，包括大规模的私有化国有企业、大幅降低关税、放开全部产品的价格、向外资开放市场、国家退出银行系统、大幅度削减政府预算、压制劳动权利等。这些新自由主义经济政策实施之后，智利经济迅速恶化，引发了经济危机和种种严重的社会问题，严重影响了智利的现代化进程。直到今天，智利经济仍然主要依靠原料出口，是世界上贫富差距最大和不平等状况最严重的国家之一。

新自由主义主张经济转型国家应该实行激进的私有化政策，这使得转型国家陷入灾难。比如，当年苏联解体和东欧剧变，这些国家以“华盛顿共识”为经济转型指南，运用“休克疗法”，盲目实施快速的私有化，鼓励资本市场的自由开放，放弃国家宏观调控政策，以国家主权让渡获取国际金融机构支持等。结果导致投机活动猖獗、经济寡头出现和贫富分化等社会问题频现，国家经济独立自主权受到伤害，资本进出不断洗劫国家财富。“休克疗法”产生的严重经济后果被称为“俄罗斯悲剧”，成为新自由主义或“华盛顿共识”的受害者。拉美债务危机、1998年亚洲金融危机、西亚北非战乱，以及2008年全球金融危机以来，全世界对新自由主义所主张的“市场化”“开放化”“个人化”“私有化”“资本化”表现出了高度警惕，新自由主义的价值观念和政策实践开始受到普遍的质疑。

2. 经济虚拟化

经济的金融化或经济的资本化是新自由主义发展模式的显著特征，投机性资本不断挤压长期投资、生产性投资，资本的逐利性导致实体经济过度“虚拟化”和产业的“空心化”。

鼓吹实体经济空心化，经济发展的高级形态就是经济金融化或者资本化。在新自由主义发展模式下，利润就是一切，玩的就是虚拟经济。19 世纪中期，英国作为“世界工厂”，曾经制造了世界工业品产出的 40%。此后，英国工业资本大举输出，到 20 世纪初一度超过国内投资，致使英国国内工业生产不断下降，技术进步速度放慢，最终被美国和德国超过，从“世界工厂”跌落为工业品进口国。日本是制造业大国，但是日本汽车、电子、机械等支柱产业的海外生产比例在 40% ~ 60%，有的企业甚至高达 70%，产业空心化导致 2014 年日本对外贸易赤字达到 12.78 万亿日元，连续四年出现巨额贸易赤字，创历史最高纪录。与这些国家不同，德国产业并没有空心化趋势，德国制造业百年不衰，2014 年德国贸易顺差达到 2170 亿欧元。美国大规模的劳动密集型产业和制造业外迁，已经使得国内失业率屡创新高，美国经济呈现“倒金字塔”形，即 3% 左右的实体经济支撑着 97% 左右的金融投资，以华尔街为首的金融资本获取了绝大部分利益。特朗普政府上台以后，强调要让制造业回归美国，重振实体经济。

经济的金融化和实体经济的虚拟化，使得资本主义体系像“黑洞”一样，将游离于这个体系之外的生产性廉价资源吸纳进来，成为资本新的剥削对象和利润来源，通过货币金融形式的掠夺和生产过程中的价值榨取，在世界各地建立“血汗工厂”，进行“掠夺性积累”。所谓“血汗工厂”，就是以外商投资为主要资金来源，以劳动换资本，以资源换技术，建立起来的“超剥削工厂”。由于资本在全球追逐廉价的劳动力，这种低工资、低技能的血汗工厂，推动资本外围经济体之间的过度竞争，使得这些国家陷入“低技能、低工资模式的发展陷阱”，从而被发达国家榨取高额利润。尽管在全球范围内扩大了生产能力，促进了劳动对资本的替代，但是造成新的收入分配不均，促使全球需求更为恶化，导致这些国家内部需求乏力，被迫走上“外向型经济发展之路”。与此同时，发达国家消费模式的示范效应使得这些国家的进口冲动难以抑制，对消费品无限追求，本国因为技术水平限制出口难以扩张，只能靠举债来维持生计，从而形成巨额对外贸易逆差，陷入“债务陷阱”。资本的自由成为垄断资本谋取国家利益的工具，经济全球化和贸易自由化成为名副其实的“通向奴役之路”。

发达资本主义国家占据了对外投资的绝大部分。据联合国贸易和发展会议数据显示，2015 年全球对发达经济体的对外投资流入量明显增加，与 2014 年相比增长 84%，占全球对外直接投资流入量的 55%。从区域看，欧美再度吸引了国际资本青睐，特别是美国的对外直接投资流量比 2014 年增长了近两倍。发达国家以强大的资本实力，引导和控制国际资本流动，缺乏监管的对冲基金在全球肆虐，严重危害一些国家的经济安全。新兴市场国家曾经是全球经济发展的火车头，获得强劲的国际资本流入。2009-2014 年这些国家获得资本流入超过 2 万亿美元。2015 年，美国退出量化宽松政策，繁荣一时的新兴市场国家资本持续外流，仅 2015 年 1-7 月，19 个新兴经济体的资本净流出就高达 9402 亿美元，导致哥伦比亚、智利、巴西、俄罗斯的货币大幅度贬值，印尼卢比兑美元汇率则跌至近 20 年来的新低，使得这些国家面临急剧增加的债务和货币贬值压力。由此可见，资本过度自由导致投机加剧，带来的是经济虚拟化和发展陷阱，满足了资本吞噬利润的贪婪，拉大了发达国家与发展中国家的贫富差距。

3. 失衡的全球化

资本从产生开始，就和全球化纠缠在一起。全球化一方面促进了全球经济增长和贸易额增加，另一方面，全球化的分配效应并不均等，获得全球化好处的大多是发达国家，从而在全球化进程中产生了许多严重的问题，尤其是社会问题。全球经济危机之后，很多国家只在金融领域采取量化宽松的方式进行治理，不仅没有解决根本问题，反而导致全球资产泡沫，资产收入与劳动收入差距进一步拉大，引发全球一系列新的矛盾和危机。

全球化带来了全球贸易增加，但是居于产业链低端的发展中国家，仅仅靠初级产品出口维持生计，不具有产业价值链的定价权。发达国家利用行业、技术、环保、专利等各种手段剥削广大发展中国家。自由贸易成为全球化最常见的口号，但发达国家和发展中国家存在巨大的贸易逆差。作为 WTO 的领导者，美国无疑是全球自由贸易的最大受益者。中国是典型的轻工业品出产国，常见的芭比娃娃，如果销售价格 10 美元，其中 8 美元是美国境内的销售成本和利润，1 美元为运输管理费，65 美分为材料成本，中国只能拿到 35 美分加工费，占整个产业链条的 3.5%。美国苹果公司的 iPad，尽管是中国制造，美国零售价每台 499 美元。其中 LCD 显示平板占 95 美元、苹果 A4 处理器占 26.8 美元、16GB 存储器占 19.5 美元，这些高附加值的零配件成本占销售价格的 54.4%，组装费仅占售价的 3.4%。摩根士丹利的一项调查显示，

1998 年到 2003 年间，仅中国制造的婴幼儿服装就为美国的父母们节省了 4 亿美元。研究表明，由于能够购买中国低价的出口货物，使得美国低收入人群的生活水平可能提高了 10% 左右。由于大多数全球贸易的成果被拥有资本、技术和专利权的发达国家占有，发展中国家在全球贸易“剪刀差”的剥削下，举步维艰。一些政客喜欢使用“全球化”来叙述每一件关于全球经济或者政治事件，但是并没有关心全球化到底造福了谁。全球化在某种程度上成了发达国家用以追逐自身利益的政治标语，然而，当世界经济低迷时，发达国家贸易保护主义思潮抬头，以美国总统特朗普为代表，推行贸易保护主义和强迫制造业回归本土，只支持对自己有利的全球化政策，实行差别化的经济全球化，妄图进一步谋求全球化的好处。

发达国家为了推动全球化的发展，建立了一系列国际经济和贸易组织，如国际货币基金组织（IMF）、世界银行及世界贸易组织等，这些机构一直奉行双重标准，成为发达国家欺负发展中国家的工具。比如，亚洲金融危机期间，IMF 在救援这些亚洲金融危机受灾国家的时候，向这些受援国提出苛刻的条件，包括：必须实行企业私有化，把金融业、电信业、其他各类公用事业、所有国家战略产业彻底开放给国外投资者；实现资本市场最大限度的自由化，让国际资本可以完全自由地进出这些国家；要求这些国家实行财政紧缩政策，大幅提高食品、饮用水、天然气等生活必需品价格；实行充分自由贸易。最后这些国家如同鸦片战争时期中国跟英国签订《南京条约》一样，被迫接受这些苛刻的条件。针对 IMF 的双重标准，斯蒂格利茨曾说：我们在国内反对社会保障体系的私有化，然而我们却在国外提倡它，在国内我们反对平衡预算疗法，因为这会限制我们在经济下滑时使用扩张性财政政策，但在国外，当其他国家陷入衰退时，我们却强调他们使用紧缩性的财政政策。在国内我们通过破产法保护债务人，并且给予他们一个全新的开始，但在国外，我们把破产视为对贷款合同的挑衅。

新自由主义、全球化、IMF 等，这些词汇代表了全球化时代一种有别于“死狗”凯恩斯模式的经济发展模式，甚至成为战后资本主义向全球推进的主流意识形态。这些观念的背后是市场原教旨主义推动、以资本和市场开放为条件的、反社会主义和国家干预主义的全球经济右翼思潮。新自由主义曾经作为发达国家推销的包治百病的药方，客观上推动了经济全球化、全球贸易增长和生产率提高。但是，在经济全球化的过程中，资本重新获得自由化，经济高度虚拟化，产业空心化。新自由主义只不过是发达国家以金融、经济手段掠夺还没有加入全球化进程国家的一个美好借口，实际上是一个看似逻辑严密却似是而非的“真实”谎言。

三、“薅羊毛”游戏

美国前国务卿基辛格曾说，“谁控制了货币，就能控制全世界的经济”。毫无疑问，美元是当今世界最有权势的信用货币，也是全球储备货币的最重要币种。尽管每一个国家都在努力使自己的货币国际化，但是国际储备货币总是“赢者通吃”。历史上，只有英镑和美元真正“玩过”信用货币的游戏，而美元把信用货币的规则推到了极致。事实上，美元正是通过两次世界大战，取代英镑获得世界货币霸权地位。美元通过“薅羊毛”游戏，阻止其他货币成为全球或区域性主导货币，以此维护美国的国家利益。正如美国前财长康纳利所说：“我们的美元，你们的麻烦！”

1. 绿钞换实物

美元刚开始成为世界货币时，美国人并不知道“绿钞换实物”的游戏规则。尼克松总统在宣布美元和黄金脱钩的时候甚至心情还很沮丧。毕竟，货币贬值不是什么光彩的事情，意味着美国经济大国地位的下降。

20 世纪 70 年代越南战争期间，美国贸易和财政双赤字急剧上升，全世界对美国经济的主导地位丧失了信心，法国的戴高乐总统甚至要求从美国金库中把黄金运回来。当时美国政府和总统确实为赤字纠结了很久，但是美国很快就找到了纾困的办法：宣布美元和黄金脱钩，也就是通过美元大幅度贬值赖账！ 1974 年美国宣布美元与黄金脱钩，美国第一次尝到了赖账的甜头，原来用大把美钞消费欠下的债务因为美元贬值不用还了。美国人没有想到，全世界其他国家更没有想到，美元与黄金脱钩，美元的国际储备货币地位并没有丢失，美元以一国主权货币的形式仍然充当全球储备货币。随后，美国利用世界经济实质上的美元本位制，以及信奉货币主义的各国中央银行，将全球经济美元化，使全球特别是依赖美国经济的经济体为美国的财政赤字、国际收支赤字融资，包括间接为美国对外战争和美国公司占领全球经济的制高点融资。按理说，美国长期寅吃卯粮，出现大量经常账户赤字和财政赤字，可能面临着“坐吃山空”的危险。但是，在经济全球化和资本自由流动的口号下，美元以虚拟经济驾驭实体经济，让全球经济为美国人服务。在美元货币帝国主义模式下，美元通过全球经济美元化完全化解了这一难题。

美国作为世界资本的中心，美国资本从事着最有利可图的行业。

美元作为全球储备货币，别国只能将手中的美元外汇存入美国银行或购买美国国债获取微薄的利息，而美国对外直接投资回报率远高于外资在美国获得的回报率。根据2013年全球资本市场统计，美国十年期国债利率是3%，扣除国内通货膨胀2%～3%，实际美国支付的利息几乎为0，而美国对外投资的收益率一般高达10%～20%。美国彼得森国际经济研究所所长弗雷德·伯格斯坦研究指出：仅美国每年从经济全球化当中获得收益就超过1万亿美元，而付出的成本只有500亿美元。美元还可以获取流动性收益。美元的金融市场规模很大，资金流动性很强，而且世界上很多金融市场都用美元进行定价和交易，因此美国发行美元债券成本低、卖价高、利润大，这就是流动性收益。美国金融机构大搞金融创新，无限制地滥发各种美元债券，追逐这种超额的流动性收益。根据世界贸易组织统计，2014年世界外汇储备总额为7.5万亿美元，60%为美元储备。如果这些美元储备中的1/3成为流通货币，那么相当于2.5万亿流动资产，如果这些资产回报率是10%，那么美国每年收入将高达2500亿美元。

美国作为发达国家，财政和贸易收入只在“二战”后相当短的一段时间内维持顺差和贸易平衡，最近连续40年出现年度贸易赤字，2015年全年贸易逆差更是高达7350亿美元，经常出现寅吃卯粮的状况，但是美国政府并不担心。一方面，美国是全球最大的消费市场，以超低的价格进口能源、消费品和工业制成品，与主要国家都存在贸易逆差。另一方面，美国长期以来保持资本项目顺差，美国通过华尔街建立的虚拟经济网络，使得全球资本向美国回流。2001年诺贝尔经济学奖获得者斯蒂格利茨说：“发展中国家在自己也非常需要资本的时候，几乎零利率借给美国数万亿美元。这反映了问题的实质。从某种意义上说，这是对美国的净转移，是颠倒的对外援助形式。”估计以此手段使世界上的财富每年进入美国的数额约占美国新增 GDP 的 30%，使美国成为世界上最大的食利国。一句话，贸易上的巨大赤字被资本流入的巨大顺差抵消了，这就是国际收支平衡的秘诀！为什么大量资本去美国？经典的教科书就给出了理由：深度的多层次的资本市场、开放透明的信息交易机制、美元作为国际货币的良好流动性、美元作为国际商品定价的主要货币，而这些理由无疑都掩藏在美元的国际霸权之下。

2. 流入美国的贡金

美元作为全球最重要的储备货币，在国际储备货币体系中占据最大份额，因而也就可以获得铸币税，这是货币霸权的静态收益。铸币税是指中央银行货币发行取得的收入，是利用其法定货币发行权力所取得的一种特殊税种。一般情况下，一国铸币税的总量近似地等于该国中央银行投放的基础货币量。由于美元是国际公认的储备、支付和结算货币，美联储就成为“世界中央银行”，这样美国就拥有了在全球范围内攫取铸币税的权力。截至 2016 年第三季度，在全球外汇储备中美元占 63.3%，欧元占 20.3%，日元占 4.5%。美元作为国际货币，美国得以占有境外持币者的资源，并通过调控包括货币、财政政策等，调动世界资源。美元在为全球经济提供流动性的时候，美元会因为这种流动性服务收取费用，全球商品供给增长和价格膨胀会侵蚀美元的币值，如果持有美元纸币，就要向美国中央银行缴纳铸币税。目前，在全球流通的美元现钞超过 9000 亿美元，大约 2/3 在美国休外流通，这意味着美国征收的存量铸币税至少为 6000 亿美元。美国平均每年能够获得 250 亿美元的铸币税收益，1945 年以来累计达到 2 万亿美元左右。

由于人民币不具有国际储备货币的地位，中国国际贸易不得不大量借助美元计价和支付。目前以美元计价的贸易约占中国对外贸易总额的80%，也就是说，2013年4.16万亿美元的贸易额中，约有3.33万亿是以美元计价和支付的；如果中国外汇储备中大部分是美元资产，按照2013年3.82万亿美元计算，全部储备中的美元资产占到2.29万亿~2.67万亿，如果全部美元资产以美国国债形式持有，那么中美两国的国债息差大约是1%，每年美国从中国经济发展中不用支付成本就至少拿走了230亿~260亿美元的铸币税，这还不考虑美元贬值的价格。

凯恩斯曾说，“通过一种持续不断的通货膨胀过程，政府能够秘密地和不被察觉地没收其公民的大量财富”。美国中央银行还可以利用独立的货币政策随时自救，形成“通货膨胀税”。铸币税是美元的静态货币收益，通货膨胀税是美元的动态收益。简单地说，铸币税只是美元为全球提供流动性的收益，并不包括美元为了拯救美国经济的多次大规模放水。事实上，美元的量化宽松政策正是使用美元购买美国商业银行、保险集团的坏账等“有毒资产”。美联储相当于全世界的中央银行，美联储的宽松货币政策造成全世界通货膨胀，学术上称为“通货膨胀税”。美元的大贬值行动，可以从黄金价格的变化来推算。自从1974年美元与黄金脱钩以来，黄金的价格从每盎司35美元，到2011年8月已突破每盎司1900美元，美元贬值已经超过98%。考虑到美国长期的对外贸易赤字，如果估定1967-2006年美国的外债平均为3万亿美元，美国通过货币贬值减少了外债大约2.7万亿美元，年均获益675亿美元。由此可见，静态的铸币税收入和动态的通胀税，使得美国完全成为世界经济的寄生虫。

3. 美元周期律

从国际宏观经济与资本流动的历史关系可以发现，全球经济兴衰与美元指数具有显著的反向关系。这一现象并非偶然，美元的潮起潮落对全球经济具有重要的影响。近40年来，美元指数表现为明显的“十年走弱，六年走强”现象。第一次美元潮汐是1971-1979年。1971年美元指数大幅走低，大量美元资本投向拉美地区，给拉美经济带来了繁荣，大约持续了近十年。1979年美联储关掉泄洪闸，实行货币紧缩政策，美联储主席沃尔克大幅提高利率，导致美元回流，全球投资人纷纷从拉美撤资，狠狠剪了一次拉美地区经济的羊毛。第二次美元潮汐与亚洲奇迹相关。20世纪80年代末，东南亚和中国市场开放，美元指数从1986年开始下跌。1986-1996年的十年时间内，美元又像洪水一样向亚洲倾泻。在美元指数走弱期间，创造了“亚洲四小龙”“亚洲雁阵”等经济繁荣奇迹。1998年亚洲金融危机全面爆发，美元指数再次走高，国际对冲资本疯狂卖空亚洲国家的货币，亚洲地区经济增长的奇迹昙花一现。

美元的量化宽松政策使得资本大进大出，国际游资跨国套利，引起发展中国家经济波动加大。2008年全球金融危机以来，美元的量化宽松政策，开展竞争性贬值，希望把美国经济危机转嫁到其他国家。2008-2015年，新兴市场国家经历了“热感冒”和“冷感冒”。当美元实行量化宽松政策的时候，全球资源性国家通货膨胀严重，大宗商品价格大幅上涨，石油在2012年曾经达到历史高位150美元/桶，新兴市场国家通货膨胀严重，患上了“热感冒”。随着美国经济复苏，美联储退出量化宽松政策，新兴国家资本大量外逃，这些资源出口国家迅速陷入债务困境和通缩，经济增长迅速下降，又患上了“冷感冒”。

在全球经济不断萎缩的情况下，世界主要经济体开始竞争性货币贬值，出现竞争性贬值的“恶性踩踏”，有人戏称为“通缩寒潮下的扯被子游戏”。比如，日本、瑞典和欧盟，为了刺激本国疲软的消费，刺激经济增长，甚至实行“负利率”货币政策。在恐慌冰冷的通缩寒潮中，竞争性贬值成为“抢被子游戏”。通缩寒潮下，所有的人都冷，所有人都想把别人身上的被子扯过来盖在自己身上。这个游戏发展到最后，就是互相撕扯。在下一个春天到来之前，谁被扯光腚谁就会被冻死，谁能抢到被子盖住自己，谁就能熬过漫长的严冬活到最后。在这场扯被子游戏中，美国屁股最大，需要的被子也最多，比其他国家需要更多的被子来保暖御寒。在美国扯被子游戏下，俄罗斯、沙特、委内瑞拉、巴西等资源性出口国，随着大宗商品价格的暴跌，已经出现了货币贬值和财政赤字，经济出现负增长的恶性局面。

4. 为美元“开战”

美元是美国的核心利益，哪种货币可能成为美元的挑战者，哪种货币就会遭遇美国或明或暗的攻击，美国千方百计捍卫美元储备货币地位。久保田勇夫在《日美金融战的真相》中详细叙述了美国逼迫日元升值、强迫日本进行经济改革的过程。

20 世纪 80 年代初期，美国财政赤字剧增，对外贸易逆差大幅增长，日本取代美国成为世界上最大的债权国。日本资本疯狂扩张的脚步，令美国人惊呼“日本将和平占领美国”。因此，美国希望通过货币贬值来增加产品的出口竞争力，以改善美国国际收支不平衡状况。1985 年 9 月，美国、日本、联邦德国、法国、英国五个国家的财政部长及中央银行行长在纽约广场饭店举行会议，达成联合干预外汇市场，使美元对主要货币有秩序地下调，以解决美国巨额的贸易赤字的协议，又被称为“广场协议”。协议签订后，五国开始联合干预外汇市场，各国开始抛售美元，继而形成市场投资者的抛售狂潮，导致美元持续大幅度贬值。在协议签订后不到三个月的时间里，美元兑日元迅速由1美元兑250日元下跌到1美元兑200日元左右，跌幅20%。在不到三年的时间里，美元对日元贬值了50%，最低跌到1美元兑120日元。“广场协议”签订后的十年间，日元币值平均每年上升5%以上，日本经济增速放缓，国内经济潜在生产能力利用不足，陷入长时间的通缩和衰退，有人称为“失去的十年”。

2001年，欧元诞生，成为美元强有力的竞争对手。为此，美国采用了比较隐蔽的方式，通过一系列评级公司打压欧元。美国在国际信用评级市场上占据控制地位。美国的标准普尔公司、穆迪投资服务公司和惠誉国际信用评级有限公司几乎垄断全球信用评级，掌控了资本市场的定价权。利用信用评级“话语权”，设立有利于债务人的评级标准，负债累累的美国长期坐拥AAA级信用，中国等资产状况优良的国家反而获得较低评级标准。欧洲债务危机是从希腊开始的。美国资信评估公司高盛在欧债危机中扮演了极为不光彩的角色。在希腊加入欧元区时，高盛利用希腊政府急切加入欧盟的愿望，为希腊政府财务造假，使得希腊满足加入欧盟的条件。2009年12月，高盛突然下调欧元区成员国希腊的国债评级，引发国际投资者纷纷抛售希腊国债。与此同时，华尔街做多希腊国债的债券违约保险指数（CDS），让国际金融市场相信希腊违约概率大增，以进一步推升希腊国债的再融资利率并形成恶性循环。同样的戏码在爱尔兰、葡萄牙等欧元区成员国也上演了，而且美国的攻击目标并不仅仅是这些国家，而是整个欧元区的银行系统。同时，美国的“金融军队”还不断唱衰欧洲债务严重国家与银行体系，让国际投资从这些国家的经济和金融体系中大量逃离，造成欧元急剧贬值，欧洲各国中央银行的外汇储备迅速流失，从而加大了欧元区崩溃的风险，降低了欧元的吸引力。

金融战的核心是货币霸权，每个国家都想争夺储备货币，就好像封建王朝的“王储之争”。美元的地位是历史形成的，是当今世界份额最大的国际储备货币。当主权货币与全球储备货币的角色相冲突的时候，我们看到美元成为美国维护国家利益的重要工具和马前卒，美元处处打压人民币和其他货币形态，想把“薅羊毛”的游戏牢牢掌握在自己手中。欧元受到打压以后，美国认为唯一有可能挑战美元霸主地位的是人民币。特别是 2016 年 10 月 1 日，人民币正式纳入国际货币基金组织特别提款权货币篮子，权重为 10.92%，人民币的国际地位不断提高。人民币是美元的潜在战略对手，美国对人民币一直心存戒备。美国对于人民币在美国的投资非常谨慎，尽管中美贸易量巨大，但是美国对中国投资额度控制很严。一旦人民币在国际结算方面对美元构成威胁，那么美国必然会不惜一切代价进行打压。因此，我们必须吸取日元和欧元被美国残酷打压的教训，避免在国际贸易和投资领域过度依赖美元的风险，积极稳妥推进人民币国际化的进程，建立多元的国际货币体系，维护我国的金融安全。

四、貌似“fair play”的国际贸易

商场如战场，国际贸易领域正在成为国家博弈的新竞技场。在经济全球化的今天，贸易也可能成为一种武器，贸易规则也可以获取国

家利益。在国际贸易领域，发达国家使用双重标准，利用公平交易附加不公平的政治经济条件，动辄加以贸易制裁，形成商场上的“国际结盟”。国际贸易从来不是真正公平的！这与经济学教科书所宣称的“fair play”相去太远。这些年来，经济全球化并没有缩小发达国家与发展中国家的差距，美国等发达国家在贸易规则、经济制裁和全球大宗商品定价权等方面，继续享受着“剪刀差”福利。

1. 单边主义

美国等发达国家经常根据自身利益来制定国际贸易规则和选择国际贸易伙伴，如果现行的国际贸易规则不符合其国家利益，就开始孤立其他国家，抛弃旧的贸易规则，根据自己的意愿和需求来制定新的贸易规则，从而使得国际贸易具有不确定性。2008 年，多哈贸易谈判失败，美国为了孤立中国、削弱中国的贸易优势，抛弃成熟的 APEC 机制，开始寻找新的贸易伙伴，主导建立了两个新的贸易组织。一是跨太平洋伙伴关系协议，另一个是跨大西洋贸易与投资伙伴关系协定。2016 年 2 月 4 日，美国、日本、澳大利亚、越南、马来西亚、秘鲁、智利等 12 个成员国在新西兰奥克兰正式签署 TTP 协议。奥巴马政府试图构造一个以美国为中心、覆盖全球经济近 2/3、美国货物贸易近 65% 的一体化贸易区。TPP 也被认为是美国反制中国崛起的亚太“再平衡”战略的一个重要组成部分。然而协议签订不到一年，美国总统特朗普上任第一天就通知盟友，单方面宣布退出 TPP。由此可见，美国翻手为云、覆手为雨，根据自己的意愿随意制定贸易规则，这是赤裸裸的单边主义。

美国是当今世界上最大的汇率操纵国，将汇率操纵作为获取贸易平衡的手段，“予取予夺、随心所欲”。当年日本和德国经济高速增长的时候，美国就与它们签订协议约束德国马克和日元。现在，美国的汇率口水战又转移到了中国头上。尽管中国人民币从 2005 年 7 月 21 日至2011年6月30日，美元兑人民币汇率由1 ：8.11上升到1 ：6.4716，但是美国人根本不管。美国国际贸易专家、诺贝尔经济学奖获得者克鲁格曼认为人民币被低估是导致中美贸易逆差的原因，美国因此损失了 140 万个工作岗位，必须对中国进行汇率压制。2011 年 10 月，美国会参议院以 63 票支持，35 票反对，通过《2011 年货币汇率监督改革法案》，单方面强制将人民币汇率问题与中美贸易挂钩，逼迫人民币升值。另一方面，我们看到美国对中国进行高技术产品的出口管制。据统计，2002-2011 年，美对中国高技术产品贸易逆差几乎增长了 10倍，占中美贸易总逆差近一半。2010 年，第二轮中美战略与经济对话期间，美国承诺要放松对华高新技术出口的限制。但 2011 年 6 月 27 日出台的出口管制新政策《战略贸易许可例外规定》称，部分符合特定条件的物项可不经许可出口到 44 个国家和地区，但是名单中却没有中国。

美国和欧盟等发达国家大搞贸易保护主义，维持其在全世界享有的资源、劳动、产品和科技优势。中国的市场经济地位也成为美欧获取政治经济利益的借口。尽管中国加入世界贸易组织将近 20 年，在市场环境、法律制度和宏观调控方面取得了显著的进步，市场的基础性地位已经确立，但是美国和欧盟从来不承认中国市场经济地位，找各种理由推迟给予中国合法的地位。2016 年 12 月 11 日，按照 WTO 规则，中国理应获得市场经济地位。但是，7 月 14 日美国就明确拒绝给中国市场经济地位，美国的欧洲盟友也对中国市场经济地位百般刁难。实际上，给予中国市场经济地位不利于美欧保持自己的贸易优势，降低了这些国家企业的竞争力而已。他们将自身企业竞争优势的丧失、自身产业结构的不利变化，完全归罪于中国政府对经济的干预和歧视性政策，对本国企业所处的状况则视而不见。他们往往将其他的国家宏观调控和产业政策肆意歪曲，将本国的类似政策合理化。围绕市场经济地位，即使是发达国家自己也是相互摩擦不断。根据世贸组织最新统计，2015 年世贸组织争端解决机制的贸易救济争端上诉数量中，美国上诉和被上诉分别为 109 例、126 例，欧盟分别是 96 例、82 例，中国为 13 例、34 例。告美国最多的是欧盟，告欧盟最多的则是美国，而他们相互承认市场经济地位，但是他们却都不承认中国的市场经济地位。其实，市场经济地位、汇率低估值只是一种说法而已，真正的目的是政治经济利益。

2. 随心所欲的制裁大棒

美国总统威尔逊在 1919 年说："经济制裁是和平的、静悄悄的、无须使用武力的，但是却能击中要害的治疗方法。经济制裁不需要在被制裁国以外支付生命代价，但是却给被制裁国家带来巨大的压力。以我的判断，没有一个现代国家可以承受这种压力。"经济制裁已经成为发达国家维护国家利益的重要手段。一些国家经常利用经济或者金融上的优势地位，通过经济制裁手段迫使对方臣服。据统计，从 1914-2008 年，世界上总共发生了 199 次制裁。在第二次世界大战之前发生 11 次，平均每年发生 0.44 次经济制裁。在 1945-1990 年冷战期间，发生经济制裁 116 次，平均每年发生 2.58 次。冷战过后，两大阵营的对峙缓和，但是从 1990-2005 年，15 年内平均每年发生经济制裁 3.8 次，一共有 57 次经济制裁。过去十年间，美国监管当局越来越多地应用针对金融交易的制裁禁令，充分利用美国金融系统在全球经济中的核心地位。如果贸易或投资项目中使用的是美元，那么相关交易很可能牵涉到一家位于美国的银行，这使美国监管部门得以主张管辖权。法国巴黎银行 (BNP Paribas) 因违反制裁禁令被处以 89.7 亿美元的创纪录的罚款。制裁禁令已经变成了华盛顿最喜欢的政策工具，试图通过这一手段影响其他国家的行为。此外，美国的制裁对象还包括朝鲜、俄罗斯、古巴，经济制裁给这些国家造成了严重的经济困难。

发达国家往往以价格低廉作为倾销的依据，打击竞争对手的贸易优势。倾销以恶意压低价格打击竞争对手，但是判断倾销价格的标准却具有随意性。中国经常遇到反倾销的诉讼，贸易争端不断增多。据统计，2002-2014 年，针对中国的反倾销共有 788 次，年均 61 次，平均占全球同期反倾销立案的 27.8%，恰好和同期中国 GDP 增量对全球经济贡献比例相近。2012 年，反倾销涉及金额最高，为 277 亿美元，占当年中国出口总额的 1.35%。2004 年金额最低，占出口总额的比重为 0.21%，平均为 0.42%。比如，中国光伏产业发展迅速，光伏出口欧洲屡次遭到欧盟的反倾销诉讼。欧洲在光伏产业制造方面并没有成本优势，即使对自身经济和环保有利，欧盟也以各种理由对中国光伏企业进行反倾销调查，以保护本国落后的光伏产能。

美国等发达国家不仅单方面实施经济制裁，而且经常以联合国等国际组织的名义迫使国际社会对某些“无赖国家”进行经济制裁，达到自己的政治目的。比如，美国强制推动联合国限制朝鲜出口煤、铁、金、钛，美国驻联合国大使萨曼莎·鲍尔表示，这些新制裁将向朝鲜“传递出一个明确而坚决的信息，即我们不会认可你的核扩散”。克里米亚公投后，美国、英国、德国和法国等加大对俄罗斯的制裁力度，扩大针对俄罗斯公民的旅行禁令和资产冻结措施。美国为了削弱伊朗国家能力，颠覆伊朗现政权，改变其对西方利益强硬的外交政策，还主导设计了多次针对伊朗的联合制裁机制，包括石油、天然气禁运，金融制裁，掌控伊朗的国际清算、支付通道，对伊朗国际贸易不予清算支付，使得其他国家与伊朗的贸易失去货币结算、支付能力。为了有效实施制裁，美国设计一套符合美国利益的常态化机制，逼迫其他国家签署一系列制裁协议。同时，美国经常利用重要的交通和海路运输通道对来往的货物贸易进行检查，包括苏伊士运河（亚洲与欧洲、北非的商贸联系通道）和博斯普鲁斯海峡、达达尼尔海峡（俄罗斯进入地中海的通道）、马六甲海峡等经常成为实施制裁的地点。

3. 大宗商品定价权

随着经济全球化的不断发展，世界各国对煤、铁、石油、天然气、黄金等需求量也在逐步攀升，大宗商品在国际贸易中的地位越来越重要。然而，大宗商品定价权主要掌握在欧美发达国家手中，目前全球已经形成了以芝加哥期货交易所、伦敦金属交易所、纽约商品交易所等为主的大宗商品交易中心，它们决定着世界上主要大宗商品的交易价格。21 世纪以来，中国是世界上最大的大宗商品消费国和进口国，在大宗商品交易市场占据重要地位，但是在国际大宗商品市场上却出现了“中国买什么，国际市场就涨什么；中国卖什么，国际市场就跌什么”的奇怪现象，究其原因就是发达国家主导国际大宗商品的定价权。

大宗商品以美元作为国际计算货币单位。大宗商品交易量巨大，容易受到货币汇率的波动冲击，美元作为全球最大的国际储备货币，美国有意识推动主要大宗商品的美元结算和计价。美国通过与沙特、澳大利亚等国家的结盟或者商业协议，巩固美元作为大宗商品结算货币的国际地位。比如，美国与 OPEC 最重要的石油生产国沙特建立秘密协议，使得中东石油不得不以美元计价。20 世纪 70 年代，伊拉克和伊朗尝试使用其他货币来定价，但是这些国家政局动荡，取代美元的努力并没有成功，美元得以成为公认的石油交易媒介。美国把持着世界主要的大宗商品进出口的航路和码头、关键区域性交通要道，使得大宗商品的运输通道受到美国的监管，国际大宗商品的贸易完全处于美国的军事监控之下。

在国际贸易中，商品价格通常是按照期货价格来定价的，期货价格被认为是一个定价基准。期货市场实际上是一个价格发现市场，大宗商品市场主要依靠期货市场定价，掌握期货市场的定价规则便于控制大宗商品的价格。美国通过操控石油、黄金、粮食、铁矿石、稀有金属等大宗商品的期货价格，不但能够获得巨额利润，还能够打击政治、军事和经济领域的潜在竞争对手。1980-1990 年，美国及其盟国将石油价格控制在每桶 30 美元上下，严重制约着苏联能源出口收入，能源价格一直很低。2004 年，美国操控大豆期货价格，使中国 70% 的大豆压榨企业破产，然后外资顺利垄断了中国的食用油市场。2010 年 5 月 16 日，我国商务部新闻发言人曾说：在铁矿石领域，中国占全世界进口总量的 65%，进口铁矿石价格从 30 美元涨到 150 美元，但是我国出口的钢材价格每吨仅仅从 2000 元人民币涨到 4400 多元人民币。人们都说“中东有石油，中国有稀土”，我国拥有超过全球 50% 的稀土资源储量，并占据全球 90% 的市场份额，但 1990-2005 年，中国稀土出口量增长近 10 倍，平均价格却跌至 1990 年时的一半。

石油等大宗商品因其特殊性，很早就与金融紧密结合，成为金融市场的一部分，逐渐脱离商品属性的枷锁，散发出浓重的金融化气息。随着经济金融市场的全球化，资源价格的波动受到全球范围内流动性过剩的影响，金融市场上的投资者将这些流动性过剩中的一部分资本转移到了当今的石油市场，从而推动了大宗商品的金融化进程。西方国家特别是美英两国构建了石油期货、期权和柜台交易市场体系，并通过大宗远期交易市场实现与现货市场的无缝对接，通过多级资本市场及各种石油金融的手段，他们可以在很大程度上操纵国际油价，不仅能谋取巨额利润，还可以达到国家战略目的。

与铁矿石一样，中国也是世界石油进口大国，尽管中国作为重要的石油消费市场，但是几乎不能左右国际石油价格。实际上，中国只是买入了大部分石油现货，而国际原油价格主要由期货市场定价，这一矛盾导致中国企业在油价剧烈波动时，不仅自己损失巨大，而且往往被西方媒体和投资机构扣上“操纵油价”的帽子。据统计，石油价格每上涨 1% 并持续一年时间，就会使中国的 GDP 增幅平均降低 0.01 个百分点。据测算，世界石油每桶变动 1 美元，将影响中国进口用汇 46 亿人民币，直接影响 GDP 波动 0.043 个百分点。

国际贸易理论告诉我们：自由贸易可以使福利、资源禀赋差异很大的国家能够共同增进福利等。然而，国际贸易并不是一个资源平等、公平公止的交易过程。不发达国家被迫纳入发达国家统一的全球市场体系后，贸易规则的不平等、随意施加的经济制裁、大宗商品定价权利的垄断，使得国际贸易本身充满了“火药味”。

五、反 制

在全球政治觉醒的时代，军事、金融及文化综合较量彰显，仅靠武力来获取利益，以军事占领实现殖民，此路早已不通。在资本主义主导的全球化浪潮中，资本、金融手段在国家利益争夺中扮演的角色越来越重要，一些发达国家已经从争夺自然资源转移到争夺金融资源和金融话语权上来，利用国际货币发行权、金融衍生品开发权和大宗商品定价权等全球金融控制权悄悄掠夺别国的财富。一个国家如果没有独立的金融主权，经济发展便丧失了立足之本；如果没有强大的金融安全体系，就无法为经济的稳定发展保驾护航。中国的迅速崛起和经济的高速发展，改变了世界经济金融格局及安全格局，必然带来原有利益的重新分配与冲突加剧，与其他国家的利益摩擦不断加深，人民币的国际化可能会遭受美元打压，国际货币战并非子虚乌有。同时，金融全球化和金融一体化给我国经济发展与转型也带来了前所未有的全面冲击，对我国经济增长、投资、进出口贸易、消费、工业生产等方面的负面影响可能会超出预期。因此，我们必须做好应对全球重大金融挑战的准备，加快经济金融改革步伐，构建国家金融安全战略体系，在世界金融市场动荡中掌握主动权。

1. 树立金融安全观念

观念影响行动，行动决定结果。没有一个正确的金融观，就不可能构建起健全的金融安全体系，就不可能充分发挥金融应有的作用。

美欧等发达国家金融霸权形成的历史原因复杂，全球金融权力的形成是渐进式的，隐藏在“二战”后建立的国际政治经济秩序之中。看不见的市场网络把全球经济联系起来，高速增长的贸易流动加剧了不平等的金融资本的流动，资本的权力在全球化时代被美国等发达国家建构起来。因此，金融霸权具有一定的逻辑自洽性、欺骗性和隐蔽性，其他国家自觉不自觉地融入发达国家主导的全球经济体系中。比如，自由贸易理论从逻辑和实践上论证了比较优势的好处。不发达国家要发展，就必须纳入全球化的生产体系中，获得发达国家先进的技术和服务理念，从而充当初级产品的加工出口者。不发达国家被迫加入这个游戏规则的时候，根本无力对抗世界金融资本的洗劫。

对中国来说，中国迅速崛起的经济规模，成为获取国家金融地位的坚强基础。与一般的发展中国家不同，中国在国际金融谈判桌上开始有了话语权。如何在原有规则下获取最大的金融权力，必须树立超前的金融安全理念，积极作为，在全球资源配置中把握有利位置，在全球货币金融博弈中占据主动，在国际货币体系改革和金融秩序重建中争取主导地位，从而在复杂环境中为实现国家利益最大化创造条件。牢固树立底线思维，围绕国家安全战略，建立健全金融监管和危机应对及处理机制，构建金融安全网，积极抵御金融“颜色革命”、恐怖主义和金融制裁的威胁。妥善处理实体经济和虚拟经济的关系、金融创新和金融监管的关系、金融自主和金融开放的关系。把维护金融安全与加强国际金融分工合作有机结合起来，既要有效防止外国冲击——特别是外部金融动荡对国内金融市场的冲击，又要充分把握国际合作的机会，实现开放、发展、安全的共赢。

2. 做强做大中国资本

在金融全球化时代，国际储备货币地位、资本控制力和贸易优先权成为大国经贸主导权博弈的新三角，互为犄角，共同拱卫大国的经济边疆。储备货币地位是核心，资本控制力是保证，经贸优先权是基石。资本的控制力和贸易的优势分别代表了大国经济的两条腿，即国际金融势力和国际贸易能力，为国际储备货币地位的稳固提供重要的支撑。维护中国的金融安全和经济利益，必须增强中国资本的力量，以区域化、联合化促进人民币的国际化，建立一个开放的、强大的、稳定的人民币国际支付和清算体系，构建一个以人民币为基础的国际储备货币框架，推进人民币逐步成为国际储备货币。根据环球银行金融电信协会（Swift）的数据，2015 年 7 月，人民币在全球支付中的比例显著上升，已经达到 2.34%，8 月升至 2.79%，高于日元的 2.76%，已经成为全球第四大支付结算货币。渣打银行预计，到 2020 年中国每年以人民币结算的贸易金额将超过 2.6 万亿美元。同时，在国外资产配置方面，2014 年海外基金公司持有中国债券比例上升了 78%。中国经济持续的增长趋势和稳定负责的金融体制正在受到越来越多的国家的认同，这必将提高中国维护金融安全的能力。

加快我国资本市场开放节奏，积极稳妥推进人民币经常项目可自由兑换，继续推进沪港通、深港通、RQFII 等资本项目开放，打造以人民币为核心的国际资本市场，加强中国金融市场的透明度建设，使得人民币和中国金融市场成为国际资本和产业投资的主要对象，让中国资本和金融市场成为国际资本青睐的希望之地。根据人民币国际化报告，截至 2015 年 5 月，中国人民银行与 32 个国家和地区的中央银行或货币当局签署了双边本币互换协议，协议总规模约 3.1 万亿人民币。其中，上海自贸区陆家嘴是以金融、保险和证券及商贸为产业的国家级开发区，超过 700 家中外持牌金融机构汇聚，全球顶尖的金融机构将亚太区总部从香港迁往上海，中国金融反制的力量在不断增长，改变国际金融版图和旧秩序的能力在不断增强。

3. 构建全球贸易新模式

当前，贸易保护主义的抬头，严重影响了全球贸易的发展，阻碍了经济全球化的进程。2016 年，全球货物和服务贸易增速在 1.9% ~ 2.5%，为 2008 年金融危机以来的最低增速，是 30 多年来最糟糕的时期。此外，主要经济体不断出台贸易和投资限制措施。然而，这种“以邻为壑”的贸易对抗政策，不利于各国经济的创新增长，让众多国家深受其害。自加入世界贸易组织以来，我国外贸依存度不断上升。2013 年，我国贸易总值超过美国，成为全球第一大贸易国，是日本、俄罗斯、韩国等多国的最大贸易伙伴。我国对外投资规模跻身世界前列，与吸引外资规模趋于平衡。在世界经济艰难复苏，我国对外贸易发展不稳定、不确定的因素增多，下行压力加大的严峻形势下，我国经济总体稳中向好。但是，我国对外贸易形势不容乐观，全球市场竞争更趋激烈，美国退出 TTP 协议，国际经贸规则博弈加剧，对我国扩大开放和发展对外贸易带来新的挑战。我国对外贸易的结构问题突出，服务贸易与发达国家相比尚有较大差距，服务贸易进出口不及美国的一半，金融、保险、咨询、计算机与信息等技术知识密集型的服务贸易水平相对较低，处于价值链中低端。我国外贸企业竞争力亟待增强，中国 500 强企业中，海外收入占营业收入 30% 以上的企业不到 30 家，抗风险能力低、同质化竞争严重、国际化人才不足等。

构建全球贸易新模式，是促就业、惠民生、稳定社会发展的重要前提，也是推动开放型经济新体制下由贸易大国迈向贸易强国的关键所在。推动互惠贸易和公平贸易，同发达国家实施的经济制裁和贸易纠纷做斗争，利用国际贸易规则争取更大权益，维护包括本国在内的发展中国家的贸易利益。重构互惠共赢的全球贸易新模式，扩大区域贸易和国际贸易，在开放经济中把贸易体制变得更为规范、贸易对象更为多元化、贸易伙伴的可获得性不断增强。新贸易体制要考虑到贸易伙伴的可得性，使得贸易真正能够实现全球福利的最大化。在“一带一路”大战略的推进过程中，推动国际大通道建设，促进基础设施互联互通，加快自贸区建设，深化区域次区域合作，构建以中国产品和服务为中心的国际贸易圈，降低对美欧市场的依赖程度。坚定不移地推进供给侧结构性改革，加快转变外贸发展方式，坚持短期政策与长期战略相结合，加强宏观政策协调性和联动性，切实推动外贸提质增效和转型升级，由规模速度增长和低成本价格竞争向优质优价和优进优出转变，切实提高产品和服务的技术含量、附加值和品牌影响力，实现产业链和价值链向中高端跃升。

第八章

气象武器

知天知地，胜乃不穷。

——孙子

我们不要过分陶醉于我们人类对自然界的胜利。对于每一次这样的胜利，自然界都对我们进行了报复。

——恩格斯

公元前214年，罗马舰队围困希腊叙拉古城，物理学家阿基米德指挥军民，将一面巨大的镜子搬到港口，借助镜子反射太阳光的能量，引燃了距离码头最近的一艘军舰，火烧罗马舰队，解了叙拉古之围。近代以来，气象环境科学的发展，为人类驾驭自然力提供了更为丰富的手段，可以人为制造干旱、暴雨、地震、海啸、雪崩、飓风等自然灾害，控制和改变战场环境。气象武器的出现，为人类战争提供了一种新的手段，可能彻底颠覆未来战争的面貌。

一、泥泞的胡志明小道

气象与战争如影随形。无论军事技术如何发展，作战样式如何变化，战争都要受到气象环境因素影响。从阿基米德解希腊叙拉古城之围，到诸葛亮“借东风”火烧曹营，再到第二次世界大战中敦刻尔克大撤退，气象与战争之间有着悠久的历史渊源。

工业社会之前，气象环境变化具有不可控性，对作战双方而言都是公平的。利用气象因素制胜的关键，在于军事家对于气象条件变化的敏锐洞察力。近代以来，伴随着科学技术的迅猛发展，以高科技手段影响、控制气象环境，研发改变天气的气象环境武器，已经从理想变为现实。人类在战争中有意识地控制气象条件，借此保护自己、打击敌人的战例日益增多。第二次世界大战中，为保护重工业基地和关键军事设施，纳粹德国采纳气象科学家的建议，在意大利伏尔特河岸地区喷洒造雾剂，漫天浓雾令英法盟军的轰炸机失去目标。作为气象环境武器的雏形，造雾剂的出现与应用，意味着人类尝试利用技术手段改造战争环境的肇始。

战争史上，第一次大规模使用气象环境武器，始于20世纪60年代。在越南战场上，为破坏北方对南方的军事渗透与后勤保障，美军实施了对越气象作战的“凸眼计划”。从1967年开始，美军持续六年，出动战机26000架次，在越柬边境的“胡志明小道”上空，投放474万多枚降雨催化弹，通过催化冷云，制造大雨滂沱、山洪泛滥、山体滑坡、泥石流等恶劣气象环境，导致“胡志明小道”陷入泥泞难行、交通瘫痪、补给中断的境地，给北越军队的行动造成巨大的困难。据美国国防部情报局统计，在人工降雨最为频繁的时期，越共运输物资的车辆大幅度减少，削减了其作战力量。同时，制造了有利于美空军轰炸的降水环境，也为美军特战队和谍报队进入北越提供了气象掩护。

越南战争后，美国、俄罗斯等世界军事强国，立足国家安全的现实需求，以和平开展气象研究为名，竞相开展气象环境科学研究，投入巨资持续推动气象操控手段的开发与应用。美国空军先后进行了数十项战略性气象武器的秘密研究项目，其中包括制造地震的“阿耳戈斯计划”、制造雷电的“天火计划”和在飓风周围实施人工降雨以改变风暴方向的“暴风雨计划”等。1998年，美国陆军在一份战略构想报告中，对未来的气象战争做了如下描述：“采用气象控制技术后的战场气候将被美军的无人驾驶隐形飞机搅得异常恶劣。这些飞机在云层中播撒一种黑色的炭灰微粒，能够加剧局部地区的风暴，使地面泥泞不堪，从而达到影响敌军士气并阻碍其军事部署的目的。”

当前，世界各国研发的气象武器，按功能主要分以下四类：

隐形匿迹。利用气象控制手段，人为制造特殊气象环境，隐蔽己方军事目标和作战行动。第二次世界大战期间，美军曾在意大利的沃尔图诺河上制造浓雾带，达到掩护军队强渡的目的。依靠气象手段隐形匿迹，就是人为制造恶劣天气环境，降低光、电以及红外侦察器材的探测效果，屏蔽敌方监测设备，导致对手难以探测己方真实位置、攻击方向和火力配置，有效隐蔽己方战略意图，削弱对方针对性防护效果。现代战争中，各类气象伪装手段运用灵活，形式多样，效果明显，成为气象武器在实战中最为常用的一种形式。例如，利用海洋环境特点研制的海幕武器，通过人为制造保护舰船和军事设施的水幕，可使敌侦察飞机和舰载雷达等设备遭遇干扰、丧失效能，难以有效监视、发现、跟踪目标，实现“神出鬼没”的隐蔽攻击。

拨云见日。运用人工气象手段，消除风、雨、雪、雾等天气障碍，为己方军事行动提供天气保障。1999 年，北约部队以“保护人权”之名，对南联盟发动大规模空袭行动。当年 4 月 5 日，南联盟城市尼斯上空黑云压城，暴雨一触即发，然而，一架北约战机飞过以后，天空立刻放晴，数小时过后，尼斯城便遭遇北约空军轰炸。此后，类似情景在南联盟的其他城市上空不断上演，由于当时整个欧洲天气都处于晴朗状态，于是，关于北约军方操控气象的传闻不胫而走。气象清障，就是依据战场行动需求，综合利用各类气象操控手段，把不利气象转换为有利天气，在较短时间内，为己方作战行动快速创造良好的战场天气。目前，在气象清障方面，已经形成以驱雾炮弹、人工消云、除霜武器为主，具有实战应用能力的各类气象武器。

呼风唤雨。运用气象环境武器，可以人为控制、破坏敌方战区内的战场天气环境，削弱和限制对手作战行动，打击对手有生力量。作为主动性气象攻击方式，国际法明令禁止气象侵袭应用于军事领域。但是，由于其潜在的巨大军事价值，气象攻击仍然受到少数西方军事强国的青睐。从目前气象攻击技术的发展趋势看：陆地上存在以人造地震、人造洪瀑、人造干旱为主的“三只虎”，海上存在以海啸武器、巨浪武器、飓风武器、吸氧武器为主的“四黑煞”，高层空间存在以太阳武器、闪电武器、人造臭氧空洞、化学雨武器为主的“四大金刚”。当前气象侵袭技术的发展，已经呈现出多样化、系统化、隐匿化等特点，气象侵袭来无影，去无踪，毁伤惊人，一旦失去限制，可能带来毁灭性的全球环境灾难。

兵戈扰攘。运用气象技术手段，干扰对方武器装备使用和作战行动推进，人为制造混乱局面。诸葛亮“草船借箭”，就是利用大雾天气，干扰曹军的判断和决策。在“二战”的北非战场，恶劣的沙尘天气，也给交战双方的军事行动带来诸多干扰。现代战争中，人们可以使用气象环境武器，将恶劣天气人为强加给对方，从而给对方武器、装备、作战行动造成干扰影响。在海上战场，通过对海洋重力场、磁场的细微调整，就可以干扰导弹、鱼雷攻击的轨迹。在高层空间，通过人工介入大气电离层中复杂电子活动，可以干扰卫星信号，降低卫星导航的可靠性和准确度。据报道，美国科学家正在尝试通过气象干扰手段，影响电离层中电子和其他带电粒子运动，对 GPS 全球定位系统进行高空气象干扰。

欧美等军事强国积极推动气象武器研发，主要缘自其巨大的战争潜力：

战略武器。气象武器是体现“总体战”思想的战略性武器。气象环境不仅是战争制胜的重要因素，而且与人类社会生活密切关联，各国政治家、军事家对其格外重视。早在20世纪50年代，美国总统艾森豪威尔就指出，“气象控制比原子弹还重要”。气象武器通过制造各类自然灾害，造成敌对国家农业减产、交通瘫痪、能源中断、民众流离失所，进而引发深重的社会危机。运用气象武器，成为削减敌国综合国力、制造社会动乱甚至颠覆政权的重要方式手段。

恐怖毁伤。气象武器具有与核生化等大规模杀伤性武器匹敌的破坏能力。气象武器不再是能量转换的介质，而是扮演催化剂和倍增器的作用，通过释放较少的能量，激发自然界气象变化所蕴藏的巨大能量，形成类似“蝴蝶效应”的超强释放。较之传统的大规模杀伤性武器，气象武器的毁伤范围和破坏程度有过之而无不及。一次飓风的威力，相当于广岛原子弹的几百倍；一次闪电的功率，可以达到几亿至几十亿瓦特。通过人工激发、引导的方式，人类可以驾驭各类自然力量，实施规模空前的毁灭性杀伤。

使用隐蔽。实施气象武器攻击，通过隐蔽的人工催化手段，对局部范围内的气象变化施加影响，整个作用过程与自然界正常的天气、地质变化浑然一体，且结果具有延迟性，往往需要在几天后才能够反映出来，这些都造成气象攻击过程难以察觉，导致受害国追责困难。气象攻击的隐蔽性，为非战争状态下国家之间的对抗提供了新的途径。

未来战争中，气象武器将可能扮演重要角色。由于气象武器以自然环境为作用对象，它的不可控性，可能造成连锁性的自然灾害，甚至对全球范围的地质构造和物种结构产生难以修复的影响，给人类的生存安全构成严峻的威胁。鉴于气象武器无区别的巨大毁伤力，1977年，联合国颁布《禁止将影响气候手段用于军事目的公约》。1992年出台《联合国气候变化框架公约》，重申禁止研发气象武器的立场。可以预见，为了避免出现新的“末日武器”，国际社会应当以核武器作为前车之鉴，将全面禁止气象武器从条约落实到行动。

二、翻江倒海

13世纪初，蒙古铁骑横扫亚欧大陆，马鞍之下，千藩朝贡，万邦臣服。唯有岛国日本，仍在负隅顽抗。1274年，忽必烈集结900余艘战舰、33000多将士，浩浩荡荡，杀向日本，然而，海上暴雨骤至，元军战舰损失惨重，狼狈而归。1281年，元军集结战舰4400余艘，二次出征日本，无奈台风又起，战舰全毁，14万大军，只剩3人侥幸逃脱。元军两次东征日本失利，不是败在军力上，而是败给特殊的海洋气象环境。日本两次大祸临头，全靠风暴相助，才得以化险为夷，所以将其誉为“神风”，成为日本国运的重要象征。

古往今来，气象环境对于海上军事斗争，既是机遇也是挑战，甚至决定舰队的命运与战争的走向。第二次世界大战之前，气象因素对海战的作用，仍然是随机的，不以人类的意志为转移。伴随海洋气象学和海洋环境科学的发展，欧美军事强国开始尝试采取人工干预的方式，主动利用、控制和制造天气条件，营造适合己方海上作战的气象环境。在海洋学家、环境学家、气象学家、化学家和军事家的鼎力合作下，一系列关于海洋气象武器的构想应运而生。

海洋气象武器，指人为借助各类物理化学方法，利用海洋环境中的不稳定因素，激发和控制台风、海啸、巨浪等恶劣海洋天气中蕴含的巨大能量，用于攻击军舰、破坏海防军事设施、导致海空飞机等丧失效能。尽管目前海洋环境武器尚处于初始阶段，随着海洋科技的迅猛发展，海洋环境武器的研发工作已取得阶段性进展，部分武器的巨大威力已在装备试验中崭露峥嵘，其发展前景令世人震惊。

1. 诡异的转向

2005 年 8 月，五级飓风“卡特里娜”袭击美国东海岸，造成美国历史上损失最大的一次自然灾害。正当大多数人感慨气象无常、难以预料之时，美国爱达荷州的气象学家史蒂文斯却语出惊人，认为“卡特里娜”飓风并不是一次真正的自然灾害，而是人为操控的结果。依据卫星拍摄的云图，史蒂文斯分析指出，飓风移动路线颇为诡异，“卡特里娜”在佛罗里达州登陆时，其运行轨迹呈直线形，然而，随后的移动路径却与专家预判的大相径庭，出人意料地偏南移动，进入墨西哥湾，接下来在新奥尔良二次登陆，杀个回马枪。史蒂文斯据此认为，“卡特里娜”的运行轨迹在自然形成的风暴中极为罕见，只有受到人为操纵才有可能。虽然控制“卡特里娜”飓风的幕后黑手难以确认，但是，伴随对海洋气象环境的认识逐渐深化，人类已经具备控制海洋气象的能力。在一定有利条件和时机下，利用海水中存在的巨大能量和各种不稳定因素的变化规律，就可以用人工催化手段，对海洋环境变化的物理化学过程施加影响，用较少的能量，诱发巨大的能量转换，使海上天气条件朝着军事家预期的方向发展。当前，通过人工介入的方式，可以激发、倍增和引导海洋能量的释放，实现既定的军事目的。

人力激发。浩瀚的海洋，蕴含着巨大的能量。在正常情况下，这些能量以潮汐、波浪、温度差、盐度梯度、海流等形式存在于海水之中，各类随机发生的海洋自然灾害，成为释放海洋能量的一个重要渠道。海洋环境武器，通过模拟海洋自然灾害发生机理，依托人为激发方式，催化和加剧海洋气象环境中的不稳定因素，从中诱发巨大的能量。目前，人力激发的主要方式有：利用风能或海洋内部聚合能，导致洋面表层与深层产生潜潮和海浪，制造所谓的“巨浪武器”；利用微波发射机在海上产生强烈电磁流，电磁流发射声波与海面大气摩擦，制造所谓的“风暴武器”；利用海底爆炸，引发海底地震和海水剧烈振荡，制造所谓的“海啸武器”。

威力倍增。即便是同样机理的海洋气象灾害，毁伤效果也是千差万别。一次中级热带风暴产生的毁伤，相当于10亿吨TNT炸药的破坏能力；一次大规模热带风暴产生的毁伤，却相当于100亿吨TNT炸药的破坏能力。毁伤量级的差别，给人力增强海上自然灾害提供了充裕的空间。通过计算机模拟飓风灾害数值模型等手段，找出实现人工增强的关键参数，为人为增大飓风威力提供切入点。美国大气与环境研究公司首席科学家罗斯·霍夫曼在美国宇航局的资助下，尝试模拟改变飓风生成的部分参数，结果显示，初始温度出现十分之几摄氏度的微小改变，就将会导致风暴中心附近气温2℃左右的差别，中心附近风速可改变32公里/小时。目前，受军事需求驱动，欧美等国部分气象学家尝试利用太阳能发电，加热飓风周围海水，提升海水蒸发速度，催化加剧暖湿空气上升，为飓风眼壁扩大和增强提供更充裕的水分，提高外围暖湿空气的填补效率，加快低压区的形成速度，增加飓风所能获得的能量，实现飓风风力和毁伤力的倍增。

引导方向。对已经形成的海洋自然环境灾害，可以通过人工改变其移动轨迹，实现潜在军事目的。作为蕴含巨大能量的热带气旋，海洋风暴的移动路径，从整体上呈现出一定的规律性，与气压系统配置和海水温度变化存在密切联系。欧美等军事强国的武器设计师设想，利用人工方法，改变台风或飓风的行进路线，控制风力、速度等要素，借助台风或飓风的巨大毁伤力，侵袭敌方沿海城市或海军基地，攻击海上航行的战舰、海空飞行的战机，阻碍敌军的海上作战行动。目前，人工引导海上风暴的技术手段尚未成熟，正处于深入研究阶段，具体体现为两种研究思路：一是选取热带风暴系统的适当部位，通过播撒碘化银等冻结核，致使在风暴原风眼附近产生一个新的风眼，诱使新旧风眼合并，来改变热带风暴的运行轨迹；二是通过核爆炸的方式，改变热带风暴系统内部的能量分布，操控热带风暴的移动路线。美国就在代号“黛比”的热带风暴附近进行过试验，通过投放碘化银制的热带风暴弹，降低热带风暴的速度，操控热带风暴按预定方位转向。

2. 无知之幕

1982 年 9 月，苏联波罗的海舰队的一艘潜艇，秘密潜入瑞典斯德哥尔摩群岛附近海域，进行情报侦察活动。在距离瑞典皇宫仅一英里之遥的位置，遭遇瑞典皇家海军和空军全方位、立体式围追堵截，在长达一月之久的猎潜行动中，先后引爆 5 颗水雷，发射 47 枚深水炸弹。然而，苏联潜艇巧妙使用“海幕武器”营造的“无知之幕”，屏蔽对手水下探测设备，从密不透风的围困中“幸运”地溜走。“无知之幕”原本是政治学概念，是指制造信息缺失（所谓“无知”）的决策环境。通过有针对性地使用海洋环境武器，刻意对敌方施加信息屏蔽，人为放大海洋环境对信息技术手段的遏制作用，可以在对手“无知”的状态下克敌制胜。

“无知”环境。海洋环境武器可以在海上作战的攻防两端发挥奇效。进攻端，通过研究雾滴对声音、光线的吸收与散射机理，模拟、放大海雾等海上常见天气现象，研制释放海雾的气象环境武器，缩短能见距离，限制目力助航，抑制音响航标的传播，制造敌方水面舰艇听不见、看不清、辨不明的海面“青纱帐”，导致舰艇机动困难，打破航行编队的有序队形，诱发舰只碰撞或搁浅事故。防守端，“海幕武器”通过爆炸水下炸弹的方式，在短时间内造成水下剧烈波动和振荡，人为制造出一种保护舰船和军事设施“防护水幕”，使敌舰船、飞机以及舰载雷达等侦察系统失去效能，达到神出鬼没、隐形匿迹的目的。

“无知”途径。利用海洋气象环境的极端复杂性，选择令敌人难以防范的攻击路径实施气象作战，达到出其不意的攻击效果。以对敌方舰炮实施气象攻击为例，可以通过多种途径展开：采取播撒干冰或碘化银的方法，促使水蒸气凝结成雨滴，人为制造雨雪天气，加大舰炮炮弹飞行的动能损耗，加速炮弹的飞行速度衰减，影响舰炮炮弹的弹着点落点；采取发射电磁波等方式，加热海面温度和湿度，增加炮弹与炮管之间的摩擦力，影响舰载火炮的命中精度；采取人工干预手段，加大海风强度，增加舰炮和导弹飞行的空气阻力，导致运行方向偏移和射程缩短。窥一斑而知全豹，在未来海战中，掌握气象攻击优势的一方，可以选取对手难以预料的气象因素，作为克敌制胜的重要途径。

“无知”杀伤。作为海上主要作战力量，舰艇是相对封闭的作战平台，舰艇内部有限的氧气，既维系人员生存，又保障部分动力机械的运行。鉴于此，针对军事设施内部密闭结构，军事家设想利用快速消耗局部空间氧气的“吸氧武器”，在目标区域爆炸后，能够让内部人员在“无知”状态下被杀伤。吸氧武器应用于海上作战，会使人员在无声无息中死亡，舰船动力系统莫名其妙地停止运转，飞机出人意料地坠入大海，从而达到“杀伤于无形”的境界。

3. 跨洋炸弹

海洋气象环境，既可以直接作为气象攻击手段，又可与传统攻击手段有机结合。第二次世界大战期间，日本气象学家发现，冬季太平洋上空有一股自西向东的强劲气流，可以使氢气球飘越大洋，抵达北美大陆。1944 年 11 月到 1945 年 4 月，日本总计制造、投放超过 9000 枚气球炸弹，借助太平洋上空的西风带，以每小时 200 公里的速度，飞行约 8000 公里，抵达美国本土。虽然精度难以保证，气球炸弹攻击几乎没有造成人员伤亡，但在机缘巧合之下，一枚气球炸弹落在美国汉福德核工厂的反应堆上，导致裂变材料钚的生产一度停滞。由此可见，海洋气象环境与武器装备之间，存在复杂的互动关系。海上气象环境是一个复杂系统，风（飓风）、云、雨、海浪、海雾、潮汐、洋流、大气波导等气象条件，都会对舰艇航行、飞机海上飞行、舰载导弹发射、火炮射击精度等产生影响。不同的气象因素，对攻防双方军事活动的影响不尽相同，即便是同一气象条件下，双方指挥员和部队利用得当与否，就会产生不同的结果。海上气象环境武器的复杂性，导致其作用于军事行动的影响因素与毁伤效果不尽相同。

影响海上作战的气象因素复杂多变，不同类型的海上作战力量，都受到各类气象因素的影响：舰艇部队导弹、鱼雷攻击的轨迹，受到海洋重力、磁场变化的影响；海岸防卫炮兵的命中精度，受到风速、风向、气温、气压、湿度等因素的影响；海军陆战队执行登陆作战任务，在上船、航渡、换乘和登陆等环节，受到海风、海浪、洋流、潮汐、降水、海上能见度等因素的影响；海军航空兵执行海空飞行任务，受云、海雾、海风、海浪、潮汐、海流等因素的影响。海上气象条件影响因素的复杂性，一方面体现为人为洞察影响复杂气象因素，同时，人为改变某些气象因素，能够实现战力倍增的效果。另一方面体现为多种气象因素复合作用，可能产生令人难以招架的“气象攻势”。

气象环境武器对海上军事斗争的影响方式多样，其毁伤效果也呈现多重叠加的特点。硬杀伤方面，气象环境武器的强大物理破坏力，可以实现装备损坏、人员伤亡、封锁海岸、扼制敌军舰出海、破坏战场环境等多重毁伤效果。软杀伤方面，在大型水面舰艇上空，人为利用和制造大气波导现象，改变舰载雷达的探测距离，形成雷达探测盲区，可为对敌舰实施抵近侦察、超远程和超视距导弹攻击创造有利的电磁环境。此外，海洋气象环境武器毁灭性的物理攻击效果，也可以转化为对敌心理攻击的利器。譬如，飓风武器掀起的巨浪，以排山倒海之势持续推进，不仅能使敌军舰毁人亡，还对敌造成心理震慑，极大地削弱敌方战斗意志。

三、山崩地裂

1961 年，北极圈内新地岛，苏联试爆了一颗当量为 5000 万吨 TNT 的氢弹。这原本只是一次普通的核试验，但随后苏联克格勃破译的一份美国情报显示，这次爆炸引发的海底地震和海啸，对临近海域的美国潜艇造成了近乎毁灭性的打击。敏锐的苏联人立即意识到，地下核爆炸导致的地质灾害，极有可能发展成一种具有巨大军事价值的战略武器。依据苏联人的设想，如果在美国西海岸的大陆架引爆一颗 10 亿吨当量的核弹，通过海底地震引发海啸，可以制造数百米甚至上千米高的巨浪，席卷整个北美大陆。可想而知，海啸过后，北美大陆上一切生命必将荡然无存。为此，苏联军方果断决策，启动了“水星”

计划，以阿塞拜疆的巴库地震研究所为平台，建立专门的地震武器研发机构，尝试从海底对美国发起远程气象攻击。虽然，由于北美大陆架水深不够且延长线过长，“水星”计划一度搁浅，但它却将地震武器的构想展示在世人面前。

地震，一贯以来被认为是天灾。然而，巨大的军事价值，却有可能让它转变成人祸。地震武器，就是利用地下核爆产生的定向声波和重力波，人为诱发地震、山崩、海啸等自然灾害，释放地壳下方熔岩中所储存的能量，形成巨大的摧毁力，致使敌方军事设施瘫痪、装备毁坏和人员伤亡，从而达成军事目的的一种作战手段。作为地球物理武器的一种，地震武器日益加剧了人们的恐慌情绪，也引发了一些质疑。但由于地震武器独特的作用机理、巨大的军事价值，美、俄等国仍在秘密加紧研制这种“末日武器”。

1. 隐蔽触发

地震武器的作用机理，就是以人工核爆方式触发地震，导致积累已久的地下能量顷刻迸发出来，震撼地面，发生强震。利用地震武器诱发地震，具有极强的隐蔽性。

地下爆炸。地震武器的作用，基于以下假设：利用地球内部能量的不稳定性，通过地下核爆炸的方式触发地质反应，在地球上的某一点，施加极小量的能量变化，破坏地球内部能量分布的不稳定平衡，造成类似于自然界地震、山崩等自然灾害的严重破坏效果，同时释放出巨大的能量。这种诱发性爆炸，大多在距地面 150 米的地下深处进行，由于采取核爆的形式，潜在对手通过卫星或飞机等常规侦察手段，往往难以察觉。

远程作用。以地下核爆作为触发条件的人造地震，通过地震波的传播，造成地震带上遥远距离外的另一点发生地震。因此，地震武器作用的位置，往往是在本国或己方控制区域内，而它导致的结果，却是数百公里甚至数千公里以外的敌国领土发生毁灭性地震。冷战期间，地震武器在作用距离上的特性，一度成为美苏两国关注的焦点。苏联特工乘坐特制的深海潜水器，发现太平洋洋底的断裂带，获取了大量数据资料，美国军方也曾用深海探测仪寻找大洋下的地层断裂带，作为实施海底核爆炸、引发地质灾害的重要突破口。

延迟反应。地震武器的作用，具有延迟发生的特性。苏联著名地震学家尼古拉耶夫曾阐述了核爆与地震的关系，“核爆的后果从来不是立刻出现的。地震有可能在爆炸之后两天、一周或几周之后发生。这一延迟出现的后果，使地震武器具备了极强的隐蔽性”。地震武器作用的延迟性，是由于地震武器并不是核爆炸能量的简单释放，而是利用核爆炸诱发的地震、山崩、泥石流等自然灾害，因此需要一定的时间，来完成能量触发与释放。研究表明：某一特定区域的地下核爆，一颗万吨级核弹可造成与千万吨级核弹毁坏力相当的地震灾害。因此，即便己方的核爆炸被察觉，被攻击的一方也难以断定本地发生的地震灾害，是否与数日前发生于几百公里之外的一次核爆炸有关，这进一步增强了地震武器作用的隐蔽性。

2. 消失的“震点”

哈萨克斯坦首都阿拉木图，位于活跃的亚欧地震带的一个“震点”上，曾饱受地震困扰，在1887年和1911年，先后发生了7.4级和8级大地震。据地震学家判断，阿拉木图此后仍然会有强烈地震发生。然而，一个世纪以来，除了一些中小地震，没有一次大地震发生。人们可能没有想到，这一切竟得益于附近的一座苏联核试验基地。几十年来，该基地用低烈度的地下核试验不断诱发中小地震，释放地壳中积聚的能量，从而避免了大地震发生。消失的“震点”背后，揭示了地震可控的潜在可能性。控制地震的震级既是地震武器化的前提条件，也是冷战期间美苏两国发展气象武器的目标。20 世纪 70 年代末，苏联科学院地质研究所的一份报告显示，当时苏联已经具备控制地震威力、级别、范围和时间等因素的能力。伴随相关研究的深入，美俄等军事强国控制地震的能力不断增强，手段日益丰富。

方向控制。自然发生的地震是难以预知的灾害，地震武器却需要准确攻击敌方军事目标，因此，它必须具有明确的方向性。地震武器的定向作用建立在精确把握地球内部结构和准确预判地震波的传播特性上，它利用地震定向触发原理，通过地下深处的核爆炸，产生足以诱发各类地质灾害的巨大能量，在离爆炸中心很远的地方蓄积起来。然后，针对目标位置再进行一次定向爆炸，把这些地下积聚的能量全部释放出来，并定向作用于上百或上千公里之遥的敌方目标，通过地层的错位、剪切以及地壳板块的运动，达到攻击敌方的目的。

范围控制。作为自然灾害的地震，具有大面积、无差别的毁伤特性。地震武器则必须有效控制毁伤范围，将能量集中作用于预定的打击目标范围以内，尽量减少对范围之外平民及民用目标的伤害。为确保地震武器爆炸后所产生的能量有效作用于敌方目标范围之内，必须通过多重保险装置、多重 PAL 密码锁和增强核引爆安全系统等，限定地震攻击范围。解耦控制技术是控制地震范围的重要方式手段，利用这项技术，可以使地震武器爆炸后的能量聚焦于某一固定范围，有效减少其他相邻区域上辐射的地震能量，同时降低对己方区域的影响。地质学家认为，随着人类控制地震范围的能力持续增长，还可以通过人工构造旁系地震带的方法，在非地震活跃区域制造地震灾害。苏联阿塞拜疆地质研究所副所长科里莫夫指出："如果我们愿意的话，不但可以在可能发生地震的地方引发地震，而且还可在不大可能发生任何地震的地方引发地震。"由此可见，依据作战需要，地震武器的运用可以随心所欲，"想震就震"。

程度控制。地震武器不仅可以在人工控制下攻击地球上任意区域，而且，它的破坏程度也可以人工控制。根据军事目的和战略需求，地震武器的威力设计具有可调控性，通过改变聚变材料装置、更换核装料部件以及改变中子引发链式反应时间等方法，可以实现地震武器的威力和破坏程度可控，提升运用地震武器的灵活性。目前，美俄等国对地震武器可控性的研究，尚处于探索试验阶段。由于地质学和地球物理理论发展的滞后性，方向控制、时间控制、动能传递等方面的研究还需要进一步突破。

3. 沉重的代价

可控与不可控，总是相伴而生。可控则有利于提升武器作战效能，不可控则可能令使用者付出沉重代价。1988 年 12 月 7 日上午 11 时 41 分，亚美尼亚的斯皮塔克发生巨大地震，将位于苏联边陲的小镇夷为平地，全镇 2 万居民几乎全部罹难，受灾人逾百万，对仅有 300 万人口的亚美尼亚共和国而言，这无疑是一个恐怖的数字。地震发生后，苏联出动军队，耗费巨资，不遗余力地支持亚美尼亚救灾重建，但一段隐秘的传言也扩散开来：地震可能是由一周前苏联在 3200 公里外进行的一次地下核试验引发的。由此可见，地震武器的使用不可避免地会带来附带损伤。

无差别攻击。地震武器攻击是一种无差别攻击，以人为方式引发地震，既可以造成山崩、滑坡、泥石流等地质灾害，达成杀伤敌人有生力量、瘫痪其经济系统的战略目的，也可能造成大规模的平民伤亡，导致大面积的建筑物与民用设施损毁，还会引发水灾、火灾、瘟疫、毒气泄漏、水质污染等次生灾害，带来严重的附带损害，对被攻击国的社会生活系统给予毁灭性的打击。

放射性污染。地震武器以地下核爆炸作为诱发装置，必然带来大量的放射性污染。一方面，放射性污染可能首先波及使用方。由于地下核武器装置的布设，无法深入敌方领土纵深，而是在本国领土范围内进行，必然会释放不同程度的放射性物质，放射性污染沉降很慢，难以消除，将会给本国生态环境带来长期的、持续性、难以逆转的破坏性影响。另一方面，地下核爆炸造成的放射性物质扩散范围很大，还可以通过地下水等方式传播到其他国家和地区，并通过多种渠道进入人体，直接破坏细胞和人体组织结构，给居民生命安全和生态环境带来巨大的伤害。

政治外交压力。核武器直接关系国家安全利益以及地区和平与稳定，始终受到国际社会的高度关注。在核军备控制已取得全球共识的情况下，地震武器由于使用核武器作为地下引爆装置，必然会带来国际社会的外交和舆论压力，导致一系列连带的国际政治问题。地震武器攻击虽然具有隐蔽性，但是，一旦国际原子能机构获得地下核爆炸的相关证据，就必然触及国际社会关于核裁军与全面禁止核武器条约的底线，由此造成的国际声誉损害和付出的政治代价，可能远远超过其军事上的收益。

地震武器的军事价值是毋庸置疑的，但潜在的不确定因素也显而易见。通过地下核爆炸，能够引起地震带内部的活跃反应，但是否必然引发强烈的、毁灭性的地震灾害，迄今尚未得到确认。从核爆炸到诱发地震，需要一定的时间间隔，致使地震武器失去了打击的突然性，可能会贻误战机。另外，地震武器造价昂贵。据估计，构建一个完整的地震武器系统，大约需要 15 亿美元，考虑到地震武器巨大的负效应，是否值得投入巨额经费，也是决策者无法回避的难题。

四、HAARP 项目

2005 年，美国五角大楼内正在进行一场激烈的模拟军演：时间 2030 年，目标南美 X 国，该国拥有数百架从俄罗斯和中国购买的先进战机。演习背景是为了防止 X 国对美国实施突然袭击，美军决定采取先发制人的策略。伴随五角大楼一声号令，无人机群在 X 国上空投放催雨炸弹，制造倾盆暴雨。同时，机载激光武器激发人造闪电，恶劣天气致使敌方战机无法起飞。当 X 国军队望天兴叹之际，一架架美军战机腾空而起……

这场演习的组织者，就是承担美国 HAARP 项目的气象科学家。HAARP（High Frequency Active Auroral Research Program），即高频主动极光研究项目。20 世纪 90 年代初，该项目获得美国参议院批准，由美国空军和海军投资 3000 万美元，在阿拉斯加州联合建造和共同管理。表面上看，HAARP 对外宣称是一项民用气象研究，实际上是美国军方的一项秘密计划，直到 1998 年才由西班牙《起义报》率先披露，露出庐山真面目。HAARP 项目利用全球功率最大的短波无线电发射器，通过对电离层加热，影响大气层（包括平流层、对流层和电离层）的温度、密度、结构、风向和对流，改变地球物理场，旨在构建新型气象操控平台，在非常时期作为战争武器。HAARP 这项打着“和平”旗号的项目，也许是人类有史以来最危险、最疯狂的气象武器研发计划。

1. 全频控制

2011 年 5 月，伊朗总统艾哈迈迪·内贾德在出席伊朗中部一座大坝落成仪式时，发表了一篇骇人听闻的演讲。他指责美国伙同一些西方国家，通过高科技手段“窃取”本该属于伊朗的降雨云，造成伊朗国内严重干旱。内贾德还指出，美国也是巴基斯坦严重水灾的幕后推手。根据气象预报资料，美国使用特殊的气象操控平台，阻止降雨云抵达包括伊朗在内的某些国家，导致雨水降到了亚欧大陆的其他地区。内贾德的“西方偷雨论”并非空穴来风，矛头直指 HAARP 项目。

传统的气象武器功能单一，只能制造一种天气现象或自然灾害。HAARP 项目作为综合性气象操控平台，可以控制和制造多种气象灾害，对气象环境实施全频控制。被称为“气象战教父”的 HAARP 项目负责人伊斯特兰，在《让气候成为一种力量倍加器——2025 年掌握气候》咨询报告中指出：“HAARP 将使美军拥有彻底掌控气候环境的能力。届时，美军将通过制造干旱，致使敌国淡水匮乏；制造暴雨，致使敌军阵地洪水肆虐；制造闪电，以击落空中敌机或使其无法起飞；制造飓风，使敌国沿海城市化为废墟……最终的结果，必将是‘呼风唤雨’般改变全球气候。”

控制旱涝。HAARP 项目利用高频有源极光技术和设备，传输高功率微波，以大气粒子为透镜产生的聚焦作用，对高空电离层加热。由于地球是一个整体，电离层就像地球外围一层薄薄的肥皂泡沫。电离层持续加热后烧出一个空洞，好比肥皂泡的局部破碎，其结果导致肥皂泡整体变形乃至崩溃。地球高层大气的平衡遭到破坏，会逐渐影响对流层和平流层，引发大气环流的紊乱，造成局部区域内干旱或洪涝。

控制地震。1935 年，物理学家特斯拉在实验室内打了一口深井，并向井内输入特定频率的振动，奇妙的是，地面突然发生强烈共振，导致周围房屋倒塌。当时，一些媒体惊呼，“特斯拉利用一次人工诱发的地震，几乎将纽约夷为了平地”。HAARP 利用高频主动极光产生的辐射作用，造成地球物理场的诸多变化，特别是激发地磁场的变化，可以引发小输入强输出的超级传输效应，实现“特斯拉效应”下的人控地震，带来灾难性、难以估量的后果。

控制台风。HAARP 利用高频电磁波束，对海洋热带气旋进行大范围气象控制试验，通过高频电磁加热器发射微波，对大气层的电离层、对流层、中间层和同温层产生直接影响。其中，地球电离层受到高频电磁波束加热作用后，人为制造大量离子体，并与大气对流层发生相互作用，达到摧毁台风或者控制风力强弱的目的。

2. 全域攻击

HAARP 绰号“大爆炸”，具有强大的摧毁能力。系统发射的高频波强度大，不仅使电离层加热并外移，甚至可以彻底撕裂电离层，同时制造各种灾难性天气，带来严重的物理毁伤。鲜为人知的是，HAARP 的攻击能力并不局限于物理域，而且可以拓展至生理域和心理域。

2013 年 7 月 10 日，“棱镜门”事件主角斯诺登向外界披露，美国打造的高频主动式极光研究项目，对外宣称是研究地球电离层的自然现象，实质却是致力于政治暗杀与精神控制。为了拆穿美国政府的把戏，斯诺登一针见血地指出："利用HAARP，北约组织能够实现心灵控制，在全球范围内远程'沉默'持不同政见者的'越轨'或'颠覆'思想。"他进一步揭露，"HAARP项目动用超大功率的无线电波，以特定的电子频率作用于目标对象的脑干或躯体，选择性地诱发看似由自然原因引起的死亡，包括一些看似常见的心脑血管疾病。"在HAARP项目专家看来，以上事件仅仅披露了其强大攻击能力的冰山一角，HAARP发射"前所未有的高频波所产生的攻击效果难以预料"。

物理摧毁。HAARP通过加热电离层、人为制造离子体的方式实施物理域攻击，摧毁机理具有软硬两种。硬杀伤方面，高频主动极光制造的等离子团可以产生威力强大的动能，攻击敌方的卫星、导弹、战机等目标，使目标偏离轨道，在强大的惯性和超重压差影响下实现物理摧毁。软杀伤方面，HAARP催生的等离子体，可以作为电子对抗工具，在大气高层形成一道无形的等离子体屏障，既可以用来干扰、堵塞和破坏敌方的通信系统，也可用来保护己方通信畅通。

生理暗袭。高能主动极光设备既可以对整个生态系统实施攻击，也可以对特殊人群、特殊个体实施精确攻击。一方面，HAARP发出的高频电磁波、电喷流所产生的电磁辐射，都会对人体带来生理危害。HAARP破坏臭氧层造成的臭氧空洞，不可避免地会威胁人类和其他生物的安全。另一方面，HAARP释放的低频电磁波，可以破坏人类DNA，降低人体免疫能力，定向放射低频电磁波，在全球范围内攻击特定人群和特定目标，实施悄无声息的暗杀。

心灵操控。HAARP系统发射的低频电磁波，能够模拟人脑电波频率发射电信号，达到控制人的行动和情绪的目的。依据人脑电波频率差异，HAARP制造四组不同赫兹的低频电磁波，可以分别破坏人的想象力、学习和注意力、行为活动能力以及人的睡眠。电磁波进入大脑后，既可导致焦虑、情绪暴躁和侵略性欲望等反常精神现象，又可以操控人类意识、破坏正常思维习惯。目前，HAARP 的心灵控制潜力，已经引起国际社会广泛关注，甚至成为文学作品的主题。如尼克·贝吉奇在《天使玩不转 HAARP》中写道，HAARP 可以利用强大的电磁波，轻松地操控人类情感变化，甚至令“整个地区的居民罹患癔症”。军事文学作家汤姆·克兰西在小说《断裂点》中，也描写了类似情节，以阿拉斯加为基地的某个神秘气象武器平台，可以诱发大规模的精神疾病。

3. 全维影响

2014 年 5 月，美国空军向国会提出申请，由于经费紧张，将停止对 HAARP 的资助，由此引发美国社会各界对 HAARP 项目价值的大讨论。针对部分媒体对 HAARP 的负面评论，马里兰大学物理和天文学教授丹尼斯·帕帕佐普洛斯反唇相讥，撰写专题评论文章指出：“空军不理解、也不需要理解 HAARP 的真正价值和全部影响。但是，美国联邦政府、国家实验室和高等院校的用户，英国、加拿大、挪威、瑞典和韩国等盟友，都深切认识到 HAARP 丰富的资源与独特的价值。HAARP 的存在，必将进一步扩大美国的影响力和领导力。”考虑到美国当局一再申明 HAARP 的和平用途，帕帕佐普洛斯的言论就有些耐人寻味。他似乎在向世人说明，HAARP 绝不仅是一个研究电离层和空间天气的纯粹科研计划，HAARP 已经突破了大型军事工程计划的范畴，成为政治家、军事家、经济学家以及国际环保组织议论与关注的焦点。

战略高边疆。从军事维度看，HAARP 立足高层大气环境，提供功能强大的气象控制平台，可以遂行多样化军事任务，拓展了美国军事战略空间。美国空军将领巴恩斯认为，“太空给予我们新的战场，技术给予我们新的机遇，气象开发拓展巨大的战略空间，可以在前所未有的高度控制战争”。HAARP 试验项目一旦成功，不仅为美军潜艇水下作战提供先进、便捷的通信系统，还可监视敌方地下核试验、侦察超低空巡航的导弹和战机，干扰无线电通信和无线电定位系统，造成敌方雷达、导弹、飞机、卫星、宇航器、计算机网络和指挥控制系统的全面瘫痪等。更为重要的是，HAARP 还能改变特定区域的气象环境，导致对方面临恶劣天气挑战，无法采取任何反击措施。

霸权“大棒”。从政治维度看，美国将 HAARP 与全球战略紧密结合，作为维护其在国际事务中主导地位的新手段。美国依托高频有源极光装置，建设 100 平方公里面积的高频电磁波发射方阵，与设在阿拉斯加的超大型预警雷达相互配合，形成稳固的战略导弹防御系统，可能打破当今世界的核均衡，影响战略稳定。美国利用气象操控平台，在全球范围内以隐秘手段打击国际政治对手，从而为干涉他国事务创造有利条件。2010 年，委内瑞拉前总统查韦斯宣称，HAARP 是造成委内瑞拉临近海域毁灭性地震的罪魁祸首。伊朗前总统内贾德也指出，以美国为首的西方国家，一直在设计阴谋，企图推翻伊朗政权。他认定欧美国家使用HAARP窃取伊朗的“降雨云”，导致伊朗国内严重干旱，旨在制造动乱和社会危机。

总体战武器。从经济维度看，HAARP 是符合总体战要求的作战手段。HAARP 多样化的气象灾害生成能力，为破坏敌方经济系统和社会生活系统提供了丰富的手段。人造恶劣气象灾害、气象次生及衍生灾害的作用影响，瘫痪敌方国家的输电网络、石油管道、交通动脉，导致淡水匮乏、农作物绝收、物价飞涨、难民泛滥，国家经济和人民生命财产蒙受巨大损失。作为美国的战略对手，俄罗斯国家杜马国际事务和防务委员会官员曾不无担忧地表示，美军 HAARP 项目可以轻而易举地引发电力中断和能源管道事故，对人口密集区域的居民生命财产安全带来严重的威胁。

生态危机。从生态维度看，HAARP 利用相控阵天线原理，将 180 个天线发射的微波聚集到一点，可以轻易破坏电离层结构，威胁高层大气稳定，人为制造臭氧空洞。宇宙射线毫无阻碍地辐射地球，不但严重影响地球生态平衡，而且对地球地质结构、物理状态和生物种群带来全球性、难以修复的破坏，造成地球生态环境永久性失衡，最终导致全球生态系统崩溃。近年来，不少欧美批评者声称，全球生态系统日趋紊乱，正是由于 HAARP 频繁开展气象试验所致。

五、塑造环境

现代战争中，人类仍然面临错综复杂的气象环境和自然环境限制，作战手段的运用遭遇巨大的“瓶颈”和挑战。海湾战争中，深陷沙漠作战的美军苦不堪言，强力风沙造成装备瞄准系统偏差大，难以命中目标，沙子渗进阿帕奇直升机的螺旋桨，导致无法执行作战任务。科索沃战争中，南联盟复杂的山地、茂密的森林、笼罩的云雾，增大了北约军队空中作战的难度，由于环境限制，美军一架“猎犬”无人侦察机被迫进行超低空侦察，最终遭受南联盟防空火力的伏击。为此，世界各国采取更为有力的控制手段和改造方式，实现由控制气象环境向塑造气象环境转变。气象环境塑造，不同于传统的气象环境控制。

它不是纯粹地运用气象武器，而是更多地关注气象与环境的融合；它不追求短期内气象攻击的时效性，而是更关注长效、持续的气象环境变化；它不以片面的军事利益为目标，而是更加关注长远的政治、经济和安全利益。

1.“麦金莱”气象实验室

位于美国佛罗里达州坦帕湾空军基地的“麦金莱”气象实验室，是美军最大的气象战实验室，也是世界最大的人工塑造气象环境研究基地。它通过人工塑造的方式，对全球30多种气象条件、气候环境进行模拟和重现，模拟高原缺氧、干旱沙漠、热带雨林、极地冰原、海上巨浪等各种极端气象环境，检验部队战斗力和武器装备效能。实验室由八个大型气候工作室组成：每小时降雨380毫米的“雨工作室”；速度30米/秒的“飓风工作室”；配置140盏高能太阳灯的“沙漠工作室”；面积6平方公里、深度15米的“海洋实验室”等。1998年，“麦金莱”气象实验室进行大幅度机构调整，合并种类相近的“自然工作室”，从而实现风、雨、雷（电）等恶劣天气的“组合攻击”，同时增设“信息能量工作室”“太空工作室”，实现多维度、全方位、功能更为强大的气象环境模拟。

由于具有丰富的气象操控手段和强有力的气象塑造能力，“麦金莱”气象实验室成为美军先进武器装备列装部队的首位“考核官”。近年来，美军约有55%的武器装备曾经在这里接受检验，既检验和测试气象环境武器的战场效果，为开发新型气象环境武器提供试验保障，也测试现有武器装备在恶劣气象环境中的性能，通过对各个系统进行气象环境试验，测试整套武器系统的可靠性，同时进一步研究恶劣环境下武器装备故障的发生机理。

鉴于“麦金莱”气象实验室的特殊环境，美军一直致力于将其打造成官兵适应恶劣战场环境的重要平台。如特战部队成员在经受初步生存实践训练，系统学习战场环境生存知识后，再进入“麦金莱”气象实验室，接受恶劣气象环境与人类生理极限的挑战，进行作战人员与多样化战场环境的适应性训练。显然，通过“麦金莱”气象实验室考验的美军作战部队，可以在未来激烈残酷、错综复杂的战场上从容应对。

2.“气候地球工程”

温室效应已成为全球性问题，也是国际社会迫切需要治理的难题。为此，科学家提出种种解决方案，通过对地球“动手术”的工程化方法来阻滞气候变暖。美国天文光学专家罗杰·安吉尔提出了颇具创意的“给地球撑把伞”方案，计划用30年时间，制造出16万亿个微型飞行器，每个飞行器上覆盖一层直径约一米的透明薄膜，通过航天飞机将其运载至地球与太阳之间的重力稳定点——“拉格朗日点”附近。这些飞行器会形成一片宽达10万公里的“云层”，从而在源头上降低太阳光照强度，抵消温室效应带来的地球升温，使饱受温室效应摧残的地球凉爽起来。令人诧异的是，这项被冠以激进、荒谬且极度危险的技术方案，竟然得到美国宇航局的资助。作为世界知名的光学专家，安吉尔为什么甘冒名誉扫地的风险，抛出这一具有巨大潜在危害的技术方案？作为世界宇航科技的领跑者，NASA为何要耗巨资开启这一风险极高、危害难测的研究项目？之所以如此，皆与气候地球工程对于国家安全的巨大价值密切关联。气候地球工程，作为缓解全球气候变暖的大科学工程，具体包括造云遮蔽阳光、发射反光板阻挡阳光、人造巨型“树木”过滤二氧化碳、人造“火山”释放硫化物以反射阳光，等等。

从表面上看，气候地球工程是为了解决全球变暖带来的现实问题，但是，由于其面向全球进行气象环境改造，一旦实施就具有潜在的军事价值。在某些极端情况下，一些国家可以借助实施气候地球工程的时机，改变敌方的气象环境，达成隐秘的军事目的。例如，原本用于反射太阳光、为地球降温的太空反射镜，同时也具备成为太空武器的潜在可能，通过调整太空反射镜的角度，可以将太阳光线聚焦对准敌方国家，集中热度烧毁敌方军事目标。以当今人类的科技水平和工程实践能力，太空反射镜一旦被少数军事强国据为己有，必然成为实施军事打击和战略威慑的利器。

气候地球工程的目标是利用大型工程化技术，实现全球气象环境的系统改造。无论是“给地球打伞”或是“给海洋施肥”，还是人工释放二氧化碳或深埋二氧化硫，人工影响和改造气候环境都是一项系统工程，从催化剂选型，到作业方案制定，再到具体工程实施，环环相扣，缺一不可，各项工作要做到准确无误，必须依靠现代化精密的工程方法，统筹组织大量人力、财力和物力，方能确保工程按照预定计划顺利推进。

不同于气象环境武器立竿见影的效果，气候地球工程对于环境的塑造是长期的，效果是潜移默化、影响深远、难以逆转的。一方面，气候地球工程可能造成不可修复的生态系统灾害。譬如给海洋投放含铁肥料吸收二氧化碳，由于水中溶解的二氧化碳浓度持续增加，导致海洋酸性度日益增高，可能对海洋生物造成灾难性影响。另一方面，气候地球工程对地球调温器控制权的争夺，可能成为国际政治的重要议题。类似在20世纪部署核武器所产生的影响，部署大范围改变气象环境的技术设备，可能成为影响21世纪地缘政治的关键因素。

3. 全球治理

2001年12月13日，六名武装分子袭击了印度议会大厦，印度政府指责巴基斯坦是这一恐怖事件的幕后推手。无独有偶，同年12月的最后一周，国际和平倡议组织在巴基斯坦卡拉奇召开研讨会，有与会代表声称，印度政府计划使用“水武器”破坏巴基斯坦的生态环境系统，以示对恐袭事件的报复。原本平静的会场突然被紧张气氛所笼罩，一位与会者警告说：“有关气候环境的任何冲突，都将迫使巴基斯坦与印度出现核战争。”

在环境塑造问题上，政治和军事也许会“绑架”科学。无论是模拟战场环境的气象实验室，还是改造全球气候的地球工程，人类塑造气候环境的各种尝试，都无法摆脱国际和国内政治的束缚。在“现实主义”大行其道的国际交往中，真正的利他主义其实非常罕见。由于气候环境变化影响的滞后性，人们很难为获得“延迟满足”而进行自我控制。规避气象环境治理的“公地悲剧”，实施全球气候环境治理势在必行。

由于气候地球工程的潜在影响具有极大的不确定性，单一国家开展气候地球工程可能对周边国家产生影响，一个区域的气候环境变化也可能对世界其他地区产生正面或负面影响。因此，塑造气候环境的研究与实践需要国际社会的集体协商与决策。建立集体联动的行为机制，行为国有责任与潜在受影响的国家进行协商，确立提前通知的预警制度，确保受影响国家的知情权，一旦爆发国际争端，立即实施危机管控，避免引发严重的外交与军事冲突。借鉴冷战期间美苏核军备控制的相互约束机制，依托当前多极化的国际权力格局，在主要政治军事集团之间构建相互制约、相互牵制的约束机制，集体承担对气候环境改造行为的国际监管义务，共同惩治恶意破坏气候环境的“无赖国家”。对于气象武器的使用和气象环境的塑造，必须以不损害人类生存与发展利益为底线。许多气候地球工程的实施，涉及利润丰厚的“碳交易”活动，对全球不同区域的利益影响存在不均衡性，需要长远考虑，确立荣辱与共的命运共同体，构建利益共享和风险共担的分配机制。

在联合国的框架下，完善全球气候环境治理体系，建立国际监管机制，设立监督、核查机构，对可能产生跨境影响的气候地球工程、可能造成大面积毁伤的气象武器进行风险评估和有效管控。在《联合国气候变化框架公约》《生物多样性公约》和《国际环保公约》的基础上达成国际共识，制定约束人工干预和塑造环境的国际法律规约，廓清气候地球工程和气象环境武器的界限，明确主权国家干预环境行为的权利与义务，确保气候环境全球治理的法理基础。构建信息披露与公布机制，对外发布有关气象武器试验和地球工程实施的计划，定期出版全球气候环境白皮书，确保公众在地球工程立项决策过程中的知情权和参与权。树立气候环境作为全球公共物品实施管制的理念，广泛吸纳主权国家等传统治理主体以及国际组织、民间公益组织和普通公众等非国家行为主体，加强对气象干预技术和气候地球工程的监督。

第九章

“制脑权”

意识形态领域是争夺“制脑权”的没有硝烟的战场。

——习近平

对一个传统社会的稳定来说，构成主要威胁的，并非来自外国军队的侵略，而是来自外国观念的侵入，印刷品和言论比军队和坦克推进得更快、更深入。

——美国政治学家塞缪尔·亨廷顿

当历史的钟声在1991年12月25日19时38分撞响的时候，印有锤子和镰刀的苏联国旗，在飘扬了69个春秋之后，在克里姆林宫缓缓降下，世界上第一个社会主义国家轰然崩塌，“苏联”二字永远定格在了陈旧的地图上，默默地走进了历史的博物馆，从此不复存在。

苏联解体距今已经有20多年，但关于苏联解体原因的探讨却一直在持续。不同的学者有不同的视角，有的从民族问题来分析，有的从信仰缺失来研究，有的从苏共改革来阐释，有的从苏联联邦制的国家形式来探讨。苏联解体肯定是多方面原因所致，但我们认为，在和西方意识形态较量中丧失“制脑权”，放弃马克思主义指导是苏联解体的重要原因之一。苏联虽然解体了，但以美国为首的西方国家却并没有放弃和平演变的图谋。相反，近年来又在世界诸多地方频频出手，竭力制造“颜色革命”的旋涡，争夺“制脑权”这场没有硝烟的战争愈演愈烈。

一、疯狂的“颜色革命”列车

“颜色革命”，又称花朵革命，是指21世纪初期发生在苏联和中东、西非、北非地区，如格鲁吉亚、乌克兰、吉尔吉斯斯坦等国家，以和平和非暴力方式进行的政权更迭运动。如2003年格鲁吉亚的“玫瑰革命”，2004年乌克兰的“橙色革命”，2005年吉尔吉斯斯坦的“郁金香革命”、伊拉克的“紫色革命”、黎巴嫩的“雪松革命”，2007年缅甸的“藏红花革命”，2011年突尼斯的“茉莉花革命”及其所引发的“阿拉伯之春”，2014年春乌克兰的“二次颜色革命”，等等。“颜色革命”来势汹汹，恰如亨廷顿所形容的“示范效应、感染、播散、仿效、滚雪球，甚至是多米诺骨牌效应”。吉尔吉斯斯坦“三月事变”后，乌兹别克斯坦就发生了暴乱，白俄罗斯、哈萨克斯坦、亚美尼亚、阿塞拜疆等苏联地区，甚至蒙古国的反对派都不同程度地兴奋起来。

这些国家之所以发生“颜色革命”，原因是多方面的，但都有一个不可忽视的、重要的外部因素，就是西方国家特别是美国的输出民主战略。“颜色革命”表面上推翻的是专制政权，代之以所谓的“民主政权”，实际上是推翻了不听西方招呼、不被西方看好和支持的政权，建立起的大多是亲西方政权。

那么，美国等西方国家是如何策划“颜色革命”的？通过哪些机构来实施“颜色革命”？他们为达到目的而采取的惯用手法有哪些？

在颠覆别国政权方面，美国一直是双管齐下，软硬兼施。对付伊拉克，美国用的是赤裸裸的硬霸权，相比之下，通过资助、扶植对象国反对派、策动颠覆的招数，则是近年来被美国用得最多也是最隐蔽的手法。手握这些“软刀子”的，常常是一些披着“智库”外衣却由政府资助的民间组织和机构。从东欧、西亚、北非、拉美，到缅甸，这些“颜色革命”的背后，都隐约闪烁着美国全国维护民主捐赠基金会、金融炒家乔治·索罗斯领导的开放社会研究所——索罗斯基金会、自由之家和爱因斯坦研究所等这些号称“第二中情局”的组织和机构的身影。

以美国全国维护民主捐赠基金会（又称“美国国家民主基金会”）为例。根据1982年美国总统里根倡议，美国国会通过《国务院授权法》，拨款3130万美元正式成立了全国维护民主捐赠基金会，并将总部设在华盛顿。该基金会主要是从事一些中情局因美国法律禁止的活动，旨在全球“推广民主”，颠覆他国政权。全国维护民主捐赠基金会的渗透网络遍及全球，支持的对象是全世界的右翼和代表大企业利益的政治组织，尤其是别国的反对党或反对派。该基金会创始人之一艾伦·温斯坦就曾直言不讳地说：“我们今天做的事情，就是25年前中情局曾经做过的事情。”

大家可能还记得，1991年8月19日，叶利钦在俄罗斯联邦议会大厦前登上一辆坦克发表演讲的一幕，一直被西方媒体视为苏联瓦解的经典画面。但是，很多人可能没有注意到，在叶利钦发表演讲的不远处，散落着一些小册子，这些小册子就是美国爱因斯坦研究所吉恩·夏普的《从独裁到民主》。21世纪以来的一系列“颜色革命”，几乎都可以看到夏普的身影，其所著的《从独裁到民主》，更是被追随者奉为“颜色革命的圣经”。他还亲身实践，总结了198种“非暴力抗争颠覆政权”的方法。2004年乌克兰爆发“橙色革命”，反对派领导人尤先科就采用了夏普的《非暴力行动198招》中的第18招：旗帜的展示及象征性的颜色。当时，首都基辅的独立广场成了橙色的海洋。从1989年开始，夏普策划的一系列反共产主义运动的“颜色革命”，初见成效，因而引起了美国中情局的注意。当时，中情局的高层日益感到，用暴力方式颠覆别国政权的方法困难重重，而夏普的“非暴力政权更迭”理论让他们“看到了其中隐藏的希望”。于是，他们向夏普发出邀请，聘请其出任中情局的顾问，专门从事对一些国家进行秘密颠覆活动的策划。与此同时，爱因斯坦研究所也开始秘密为中情局培训“颜色革命”人才。2007年9月，缅甸爆发“藏红花革命”时，美国政府就一次性拨付给夏普和爱因斯坦研究所5200万美元，在泰缅边境地区培训了3000多名来自缅甸各地的反对派，其中包括数百名僧侣。因此，美国有学者称，夏普是“颜色革命的精神教父”，其提出的“非暴力政权更迭”理论的重要性已经超越了亨廷顿的文明冲突论。

在全球化的今天，跨国公司、信息网络、股票基金等都成了美国向外推行“颜色革命”的工具。那些策动“颜色革命”的组织和机构，更是如鱼得水。美国“非暴力政权更迭”的全球战略也悄然发生变化，其战术策略在信息网络这个不可阻挡的洪流中完成了升级。互联网、智能手机等现代传媒发展普及，使得美国的“颜色革命”策略开始运用并改良“非暴力政权更迭”手段。据美国《在线杂志》透露，美国情报机构为配合爱因斯坦研究所等非政府组织开展的颠覆活动，针对青年人利用互联网以及智能手机的偏好，专门开发了各种最新通信工具。兰德公司把这种战术称为“蜂拥而至”的战术，利用互联网微博、博客、社交网站等，通过发送短信互相联系，进行动员聚集在一起，听从反政府组织下达更迭政权的指令。他们利用这些新技术手段，把青年一代作为主要渗透目标，积极培养亲西方力量。对此，主张“非暴力政权更迭”理论的活跃人物、美国国际非暴力冲突研究所负责人彼德·阿克曼说，随着互联网以及手机短信的兴起，蜂拥而至的“愤怒青年”变得更易被影响思想，这种新技术完全可以在数字空间中创造出政治集会效应。格鲁吉亚、乌克兰、吉尔吉斯斯坦、缅甸等先后爆发的“颜色革命”，互联网起到了推波助澜的作用。因此，这种政变模式被冠上了“后现代政变”的时髦名称。

当然，以美国为首的西方国家一直将我国列为“颜色革命”的重点对象。特别是2013年3月27日香港“占中”发起后，西方媒体纷纷进行连篇累牍的报道，不厌其烦，心怀叵测。英国《独立报》首先以“雨伞革命”为标题报道香港“占中”。法新社报道，在“雨伞革命”运动中，示威者以遮阳伞显示决心，瘫痪香港市中心以争取“民主”，雨伞迅速成为他们的标记。此后，更多的西方媒体开始给香港“占中”贴上“雨伞革命”的标签。有些媒体干脆将其称作香港版的“颜色革命”——“雨伞革命”。英国《每日电讯报》则渲染称，这场“雨伞革命”对中国共产党来说是一个“生死攸关的威胁”。

梳理以往历次“颜色革命”，我们不难发现，支持“颜色革命”已经成为美国“扩展民主”战略的重要组成部分。美国政府对“颜色革命”的支持是多方面的，最主要的有“两手”，这次香港“占中”也不例外。一是公开为反对派摇旗呐喊，制造有利于反对派的国际舆论，进行赤裸裸的政治干预。在我国香港“占中”事件中，部分西方媒体和香港当地媒体的倾向明显，一些西方媒体更是与香港媒体联合造势，为反对派打气，对“占中三子”等大肆吹捧，宣扬其所谓的民主自由理念等。美国国家公共电台更是发表《香港“占中”启发了大陆人》一文，妄言在香港出差或旅游的大陆人都饶有兴致地观察着这场抗议活动，“香港及其抗议者似乎给他们展示了作为中国人的另一种方式”。二是提供实实在在的技术和资金支持。据美联社报道，美国国务院每年用在所谓“扩展民主”战略方面的总支出高达10亿美元。香港“占中”事件发生后，西方势力如鬼魅般如影随形。据香港《文汇报》报道，香港“占中”的物资供应源源不断，价值2亿港元来历不明的物资是由外部势力提供的。美国驻港总领馆官员丹·盖瑞特宣称，“华盛顿要求继续在香港推动民间、社会力量争取民主诉求运动，尤其是推动青少年在社运中扮演先锋角色”。盖瑞特曾在美国不同部门从事了近30

年的情报工作，来港之前的职位是美国国防部部门主管。香港中文大学有一个机构叫“香港美国中心”，它垄断了香港八所大学的通识教材。这个中心表面上看，是一个非营利性的大学联盟机构，但其实美国驻港总领馆才是这家机构的靠山。该中心还于“占中”期间举行两天一夜的“工作坊”，“名正言顺”地培训大学生作为香港“占中”骨干。从表面上看，香港“占中”，打的是“民主”“自由”的旗号，实质上是一些怀有不可告人目的的人，受到西方国家在全球推行“颜色革命”的影响，企图通过搞乱香港进而达到颠覆中国的目的。

通过“颜色革命”，美国已经颠覆了全球几十个国家，中东、北非和西亚的枭雄也一个个倒下。我们要清楚地看到，“颜色革命”并没有给世界带来民主、自由和繁荣，相反，引发的是激剧的动乱和大量的难民，既祸害了欧洲的盟友，也刺激了恐怖主义和极端宗教势力的泛滥，不得人心，也令美国形象大打折扣。2017 年 1 月底，互联网疯传一则消息，美国新任总统特朗普宣布“停止向海外负责‘颜色革命’的组织和机构输送资金”，并明确表示美国继续推行错误的“民主之春”和“颜色革命”，没有任何实际意义，奥巴马此举只会浪费纳税人的钱，不仅是极其错误的，而且会招致全世界对美国的仇恨，将正式终止“一切联邦财政开支的民主款项”。不管这条消息是真是假，西方发动的“颜色革命”列车，在可以预见的将来，不会停步，只会加速。

二、大脑没有“防火墙”

传统战争主要是在自然空间和技术空间中进行的，而“制脑权”争夺的战场则是认知空间。1998 年，美国国防部军事专家托马斯写了一篇题为《大脑没有防火墙》的文章，对美军的一次军事演习做了深刻反省，指出美军在信息战方面存在重大隐患，那就是在硬件建设上不惜工本，却忽视了对操控这些设施的关键——人的大脑、意识和精神——的进攻与防护，而恰恰是这些“软”的东西，为信息进攻留下了没有设防的广袤空间。在托马斯的文章发表后不久，美军就提出了“感知操纵”的概念，认为未来战争将在物理域、信息域及认知域“三域”展开。

认知空间的作战对象是人、群体或国家，战场是整个人类社会。一方面，随着人类活动范围的扩大，认知空间的范围也在不断拓展。另一方面，认知空间战略较量的武器是精神信息，凡是精神信息可以传播到的地方，都可以成为战场。因此，认知空间的较量超越了军事领域的范围，突破了前后方的界限，跨越了国界和战场，在无限的空间内发挥着巨大作用。“制脑权”就是以宣传媒体、民族语言、文化产品等所承载的精神信息为武器，以渗透、影响及形塑社会大众与国家精英的认知、情感、意识为指向，最终达到操控一个国家的价值观念、民族精神、意识形态、文化传统、历史信仰等，促使其放弃自己探索的理论认识、社会制度及发展道路，走向自我毁灭的彼岸。世界上第一个社会主义国家苏联的解体就是一个很好的例证。在冷战期间，美国对苏联实施了潜移默化的认知空间攻击，国家、民族、政治等概念的含义遭到肢解或颠覆，人民的思想意识逐渐陷入混乱境地，原本高尚、伟大、光荣的民族英雄和历史记忆，在美国的意识操控下最终被解构或颠覆，如对斯大林的全盘否定、夸大肃反的灾难性后果，以及对列宁雕塑、铜像的粗暴处理等。当苏联即将解体，被引向毁灭的边缘时，许多人才突然意识到，认知空间思想攻击对一个国家产生的毁灭性后果。正如美国学者塞缪尔·亨廷顿所言，“对一个传统社会的稳定来说，构成主要威胁的，并非来自外国军队的侵略，而是来自外国观念的侵入，印刷品比军队和坦克推进得更快、更深入”。

制脑权争夺本质上是精神信息战，其武器弹药是精神信息。美国国防部专家里·阿米斯德通过对美军信息战理论的梳理认为，在美国国家安全事务中，信息战扮演着日益重要的角色。在这个战场上，最有效的、也许是唯一的武器便是信息。信息就是力量，一个国家如何运用这种力量，决定了这个国家的国际政治影响力。阿米斯德在这里所说的信息武器，实际上就是精神信息。

精神信息之所以能成为认知空间攻防对抗的武器，是由其自身特点所决定的。与相对固定不变的物理信息、生理信息等物质信息相比，精神信息具有如下特点：

其一，内涵表现的丰富性或歧义性。物理、生理信息的内涵与表现相对确定，但精神信息却不同。精神信息的载体是符号或概念，按语言学家索绪尔的理论，任何一个符号或概念，都有两个基本属性，即“能指”与“所指”，不同民族、阅历、知识背景及特殊动机的人，对同一个概念，往往很难在心中对同一个概念的“所指”达成共识。精神信息既与一定的民族文化心理有关，也与特定的经济社会发展水平相关。这样，人们对同一精神信息就可能会产生不同的理解，从而为他人进行“意识操控”提供了可能。比如，在美苏冷战期间，诸如“左派”“民主”“垄断”“原始积累”等概念，都受到了人为的操控。作为概念的符号本身没有改变，人们仍用原有的概念符号进行思维，但概念的内涵发生了改变，最终导致了思想的混乱。

其二，发生机制的复杂性。从信息发生的角度看，精神信息的接收、加工及反馈方式不仅与人脑的功能紧密相关，而且具有鲜明的民族特性。美国国防科学委员会发布的《战略传播指挥员手册》就明确指出，在我们进行战略传播时，必须深刻理解目标对象的态度、文化、身份、行为、历史、观点和社会制度，如果不了解目标对象的具体情况就盲目进行，可能会导致误解，带来严重的后果。

其三，筛选加工的倾向性。物质信息的筛选加工可以客观地进行，不带任何倾向。但精神信息传送必须服务于特定的目的，在微观层次上满足人的精神需要，在宏观层次上服务于特定的意识形态。因此，精神信息的选择和加工是具有倾向性的。以萨达姆被捕为例，短短几分钟的电视新闻报道，就体现了这种倾向性。从画面来看，大家可能难忘的是这样两个镜头：一个是萨达姆蓬头垢面、脏兮兮、目光呆滞的落魄镜头，另一个是反映他张着血盆大口的镜头。这两个镜头传递给观众的信息是：不可一世的独裁者崩溃了，任何独裁者到了美军手里都会落得这个下场。从话语来看，当美军发言人走上讲台后，开口只讲了一句话："我们逮住他了"。这句简洁明了的话，将美军的得意心态表露无遗。从气氛来看，当主持人说到萨达姆被逮住了时，电视摄像机对准的正好是几个伊拉克人高喊口号、挥舞拳头的欢呼镜头。在这样的全球媒体时代，人们看到的东西到底是真的假的，谁都搞不清楚，真的事件可能也是经过导演的。

其四，传播扩散的多变性。物质信息在传播过程中不容易失真，而精神信息由于接受者的阅历不同而可能会有不同的理解。同时，在进行二次、三次传播的过程中，人们还会加入自己的理解，进行再次合成与制作，这正好说明精神信息在传播扩散的过程中具有多变性。比如，2003 年美军占领巴格达后，各国媒体在广泛报道伊拉克官员被捕的消息时，都说他们是"化学阿里""细菌博士""炭疽夫人"，而这些看似无意使用的绰号其实是美军精心选择的，绰号的重复使用也就使美军对他们的指控变成了确凿的证据。人们在传播的过程中，纷纷按照各自的理解进行转述，多次传播后，谎言也可能会变成真理。

其五，作用对象的广泛性。在媒体成为主要信息扩散和传播手段以前，人们主要依赖于面对面的交往。信息网络时代，每个个体都是信息源，从理论上讲，任何个体或者群体都可以在瞬间让世界其他地区了解其传播的信息，信息对大众心理的引导和操纵发生了质和量的变化。正如法国社会政治学家塔德曾描述的，“在古代，一个拥有 2000 名市民的城镇可能由 20 位演讲者或氏族领袖所统治，其比例是 1 ： 100。而现在，只要 20 位热心的或现成的新闻记者，他们就能统治多达 4000 万市民（指的是 4000 万法国人口）。这个比例是 1 ： 200000”。这就意味着，互联网等现代媒体传播的精神信息影响力远远超过以往社会。比如说，一些所谓的网络大 V“秦火火”“薛蛮子”等，以“公知”的面目出现，在网络上谩骂政府、传播历史虚无主义、大肆造谣、抹黑中华民族、愚弄大众，造成了恶劣的社会影响。精神信息不仅可以实现对别国大众进行心理暗示和信息攻击，也可能对本国民众造成一定的心理影响，当然更有可能在全球范围内构建虚假信息和进行心理操纵。也正因为如此，承担对外宣传和颠覆职能的“美国之音”“自由亚洲”及“自由欧洲”等广播机构，被法律禁止在美国本土进行广播宣传。

其六，影响效果的渐进性。物质信息的作用效果比较明显，有时可以立竿见影。但精神信息的作用需要循序渐进地进行，不能指望产生立竿见影的效果。比如，冷战期间，以美国为首的西方国家就是通过文化交流等活动，逐渐把西方的价值观念渗透到苏联和东欧等社会主义国家，达到和平演变的目的。如今，美国等西方国家又对我国先后推出了“国际访问者计划”“富布赖特计划”，在我国设立各种“培训中心”“交流中心”“基金会”等，大量接受我国留学生和访问学者，通过政治、经济、科学、文化等各种学术交流，灌输、渗透西方“民主”“自由”等思想和价值观念。美国兰德公司在一份战略研究报告中称，“这些受过西方生活方式熏陶的留学生回国以后，其威力将远远胜过派几十万军队去”。

三、被妖魔化的“中国式”

文明入侵从哪里开始？认知空间制脑权争夺的焦点在哪里？中国人也许做梦也没想到，一些人除了制造令人目眩神迷的“美国梦”“欧洲梦”之外，还通过媒体、影视、书刊、文化交流、民间外交等形式及活动，对我国开展多途径、多波次、多领域的意识形态渗透与瓦解，“奏响了”一曲曲妖魔化中国的病态“交响曲”。

1. 瓦解信仰系统

信仰系统是一个国家和民族的文化价值系统，包括国家意识形态、社会价值观以及人们的思想道德观，它是人们思想和行动的总开关、总闸门。思想道德的滑坡是最致命的滑坡，理想信念的动摇是最危险的动摇。美国等西方国家对我国推行“和平演变”战略，把意识形态的渗透放在首位，强调要与社会主义国家“进行一场思想战争”，利用新闻媒体造谣惑众，诋毁社会主义声誉，败坏党和国家形象，宣扬资产阶级的生活方式和价值观念，力求在瓦解信仰系统的基础上争取人心，为“颜色革命”鸣锣开道。

唱衰。意识形态领域渗透与反渗透、颠覆与反颠覆斗争本质是两种制度模式、两种价值观念的较量。以美国为首的西方国家把社会主义中国视为对其制度模式和价值观念的威胁和挑战，通过“唱衰”中国，“明修栈道，暗度陈仓”，达到不断牵制遏制和西化分化我国的目的。（1）唱衰共产主义。最具代表性的是尼克松的《1999——不战而胜》、布热津斯基的《大失败：20世纪共产主义的诞生和灭亡》、福山的《历史的终结与最后的人》等。他们大肆宣扬社会主义正在走向灭亡，企图从根本上动摇人们的共产主义信念。比如，1989年，当中国和苏联等社会主义国家在探索改革之际，福山发表《历史的终结？》一文，宣称社会主义已经完全失败，人类社会发展的意识形态之争，以西方的自由民主制度“成为普世性的人类政府的最终形式而告终结”。当时苏东的剧变和频频上演的“颜色革命”，似乎印证着福山的论断。（2）唱衰中国经济。从20世纪80年代撒切尔夫人，到《纽约时报》专栏作家保罗·克鲁格曼，再到麻省理工学院教授莱斯特·瑟罗，20多年来，一些西方政要和智库精英以唱衰中国经济为己任，孜孜不倦地“预言”中国经济何时何地就要出现负增长，甚至宣扬中国经济发展新常态就是经济滑坡代名词，断言中国经济“搞不下去了”，“崩溃论”“悬崖论”等甚嚣尘上。（3）唱衰中国文化。近代以来，西方国家利用自身的科技优势和经济实力，推行以剿灭他国文化为目的的“文化沙文主义”和“文化一元论”，虚构出西方文化优越论。极力唱衰中国文化，认为中国文化是专制的、黑暗的、野蛮的文化，而西方文化是先进的、民主的、有前途的文化。我国不少人对西方文化盲目崇拜，对中国文化缺乏应有的自信心。

炒作。西方敌对势力和国内一些别有用心的人，揪住我国发展中出现的矛盾问题，大做文章，将个别问题扩大化，将单一问题复杂化，将一般问题政治化，进而否定我国改革发展成就，最终把所有问题都归结为我国社会主义制度造成的，制造意识形态攻势。（1）炒作经济社会热点问题。经济社会热点问题扩散性强、关注度高、影响面大，一些人抓住这些问题站在党和政府对立面，借题发挥，在网络上散布负面言论，宣泄不满情绪。借雾霾污染、食品药品安全、医疗纠纷、征地拆迁等问题，炒作所谓“治理失败”，试图把这些问题作为推动“公民社会”政治运动的突破口。借经济结构调整、物价上涨、房价高企、股市低迷等问题，散布各种悲观言论，影响人们对经济发展的信心。借贪污腐败、贫富差距等现象，渲染干群矛盾，抹黑党员干部队伍形象，制造群体对立，等等。（2）炒作思想理论热点话题。思想理论领域长期活跃复杂，多元思想文化、多种话语体系、多个舆论场相互交流交融交锋，已是一种客观存在。一些人不时借题发挥，乘机炒作，散布错误观点言论。以西方宪政民主为标尺评判我国政治制度，散布共产党“一党执政”政治体制必然导致弊政丛生、走向黄昏，称腐败是制度问题，只有走西方宪政道路才是唯一出路。称全面深化改革是“政左经右”“经改敞门、政改闭门”，把改革定义为往西方政治制度的方向改，否则就是不改革，并割裂全面深化改革的总目标，将推进国家治理体系和治理能力现代化歪曲为西方化、资本主义化。这些论调实际上都是企图否定中国共产党的领导和社会主义制度，把中国特色社会主义引向歧途。（3）炒作国际热点事件。国际热点事件越来越容易传导到国内发酵，被敌对势力和别有用心的人用以攻击我们党、政府和人民。在乌克兰局势演变过程中，有的影射我国政治体制和社会矛盾，有的煽动到乌克兰“取经”，试图将境外“公民社会运动”

模式和手法引入我国境内，搞所谓的“街头政治”，企图制造“颜色革命”。有人借美国大选、缅甸领导人更迭等，开展所谓“民主启蒙”，借机评判我国省市县区党委人大政府政协换届等工作，诋毁中国共产党的领导和我国政治制度。

渗透。当今时代，西方国家推行“和平演变”战略，并不像以前那样“直白”，而是在无形中推行其政治观点和思想价值观念。（1）文化渗透。在美国精英们看来，运用文化力量来潜移默化地推行西方制度和价值观，不仅是瓦解对手的有效途径，而且是按照美国战略构想来塑造世界的最重要也是最隐蔽的策略手段。西方国家通过新闻、电影、电视等手段，以“全民娱乐化”的方式，悄然进入我国各种媒体，大肆渲染个人主义，并标榜“现代”“自由”的假象，使得个人凌驾于公众、社会之上，追求感官刺激和金钱暴力，从而腐蚀社会主义国家人民的思想、价值和观念。（2）组织渗透。西方国家将非政府组织作为渗透的重要工具，与我国境内组织和人员相勾连，变相在我国境内设立办事机构，打着慈善、扶贫、医疗、环保等旗号，极力向我国高等院校、新闻媒体、边远贫困地区、基层群众渗透，插手基层选举，资助非法民间组织，对妇女、青年和农民工进行政治参与培训，有计划地不断推出敏感话题的深度报告，炮制种种题材的“政治漫画”，丑化我国领导人和社会主义制度。特别是一些非政府组织，利用一些地方建设PX等重大项目和垃圾处理等环保工程，散布谣言，制造恐慌，甚至以“维权”为名煽动抗议游行，部分已成为遏制我国发展和意识形态渗透的“棋子”。（3）宗教渗透。传播宗教是近代以来西方国家对我国进行文化渗透的主要途径。他们披着“传播福音”的华丽外衣，以宗教交流、传播，学术研讨等为掩护，以宗教信仰自由为借口，传播各种非马克思主义和反马克思主义意识形态，并有计划地将宗教问题政治化，支持达赖喇嘛谋求“西藏独立”，鼓动法轮功邪教分子闹事，并出资160亿美元“要把中国基督教化”，等等。美国《时代周刊》前驻北京记者大卫·艾克曼在《耶稣在北京》一书中说，“在中国，上至政治学术精英，下至农民工人百姓，信仰基督的人数至少有8000多万，超过中共党员的人数。未来30年，中国经济在实现持续高速发展的同时，基督徒的人数会达到中国人口的1/3，中国这条东方的巨龙，或许会被基督的羔羊所驯服”。

2. 篡改历史记忆

“欲灭其国，先灭其史。”历史虚无主义的一个显著特点，就是否定历史唯物主义与历史决定论，通过否定历史主体，来颠覆唯物史观。人的思想与社会意识形态总是同历史记忆紧密相连。无论是个体的精神世界，还是国家和民族的文化传统，它们都是浓缩的过去，都是值得珍惜的财富。一旦某些别有用心的人通过某种手段巧妙地“隔断”个体或群体的历史记忆，使他们失去精神的家园，也就扫除了对其进行价值观和意识形态渗透的障碍，为各种错误杂乱的思想入侵敞开了大门。这些年的荧屏上，一些影视作品将历史等同于故事，肆意歪曲历史，这种对历史不负责任的创作态度堪忧。比如十四年抗战对中国人民来说是一部沉甸甸的英雄史和血泪史，战争的残酷和惨烈程度远远超出和平年代人们的想象，抗日英雄是时代的楷模和民族的脊梁，然而他们又是和我们一样有着血肉之躯的凡人，并没有三头六臂，也不是刀枪不入。可在有的影视作品中，这些活生生的英雄却被刻画成无所不能的“超人”，他们靠绣花针、缩骨功、易容术等与日军对垒……

这些令人眼花缭乱的金庸武侠小说中的功夫炫技，淹没了民族抗战这个极其悲壮和沉重的历史主题。如此戏说历史、戏谑英雄的做法，不仅模糊了观众对抗战英雄的正确认知，也颠覆了他们的历史观和价值观，其直接后果就是“割断”了民族精神的传承，导致历史虚无主义。

其一，歪曲和否定党史军史和改革开放史。用所谓“反思”“新解”“人性论”“发现新大陆”等手法，否定中国近现代革命史，诋毁社会主义革命、建设、改革开放历程和取得的成就。将革命与现代化完全对立起来，大肆宣扬“抗战救国即祸国论”“抗美援朝有害论”，更为“奇葩”的是所谓“历史退步论”——大清比北洋好，北洋比民国好，民国比当今好，若日本统一了中国就最好。有人提出“告别革命论”，认为革命只会给中国带来灾难，辛亥革命、土地革命、抗日战争、解放战争等一系列革命都阻碍了中国社会的发展与进步，如果以改良主义代替暴力革命，中国的历史和命运就会大为不同。贬损正面历史人物、革命英模特别是党的领袖，热衷于为汪精卫、陈公博、周佛海等汉奸翻案，说他们是“无罪而有功”，甚至借此机会为国民党人物戴笠、张灵甫“恢复名誉”，连刽子手山本五十六竟也成了美女心目中智勇双全的“男神”。其目的是借重新评价历史之名，瓦解党的领导和社会主义道路的合法性正义性。

其二，借重要时间节点和重大历史事件散布错误言论。借毛泽东等党和国家领导人诞辰之际，丑化党的领导人和革命前辈，否定毛泽东同志和毛泽东思想。恶意把毛泽东在探索社会主义建设过程中所犯的错误说成是“罪恶”，把“大跃进”“人民公社化运动”描绘成“草菅人命”的故意所为，甚至捏造出“饿死几千万人”的谎言。用西方的“权力斗争”歪曲党的历史。把“延安整风”“高饶事件”“庐山会议”“文化大革命”等，说成是毛泽东为了“个人权力”而搞的党内斗争。就连《毛泽东选集》的著作权也遭到质疑，有人甚至说，毛泽东的文章只有12篇出自本人之手，其余都是由他人代笔。借纪念抗日战争胜利70周年，抬高国民党的作用，否定中国共产党的中流砥柱作用，捏造谣言说，“整个‘二战’期间，死于共军之手的日军仅仅851人”“敌后战场的游击队没有起多大的作用”，抹杀国共合作达成之后蒋介石发动的三次反共高潮、制造皖南事变、不断制造国共之间军事“摩擦”的史实。质疑“两个不能否定”，故意放大问题、夸大失误和挫折，把改革开放前后两段历史割裂开来、对立起来。炒作所谓“左”“右”之争，企图扰乱人们的思想。这些否定和歪曲历史的言论，目的就是要通过否定中国共产党历史和新中国历史，削弱执政党的历史基础和思想根基。

其三，借网络新媒体肆意妄为，大行其道。网络信息传播的微型化、碎片化，使人们的思维方式甚至自我意识发生深刻变化，碎片化思维越来越明显。历史虚无主义者利用各种论坛、博客、微信、微博以及视频网站，大肆散播恶搞革命领袖、民族英雄、爱国人士的图片、视频及“段子”，出现了一种看待历史、思考历史、分析历史的所谓“微博史观”。这种错误的言论和历史观，有的断章取义，有的伪造历史事件，有的散布政治谣言，特别是对一些历史事件不讲前因后果地任意剪裁，把一部完整的历史碎片化、简单化和随意化，这种“微博史观”正在消解着“唯物史观”。在某些“大V”笔下，“丑陋的中国人”既愚昧迷信又狡诈自私，既无法无天又奴性十足，既毫无诚信又死守教条，总之，中华民族就是一个愚昧没落的民族。在某些网络写手笔下，开历史倒车的李鸿章、袁世凯，竟然是走向共和的最大功臣。一篇名为《林则徐飞起一脚，把中国踹入万劫不复的深渊》的网文说，“在中国历史上，论起祸国殃民，林则徐绝对位列三甲，甚至很可能夺得状元的桂冠”。一位曾经登过《百家讲坛》、拥有1300多万微博粉丝的北京某历史教师，长期对党和国家的革命、建设进程中的重大历史事件进行造谣和歪曲，对开国领袖和民族英雄进行污蔑和诋毁。这类颠倒黑白、是非不清的荒诞论调，在网络空间肆意传播，造成了极其恶劣的影响。

3. 改变思维范式

一个国家和民族都有其特定的思维范式，它是人们认识世界的前提。特别是社会精英阶层，他们的思维范式、思想认识对全社会的思想、价值观念和意识形态认同起着引领作用。但是人的理性思维是有弱点的，通过操纵可向其中灌输“病毒程序”，促使人们背离明显的事实而接受谬误甚至有时是荒唐透顶的结论。冷战末期，西方对苏联进行的思想攻击，就是通过影响苏联一些经济学家的理性思维，让其在苏联国内发表一系列迎合西方意图的公共言论，隐蔽性地“劝说”苏联人民放弃自己国家的社会制度与民族文化，以“彻底的”“无条件的”态度迎接西方所谓的“文明新时代”。在我国，某些经济学家经常发表一些言论——“卖国不是什么严重的错误，出卖人民才是严重的错误”、“进入21世纪以后，国防的重要性越来越小了”、“中印战争为了几万平方公里基本上没有人口的一片荒地而战，有什么价值”、“领土不完整，少了一块与我何干呢”，等等。这些言论还经常出现在搜狐、新浪等门户网站的主页上，一旦所谓的“社会精英”的思维范式发生混乱，其后果将是极其严重的。

美国等西方国家把“颜色革命”的希望寄托在“社会精英”和年轻人身上。早在一百多年前，美国伊利诺伊大学校长詹姆斯就提醒当时的罗斯福总统说，“哪一个国家能够成功教育这一代中国青年，哪一个国家就因此而在精神和商业两方面收获最大的回报。如果美国在35年前能成功吸引中国的留学生潮流，并使其壮大，那么我们此时就能以最圆满和最巧妙的方式控制中国的发展，那就是以知识和精神支配中国领袖的方式”。并认为“为赢得中国青年而付出成本和代价，即使从物质利益的角度来说也是完全值得的”。2010年1月，美国参议员鲁格尔在美国《外交政策》杂志上发表了一篇名为《微博对抗恐怖》的文章，鼓吹美国国务院应该利用新网络技术，来为美国的全球“自由”推广运动服务，开展所谓“赢心运动”。鲁格尔自信地预言，这种“赢心”运动，必将会对中国年轻人的信仰产生颠覆性影响。为此，美国等西方国家始终不放过任何可能的途径，向中国输出西方的价值观念和意识形态。以教育、社科、法律、文化、经济、民族宗教为重点领域，资助我国一些研究机构开展敏感问题和内部事务的研究，对学术研究、项目、调研施加影响，直接影响文化导向和价值倾向。美国新闻署早在冷战时期就推出“富布赖特计划”，每年利用近2亿美元的资金，开展全球性对外教育、文化交流项目，提出“奖学金的重点应放在青年身上，主要用于人文学科方面”，“外国留学生在美国机构学习时，应加深对民主制度的认识”，“这种学习应从属于美国外交政策的总目的”。通过各种方式拉拢扶持具有一定话语权和影响力的异见分子，既有“文化精英”，也有“民间草根”，给他们颁发各种奖项，企图打造“标杆人物”，利用高校课堂、社会论坛、讲座和研讨会等场所散布错误言论。

早在改革开放初期，邓小平同志就指出：“精神污染的危害很大，足以祸国误民。”“不要以为有一点精神污染不算什么，值不得大惊小怪。

有的现象可能短期内看不出多大坏处。但是如果我们不及时注意和采取坚定的措施加以制止，而任其自由泛滥，就会影响更多的人走上邪路，后果就可能非常严重。从长远来看，这个问题关系到我们的事业由什么样的一代人来接班，关系到党和国家的命运和前途。”当前，我们必须清醒看到，这种风险仍然存在，包括西方宪政民主、“普世价值”、公民社会、新自由主义、西方新闻观、历史虚无主义、质疑改革开放和中国特色社会主义的社会主义性质等错误思潮，仍然在广泛传播和扩散。比如，有的人歪曲中国特色社会主义市场经济理论，否定国有经济主导地位，抹黑国有企业，曲解混合所有制，鼓吹所有制全盘私有化、社会领域彻底市场化，目的是削弱国有经济控制力影响力，瓦解中国特色社会主义经济制度。有的人炮制“党大还是法大”伪命题，宣扬“司法独立”，炒作“宪政”话题，鼓吹“政法机关非党化”，目的是从法治问题上打开缺口，瓦解中国特色社会主义政治制度。有的人把西方“普世价值”奉为圭臬，把社会主义核心价值观中的民主、自由、平等、公正、法治等范畴，说成是“向西方标准看齐”“回归人类文明主流”，目的是借所谓“普世价值”消解中华优秀传统文化和社会主义意识形态，瓦解中国特色社会主义文化制度。如果我们缺乏政治警觉与防范意识，任其发展，就会一步步失去“思想主权”“政治主权”。

4. 攻击民族象征

象征文化源远流长，它起源于远古蛮荒时代，诞生于所有古老民族的神话、传说之中，也来自许多教义抽象的宗教，如服饰、纪念日、纪念碑、仪式、人物等。象征文化不仅是各种意象、情景、事件、典故的组合图，也蕴含着历史和现实的深邃内涵。不同的民族在各自的文化发展历程中，形成了属于自己的特定的象征。如龙、长城是中华文化的图腾，北极熊是俄罗斯的图腾。山羊在西方传统文化中，最初代表魔鬼撒旦与巫术，但在非犹太教与基督教文化的地域又是积极的象征。

我们每个人，作为一个社会个体，不仅生活在现实世界中，也生活在符号建构的意象世界中。作为积淀在一个民族心灵深处的观念，象征连接着人、社会及世界，规约着人们的习俗行为，引导着人们的善恶价值，丰富着人们的精神生活。美国沃尔特·李普曼在《公众舆论》一书中说，“象征常常具有很大的用处和神奇的力量，词语本身就能释放出不可思议的魔力。一想到象征，人们总会兴致勃勃地谈论它们，宛如它们有着独立的力量。而且，那些曾经令人神魂颠倒的象征，从没有完全失去对人们的影响”[①]。借助于移情作用，一旦一个民族拥有了一些伟大的象征，就拥有了一个凝聚社会的情感纽带。它能唤起人们对自然风光、社会习俗、文化制度、精神道德的归宿感，从而使人们为了一个共同的远景而团结在一起，创造和延续新的文明。

美国等西方国家，一方面通过各种影视作品在全球范围内塑造自己的道德偶像，维护民族象征，另一方面又加紧通过扶植网络水军来系统摧毁我国的道德偶像，破坏我们的民族象征。在我国的微博微信以及各大论坛上，各种抹黑我国道德偶像的微信公共账号、微博账号、论坛水军铺天盖地，没有一个我国偶像可以逃脱他们的抹黑。例如，《新华网自爆雷锋照片大多为补拍》《“完美军人”欧阳海是怎样塑造出

① 沃尔特·李普曼：《公众舆论》，阎克文等译，上海：上海世纪出版集团，2006 年版，第 163 页。

来的？》《“英雄少年”赖宁的真正死因》《“当代保尔”张海迪走下神坛始末》《淘粪工人时传祥的悲剧》《“铁人”王进喜是怎样炼成的》《经不起推敲的邱少云》《焦裕禄的事迹是两个人拼凑起来的》《“英雄战士”刘学保的骗局》《草原小姐妹遇险和被救的真相》……这种刻意重新涂抹、攻击一个国家和民族历史上的象征，通过颠倒黑白、公开嘲讽和戏弄话说历史上的辉煌时刻、伟大人物及崇高文化，其后果将是十分严重的，它将导致人们逐渐丧失国家、民族和自我的认同感。

以“狼牙山五壮士”名誉侵权案为例。2013 年 8 月，一张姓网友因发布污蔑“狼牙山五壮士”的微博被广东警方行政拘留七天。9 月，《炎黄春秋》时任执行主编洪振快发表文章《小学课本“狼牙山五壮士”有多处不实》，质疑警方行为，并称此举“开了一个谈论历史有可能获罪被抓的先河”。随后，又撰写《“狼牙山五壮士”的细节分歧》一文，从所谓“历史考据”的角度质疑“狼牙山五壮士”事迹的真实性，在网络上造成了极其恶劣的影响。2015 年 7 月 24 日，“狼牙山五壮士”中的两位英雄葛振林、宋学义的后人葛长生、宋福保起诉洪振快，打响了运用法律武器维护英雄名誉的主动仗。此案历经整整一年庭上庭下的尖锐激烈、错综复杂、跌宕起伏的斗争，2016 年 6 月 17 日，北京市西城区人民法院做出一审判决：令洪振快立即停止侵权行为并公开道歉。判决后，洪振快不服，上诉至北京市第二人民法院。“8・15”日本法西斯无条件投降纪念日迎来终审判决，驳回上诉，维持原判。法院经审理认为，被告洪振快发表的两篇文章在无充分证据的情况下，文章多处做出似是而非的推测、质疑乃至评价，通过强调与主要事实无关或者关联不大的细节，引导读者对“狼牙山五壮士”这一英雄人物群体及其事迹的细节产生怀疑，否定主要事实的真实性，进而降低他们的英雄形象和精神价值。因此，被告实施了侵害名誉、荣誉的加害行为。并且，案涉文章经由互联网传播，产生了较大的影响，伤害了原告的个人感情，伤害了社会公众的民族和历史情感，同时也损害了社会公共利益。

另一个恶劣案例是攻击革命烈士邱少云。2013 年 5 月 22 日，“@ 作业本”账号发布的一条微博，“由于邱少云趴在火堆里一动不动，最终食客们拒绝为半面熟买单，他们纷纷表示还是赖宁的烤肉比较好”。当时，由于这条微博触碰了道德底线，极大地伤害了人民的感情，引起轩然大波。2015 年，又有人在网上从生理忍耐力这个角度，再次质疑邱少云事迹的真实性。而账号为“@ 五岳散人”“@ 大鹏看天下”等一些公知、大 V 推波助澜，热炒该话题。加多宝公司也于 2015 年 4 月 16 日以新浪微博账号“加多宝活动”发文称：“多谢 @ 作业本，恭喜你与烧烤齐名。作为凉茶，我们力挺你成为烧烤摊 CEO，开店十万罐，说到做到，多谢行动。”“@ 作业本”账号立即转发并回应“多谢你这十万罐，我一定会开烧烤店，只是没定哪天，反正在此留言者，进店就是免费喝 !!!”该互动微博在短时间内被大量转发并受到广大网友的批评，在网络上引起了较大反响。2015 年 9 月 20 日，北京市大兴法院对邱少云烈士胞弟邱少华起诉孙杰、加多宝 (中国) 饮料有限公司人格侵权案做出一审宣判，判决两被告于判决生效之日起三日内公开发布赔礼道歉公告，并向邱少华赔礼道歉，消除影响。法院认为，邱少云烈士生前在战斗中表现出的舍生取义、爱国为民的精神，在当代中国社会有着广泛的道德认同，是中华民族宝贵的精神财富，同时也是邱少云享有崇高名誉和荣誉的基础。孙杰发表的言论是对邱少云烈士的人格贬损和侮辱，属于故意的侵权行为，且该言论通过公众网络平台快速传播，已经造成了严重的社会影响，伤害了社会公众的民族和历史感情，同时损害了公共利益，也给邱少云烈士的亲属带来了精神伤害。加多宝公司的言论及互动在网络平台上迅速传播，遭到了广大网友的谴责，产生了较大负面影响，再次给邱少云烈士的家属造成了精神损害。此外，加多宝公司作为国内知名饮料厂商，具有一定的社会影响力，在其为庆祝“销量夺金”精心策划的“多谢活动”中未尽到合理审慎的注意义务，存在主观上的过错，应当对其言论产生的负面影响和侵权事实，承担相应的法律责任。

这些挑战社会底线的行为充分表明，信息网络时代，一些网络“大V”、不良商家及人员，利用网络对英雄的攻击已然到了肆无忌惮的程度，这也从一个侧面提醒我们，意识形态领域斗争的制高点必须占领。

四、堡垒最容易从内部攻破

列宁曾经说过，堡垒最容易从内部攻破。然而，70 多年后，列宁亲自缔造的布尔什维克党却丧失了执政地位。1991 年苏联解体时，苏共领导人也曾想力挽狂澜，但在生死攸关的关键时刻，苏共却未能得到苏联人民和 1500 多万党员的支持，连军队也拒绝执行命令。当苏共党组织被查封，财产被没收，也没有任何工人、农民、公务员、苏共党员自动集合起来抗争，甚至连游行抗议活动都没有，发人深省。正如原苏共中央书记处书记、戈尔巴乔夫办公厅主任瓦列里·博尔金所说，“苏联的瓦解是由内部引起的，是党内、国内的一小撮反对派通过煽动性的口号造成的”①。

① 瓦列里·博尔金：《震撼世界的十年——苏联解体与戈尔巴乔夫》，北京：昆仑出版社，1998 年版，第 3 页。

1. 放弃意识形态主导权

古往今来，任何一个国家都有自己占主导地位的意识形态。马克思列宁主义指导思想，是把苏联社会各阶层和上百个民族凝聚起来的纽带和核心。苏联政治意识的变化是从“否定斯大林”开始的。在苏共二十大闭幕会上，赫鲁晓夫做了《关于个人崇拜及其后果》的“秘密报告”，揭露斯大林在大清洗中的“暴行”，进而从根本上否定斯大林。随后，赫鲁晓夫决定在莫斯科红场不再悬挂斯大林画像，并要求中国等社会主义国家也不要挂斯大林画像。后来又把斯大林遗体从红场的陵墓中迁出，向全世界公开全盘否定斯大林的立场。赫鲁晓夫的“非斯大林化”，在意识形态领域制造了混乱，动摇了苏联人民对社会主义的信仰和信心，破坏了党和群众的关系，开启了否定苏联历史的先河。20 世纪 80 年代以前，虽然苏联出现了各种各样政治色彩的反马克思主义思潮和“持不同政见者”，但在广大人民群众中的政治影响甚微。1985 年，戈尔巴乔夫上台执政后，看到苏联社会问题成堆，于是顺应历史潮流，对社会的各方面进行改革。但是，在当时国内外各种政治势力和思潮的影响下，改革逐渐偏离了社会主义方向，背离了原来“完善社会主义”的宗旨和轨道，丧失了马克思列宁主义在苏联的指导地位，最后改革变成了改向，葬送了社会主义事业。

戈尔巴乔夫从“革新意识形态”和建构自己的“改革哲学”两方面入手，来阉割和歪曲马克思列宁主义的基本原则和精髓。他口口声声“坚持社会主义”“向列宁求教”，反对“思想僵化”“反对教条主义”，一旦时机成熟，就抛出自己破除“旧思维”的所谓“新思维”。1987 年 11 月，戈尔巴乔夫应美国出版商之约出版了《改革与新思维》

一书，阐述了所谓“新的政治思维和对外政策的哲理”，主张“全人类的价值高于一切，全人类利益高于阶级利益”，用“全人类普遍价值”“共同文明道德准则”，以及抽象的人道主义和民主主义“革新（苏联）意识形态”。由于这种“革新”是在“给社会主义以崭新面貌”的旗帜下进行的，因此迷惑吸引了很多人。“新思维”不仅代替马克思列宁主义成为苏共推行改革的指导思想，而且形成了“人道的民主的社会主义”路线和纲领。为了“革新意识形态”，戈尔巴乔夫先是鼓吹广泛的、无限制的“公开性”，后来又进一步提出“社会主义多元化”和“意识形态多元化”，鼓励和纵容新闻宣传部门片面诠释苏联历史，渲染和夸大阴暗面，贬低乃至一概抹杀苏联社会主义事业的成就，把赫鲁晓夫对斯大林的否定发展为历史虚无主义，否定社会主义历史，否定历史人物，诬蔑以往的社会主义是“扭曲变形的社会主义”“官僚专制的社会主义”。

戈尔巴乔夫还任命雅科夫列夫担任掌管苏共意识形态工作的宣传部长，盖达尔负责苏共最重要的理论刊物《共产党员》杂志及《真理报》的经济部。雅科夫列夫是一个隐藏在苏共内部的反共反社会主义分子，他通过对戈尔巴乔夫施加影响和利用负责领导宣传舆论工作的权力，力图改变苏共性质和毁掉苏联社会制度。后来，他同戈尔巴乔夫分道扬镳，转而支持叶利钦，同谢瓦尔德纳泽等人组建“民主改革运动”公开反共，1991 年 6 月被苏共开除出党。盖达尔缺乏对苏联经济社会生活的深刻了解，只会把西方经济学教科书上的东西当作法宝，是公认的思想“西化”严重的人。正是这样一批非马克思主义者和政治上的投机钻营之徒管理意识形态领域，导致苏联思想理论混乱、舆论失控。报刊和新闻、广播连篇累牍地发表反对马克思列宁主义、攻击社会主义的谬论，连《消息报》《真理报》也不例外。闸门一旦被打开，形形色色的反苏反共反社会主义的思潮便如洪水般地奔涌而出，持各种各样政见的组织、团体粉墨登场：一类是打着“民主化”“改革”招牌，鼓吹社会民主主义、泛民主主义或新自由主义；一类是“民主联盟”等赤裸裸反共反社会主义团体，还有“人民阵线”等民族分裂主义势力。对这些以苏共“反对派”面貌出现的非正式组织，戈尔巴乔夫则采取纵容立场。一时间，反马克思列宁主义、反社会主义思潮成为一种“时尚”，世界社会主义中心竟然变成了世界反社会主义中心。

2. 物色“代理人”

20 世纪 50 年代初，美国国务卿杜勒斯认识到，对社会主义国家，尤其是对苏联、中国这样的大国，单纯用军事手段，从外部进攻是攻不破的，而且很可能越攻凝聚力越强，必须变换策略，借助其内部力量。为此，他们开始有计划、有组织地在社会主义国家内部培植“代理人”，支持和收买持不同政见者和反对派组织。前苏共中央政治局委员、苏联部长会议主席雷日科夫在《大动荡的十年》一书中谈到戈尔巴乔夫和叶利钦的历史责任时说：“戈尔巴乔夫把国家引向资本主义，而叶利钦、盖达尔及其一伙则把国家引到了资本主义，而且是野蛮的资本主义。”“这就是两个领袖——改革领袖戈尔巴乔夫和后改革领袖叶利钦的主要的背叛。”

美国政府从内部肢解苏联的行动计划始于 1981 年春，策划大致完成于 1986 年年底，也就是戈尔巴乔夫与里根在冰岛的雷克雅未克单独会见之后，前后一共耗时五年多。当时负责策划这次行动的核心人物有总统里根、中央情报局局长威廉·凯西、总统国家安全助理理查德·艾伦和国防部长卡斯帕尔·温伯格。当时，哈佛大学历史学家理查德·帕普斯为里根草拟了美国对付苏联最新战略计划，代号为“NS-DD-75”。该计划认为：“我们当前的目标已经不是与苏联共存，而是要改变苏联的制度。”“通过利用苏联内部的弱点来动摇苏联制度是美国的目的。”俄罗斯《共青团真理报》2010 年 12 月 8 日披露，美国策划肢解苏联的措施包括建立反导防御体系拖垮苏联经济、扶持民族分裂势力瓦解苏联、在苏共上层物色“代理人”等。被美国等西方国家看中的代理人，最具代表性的就是戈尔巴乔夫和叶利钦。对此，戈尔巴乔夫后来公开承认，在雷克雅未克会见时，“实际上已把苏联交付美国听凭处置”，“如果没有里根这样强有力的人物，整个过程就不会开始……这次峰会上我们……走得已经那么远，根本就不可能再有回头路”。

关于上述这段历史，英国前首相撒切尔夫人于 1991 年 11 月 18 日访问美国时，在休斯敦发表演讲直言不讳地透露了西方国家“是怎样瓦解苏联的”。20 世纪 80 年代初，撒切尔夫人的专家智囊认为，戈尔巴乔夫“不够谨慎，容易被诱导，极其爱好虚荣。他与苏联政界大多数精英关系良好，因此，通过我们的帮助，他能够掌握大权”。1984 年，撒切尔夫人与戈尔巴乔夫在伦敦郊区的切克斯别墅进行了秘密会谈，随后，西方各国立即“盛赞”戈尔巴乔夫是“苏联理想的接班人”“具有新思想的新一代领导人”“可以打交道的人”。于是，戈尔巴乔夫那颗带有招牌式胎记的半秃脑袋在当时常常会出现在西方的各种杂志上，其中包括《时代周刊》。后来，撒切尔夫人不无自豪地说：“是我们把戈尔巴乔夫提拔起来当了主席。”撒切尔夫人还谈到了扶持叶利钦的过程。当时，围绕是否推举叶利钦作为“人民阵线”的领袖，进而推选其进入俄罗斯联邦最高苏维埃成为俄罗斯领导人，争论激烈，分歧很大。经过多次接触和约定，还是决定“推出”叶利钦。基于叶利钦反共反社会主义的“坦率”态度，美国也随即将他作为重点扶持对象。1989年3月，叶利钦当选苏联国会议员，并成为“民主反对势力”实际领导人。9月叶利钦“非正式访问”美国，受到美方破格接待，美国总统、副总统、国务卿和前总统里根等诸多政要同他会晤。叶利钦回国后，随即加紧展开反共活动。撒切尔夫人说：“在1991年‘8·19’事件期间，我们也给叶利钦以极大的支持。当时苏联上层少数人隔离了戈尔巴乔夫，企图恢复维系苏联统一的制度。叶利钦的支持者坚持住了，并且掌握了控制强力部门的绝大部分（虽然不是全部）实权。”“我负责任地告诉诸位，不出一个月的时间你们就会听到法律上苏联解体的消息。”果然，一个月后苏联就土崩瓦解了。

实践证明，身居党和国家权力顶峰的戈尔巴乔夫和叶利钦在苏共垮台、苏联解体中，起到了西方政治家起不到的作用。由此也不难理解，西方为何要将诺贝尔和平奖授予戈尔巴乔夫。

3. 蜕化变质的“特权阶层”

这种蜕化变质，主要表现在身居高位、拥有很大权力的各级领导干部身上。苏联共产党执政以后，一些领导干部高高在上，脱离群众，脱离实际，养尊处优，对群众的疾苦漠不关心，关心的只是如何维护自身的既得利益，理想信念在一些共产党员和人民群众中逐渐淡化。特别是20世纪80年代中期以后，随着戈尔巴乔夫自由化经济改革政策的推行，原先体制内的官僚特权阶层，除了享受种种堂而皇之的特权待遇，而且还在改革的名义下，通过改组经济管理系统、银行系统、分配系统，把最盈利的国有企业私有化，或者直接控制着巨额财富，实现了财富的迅速积累。通过各种“合法”的私有化手段，官僚特权阶层将支配权质变为实际所有权，将隐形占有变成公开合法占有，形成了极少数人掌控的寡头利益集团。这些集团的领导人绝大多数都是苏联的党政高级官员。当时甚至连共青团也动了起来，开始经营“共青团经济”，开办共青团商品交易所等。如果说，从前的财产归高级官员支配但并不占有，现在这些财产则都转为法律认可的私有财产，这些变化的实质是把高级官员在政治经济中的权力置换成财产。

戈尔巴乔夫执政后期，苏共领导层的绝大多数人已经不是社会主义的坚定支持者，这些蜕化变质的“特权阶层”在苏共瓦解过程中看到了自己的机会，野心与私利不断被诱发并膨胀。当他们感到社会主义制度朝不保夕，他们挂在嘴边的马克思主义理论、社会主义、共产主义理想和罩在身上的共产党人的光环都已失去了利用的价值，原有的特权必须改头换面，而资本主义是他们既得利益合法化的最合适的制度时，便不顾一切扯去最后一块遮羞布，成为公有制的最有力的摧毁者和私有化的最实际的推动者。据美国马萨诸塞大学经济学教授大卫·科兹在《来自上层的革命》[①]一书中披露，1990 年前后美国和西方的一些民意调查机构到苏联进行了许多民意测验，了解苏联人对社会主义和资本主义的态度。在广大群众中，民意测验的结果是：只有 5% ~ 20% 的人主张实行资本主义，高达 80% 的人希望坚持社会主义。但在 10 万人左右的占据着党政机关重要领导岗位的“精英集团”中，测验的结果却完全相反：只有 9.6% 的人主张坚持社会主义，12.3% 的人赞成民主社会主义，高达 76.7% 的人希望实行资本主义。这与人民

---

① 大卫·科兹、弗雷德·威尔：《来自上层的革命》，北京：中国人民大学出版社，2008 年版。

群众的态度形成了鲜明对比。至此，苏联官僚特权阶层进一步演化，呈现出典型的机会主义、实用主义和物质主义，并进一步演化为反社会主义性质，苏共特权阶层最终毁灭了苏共和苏联。

苏联解体，带给俄罗斯民族近十年经济社会的严重停滞，甚至倒退，被普京总统称为“20 世纪最严重的地缘政治灾难”。在俄罗斯人看来，后苏联时期可以用“混乱”一词诠释，不仅是电视、报纸、杂志、网络等西方文化传媒的大肆涌入，更是国家内部道德体系、语言文化、社会价值的全盘“混乱”。其表现包括国民共同价值观的扭曲，反社会行为、恐怖行为、侵略行为增多、错误落后的历史观念泛滥，个人主义、无视他人权利的现象盛行等，而这一切极大地威胁着国家安全和领土完整，瓦解俄罗斯多民族国家团结，侵蚀传统高尚的俄罗斯精神和道德价值。

吸取苏联解体的惨痛教训，今天的俄罗斯极其重视主流意识形态构建，重铸社会内部堡垒。2016 年 2 月 29 日，俄罗斯联邦政府历经一年多的讨论和完善，颁布了《2030 年前俄罗斯联邦国家文化政策战略》，全面开启俄罗斯民族文化复兴计划的帷幕。该《战略》致力于解决国家层面出现的现实问题，确定了国家战略实施的优先领域和战略重点，旨在对抗“文化侵略”，谋求“文化回归”，重振“文化认同”。也正因为如此，当代俄罗斯学界普遍认为，构建统一的文化政策战略具有重大的现实意义。

五、坚守意识形态上甘岭

抗美援朝是新中国的立国之仗，由此确立中国在世界上的大国地位。在这场波澜壮阔的战争中，有一场战役为世人所熟知，那就是“上甘岭战役”。“上甘岭战役”交战双方实力悬殊，战况惨烈，结果却出人意料，让众多中外军事专家百思不得其解：究竟是什么，导致这场战役如此结局？曾经亲自指挥上甘岭战役的秦基伟将军所说的一句话，回答了这一问题，“上甘岭战役既是敌我双方军力的较量，又是两种世界观、两种价值观、两种思想体系的较量”。正是坚定的理想信念所赋予的超人勇气和钢铁意志，使得劣势装备的中国人民志愿军创造了战争奇迹。当前，世界范围内各种思想文化交流、交融、交锋更加频繁，思想文化领域斗争深刻复杂。西方国家把我国发展壮大视为对其价值观和制度模式的挑战，加紧对我进行思想文化渗透，我们在意识形态领域面临的斗争和较量是长期的、复杂的。因此，我们必须牢牢掌握意识形态工作的领导权、管理权、话语权，否则就会丧失认知空间争夺的“制脑权”。

1. 不忘初心

习近平主席在庆祝中国共产党成立 95 周年大会上的讲话中指出：“坚持不忘初心、继续前进，就要坚持马克思主义的指导地位，坚持把马克思主义基本原理同当代中国实际和时代特点紧密结合起来，推进理论创新、实践创新，不断把马克思主义中国化推向前进。”

不忘初心，就是要坚持共产主义理想信念。理想因其远大而为理想，信念因其执着而为信念。不论是理想，还是信念，都是一切伟大事业的出发点。当中国共产党成立，召开第一次全国代表大会的时候，全国只有 50 多名党员，一大代表仅 13 个人。辛亥革命之后，政党政治在中国兴起，前前后后成立的政党、政治团体有 300 多个。据记载，当时的北京，人们见面时说的第一句话不是问你吃饭了没有，而是问你党否？就是说你加入了什么党，可见当时的政党之多。但是我们现在回头去看这段历史，大多数政党都是昙花一现，从中国历史上消失了。当年会聚在共产国际旗帜下的各国共产党，也大都或遭受镇压，或解散重组，或失去政权，或改弦更张。只有中国共产党历近百年而不衰，生命力日益强壮，战斗力日益增强，党的队伍不断扩大，“归根结底是因为我们党有远大理想和崇高追求”。立党之初，我们党就把马克思主义作为自己的行动指南，把共产主义远大理想写在自己的旗帜上，把中国人民对独立、富强、民主、文明的美好追求担在了肩上。历史警示我们，忘掉了初心，丢掉了信仰，就会导致红旗变色、江山易主。走向未来，我们党坚定不移把中国特色社会主义伟大事业推向前进，坚定不移地把实现“两个一百年”奋斗目标推向前进。这是我们党实现远大理想和崇高追求的伟大实践，是坚持不忘初心、继续前进的最好行动。

理论上清醒，政治上才能坚定。不忘初心，就是要永远保持对马克思主义科学真理的真诚信仰。很多时候，信仰是选择的结果。中国共产党人的理想信念，是建立在对马克思主义的深刻理解上，建立在对历史规律的深刻把握上。人类文明史，就是科学文化与人文文化发展的历史，分别体现着人类对真与善、实然与应然、工具理性与价值理性的追求。马克思是第一个把世界作为一个整体来研究的人，揭示了自然界、人类社会、人类思维发展的普遍规律。从为人类谋福利的道德信念，到对人的命运的客观探讨，再到人与世界关系的总体把握，直至追求“每个人的全面而自由的发展”，马克思主义开辟出一条个人和人类追求超越性价值的道路，在科学与人文之间架起了一座桥梁，把科学的真理性与价值的超越性，统一于共产主义理想之中。从这个意义上说，无论时代如何变迁、科学如何进步，马克思主义依然显示出科学思想的伟力，依然占据着真理和道义的制高点。背离或放弃马克思主义，我们党就会失去灵魂，迷失方向。

时代是思想之母，实践是理论之源。实践发展永无止境，我们认识真理、进行理论创新就永无止境。我们要以更加宽阔的眼界审视马克思主义在当代发展的现实基础和实践需要，坚持问题导向，坚持以我们正在做的事情为中心，聆听时代声音，更加深入地推动马克思主义同当代中国发展的具体实际相结合，不断开辟21世纪马克思主义发展新境界，让当代中国马克思主义放射出更加灿烂的真理光芒。

2. 增强阵地意识

毛泽东曾经说过，“掌握思想领导是掌握一切领导的第一位”。历史和现实告诉我们，一个政党要执政兴邦，一个国家要长治久安，就必须牢牢占领意识形态主阵地，夯实共同奋斗的思想根基。敌对势力颠覆一个政权、搞乱一个国家，也往往首先从意识形态领域打开缺口，思想防线一旦被攻破了，其他防线也就很难守住。

思想的田野，真理不去占领，就会杂草丛生；心灵的空间，阳光不去播洒，就会霉菌疯长。在传统观念里面，我们认为“两报一刊”是新闻媒体的主阵地，只要占领了主阵地，就牢牢掌握了意识形态的主动权、管理权、话语权，现在这种情况发生了根本变化。随着信息网络迅猛发展，新兴媒体快速兴起，广大受众特别是青年群体都把网络作为获取信息的主渠道，社会舆论的形成和传播更加多元化，媒体格局和舆论生态正在重塑调整。根据网络的“长尾”性质，网络信息的价值不仅仅局限于“名牌”，“名牌”效应往往只占20%，而“非名牌”的效应占到 80%，形成了一个“长尾”。比如，一家大型的实体书店通常只能摆放 10 万本书，但亚马逊网络书店的图书销售额中，有 1/4 来自排名 10 万以后的书籍。这些“冷门”书籍的销售比例正在高速增长，预计可占整个书市的一半。亚马逊“冷门”书籍的高销售量，就是网络“长尾”性质的体现。新兴网络媒体也是一个“长尾”。虽然《人民日报》《解放军报》等主要报刊及网站是党和军队领导的，但其信息影响力只占到了 20%，微信、微博等新兴网络媒体的信息影响力可能占到了 80%。如果丢掉了这个“长尾”，就意味着丢掉了意识形态的主阵地。

当前，认知空间“制脑权”争夺主要在三个地带展开。第一个是红色地带，主要是由主流媒体和微博、微信、论坛、博客等网络媒体上的正面力量构成的，这是主阵地，必须牢牢占领。第二个是黑色地带，主要是由那些“凿船党”“推墙党”等在网上和社会上散布的负面言论构成，他们虽然是少数，但掌握着不少门户网站、微博、博客等新媒体的控制权，不时兴风作浪，不可小觑。第三个是灰色地带，处于红色地带和黑色地带之间，他们是沉默的大多数，是红黑双方都要争夺占领的地带。对于不同地带，要采取不同策略。对红色地带，做到守土有责、守土负责、守土尽责，不断扩大其社会影响。对于黑色地带，决不能含糊其词，更不能退避三舍，要勇于进入，善于斗争，逐步改变其颜色。对于灰色地带，不能“犹抱琵琶半遮面”，放任自流，要精耕细作，加快使其转化为红色地带，防止其向黑色地带蜕变。

3. 牢固树立“四个自信”

“自信人生二百年，会当水击三千里。”自信是“心胜”的前提和基础。拥有自信，才能成功。习近平主席在庆祝中国共产党成立 95 周年大会上明确提出：“坚持不忘初心、继续前进，就要坚持中国特色社会主义道路自信、理论自信、制度自信、文化自信，坚持党的基本路线不动摇，不断把中国特色社会主义伟大事业推向前进。”这是我们党对历史的正确把握，也是来自人民的正确选择，更是继续前进的正确方向。

中国特色社会主义是道路、理论和制度的紧密结合，道路是实现途径，理论体系是行动指南，制度是根本保障，三者统一于中国特色社会主义伟大实践。中国特色社会主义道路，既不是“传统的”，也不是“外来的”，更不是“西化的”，而是我们“独创的”，只有这条道路而没有别的道路，能够引领中国进步，实现人民福祉。中国特色社会主义理论体系，是深深扎根于中国大地、符合中国实际的当代中国马克思主义，它是对马克思列宁主义、毛泽东思想的坚持、继承、发展和创新。中国特色社会主义制度，既坚持了社会主义的根本性质，又借鉴了古今中外制度建设的有益成果，集中体现了中国特色社会主义的特点和优势。我们对中国特色社会主义的自信，来源于实践，来源于人民，来源于真理。

文化是民族的血脉，是人民的精神家园。习近平主席把文化自信与道路自信、理论自信、制度自信并驾齐驱，代表了我们党对五千多年的中国传统文化，以及对近百年来革命文化和社会主义先进文化的深层次认同。文化作为一种基因、血脉和传统，内化于心、外化于形，渗透到人的活动的方方面面，也渗透到道路、理论和制度中。因此，文化自信是更基础、更广泛、更深厚的自信。一个政党、一个国家，如果没有文化自信，就不会有团结的基础，就不会有坚定的信念，就不会有维系奋斗、维系发展的历史情感。把文化自信与道路自信、理论自信和制度自信并提，表明我们的中国特色社会主义更趋成熟，给我们的自信提供了坚实基础。中国特色社会主义文化，既是中国传统文化现代化的结果，也是马克思主义理论中国化的结晶。我们过去讲马克思主义普遍真理与中国具体实际相结合，这个具体实际就包括了与中国传统文化的结合，这样才能产生如此巨大的能量和生命力。

习近平主席指出，“当今世界，要说哪个政党、哪个国家、哪个民族能够自信的话，那中国共产党、中华人民共和国、中华民族是最有理由自信的”。我们只有在深入把握中国特色社会主义科学性和真理性的基础上，坚定道路自信、理论自信、制度自信和文化自信，敢于战胜前进道路上的一切困难和挑战，不断开创中国特色社会主义新局面，才能牢牢占据真理和道义的制高点，为人类对未来更好社会制度的探索贡献“中国智慧”，提供“中国方案”。

第十章

话语权

凡是要推翻一个政权，总要先造成舆论，总要先做意识形态方面的工作。革命阶级是这样，反革命的阶级也是这样。

——毛泽东

话语即权力。

——法国哲学家米歇尔·福柯

话语权就是操控舆论的权力。话语权掌握在谁手里，谁就能决定社会舆论的走向，影响着社会发展的方向。第二次世界大战以来，东西方在意识形态领域展开了激烈的话语权争夺。美国等西方国家为了颠覆社会主义国家，建立了许多超大功率的广播电视发射台，利用多种语言进行不间断的广播，宣传西方的价值观念、政治主张、生活方式，形成强大的话语攻势。苏联和东欧社会主义国家的一些媒体受到西方资助，完全跟着西方的舆论和理论导向走，使原本就强大的西方话语权变得更加强大，从而失去了舆论引导力，丧失了话语权。由此可见，话语权不仅仅是说话和发声的权力，更关系到国家的生死存亡。

一、传统媒体与舆论

媒体、舆论与“公共领域”的主导权密切相关。对此，哲学家哈贝马斯曾有一段精辟的概括：“所谓‘公共领域’，我们首先意指我们的社会生活的一个领域，在这个领域中，像公共意见这样的事务能够形成。公共领域原则上向所有公民开放。公共领域的一部分由对话构成，在这些对话中，作为私人的人们来到一起，形成了公众。”[①]“公共领域”具有开放性、自由性及社会性等特征。不同时代，不同的传

① 汪晖、陈燕谷：《文化与公共性》，北京：生活·读书·新知三联书店，1998年版，第125页。

播媒介都会对公共领域产生直接影响，它内在决定着舆论的生成、集聚与传播，建构着公共领域话语表达的方式与内容。当今世界，话语权与西方国家传媒业的发展进程息息相关。

1. 报纸

在 17 世纪后期的英国和 18 世纪法国资产阶级“公共领域”的形成过程中，得到了一种非常重要的媒介力量支持，这就是报纸。当年英国人在咖啡馆一边喝咖啡一边交谈的时候，他们桌子上总是堆满了各种报刊和小册子。因此，有人说，英国温和的市民们正是“穿过配备有报纸的咖啡馆的大门”，进入印刷传媒时代的公共领域，踏上了通往理性与启蒙的道路。虽然满街的咖啡馆都消失了，但咖啡桌上的报章杂志却保留了下来。法国的沙龙早已尘封在岁月的年轮之中，但沙龙中自由言谈的言语已经变成了连篇累牍的文字。公共领域与大众传媒相结合，形成了一种大众媒介话语权。

借助于印刷技术和木浆造纸技术的发展，以及《版权法》《权利法案》《人权与公民权宣言》等保障，到 18 世纪末期，报纸媒体已经具有了良好的生存基础，逐渐向全社会展现出自身的力量、威望和影响。一种以报刊为媒介的大众传媒力量业已成形。在此过程中，现代报纸的基本特点也清晰地显现出来：第一，面向普通大众，人们获取报纸不受身份的影响；第二，定期出版，并且周期一般为一天；第三，以传播社会新闻为基本定位，报纸成为名副其实的“新闻纸”；第四，以商业发行作为主要传播渠道，订户和广告提供主要资金来源，使得报纸媒体获得了相对于政府的独立性；第五，报纸的社会政治功能，即哈贝马斯所说的“政治的公共领域”功能，正在日渐凸显。至此，大众传媒开辟了一个全新的公共领域，这就意味着，大众话语表达随之进入了一个新的阶段。

19 世纪中叶之后，欧洲工人运动风起云涌，以工人阶级为主要对象的大众报纸的出现，意味着政治体制与报纸方关系发生了根本性变化。报纸在一定程度上体现了工人阶级的话语权。“在马克思和恩格斯的著作中，提到各种报纸和杂志多达 1500 种。”[①] 在 1849 年 2 月《新莱茵报》审判案中，马克思讲了这样一段脍炙人口的话语，“报刊就其使命来说，是社会的捍卫者，是针对当权者的孜孜不倦的揭露者，是无处不在的耳目，是热情维护自己自由的人民精神千呼万唤的喉舌”[②]。应该说，各个历史时期的公共舆论，总的来说，都可以视为“人民的喉舌”。但在前大众传媒时代，公共舆论的作用往往是个别的、间断的、非系统的，公共领域的影响也是局部的、分散的、非组织的。而在大众传媒时代，报纸媒介已经成为一个相对独立的社会体系，能够提供一种集中式、全面性、常态化的公共舆论空间，这是报刊传播与传统传播的重要区别。

2. 广播

无线电广播是 20 世纪最伟大的发明之一。与语言一样，广播是一种声音传媒，信息传播主要通过人的听觉器官进入大脑。但是，和语言不同的是，广播是一种远距离或超远距离的声音传媒，传播的距离

① 陈丹力：《精神交往论——马克思恩格斯的传播观》，北京：中国人民大学出版社，2008 年版，第 246 页。

② 马克思、恩格斯：《马克思恩格斯全集》（第 6 卷），北京：人民出版社，1976 年版，第 275 页。

远远超过人的自然听觉的可达范围。当然，在广播之前，也有远距离传播，幽王戏诸侯的烽火狼烟、魏信陵君窃符救赵的兵符羽檄、诸葛亮高空传信的孔明天灯、唐代张九龄书信往来的信鸽飞书、梁山泊朱贵酒店里的传令响箭等，这些都是我国古人远距离传播的经典场景。然而，这些手段还需要借助有形之物。与之相比，广播是建立在无线电技术上的通信手段，在技术工艺、传播速度、覆盖范围及通信效果等方面均不可同日而语。相比于纸媒世界，广播媒介具有以下明显特征：

其一，大众性。广播借助于无线电波，使受众群体的覆盖面达到了前所未有的广泛程度。正如弗朗西斯·巴勒所说："广播是历史上第一个能够直达分散而众多的听众的传媒。报刊和电影都不算是漫射媒介，而有了广播之后，直播代替录音广播，即时取代了转播，同日报的纸张及电影的放映厅这些物质的制约相比，广播电波的非物质性显示了强大的实力。"①

其二，便捷性。无线电波不仅具有即时传播的迅捷功能，而且广播节目制作简便、成本低廉。随着录音技术的发展，这一优势使其能够以最快的速度将新闻及时发布出去。"1925 年，10% 的美国家庭拥有收音机；仅仅五年之后，这个比例就上升到 46%；再过十年，也就是 1940 年，美国家庭收音机拥有率达到 82%；到 1950 年，这个比例至少超过了 96% 以上。"②"二战"期间，广播以其及时、迅捷的特点成为美国人获取战争消息的主要来源。随着电视等新媒介的层出不穷，广播从 20 世纪 60 年代以后曾经一度风光不再，呈现出衰落的趋势，

① 弗朗西斯·巴勒：《传播》，北京：中国传媒大学出版社，2007 年版，第 27 页。

② E. M. 罗杰斯：《传播学史：一种传记式的方法》，上海：上海译文出版社，2005 年版，第 233 页。

以至于被怀疑将“走向死亡”。然而，今天的广播又绝地重生，不仅没有退出历史舞台，反而呈现出兴旺发达之势。

其三，集体性。单单从理论上讲，广播传播只是提供一种收听的可能性，不同地点的人们可以自由选择接受与否，信息的接受权掌握在受众自己手里。但是，事实上，广播发展的早期阶段，很多国家集体收听广播是一种非常普遍的生活方式。广播的集体性会制造出特殊的群体心理效应。比如 1938 年万圣节，美国 600 万人正在收听“世界大战”节目，一位 23 岁的年轻广播主持人威尔斯——此人后来成为著名电影《公民凯恩》的导演和主演——宣称火星人正在入侵地球，居然有 1/6 的人信以为真。从“一战”到“二战”的那段纵横捭阖的岁月，全球范围内各种“重大政治事件和社会事件”频发，从而给广播施展本领提供了绝好机会。冷战期间，广播被广泛运用于各国政府的对内动员和对外宣传，无线电波成为隔空冷战的重要工具。

其四，单向性。与电话的双向通信方式相比，广播并不是一种交互式媒体，只是一种单向性的传播媒介，受众的参与性较弱。因此，成为精英对大众话语传播的有效途径，是政府用以传达官方声音的工具，也非常适合于大规模的群众动员和宣传。20 世纪上半叶连续发生的两次世界大战，广播媒介不幸成为法西斯极权政治宣传的工具，在群众动员、舆论宣传和社会整治等方面展现出惊人的威力。30 年代的欧洲，广播业已成为国家整合的有力工具，各国之间的电波之战也拉开帷幕。德国是欧洲开办广播最早的国家之一，到 1926 年，广播听众已经达到 100 万人；到 1932 年，达到 350 万人。1933 年以后，希特勒法西斯政权深知广播的威力，一方面将广播电台收归国有，另一方面竭尽全力将广播媒体变成一种影响大众思想的重要工具。因此颁布法令，对“收听外台”或“传播外电新闻”者判处监禁，以至死刑。“二战”在欧洲的爆发始于1939年8月31日夜晚德国纳粹在接近波兰的小镇格莱维茨自导自演的一出闹剧，而闹剧的主角就是小镇的电台，德国人通过广播电台“贼喊捉贼”，随即大举入侵波兰，拉开了人类历史上一场最为惨烈的战争之幕。

3. 电视

总体而言，人类媒介的演进呈现出从精英化向大众化不断延展的趋势。电视刚出现时，被看作广播的升级版，是可以播放图像的广播。电视作为一种远距离或超远距离的信息传播手段，能够将信息传输到四面八方，不仅影响公众的生活方式，也影响公众的媒介权利和话语表达。电视向普通公众提供了前所未有的接触、利用及参与媒介的平等机会，有效地扩大了公众的媒介权利，电视媒介的普及必然带来精英与大众话语权的此消彼长。

在传统社会，很少有人每天四小时阅读文字，也很少有人每天四小时收听广播，但社会公众每天四小时收看电视的却大有人在，而且这些观众来自不同的背景和阶层。一般来说，电视节目不针对特定的社会群体，任何节目的观众结构都是开放的，也许正是在这个意义上，电视可以算是真正的大众化媒体。在主导及影响公众话语权方面，电视信息的等距化传播推动了传播权力结构的扁平化，削弱了精英的媒介话语霸权。在大众传播时代，媒介信息传播呈现出垂直阶梯形的权力结构，信息传播源高居于权力结构的顶端，信息传播“从上到下”“由内而外”层层传递。在电视传播的过程中，实现了超远程声像传播，造成了信息传播空间感的顿然消失，世界各地的各种资讯可以在瞬间传递到乡村农舍或偏远山区，海量的信息展现在普通大众面前，原本神圣的信息中枢与文化圣殿被世俗化，原本统一的话语权威与整合传播被分众化，从而导致了依据信息源距离而形成的权力阶梯的瓦解。

正是源于电视在公众话语权方面的影响力，1991 年的海湾战争中，美国成功地进行了舆论动员。跨国公关公司和迅速膨胀的电视媒体相结合，在国际事务和地区战争中初次展现其影响力。公关公司由政治力量雇用，制造出各种战争暴行的“信息”，然后通过种种事先不为人知的手段，通过媒体输送给大众，塑造他们头脑中的图景，改变他们的政治意向和态度。比如，当科威特被占领后不久，美国就成立了一个叫作“公民为自由科威特”的组织，这个组织用科威特政府的 1100 万美元开始了一场欺骗性的宣传战。一个 15 岁的科威特女孩在美国国会做证，说她目睹了伊拉克士兵将科威特婴儿从保育箱中扔出来，让他们在医院的地板上死去的整个过程。事后证明，这个女孩是科威特驻美大使的女儿，整个做证是公关公司导演的。公关和媒体的联手，在随后的科索沃战争和阿富汗战争中重复出现，似乎已经成为美国介入地区性战争必然运用的进行战争舆论动员的“宣传模型”。海湾战争也因为电视媒体扮演重要角色而被称为人类历史上第一次“直播战争”。美国陆军战争学院的陆军上校弗兰克·J. 斯伐克于 1994 年在美军《参数》季刊上发表文章说：

“海湾战争开创了新形式的战争和外交的可能性。一位观察家写道：‘由卫星传输的电视图像不可逆转地改变着政府之间打交道的方式，正如它使传统外交在危急时刻变得过时。’对海湾战争中的电视报道创造了一个可以称之为‘CNN 之战’的现象。无论对决策者还是战斗人员，电视和录像在 21 世纪将剧烈而广泛地改变战争，如同收音机改变了 20

世纪的冲突。电视、录像和全球传播对21世纪的冲突管理所产生的效果，将远远超越电视新闻和军队的简单关系。不过，CNN之战首次最为明显地展示了全球电视对国家决策和军事行动所具有的意义。”①

1991年海湾战争中军队影响媒体的主要战略被称为“合伙报道”。所谓“合伙报道”，就是由美军士兵陪同采访小组，前往采访某个特定的军事行动。一般而言，这样一个小组包括电视台记者、报纸记者、电台记者和一个摄影记者。小组结束采访回到驻地后，和留在后面的记者分享他们的采访所得。这样，军队不但可以控制记者的人数，而且还控制了记者的所见所闻。可以说是一次变相的新闻检查，许多记者对此感到十分沮丧。此外，美军许多负责公关的军官都有较高的学历。例如，海军中有80%的公共事务官拥有高等学历，其中绝大多数的专业本身就是公共关系。各个军种均有公共关系训练的研究生课程，包括媒体关系。总体而言，海湾战争展示了公共关系业和现代电视媒体结合所产生的话语影响力。

二、网络集聚下的舆论操控

众所周知，互联网的诞生最初是美国为了军事斗争的需要，建立起来的一种没有明显中央管理和控制的通信系统。在这个系统中，每一个点都可以和另一个点建立联系，破坏网络中的任何一个点，都不至于破坏整个网络。分布式网络理论奠定了互联网的特质：自由、开放、去中心。2015年4月23日，美国国防部发布的最新版《网电空间战略》就毫不隐讳地指出：“美国致力于一个开放、安全、可互相操作的互联网。

① 张巨岩：《权力的声音：美国的媒体和战争》，北京：生活·读书·新知三联书店，2004年版，第98页。

这些互联网的品质反映了美国的核心价值——言论自由和思想的自由传播。”但是，网络空间绝不是一个脱离现实世界而构建的虚拟世界，相反，它与现实世界是不可分割的，实际上受到强大的技术、政治和经济力量所操控。信息网络作为一种新媒体，完全突破了传统媒体的信息传播模式，使网络成为兼具信息发布功能、舆论传播功能的聚合器，正在改变媒体格局、重构舆论生态。

1. 操控信息源

信息传递就是制造舆论，只要控制了信息源和话语的流向，就能掌握对话语的解释权，进而夺取话语权。因此，深知舆论本性的西方媒体特别注重操控话语的流向，只传递源头掌握在自己手里的信息。号称言论自由、客观真实的西方“主流媒体”，只是把所谓的自由当作一种随意利用的工具。对自己有利的，就尽情施展“自由”，小事甚至没事，都可以通过放大乃至编造，制造“轰动”的大新闻。对自己不利的或不符合其价值观的新闻，他们就很少报道或不报道。比如，2009 年欧洲金融危机后，英法等国爆发大规模游行。二十国峰会召开的时候，150 余个社会团体在伦敦举行上万人的大规模游行，德法等国不少地方也出现示威游行。北约 60 周年峰会期间，数万名抗议者在法国斯特拉斯堡和德国巴登、凯尔等地集会示威，一度升级为打砸烧事件。然而，面对这些“群体性事件”，西方众多所谓“主流媒体”却基本哑火，只进行了很有限的零星报道。如果不刻意关注搜索，很多外国人甚至无从得知。可是，当别的国家发生类似事件时，他们却表现得异常兴奋，连篇累牍地进行选择性和歪曲性报道，甚至将其描绘为争取“民主”“自由”“人权”“反抗暴政”的行动。特别是对我国，西方媒体总是戴着有色眼镜，抹黑、丑化、妖魔化中国可谓无所不用其极。正因为如此，阿尔文·托夫勒指出，“世界已经开始离开了暴力和金钱控制的时代，而未来世界政治的魔方将控制在拥有信息强权人的手里，他们会使用手中掌握的网络控制权、信息发布权、利用英语这种强大的文化语言优势，达到暴力和金钱无法征服的目的”。

美国凭借互联网的技术垄断和资源优势，控制着互联网绝大部分信息的内容、流向以及传输，通过强大的信息控制力，在网络空间话语争夺中占据着主导权。据统计，全球 80% 以上的网上信息和 95% 以上的服务信息均由美国提供。国际互联网信息流量，超过 2 / 3 的来自美国，位居第二的日本只有 7%，排在第三的德国仅为 5%。我国在整个国际互联网的信息输入流量中仅占 0.1%，输出流量只占 0.05%。根据联合国教科文组织发布的报告，虽然美国电影只占全球影片生产的 6% ~ 7%，但其放映时长却占全球的 50%。美国最大的两家通讯社美联社与合众社，使用 100 多种文字，向全世界 100 多个国家和地区昼夜发布新闻，每天发稿量约 700 万字，并拥有一个世界范围的图片网，为其话语霸权的建构提供了坚实的信息资源供给。其中，美联社在全球就有 2 万家媒体的订户，遍布世界 115 个国家和地区，全球每天有 15 亿人会接触到美联社新闻。世界上最有影响的五家电视广播公司，美国就占了三家：ABC、NBC 和 CBS。覆盖全球的 CNN 电视台（世界最大的有线电视新闻网）和 VOA“美国之音”广播（最大的专门用于政治文化宣传的电台）更是如同美国政府的扩音器一样，让全世界都听到了美国的声音。正是由于对信息源的垄断，世界各地的观众只能无可奈何地选择打有“美国制造”烙印的新闻报道和评论，自愿或不自愿地接受美国文化潜移默化的影响和感染。

2. 操控信息传播

从理论上说，互联网普及以后，我们能够做到人人上网发布信息，人人可以发表评论。但是，信息的自由传播如果仅仅解释为信息可以自由发布，是没有任何意义的。即便在非信息时代，信息的自由发布仍然是可能的。关键问题在于你发布的信息如何传播到接受者那里。1999 年，美国科学家巴拉巴西在《科学》杂志上发表《因特网是无尺度的》一文，揭示了网络的“无尺度”性质：在网络中，大部分节点只和很少节点链接，有极少的节点却与非常多的节点链接。也就是说，网络的访问链接符合幂律规则，即主要集中在少数几个大网站，如美国的谷歌、中国的百度等，网络上的大部分访问都是被少数大网站所吸引。从访问量看，新华网、人民网、央视网的日均访问量属于千万量级，而百度、腾讯、新浪等几大商业性网站的日均访问量均在 3 亿次以上，百度日均访问量更是高达 9 亿次。这就说明，信息网络物理结构上的去中心并不等于信息传播的去中心，它恰恰隐藏着中心节点的内在机理。信息传播并不完全是自由的，而是可以被高度商业化、垄断化的网络媒体所操控，一般网络媒体的信息大多被湮没、被稀释。所以有学者称：“现在中国谁权力最大？是控制门户网站的四五个亿万富豪及百十个高收入的首页编辑，他们能够决定几亿中国人‘醒来的每一秒钟’看什么、想什么、谈什么。如此庞大的权力所遵从的又是点击量为王、利润为王这样一个极其危险的编辑方针，总是千方百计地调动公众的负面情绪和阴暗心理。”

网络的“无尺度”性质也表明，在“人人都有麦克风”的信息网络时代，普通网民所发布的信息如果不经由中心节点链接、再呈现，就不可能达到大多数受众终端，实际上影响微弱并会迅速湮灭。近年来一些重要的网络事件与网络舆论，它们几乎无一例外地都经过了高点击率、覆盖面与阅读面广的重点网站、主流媒体、网络大V等中心节点的信息集聚、中转与链接。2014年2月28日上午8点，央视前主持人柴静关于环保问题的视频《穹顶之下》之所以成为舆论热点话题，就是首先上传到人民网，然后腾讯视频、优酷网、乐视网等各大网站纷纷跟进转载，新闻资讯类、生活类、娱乐类微博、微信公众号参与，韩寒、大S等网络大V推波助澜，2天时间总播放量就突破2亿次，新浪微博的热门话题“柴静雾霾调查”的阅读数达3亿次。

3. 操控网络导向

传统大众媒体都遵循自上而下、由点到面、单向的、线性的传播方式。网络媒体则解构和颠覆了大众媒体在信息传播链条中的主导地位，操控舆论的方式从信息控制的“过滤模式”转变到信息节点的“集聚模式”。根据互联网1%规则，只有1%的用户对网站积极地创造了新内容，10%的人在进行互动、评论，其余的89%的人处于“潜水”状态。在维基百科中，50%的内容大约由1%的用户产生，超过70%的文章由1.8%的用户完成。这就说明，社会主流人群上网主要是浏览各类信息，很少主动留言、发帖，虽然他们是网民主体，但不是网络舆论主体。网络舆论中最活跃的主体主要有四类：添油加醋的网络媒体，情绪宣泄的特定人群，蓄意鼓动的意见领袖，推波助澜的网络水军。他们对信息汇集、快速扩散起着一种引领、操控作用，很难说他们能代表社会上的大多数人。

搜索引擎和数据库可以通过人为干预和控制搜索结果的方式，影响人们的价值观念和意识形态。搜索引擎主要提供两项服务：一是通过对信息和信息源的分类、遴选、甄别，向用户提供现成或准现成的信息；二是通过网络自动搜索技术，用户通过输入关键词，就可以找到他们感兴趣和需要的信息，从表面上看，搜索引擎只是为查找信息提供路径指引，其实在这种貌似“客观”的背后是搜索结果的可操控性。通过并不复杂的技术手段，就可以将受制于政治意识形态和商业利益的偏见和导向不动声色地掺入搜索结果中，以看似中立的方式“在 0.01 秒中自动生成”并呈现出来，它对用户思想的操控力和渗透力是传统媒体所无法比拟的。同时，搜索引擎还对用户具有强大的锁定效应和“成瘾性”，用户在长期使用一种搜索引擎的过程中，某种看不见的立场、观点和方法就会以难以觉察的方式“年年讲、月月讲、天天讲”，其效果是不言而喻的。

网站也可以通过信息的选择与编排，如使用置顶、链接功能，使一些精心筛选的意见和思想得以凸现，从而影响社会舆论的走向。目前，网络论坛、微博、微信背后的计算机程序是根据粉丝数、点击量、社会知名度等指标来推荐关注对象和话题，从而使少数“社会名人”一跃成为网络大 V，轻松获得了话语权。有人说：当微博粉丝超过 100，就好像是一本内刊；超过 1000，就是一个布告栏；超过 1 万，就像一本杂志；超过 10 万，就是一份都市报；超过 1000 万，就是 CCTV 了。网络舆论主体与社会主流人群的错位，直接导致了网络舆论拟态形象与社会真实状况的严重背离。有的媒体人士感叹，“你坐在王府井大街或黄浦江江边上的茶座里刷微博，满眼都是负面消息；可是望眼窗外，那种繁荣和宁静会让你惊叹。虚拟与现实，就这么倒了个个儿”。十八大以来，我国加大了依法治网的力度，网络空间日渐清朗，持续扩大“红色地带”、辐射“灰色地带”、挤压“黑色地带”，所谓“公知”、网络大 V 的尾声调门和极端言论有所收敛，网络舆论中错误观点和有害信息明显减少。

三、舆论即意识形态

“文者，贯道之器也。”新闻舆论具有双重属性，一个是新闻传播属性，另一个是意识形态属性。西方新闻舆论观刻意强调新闻舆论的传播属性，竭力掩盖其意识形态属性。一些人宣扬西方新闻观，认为西方媒体是“社会公器”“第四权力”“无冕之王”，鼓吹抽象的绝对的“新闻自由”。其实，西方国家的政治集团、利益集团都与新闻媒体有着千丝万缕的联系，西方媒体都是受意识形态支配的，受一定利益集团支配的。早在 20 世纪 80 年代，美国就兴起了大公司对广播电视和报纸的股权收购热潮，许多媒体的大股东都是著名大公司。全国广播公司（NBC）的后台老板是通用电器公司（GE），哥伦比亚广播公司（CBS）则受西屋电器公司的控制。著名的“美国之音”广播电台，从 1942 年 2 月 24 日第一次正式广播起，就是美国政府机构的一部分，所有工作人员的工资都由联邦政府财政支出。早在“二战”期间就接受美国中央情报局的资助参与了“黑色宣传”之类的特别任务，战后归属美国新闻署管辖，在冷战期间，是美国政府战略一盘棋中不可或缺的棋子。马克思主义从不隐瞒自己的政治立场和倾向，认为任何新闻舆论都有鲜明的意识形态属性，没有什么抽象的绝对的自由。任何新闻舆论，都有导向，报什么、不报什么、怎么报都隐含着立场、观点及态度。

1. 建构

任何一个国家为了形成社会共识，一般通过新闻媒体传播事实和意见信息，自上而下地建构某种价值观念和主流意识形态。作为意识形态国家机器的新闻媒体正是通过话语的“生产”，潜移默化地影响人们的价值观。在马歇尔·麦克卢汉看来，“媒体即信息”。尼尔·波兹曼在《娱乐至死》中也说，“媒体即隐喻”“媒体即认识论”，“媒体的独特之处在于，虽然它引导着我们认识事物的方式，但它的这种介入却往往不为人所注意。我们读书、看电视或看手表的时候，对于自己的大脑如何被这些行为所左右并不感兴趣，更别说思考一下书、电视或手表对于认识世界有怎样的影响了”。信息网络时代，媒体的繁荣使得各种信息越来越充塞我们周边。说起电影，人们脑海中浮现的就是好莱坞；说起篮球，人们想到的可能就是NBA；说起美国大兵，唤起我们记忆的可能就是《拯救大兵雷恩》或《兄弟连》等美国影视塑造的形象。媒体日渐主导公众话语权，通过对信息的操纵，就可以在人们头脑中建构起一个现实世界的镜像，许多时候我们都生活在信息建构的镜像世界中，只是许多时候自己浑然不觉而已。在这个镜像世界里，新闻媒体掌控者利用无孔不入的报纸、电视、杂志、网络等，长期对信息进行有目的的筛选、剪辑、重组，并操控信息发布的方式、时机及强度等，那么，短期内可能没有什么影响，但长期操控的结果就会潜移默化地影响公众的认知，进而影响公众的思维与判断。

话语作为文化的重要内容，不仅仅是表达思想和描述事实的工具，更重要的是建构社会事实、建构思想，甚至建构人的身份。选择了话语，也就意味着选择了沟通的方式，选择了对某种现实的界定，从而选择哪一种话语也就直接决定了个人、群体或国家的态度和立场。比如，“9·11”事件发生后美国政府需要对突发的事件做出恰当的反应。一开始有些人把它说成是“西方基督文明和伊斯兰文明的冲突”，但是后来改为“恐怖袭击”。这种命名的变化对于建构袭击的性质和美国政府随后可以采取的行动非常重要。文明冲突的命名有可能建构出整个西方和穆斯林的对抗，而称为恐怖袭击不但可以避免出现两种文明的对立，还可以为美国政府采取的各种行动提供正当的理由。美国对“9·11”事件的命名过程，成功地确立了一种游戏规则，命名不仅简单地为某个事件或现象提供了一个标签，也建构了随后的相关行为。反观2014年3月1日昆明发生暴力恐怖袭击事件时，美国CNN网站，不顾事实真相，混淆视听，把恐怖分子称为攻击者。而2013年5月22日发生在伦敦的砍人事件却被CNN认定为恐怖袭击。从这里我们可以看到，CNN企图通过话语的定义来主导事件报道的话语权，这也说明美国对恐怖主义定义有双重标准。

话语背后的力量是思想、理论，是“道”。话语要有说服力，要得到受众的认同，就必须把“道”贯穿其中，为话语提供包括科学依据、道德精神和利益关系在内的强有力的逻辑论证。美国等西方国家之所以拥有强大的国际话语权，就在于他们的话语中所包含的理论创新引导着大多数重要议题的设置，逻辑性和说服力较强，如全球化、维和、反恐、气候变化与减排、网络安全与信息自由、软实力等概念和理论。反观我们，往往有好的观念，但缺乏深入的逻辑论证和学理支撑，结果是好的观念流于政策性宣传，没有转化为具有影响力、引导力的国际主流话语，说服力大打折扣。正如爱因斯坦所说，西方科学之所以发展，就是得益于逻辑与实验的传统。逻辑使得思维严谨而明晰，实验则能提供科学数据。而我们之所以不擅长讲故事，归根结底还是因为缺乏逻辑训练与通过实验获得数据的传统。所以，我们要掌握话语权，就必须要有成体系的思想理论来支撑，注重说理的逻辑性，用中国理论阐释中国实践，用中国实践深化中国理论。

2. 解构

作为后现代主义的一个核心概念，“解构”源于德国哲学家海德格尔，原意为分解、消解、拆解、揭示等。20 世纪 60 年代，法国哲学家雅克·德里达提出了“解构主义”理论。解构主义是一种对现代表达方式、思维方式以及价值观的颠覆和反叛，它的最大特点就是反中心，反权威，反传统，反二元对抗。由传统社会向现代社会转型的过程中，信息网络呈现出技术性与政治性、虚拟性与现实性、互动性与引导性、开放性与竞争性的特点，使得网民的思维特征、文化道德、价值取向和行为效果，呈现出解构主义的特征和倾向。

其一，泛娱乐化。互联网技术本身的数字化、超链接及多媒体特性，改变了人们的思维习惯，碎片化、跳跃化、浅显化及视觉化大行其道，从而使公众的阅读呈现出猎奇性、娱乐化及快餐化趋势，形成了网络快餐文化、围观心态、娱乐精神和集体无意识的文化消费主义。绯闻比新闻受关注，恶搞比经典更流行，无聊比一本正经有市场，一些人在娱乐化的道路上越走越远，甚至“娱乐至死”。正如波兹曼所言：“这是一个娱乐之城，在这里，一切公众话语都日渐以娱乐的方式出现，并成为一种文化的精神。我们的政治、宗教、新闻、体育、教育和商业都心甘情愿地成为娱乐的附庸，毫无怨言，甚至无声无息，其结果是我们成了一个娱乐至死的物种。”炫目刺激的视频、图片流行、色情暴力等不良网络信息泛滥，“芙蓉姐姐”“犀利哥”等各色人物粉墨登场，审丑文化风行。网络恶搞之风盛行，频频挑战社会道德底线，“××体”“××客”“××门”接连不断，从政界到体坛，从古代诗词到明星八卦，甚至“红色经典”都成了被恶搞娱乐的对象。商业化对“泛娱乐化”倾向更是推波助澜，某女演员在某专业视频网上公开了自己与几位导演的性爱视频，短短几天内这家网站的点击率就飙升了上百倍，在浏览量激增之后，这家视频网站顺利地获得了风险投资。这种打色情“擦边球”的网站数不胜数，连一些大型门户网站也未能免俗。可以说，在新媒体领域，一切严肃的传统、主流的文化和崇高的道德，都可能被一种戏谑性、非主流、无厘头的方式解构。从某种意义上说，可怕的不是我们对娱乐趋之若骛，而是我们对娱乐化的现状和趋向熟视无睹、麻木不仁。如果我们的社会媒体大量充斥着纸醉金迷、花天酒地、钩心斗角、炫耀财富、移情别恋、杀人越货等方面的内容，充斥着有关大款、老板、名人、明星等人物的八卦新闻，就会在意识形态和文化领域形成一股不可小觑的解构力量。

其二，泛政治化。权力结构是社会结构的核心，是经济结构、政治结构和思想文化结构的集中表现。信息网络时代，信息被视为重要的权力资源，成为衡量权力的基本尺度。信息权力是信息技术赋予个人或组织的一种权力，个人或组织通过对信息的控制和有效传递，传播特定的价值观念，建构人们的认知和评价体系，从而对他人及社会产生影响和控制。在网络社会中，信息权力的主体已不再仅仅是传统社会中意识形态的控制者和政治权力的控制者，而是在人数上占绝对优势的广大普通社会公众，权力也不再仅仅是自上而下地运行。信息网络为广泛的政治参与提供了便捷的渠道，人们很容易通过互联网交换信息，发表政治见解和利益诉求，讨论公共事务并由此形成公共舆论，“用户贡献内容”（UGC）赋予了人们将文本重新诠释意义的可能，信息网络政治文化中出现了去中心化、去权威化、无政府主义、多元文化主义等倾向，从而对传统政治权威及意识形态进行解构。“泛政治化”成为网络舆论的一个显著特征，即各种各样的社会问题在网络中都可能演变成政治问题，哪怕是毫不起眼的蛛丝马迹，一个标题、一幅照片、一段视频，都可能在网络舆论场上掀起轩然大波，而且总是和公权力相联系，并扩展至宪法法律、社会制度及各种国家机器的运行层面。2015 年 5 月黑龙江庆安火车站枪击案发生后，“警察枪杀平民”“民警粗暴执法”“上访群众‘命殒’警枪”等流言激荡舆论场，一时间执法机关滥用公权、欺压百姓的声音大肆蔓延，饱受公众指责。“泛政治化”也使不少网民产生“一闹就灵”“遇事就上网闹”的认识，增加了群体性事件发生频率。甚至一些人与境内外敌对势力沆瀣一气，肆意扩大敌我矛盾，借以实现某种不合理的政治诉求，形成“凡是化”的逆反性政治认知，如“凡是政府辟谣的就一定是事实，凡是官方发布的就一定有黑幕，凡是社会矛盾就一定是体制问题；凡事宁信其错，不信其对，宁信其坏，不信其好”，“凡是美国的所作所为就叫民主，凡是中国的所作所为就叫专制”等。

其三，泛道德化。网民在对待社会现象、人物和问题时，往往表现出一种非此即彼、二元对立的简单化思维方式，倾向于用贴标签的方式来对事物和现象做出判断，容易形成“对”与“错”、“强”与“弱”、“善”与“恶”的“泛道德化”认知框架。一方面，有关道德的议题往往容易成为网络关注的焦点并引起广泛讨论，从而将一些现实社会中的“小事”、普通事放大，变成具有影响力的网络事件。另一方面，道德上的“高低”“优劣”成为衡量所涉及事件、当事人的唯一标准，从而遮蔽了事件本身的性质，有时甚至将道德的标准凌驾于人类社会其他所有的规则和制度之上。比如，有的人不遗余力地炒作社会上“见危不助”“中国式过马路”等负面道德案例，并以此为据放大个体道德品质上的瑕疵，上升到“中国人人性之丑陋”的“高度”，甚至当作社会道德滑坡的确证，随意将道德主体由个体置换为整体。网络舆论场中，部分网民在狂热的网络“道德主义”的裹挟中，没有坚守公正的道德标准，反而挥舞着所谓的道德大棒对他人进行肆意攻击。在同一个网络事件中，对“不道德”的行为与人物的批判采用的是诽谤、侮辱、骚扰等更加“不道德”的行为，甚至导致了网络暴力、网络流氓。2010 年，发生在河北大学的一起普通车祸，一经曝光，愤怒的网民就立即启动“人肉搜索”，把李某父子的隐私一“挖”再“挖”，当事人与女友的私生活照也被公之于网络，一些网友甚至还用歌曲、漫画等形式恶意丑化李某父子的形象，并在网上广泛传播。这种看似道德的行为，已超越道德本身，实际上是对当事人隐私权和名誉权的严重侵害。人们一旦养成这种“泛道德化”的思维定式，便会丧失人与人之间的信任，带来人际关系的紧张与对立，并以贬损社会为荣，从而降低社会认同度，削弱社会凝聚力，掣肘社会稳定与发展。

3. 盲从

古斯塔夫·勒庞指出：“群体永远漫游在无意识的领地，会随时听命于它的一切暗示，表现出对理性的影响无动于衷的生物所特有的激情，他们失去了一切的判断能力，除了极端轻信外再无别的可能。”信息网络时代，是一个“信息过剩”的时代，也是一个“注意力稀缺”

的时代。随着信息传播的开放性、即时性，话语主体的多元化，话语内容的复杂化，人们容易在信息的洪流里丧失对客观事实的全景认知和正确判断，致使盲从等非理性思维泛滥。人们在网络空间中常常呈现出一种“物以类聚，人以群分”的同质性偏向，当社会性热点新闻出现，事实还没有水落石出时，网友们就开始盲目地跟帖、“灌水”，出现“一边倒”的“群体极化”现象。比如，在2008年发生的哈尔滨警察打人致死案中，网络舆论开始一边倒地谴责六名警察，但当网上传言被打死的青年是“官二代”、有高官亲属背景时，舆论立即发生了惊人的逆转，警察成了舆论同情的对象，死亡青年则变成了网民眼中的“恶少”。在网络信息传播过程中，少数人的理性阻止不了多数人的偏见，多数网民更像是任人驱使的木偶，在别人的支配下表现为“人云亦云”“随大流”，“大家都这么认为，我也就这么认为”，“大家都这么做，我也就跟着这么做”，从而改变原来的观点，放弃原有的意见，产生“追随多数人没有错”的从众心理。

信息网络上的从众心理，使得网民在网上的言论表现为或“赞成”，或“反对”，特别是附和、从众的声音更大，能够批判性地客观分析的言论较少，这就是德国传播学者伊丽莎白·内尔-纽曼所认为的“沉默的螺旋”现象。也就是说，当信息进入传播渠道后，人们便会依据各自的判断来解读信息形成观点。由于人们总是寻求与周围关系的和谐，当他感觉到自己的观点属于多数或处于优势时，便倾向于大胆地发言，而当他发现自己的意见属于少数时，则倾向于保持沉默。于是，一方意见的沉默造成另一方意见的增势，如此往复，不断把一种意见确立为主导意见。网民在面对公共事务时很容易参照他人意见，并顺从主流的声音。于是，强势的意见变得更为强势，弱势的声音淹没在舆论的喧嚣之中。因此，很难说，网络舆论的强势意见就真正代表了社会上大多数人的意见。另外，我们也要警惕“网络水军”等隐藏在网络背后的力量对民意的操控。这些“网络水军”雇用一些专职和兼职人员发表大量简短和没有意义的帖子，或暗中删除别人的言论，甚至故意发布所谓“权威”观点，利用网民的从众心理误导公众对某一事件的看法及判断，一些被欺骗的网民也成了免费的水军，帮忙顶帖和造势。从“蒙牛陷害门”到“圣元早熟门”、从“凤姐”到“犀利哥”、从“苦命妈妈跪行救女”到“奥巴马女郎”等，“网络水军”起到了推波助澜的巨大作用。

在这种非理性的从众心理影响下，网络谣言很容易传播。网民在各种社会关注度较高的公共事件面前，仿佛怀疑比相信更有见地，解构比建构更有气势。正是这种不可信造成了网民的习惯性质疑，而这种貌似理智的质疑，却往往陷入另一种形式的盲从，导致谣言泛滥。2012 年 4 月 16 日，《人民日报》刊登了近几年在社会上产生严重后果的 10 起网络谣言案例：“蛆橘事件”让全国柑橘严重滞销，地震谣言令山西数百万人街头“避难”，响水县“爆炸谣言”引发大逃亡四人遇难，“皮革奶粉”传言重创国产乳制品，核事故辐射谣言引发全国“抢盐风波”，伪造传播“47 号公告”严重误导了纳税人，一大学生网上散布“针刺”谣言引发恐慌，“滴血食物传播病毒”传言引发恐慌，散布“非典”谣言被劳教两年，造谣“军车进京”6 人被拘 16 家网站被关。从这 10 起谣言案例来看，网络谣言一旦产生，就会借助互联网平台呈爆炸式扩散，人们的判断力、鉴别力在这些虚假信息、网络谣言面前不断下降。此时，有的网民会出于不同目的或相信或半信半疑，并体现在实际行动上，民众的实际行动又反过来印证着谣言，从而引发谣言在更大范围的传播，酿成公共危机事件。特别是一些别有用心者经常将网络谣言的矛头指向党和政府，恶意捏造事实，产生巨大的“眼球效应”，损害党和政府的形象。

四、适应者死亡

话语体系承载着特定思想价值观念，是国家软实力的重要组成部分。在全球化的今天，各种“话语”空前活跃，舆论生态复杂多变，谁的话语体系更具道义感召力和思想穿透力，谁的话语和叙事最终能打动人，谁就拥有话语权，在多元多样多变中立主导。能否构建中国话语体系并不断提升话语权，直接关系到我国在世界舞台上的综合国力竞争和意识形态斗争能否取胜，直接关系到中国特色社会主义的最终成功，直接关系到中华民族的伟大复兴。

当前，我国综合国力和国际地位不断提升，国际社会对我国的关注前所未有，但中国在世界上的形象很大程度上仍是“他塑”而非“自塑”，话语体系建设相对滞后，国内主流话语大多来自西方，中国原创的核心概念不多，一些领域甚至沦为西方话语的“跑马场”。如果我们仍然禁锢在西方话语的藩篱中，自觉不自觉地为西方话语张目，就会陷入西方话语的“被动锁定”陷阱，走上话语体系构建的误区，“温水煮青蛙，适应者死亡”，最终导致国家利益受损，政治合法性削弱，或带来思想混乱和社会动荡，甚或造成政息人亡。

1. 唯洋是崇

中国有句俗话，叫作“外来的和尚好念经”，骨子里透着的就是对自己的不自信。中华民族悠悠五千年，曾经长期以老大自居，视海外诸国为蛮夷，不屑一顾。然而鸦片战争以降，一而再、再而三地在与西方的军事冲突中惨痛败北，自信心丢失殆尽，于是一些人转而走向反面，变得唯洋是崇，一切以外人评价判断为标准。美国文化学者萨义德在《东方学》中曾引述马克思的话说，“他们无法表述自己；他们必须被别人表述”。意在证实长期以来东西方关系和地位的不平等。今天，这种不平等仍然存在于话语传播之中，世界的“中国记忆”被打上了浓重的“西方烙印”，西方人习惯于用自己的思维方式和话语方式来解读中国，得出了许多似是而非的结论。而国内一些人仍然存在着一种把中国当成病灶、把西方理论当成药铺的殖民文化心态，习惯于套用西方概念、理论和话语来解释中国，把西方理论神圣化，把中国问题简单化，在现实中常常削中国实践之足，适西方理论之履。对于外来的概念、理论观点，只要不与现有的政治观点明显相悖，拿来就用；学界凡追溯一个范畴，“言必称希腊”；科研项目能否立项，首先取决于外国是否已经立项；不论外国大学正规还是野鸡，赶赴海外求学已成潮流。

此症候由来已久，横亘三个世纪，实为痼疾。而这正中别人下怀，求之不得。美国的战略智囊布热津斯基明确指出：“当前，美国前所未有的全球霸权没有对手。由于美国主宰全球通信、大众娱乐和大众文化的巨大但又无形的影响，也由于美国技术优势和军事优势的潜在的有形影响，以上这一切都得到了加强。……民主理想同美国的政治传统结合起来，进一步加强了一些人眼中的美国的文化帝国主义。”[①]来自美国爱荷华州的民主党众议员布鲁斯·布雷利就提出“纯美国国

① 布热津斯基：《大棋局：美国的首要地位及其地缘战略》，上海：上海人民出版社，1998年版，第40页。

旗法案”，要求联邦政府购买的美国国旗所用原料必须100%产自美国，这也从一个侧面说明美国并不是对涉及意识形态的东西漫不经心，同时与我们动辄将话语权拱手让人的做法形成了鲜明对比。

2. 为虎作伥

拉大旗作虎皮，“挟洋自重”，把西方的理论和话语奉为圭臬，甚至编造关于“洋人”的学术神话，哗众取宠，争夺眼球。如宣称美国兰德公司曾准确预测中国将出兵朝鲜战争，在巴黎召开的世界大会提出要回到孔子，美国西点军校也掀起了学雷锋活动，清代GDP“世界第一”等，经查，都是国人自我编造的谎言。关于清代GDP世界第一的洋谎言，就曾在中国掀起了广泛的喧嚣，被不假思索地用来论证“国富未必国强兵强”的道理。其实，这个神话来自英国经济学家安格斯·麦迪森于2001年出版的《世界经济千年史》一书，“中国清代GDP（国内生产总值）曾长期占据世界第一宝座，1820年时占全球总量的33%（英国为5.2%），直到1900年仍高达11%”。制造这类神话的并非麦迪森一人，提出类似观点的还有法国学者贝洛赫和彼得·布雷克，只不过麦迪森的统计数据流传更广。对于这样的神话，外国不少学者都曾深表怀疑，有的认为麦迪森提供的数据只不过是猜测，有的则称这些数字“像小说”，就连麦迪森本人也承认这个结论是“猜测性的”。但是，始作俑者可能不会想到，在当代中国，他们制造的神话却变成了神谕。在过去的十几年里，不管是官场人物，还是普通学者；不管是为了论证富国和强军的关系，还是为了宣扬中国历史的辉煌；不管是为了说明大清帝国的腐败无能，还是为了反讽改革开放，人们几乎都在千篇一律地引用这个神话。它出现在大量的学术论文、学术著作、教材和讲台上，却偏偏无人在这个稍加思考就会发现破绽百出的通用注脚上打过问号。

然而，不无遗憾的是，长期以来，在我们的舆论场上，来自域外的声音往往分贝更高，影响更大，传播更广。于是，我们经常看到，在某些时候，总是来自域外的一个理论先传播过来，随即引发国内热烈的呼应和讨论，围绕一些国外学者创立的“理论岛”绕来绕去，飘忽不定。比如，当约瑟夫·奈提出的“软实力”理论被引入国内时，就引起了广泛的关注。从国际政治领域，逐渐蔓延到各个领域都在大谈特谈“软实力”——军事软实力、外交软实力、科技软实力、文化软实力、体育软实力等，不一而足。当然，我们不是说约瑟夫·奈的“软实力”理论就没有价值。但是，我们也需要反思，我们不能一味地跟着西方的理论话语走，人云亦云，而是要努力建构自己的话语体系，否则我们的理论创新就是一句空话，就会被“地球是湿的”“世界是平的”“地球是又湿又平的”等，占据我们的话语阵地。

3. 文化自虐

文化自信是一个民族、一个国家以及一个政党对自身禀赋和拥有的文化价值的充分肯定和积极践行，并对其文化的生命力保持坚定的信心和发展的希望。然而，一些人却热衷于诋毁传统文化，动摇文化自信，如鼓吹当代中国出现道德滑坡现象，嘲讽中国人不讲诚信，在排队、穿越马路、旅游等方面凡有不良举止，则一概冠之以“中国式”，等等。之所以会出现这种情况，主要是受到近代以来我国科学技术落后的影响。众所周知，文化包括器物、语言、制度、观念几个层面。科技进步的表象是器物进步，但落后国家在追求器物进步的过程中，或迟或早，都会发现最后的根源在制度、在观念。反过来，人们也就认定如果文化优秀，则一定能反映在器物上。苏联文化学者马林诺夫斯基说："在一切关于文化优劣的争执中，最后的断语就在武器。"[①] 这一论断反映了西方因器物领先而生文化自信的思维方式。

科技优势与文化强势在一定程度上成正比。比如，美国文化，短短两三百年的历史，在当代世界竟有强势文化之谓；阿拉伯文化，绵延数千年，在当代世界却有沦为弱势文化之虞。个中缘由，皆因美国拥有相对科技优势。我们的先祖也曾陶醉于泱泱大国的文化自信，自恃地大物博，睥睨四海，坚信"天不变，道亦不变"。但鸦片战争之后，由于科学技术落后，结果与科技先进的西方国家一碰撞，过去的灿烂繁荣文化立马凋零，显得暗淡无光。正如亨廷顿所说，"物质上的成功使文化和意识形态具有吸引力，而经济和军事上的失败则导致自我怀疑和认同危机"。急于师夷长技的结果，是逐渐遮蔽了自己的文化意识，一步步丧失了文化自信，最终将先人留给我们的文化传统通通视为封建社会的落后意识形态。从陈独秀等人发起的对中国传统文化的尖锐批判，到柏杨的《丑陋的中国人》风靡海峡两岸，经过一个世纪的无情反省，我们现在可以看到的残酷现实是，在物质生活大幅提高的同时，文化自卑情绪也在潜滋暗长，精神生活领域疮痍满目。其实，我们必须清醒地认识到，中华文化是世界主流文化之一，在历史上曾长期处于世界领先地位，对西方文化也曾产生过重要影响，只是在 19 世纪以后才开始衰落。

丘吉尔有句名言："我宁可失去一个印度，也不愿失去一位莎士比亚。"丘吉尔并非真的愿意放弃英国当年的殖民地印度，而是借莎

① 马林诺夫斯基：《文化论》，北京：中国民间文艺出版社，1987 年版，第 4 页。

翁强调对本国文化的珍惜与自信。的确，作为国家和民族兴旺发达的重要支撑和基本内容。倘若没有文化发展，便没有国家民族的兴盛。换言之，文化自信的缺失会严重损害到文化自强。民族精神是社会的承重墙，看不见，却发挥顶天立地的作用。涉及一个民族的道德、诚信、文化问题，应该从大处着眼，从宏观上辨识主流，不能以偏概全、一叶障目。我们不是经常听到有人质疑中国人的诚信问题吗？不妨放眼看看世界，仅仅 70 年前，德国对苏联不宣而战，日本对美国珍珠港发动突然袭击。仅仅十年前，美国为了打击萨达姆政权，宣称伊拉克拥有大规模化学武器，战争结束后才发现这是谎言，你能说德国、日本、美国就是诚信国家吗？中国目前在市场经济建设过程中，固然存在微观领域的诚信缺失问题，但追溯历史，无论在哪个时代，中国都是世界上最讲诚信的国家之一，我们应该为生长生活在这个礼仪之邦感到无比骄傲和自豪，而决不能管中窥豹式地在文化领域肆意自虐。

4. 宗教迷信

人类的信仰有两类，入世的和出世的。入世的也是世俗的，它产生于对某种社会理想状态的向往。出世的也是超俗的，它不祈求在改变现实生活中得到某种回报。按照马克思主义的观点，人们的社会存在决定社会意识，因此不管哪种信仰，其实都是出于对经济的、安全的、健康的等利益的考虑。人的宗教迷信心理，主要源自对周边世界感知和个人命运的不确定性。远古和中古时期，主要是出于对大自然变幻莫测的敬畏。近代科学技术兴起后，大自然的秘密被逐渐揭开，社会经济发展日新月异，自然界的不确定性减少了，但经济、政治、文化领域的不确定性却上升了。考察今天的烧香拜佛者，其目的大体有五：

求官、求财、求寿、求子、求爱。这些追求的目标无一是个人主观所能为的，因此只好请求上苍相助。马克思主义则将宗教意识看作是外在力量在人的头脑中的虚幻反映。一旦这种反映形成理论体系，初始的个体迷信便破茧化蝶，成为强大的集体宗教。根据马克思主义的观点：宗教要么是救赎原罪，求得今生平安；要么是倡导与世无争，求得彼岸吉祥。实质都是要求人们适应现实，安于现状，逆来顺受，而不是主动积极地改造现实，改变现状，所以被马克思主义经典作家痛斥为麻痹人民的精神鸦片，是“幻想的太阳”[①]。

列宁指出：“资产阶级社会通过教会和整个私有制来影响群众。”然而，改革开放以来，随着社会经济发展，人民生活水平提高，此前30年在中国大地声名狼藉的宗教迷信活动也死灰复燃，寺庙祖祠星罗棋布，随处可见。在宗教迷信活动扶摇直上的背景下，包括各级领导干部在内的共产党人到底能不能信迷信、信宗教？理论上说，我们既然信仰马列主义，当然不允许搞这一套。但在实际生活中，一些党员干部带头祭祀、烧香、拜佛、看风水，屡见不鲜。有的党员领导干部甚至将神龛设在家里，早晚膜拜。在一些著名的宗教大殿，每逢大年初一，为烧第一炷香，需按职务高低排队。至于风水的思想观念，更是广泛渗透到一些单位的大门朝向、主体建筑风格和楼层设计等各个方面。从世界几大宗教来看，任何一种大的宗教在信仰上都是排他性的。如果允许党员信教，那么就是允许党内唯心主义与唯物主义两种世界观并存，有神论与无神论并存，这势必造成马克思主义指导地位的动摇和丧失，削弱我党政治信仰的思想基础。宪法虽然规定我国公民拥

① 马克思、恩格斯：《马克思恩格斯选集》（第1卷），北京：人民出版社，1956年版，第1页。

有信仰宗教和不信宗教的自由，但对共产党员而言，信仰宗教，就是对马克思主义的背叛。中国共产党的指导思想是马克思列宁主义，而马克思列宁主义与宗教是势不两立的。这就注定了共产党人从宣誓的那天起，就与宗教迷信水火不容。人的信仰可以多元，但多元只能互补，而不能相悖，否则信其一，则必弃其二。共产党人的信仰既然是马克思主义，是无神论者，就不得参与宗教迷信活动，这也是共产党人的一条政治道德底线。

五、“E 缘”政治下的逆袭之战

从传统的意义上看，人类一切政治的奥秘首先就在于对信息的严格控制，其次是对信息的由上到下的梯度有序传递。绵延人类历史数千年的文字狱，从中国秦始皇的焚书坑儒，到意大利布鲁诺被烧死在罗马鲜花广场，再到美国总统尼克松的水门丑闻，说到底，统治阶级不管自觉不自觉，都是在竭力保持对信息的有效控制。当信息被控制以后，还需有序发布。发布的一般原则是：在空间上，自上而下；在时间上，先上后下。这种信息传递与发布带来的圈层差异，就是信息拥有量的不平等，从而导致政治不平等。

信息网络时代，这种传统的信息传输模式遭到瓦解。由少数人控制信息、同时也严格掌握着信息传递程序的时代 去不复返了。有人说，正如几百年前火药使人获得了马基雅维利式的平等一样，交互式的信息网络技术，将人们紧紧地联系在一起，过去所谓的间接民主将走向直接民主。也就是说，人类在走过法律面前人人平等、金钱面前人人平等的艰难历程后，将步入一个信息面前人人平等的新天地。一旦传统的信息发布金字塔结构让位于信息的交互流通，政治就不再是极少数人的玩偶，而成了人人均可直接参与的社会大众生活的一部分。然而，今天看来，这种希冀或许过于乐观了。信息网络并不能改变国际政治生活的一切，技术永远只是手段，只能服从和服务于技术的应用者，正如原子能的开发可分为善用和恶用一样，信息技术被控制在强权的崇奉者手里，也会成为黑手高悬的霸主鞭。由于信息技术与话语传播具有天然的历史渊源关系，在它客观上为人类的文化多样性的同时，也为话语霸权提供了魔杖。西方发达国家依靠数百年来的工业基础，拥有了信息技术为核心的新兴产业优势，利用这种优势，构建话语霸权，在全球范围内大肆倾泻西方文化，推行西方的价值观、伦理观和政治标准，企图将西方的意识形态强加于人。

落后就要挨打，贫穷就要挨饿，失语就要挨骂。长期以来，我们解决了“挨打”和“挨饿”的问题，但是“挨骂”的问题还没有得到根本解决。在“西强我弱”的国际传播格局和话语体系中，我国的话语影响力仍然微弱。一些人习惯用西方的话语体系解读“中国奇迹”“中国道路”“中国模式”，任意裁剪中国形象，中国成了“被描述的中国”。在国际上，我们有时还处于有理说不出、说了传不开的境地，存在着信息流进流出的“逆差”、中国真实形象和西方主观印象的“反差”、软实力和硬实力的“落差”。在中西话语体系不对称格局下，我们要打赢“E缘”政治下的逆袭之战，就需要澄清谬误、明辨是非、积极创新、主动作为。

一是坚持正确舆论导向。事实有态度，舆论有导向。舆论导向正确与否，事关党和人民之福祸，事关国家和民族之聚散。正确导向是舆论宣传工作的“灵魂”，好的舆论可以成为发展的“推进器”、民意的“晴雨表”、社会的“黏合剂”、道德的“风向标”，不好的舆论也可以成为民众的“迷魂汤”、社会的“分离器”、杀人的“软刀子”、动乱的“催化剂”。当前，受众需求越来越多样，参与意识越来越强，思想观念越来越多元，新闻传播日益呈现人人传播、多向传播、海量传播的特征，在众生喧哗的信息网络时代，更需要有主旋律来定音、来导航、来正向，更需要用正能量来暖心、来凝神、来聚力。坚持正确的舆论引导，就是要做到所有工作都有利于坚持中国共产党领导和社会主义制度，有利于推动改革发展，有利于增进全国各族人民团结，有利于维护社会和谐稳定。各级党报党刊、电台电视台要讲导向，都市类报刊、新媒体也要讲导向。新闻报道要讲导向，副刊、专题节目、广告宣传也要讲导向。时政新闻要讲导向，娱乐类、社会类新闻也要讲导向。国内新闻报道要讲导向，国际新闻报道也要讲导向。一句话，要让主旋律和正能量主导报刊版面、广播电台、电视荧屏，主导网络空间、移动平台等传播载体，不能搞两个标准，不能形成“两个舆论场”。引导社会舆论走向，要善于设置议题，让该热的热起来，该冷的冷下去，该说的说到位，让我们设置的议题成为引导社会舆论的话题，而不是被社会舆论牵着鼻子走。对社会上存在的思想认识问题，要加强正面引导，通过摆事实、讲道理，明辨理论是非，澄清模糊认识。对重大政治原则和大是大非问题，要敢于交锋、敢于亮剑。对恶意攻击、造谣生事，要坚决回击以正视听。

二是推动媒体融合发展。媒体融合发展是传媒领域一场重大而深刻的变革。当前，信息网络技术裂变式发展，带来媒体格局的深刻调整和舆论生态的重大变化，新兴媒体发展之快、覆盖之广超乎想象，给传统媒体带来巨大的冲击，国际国内、线上线下、虚拟现实、体制内外等界限日益模糊，构成了越来越复杂的大舆论场。传统媒体和新兴媒体不是一个简单的此消彼长的关系，而是在一定条件下相互促进、融合发展的关系，大体经历了三个阶段：一是传统媒体建设新兴媒体；二是传统媒体和新兴媒体互动发展；三是传统媒体和新兴媒体融合发展。推动传统媒体和新兴媒体融合发展，实质上就是要重新形成和确立更有利于新闻传播的媒体格局和舆论生态，占领信息传播制高点，掌握新闻传播话语权，巩固宣传思想文化阵地，壮大主流思想舆论。坚持传统媒体和新兴媒体优势互补、一体发展，在内容、渠道、平台、经营、管理等方面深度融合，着力打造一批形态多样、手段先进、具有竞争力的新型主流媒体，建设拥有强大实力和传播力、公信力、影响力的新型媒体集团，形成立体多样、融合发展的现代传播体系。媒体融合要立足长远，以先进技术做支撑，顺应互联网传播移动化、社交化、视频化的趋势，积极运用大数据、云计算等新技术，发展移动客户端、手机网站等新应用新业态，促进社交平台与新闻传播平台有效对接，不断提高技术研发水平，以新技术引领媒体融合发展、驱动媒体转型升级。适应新兴媒体传播特点加强内容建设，改变传播内容的题材样式，顺应公众个性化的信息需求，综合运用图文、图表、动漫、音频、视频等多种形式，实现内容产品从可读到可视、从静态到动态、从一维到多维的升级融合，以内容优势赢得发展优势，掌握网络空间的话语权，进一步提高传播力。

三是把握好时度效。时度效是新闻舆论工作的核心和精髓，也是检验新闻舆论工作的标尺。时，就是时机、节奏。时效决定成效，速度赢得先机。无论是社会舆论引导，还是思想理论引导，都具有时效性。传播学上有个“首发效应”，首发信息对受众形成先入为主的第一印象，以后很难改变。同时，根据“黄金24小时”法则，网络信息传播有一个“爆发点”，在信息扩散的“爆发点”出现之前，网络信息影响的范围有限，如果我们不能在24小时之内发布信息引导舆论，就会失去主导权。只有先人一步、先声夺人，关键时刻不失语、重大问题不缺位，迅速发出正面声音，同时增加发声的频率和幅度，才能最大限度地挤压负面信息、错误思想观点的空间；度，就是力度、分寸。因事制宜、因时制宜，精准研判舆情，恰如其分掌控舆论引导的密度和尺度，既不能把大事说小，也不能把小事说大。什么问题适宜在什么范围内报道，什么问题强化报道，什么问题淡化报道，要认真研究，掌握好火候。要区别不同情况、不同内容，合理运用媒体和宣传方式，有的需要各类媒体和各种方式一起上，有的更适宜传统媒体发声定调，有的则适宜网络发声传播，这些都要视情况而定。不能为取悦受众而“失向”、因盲目介入而“失准”、为吸引眼球而“失真”、为过分渲染而“失范”、为刻意迎合而“失态”；“效”，就是效果、实效。把准舆论引导的实效，既要尊重受众的参与权、知情权，抓住治国理政的战略问题、广大群众关注的现实问题、国内外发生的热点问题，回应受众的关切，又要善于因势利导，找准思想认识的共同点、情感交流的共鸣点、利益关系的交汇点、化解矛盾的切入点，引导受众正确认识事物真相，确保取得最佳舆论引导效果。讲求艺术，改进方法，注重联系实际阐释理论、围绕关切解读政策、针对问题解疑释惑，增强说服力、亲和力、感染力，对一些重大敏感问题，要掌握好介入点，把握节奏，顺势而为，防止形成炒作。在重大舆论斗争中，既要针锋相对、据理力争，又要讲究策略、有理有利有节，争取最佳效果。只有把握好舆论引导的“时、度、效”，才能把人们的思想、行为引导到正确的方向和目标上去，真正掌握舆论引导的主动权和话语权。

四是增强国际话语权。传播力决定影响力，话语权决定主动权。毫无疑问，话语权与国家实力直接相关，但一个国家实力的增强却未必带来相应的话语权提升。谁的话语体系更具道义感召力和思想穿透力，谁的话语和叙事就能打动人，谁就拥有国际话语权。近年来，随着我国综合国力的增强，国际话语权也有了较大程度提升，但“西强我弱”的格局还没有根本改变。在回应国际舆论对我国政策的歪曲和对我国制度的抹黑上比较乏力，“有理说不清”；在国际舆论议题设置上缺乏足够能力，常常只能被动接受；在外交政策的实行与国际责任的承担上，我们做得合情合理合法，却经常遭到西方的无端指责；等等。因此，我们要加强国际传播能力建设，加快提升中国话语的国际影响力，让全世界都能听到并听清中国声音。讲故事是国际传播的最佳方式。讲好中国故事，必须构建政治话语、学术话语和大众话语相结合的中国话语体系，把五位一体总体布局、四个全面战略布局、五大发展理念、经济发展新常态、命运共同体、“一带一路”战略等，作为向世界表达中国故事的源头、读懂中国的标识。根据国外不同受众的习惯和特点，采用融通中外的概念、范畴及表述，把我们想讲的故事和国外受众想听的结合起来，把“陈情”和“说理”结合起来，把“自己讲”和“别人讲”结合起来，使故事更多为国际社会和海外受众所认同。实施走出去战略，让世界了解中国，而不只是被动地接受西方发达国家信息和文化的渗透。目前，我国已有一些英语广播、电视节目进入西方国家，如“中国时讯”英语广播节目进入了美国三大广播电视网之一的 CBS、黄河台进入了美国 SCOLA 电视网等，效果都很好，但总的来说，还是太少了。我们要采取多种形式，通过多种渠道，逐步进入西方各种媒体，特别是影响大的媒体，逐渐增加我国在西方主流社会的声音，将中国声音、形象通过传媒送到世界的每一个角落，扩大国际影响力。

第十一章

规制权

小智治事，中智治人，大智治制。

——墨子

一切法律中最重要的法律，既不是刻在大理石上，也不是刻在铜表上，而是铭刻在公民的内心里。

——法国思想家让－雅克·卢梭

“没有规矩，不成方圆。”国际规则和制度是国际秩序的重要组成部分。英国国际关系学者赫德利·布尔曾经说：“一个良好的国际秩序需要三个因素共同作用，即国家共同利益、国际规则和制度。”共同利益是国际秩序的起点，规则和制度明确国际社会的行为准则。国际规则制度规定了国际社会成员和平共处的基本条件，包括了对暴力行为的限制、对各国权利的规定、履行并遵守一些国际社会运行的理念。规制权是在国家竞争过程中形成的规则制定权或主导权，它对国际秩序构建具有一定的规范作用。在国际社会，掌握规制权的国家，可以更好地维护和实现本国的国家利益。哈特和奈格里在《帝国：全球化的政治秩序》一书中指出：“从前的帝国主要靠武力征服，派官员进行统治。今天的霸权主义已经变成了一套法律体系，成了商业合同契约保护、消除冲突和获取赔偿的法律工具，世界市场和全球权力关系开始集中化。伴随着全球化市场和生产流水线的形成，全球化秩序作为一种新的结构和逻辑正在形成。”

然而，国际社会现有的秩序和规则，由于历史原因主要是由西方发达国家主导建立起来的，尽管广大发展中国家可以在现有的国际规则下实现和平发展，获得相对稳定的国际发展环境，但是他们并没有制度性话语权，处于不公正、不合理性的地位，在发展中付出了较大的代价。随着国际体系加速演变和深刻调整，国际力量格局发生了重大变化，新兴市场国家与发展中国家群体性崛起正在改变全球政治经济版图，世界多极化和国际关系民主化大势难逆。以西方国家为主导的全球治理体系出现变革迹象，但在全球治理中规制权的争夺十分激烈，更加公正合理的国际政治经济秩序的形成依然任重道远，我国经济实力转化为国际制度性权力依然需要付出艰苦努力。

一、“非中性”的国际制度规则

国际制度规则不是凭空产生的。

现有的国际政治经济秩序是第二次世界大战的遗产，并没有考虑广大发展中国家的利益。主要参战国美国、苏联、英国在雅尔塔体系下建立了战后国际政治经济规则，划分了美苏各自的势力范围，任何试图挑战“二战”后国际规则的行为都会受到严厉的制裁。战后建立的国际政治经济秩序，尽管客观上推动了全球安全与发展，实质上反映了西方大国的政治和经济利益，广大发展中国家被边缘化。正如美国政治学者约翰·米尔斯海默所说，“‘二战’后的国际体制基本上是战胜国国家实力的分配，战后国际规则建立在对自身国家利益算计的基础上”。

第二次世界大战后建立的国际秩序包括国际政治秩序和经济秩序两大部分。联合国和《联合国宪章》是现行国际政治秩序的基础，国家主权平等的原则、互不侵犯原则、不干涉他国内政原则、平等互利原则、民族自决原则等成为国际法和国际关系的基本准则。国际经济秩序是指世界范围内建立起来的国际经济关系以及各种国际经济体系与制度的总和，主要由布雷顿森林体系下一系列国际性金融机构构成，即世界银行、国际货币基金组织和关贸总协定 / 世界贸易组织。

国际政治秩序是国际关系发展变化的产物，具有鲜明的时代特征。在国际关系史上，每次大的国际体系和格局变动都会引起国际秩序的重建。从威斯特伐利亚秩序、维也纳秩序、凡尔赛—华盛顿秩序到雅尔塔秩序的演变，都是国际格局变化的结果。“二战”结束后，美苏迅速形成两大阵营，开始在经济、政治、军事和意识形态等领域展开全面对峙，联合国受到美苏的强权主导，成为美苏争霸的工具。发展中国家和其他国家只能选边站队，美苏支持的“代理人”战争和地区冲突迭起、危机不断，人类笼罩在核恐怖之中，“二战”后确立的相对公平的国际政治秩序和经济秩序并没有得到实现，联合国宪章的基本原则没有得到遵守。冷战结束后，大国间力量对比关系发生了此消彼长的变化。美国作为唯一的超级大国对国际事务的全面影响在加强，成为国际政治新秩序的主导者、权力的平衡者和规则的制定者。美国奉行霸权主义、单边主义和新干涉主义，经常利用七国集团、北约组织绕过联合国或以联合国的名义对其他国家进行干预和打击，形成了国际政治的强权秩序。在欧洲进行北约东扩，在亚太重建美日安全同盟，在世界热点地区发动海湾战争、科索沃战争、阿富汗战争和伊拉克战争，借用保卫世界和平、民主、自由和反恐的旗号，逐步实现了打压异己力量，遏制潜在的挑战对手，建立一个以美国为主导的世界新秩序的目的，联合国的作用被弱化。美国学者菲利斯·本尼斯曾在《发号施令——美国是如何控制联合国的》一书中指出：“当联合国符合我们的利益时，我们就会利用它；当联合国不符合我们的利益时，我们就会绕开它。”2016年，菲律宾总统杜特尔特就公开声称要退出联合国，“你们（联合国）什么都没做。你们上次办实事是什么时候？从来没有，你们只会批评”，指责联合国既没能有效抗击全世界的饥荒和肆虐的恐怖主义，也没有阻止伊拉克和叙利亚的平民被杀和人道主义危机。当然，总体来看，联合国的制度设计相对比较公正，在全球安全和稳定中发挥了巨大作用。特别是冷战结束后，联合国在全球经济发展、人权保护、资源环境开发、气候变化、海洋保护等方面发挥了积极作用。

现行国际经济秩序几乎与联合国建立同步。以国际货币基金组织等为主的国际金融机构的宗旨和原则说得冠冕堂皇，但是基本没有实现自己的公平诺言，大多数沦为大国或者强国的玩具。“二战”后，美国拥有全世界 2/3 的黄金储备，工业生产能力领先全球，确定了美元与黄金挂钩的国际货币金融体制。西方发达国家在国际货币基金组织和世界银行等国际性金融机构中具有垄断地位，不具有联合国大会那样的普遍代表性。西方七国几乎垄断了一半的 IMF 投票权，IMF 的领导人通常都是美国或者欧洲人担任，发展中国家基本没有话语权。美国是 IMF 最大的股东，虽然在其中只占有 17.9% 的投票权，却是唯一拥有“一票否决权”的国家。美国等西方国家极不情愿推动 IMF 的改革，不愿让渡投票权给发展中国家。尽管中国 GDP 的份额早已经超过日本位居第二，但并不是第二份额大国。中国在 2010 年就推动 IMF 的投票权改革，但是美国迟迟不批准 IMF 份额和治理改革方案。特别是 2008 年美国金融危机后，美国国会对 IMF 份额改革开出了更苛刻的条件，要求财政部推动 IMF 废除“系统性豁免”政策，即成员国金融风险有重大溢出效应时，基金组织可以放宽向其提供金融援助的条件，从而为自己增加便利。世界银行虽然肩负着世界经济发展的重要任务，但是世界银行推动的经济发展成果并不显著。另一个重要的金融机构世界银行的九任行长都是由与洛克菲勒家族或美国政府关系密切的人担任。世界银行的资金供给并不能满足广大发展中国家对基础设施、贫困问题等贷款需求。这些国际金融组织代表着发达国家的利益，它们相互协调保护发达国家的利益不受损害。

资本流动和风险控制对于国际金融体系安全稳定具有重要作用，也是现代国际贸易和金融的核心。发达国家却把自己的金融资本优势写进了国际监管规则，比如《巴塞尔协议》是国际金融稳定的重要协议，也是为发达国家的金融机构量身定做的保护伞。1988 年，美英等十国集团签订商业银行监管的《巴塞尔协议》，成为全球商业银行监管的重要标准。美英等发达国家之所以极力在全球推行银行和商业资本监管，主要就是想通过规则获取优势，同时保护自身的资本利益。毕竟只有英美发达国家能够进行资本输出，其他发展中国家需要资本流入，保护商业银行控制国际金融风险有利于发达国家。《巴塞尔协议》具有很深的隐藏性，特别是要求所有商业银行接受资本充足率监管目标以及一系列风险控制措施，表面上看对于发展中国家也是好事情，但是事实上《巴塞尔协议》更有利于发达国家。作为国际金融监管协议，《巴塞尔协议》借维护国际金融秩序的名义，以美英在国际金融市场上的领导力，推动《巴塞尔协议》在全球主要国家获得通过。《巴塞尔协议》一旦全部通过，外国银行将和美英银行接受共同的监管标准，丧失了与国际大型银行竞争的优势。特别是对于全球对冲基金疏于监管，导致了全球资本频繁流动，洗劫其他国家的财富，这一问题在 2008 年全球金融危机期间就充分地暴露了出来。事实证明，《巴塞尔协议》也没能阻止全球金融危机的爆发，金融风险依然没有得到很好的控制，金融风险最大的国家其实就是发达国家自身。

国际规则是“死”的，而人是“活”的。

发达国家牵头制定了一系列国际规则，包括政治、经济、军事和气候变化规则，尽管这些规则具有国际法上的约束力，但是以美国为首的发达国家要么带头不遵守国际规则，要么抛弃现有规则搞新规则，要么对现有规则进行自我诠释和定义，广大发展中国家对他们无可奈何。2001年，小布什事先没有和任何国家协商就宣布退出《京都议定书》和《反弹道导弹条约》这两个国际协议，他毫不隐讳地说，“我们不会做任何有害于我国经济的事情，因为生活在美国的人民信奉要事优先”。曾担任美国国内政策助理的高尔斯顿更为露骨地表示，美国在国际规则体系中的身份“并非平等成员中的一员”，它“自己就是法律，不必其他国家同意就可创造新的国际交往规则”。

发达国家为了维护自己的利益，不惜出尔反尔、肆意歪曲现有规则，公开搞双重标准，把国际规则朝有利于自身的方向解释，这是明目张胆的强盗逻辑。比如，针对中国维护南海和东海的海洋权益，美国鼓动周边国家插手中国海洋领土争端，指责中国“破坏南海航行自由”，怂恿东盟一些国家在条件尚不成熟时就搞“南海行为准则”。2016年美国支持菲律宾就南海问题进行仲裁，但是美国自己却没有批准加入《联合国海洋公约》。由此可见，国际规则在他们眼里仅仅是抵消其他国家的竞争优势，谋取自身政治经济利益的一种工具。

二、美国不“例外”

在现行国际秩序中，许多时候美国既是规则的制定者，又是规则的监督者，但经常不按规则办事，自己处处“例外”。

美国认为自己是世界上唯一建立在自由、民主、平等理念上的国家，被赋予改造世界的独特使命，因而比其他国家更为优越。这一概念源于19世纪法国历史与政治学家托克维尔的旅美考察。他在1835年的

《论美国的民主》一书中写道：“美国的机遇完全是一个例外，我相信今后不会再有一个民主的民族能逢此际遇。”梅尔维尔的小说《白鲸》说得更为直白：“我们美国人是上帝独一无二的选民，我们是现时代的以色列人……我们不仅在对美洲行善，而且要拯救整个世界。”然而，“美国例外”的叙事框架，难以消弭国家利益的边界，人权、民主、正义终究还是以美国利益为先，反映出美国不“例外”。美国对他国人权问题指指点点，却对自身人权状况视而不见；美国运用暴力手段输出民主，却与不民主的国家结为盟友；美国指责其他国家挑战国际秩序，却又在联合国决议之外另起炉灶，这充分体现了美国国际规制合则用、不合则弃的霸权逻辑和“美国例外”思维。

1. 人权幌子

“美国例外”首先表现在人权领域。美国自诩为“人权斗士”，将外交政策与人权义务挂钩，始于第一次世界大战的伍德罗·威尔逊政府。1977 年卡特政府出于与苏联进行意识形态斗争的需要，正式将人权纳入美国对外政策的议事日程，打出“人权外交”的旗号，人权问题就成为美国历届政府外交政策的“中心议题”和“基本组成部分”。在人权问题上“胡萝卜”与“大棒”并用：接受美国经济援助的国家，必须接受美国的人权标准；抵制美国人权标准的国家，则配合武力强行推进人权。1983 年，美国政府入侵格林纳达；1989 年，美国大举入侵巴拿马。美国用武力在拉丁美洲推行人权，实际上是将整个美洲纳入自己的“势力范围”的霸权行径。克林顿政府将人权问题与提供贷款、经济援助挂钩，小布什政府屡借人权问题责难中国、庇护分裂分子，奥巴马政府对中东实行“人权新政”、主导“阿拉伯之春”。人权之于美国，究竟是道义的价值，还是利益的工具？从美国屡借人权之名侵犯主权之实来看，人权只是美国用来维护私利的“幌子”。美国人权政策的实质是霸权利益的攫取、地缘权力的争夺和经济触角的延伸，最终目的是要建立独霸天下的单极世界，使 21 世纪成为“美国世纪”。

美国在人权问题上是典型的“双面人”，嘴上说得天花乱坠，手上却不见真章。一年一度发布人权报告指责他国，却拒绝签署大多数人权条约，也不是《国际刑事法院罗马规约》的缔约国，并且经常以法律本身的正当性、名目繁多的保留和解释性条款来规避国际人权义务。虽然美国签署了许多国际条约，但是很多时候都不履行条约所规定的义务，而为了将这种不履行国际条约义务的行为合法化、正当化，美国联邦法院在实践中发展出了自动执行条约和非自动执行条约的理论。比如，1992 年 6 月 8 日，美国批准了《公民权利和政治权利国际公约》，1992 年 9 月 8 日该公约对美国生效。然而，在批准国际条约中，美国附加了五项保留、五项理解、四项声明、一项但书。其中“保留”就是实质性地排斥或修改了《公约》的有关规定；“理解”就是对《公约》有关规定做出自己的解释；“声明”就是在原则上保障《公约》中所涉及的权利，但在保障方式上强调自己的特殊性；“但书”就是在承认一般原则的同时，规定例外情况。比如，一名美国麻醉品管制局特工在墨西哥被杀，美国认为墨西哥人阿尔瓦雷斯 - 马沁具有重大嫌疑，就雇用墨西哥人索萨将他从墨西哥绑架到美国，并开始刑事追诉程序。后来，阿尔瓦雷斯 - 马沁被判无罪，并根据《世界人权宣言》《公民权利和政治权利国际公约》的规定，对索萨提起违反国际法的诉讼。但是美国法院认为该公约是作为非自动执行条约而批准的，并没有为美国法院创设可以执行的义务，所以驳回了阿尔瓦雷斯 - 马沁的诉讼。

由此可见，美国在执行国际人权条约时，美国法院采取的是一种典型的诡辩手法。

人权具有地域性和时代性特征，包括生命权、生存权、自由权、发展权、财产权，等等。然而，美国根据不同的战略目的主张不同的核心人权，并以国内立法的形式将人权的“美式规则”国际化。美国以国内立法的形式为人权排序，实际上是单边主义的假面伪装，借此介入地区事务。1999年的科索沃战争，美国打着“人权高于主权”的旗号，在没有得到安理会授权的情况下，悍然对主权国家南斯拉夫发动长达78天的空袭。美国先是学界鼓吹，制造法理依据，抛出“主权过时论”，再就是寻找联合国制度漏洞，规避集体安全原则。《联合国宪章》明确规定，一个国家使用武力只有在抵抗外来侵略或者援助已经遭受侵略的国家而进行的武力自卫才是合法的，否则就是严重侵犯国家主权原则以及不干涉他国内政原则的非法行为。而美国却以《联合国宪章》将“和平之威胁”排除在国内管辖事项之外为由，声称人道主义灾难具有外溢效果，借用“尊重基本人权”原则对冲“不干涉内政”原则，借人道主义之名行单边干涉之实。最后，挟北约盟友壮大声势，抢占舆论高地，在科索沃危机中偏颇报道、渲染“人道主义灾难”，为北约出兵的合法性进行辩护。我们最后看到，科索沃战争以人道主义之名，给南联盟人们带来了巨大的战争灾难。2000多名平民丧生，超过20万人被迫离开家乡，近100万人沦为难民。北约甚至使用了国际公约禁止的集束炸弹和能导致新生儿畸形和白血病的贫铀弹，大量古迹遭到损毁，生态环境受到破坏，巴尔干半岛的版图被“炸”成碎片，民族矛盾、宗教冲突、领土争端日趋激化，出现了严重的人道主义危机。

美国的人权，就像是一张画皮，用美丽的外表来装饰自己。一方面，以“人权裁判官”自居，挥舞“人权大棒”，对世界各国人权状况品头论足、横加指责。另一方面，对美国自身存在的严重人权问题则全然不顾，掩盖内部种种问题。枪击、毒品、失业、种族歧视、贫富差距悬殊可谓劣迹斑斑。据我国国务院新闻办公室2017年3月发布的《2016年美国的人权纪录》显示，2016年美国共发生枪击事件58125起，其中大的枪击事件385起，共造成15039人死亡，30589人受伤，死伤惨重。美国监禁率居世界第二，每10万居民中有693人被监禁，受过监禁的人数高达7000万，占成年人的1/3。4500万贫困人口生活困难，1/7的美国人生活在贫困线以下。警察枪杀案频发，不禁使人联想起过去奴隶制私刑处死的种族恐怖主义行为，美国正面临一场“人权危机”。性骚扰、性侵犯事件频发，约1/4的女性曾在工作中受到过性骚扰，近两成的年轻女性在大学四年期间遭到过性侵犯。儿童贫困率居高不下，680万名10 ~ 17岁的青少年处于食品匮乏状态。2009年以来，美国无人机攻击仅在巴基斯坦、也门和索马里就造成超过800名平民伤亡。非法关押和虐待他国囚犯问题迟迟未得到解决。“自由女神”背后不绝于耳的枪声，愈演愈烈的种族歧视问题，以及金钱政治主导下的选举闹剧，使自诩的“人权卫士”以自己的行为戳穿了其编造的人权“神话”。

2. 民主牌子

2016年的美国大选可谓乱象丛生，两名候选人特朗普与希拉里被媒体评论为“没有最烂，只有更烂”，民众对美式民主的“失望”溢于言表。美式民主只是权力政治的一块牌子，英国政治学家爱德华·卡尔曾戏谑地评论道，西方的民主离不开权力政治，“无非是用数人头代替砍人头”。但在长达半个多世纪的观念建构中，美国与民主紧密地粘连在一起。美国凭借规制权虚构出了“美国例外”的假象，在世界范围内广泛输出民主。即便沉疴缠身，也有英国前首相丘吉尔为其背书，“民主是最坏的政府形式，只不过要除掉所有其他已经不断试验过的政府形式”。

美国政府将民主作为重要的输出品，鼓吹民主国家之间通常不会发生战争，将输出和推广西式民主作为世界和平的药方，实际上是以强大的军事、经济和科技实力，干涉别国内政，推行制度霸权。美国在 19 世纪向全球输出商品，20 世纪输出资本，而在 21 世纪则输出民主。伴随着商品输出，美国抢夺殖民地半殖民地人民的资源财富；伴随着资本输出，美国掠夺发展中国家人民的金融财富；民主输出就是输出美国的价值观，为美国的战略利益服务，以达到扶植傀儡政权、称霸世界的目的。美国煽动和支持“颜色革命”，就是输出民主的表现。“颜色革命”后，这些国家达到了“民主的标准”，却看不到民主的福利。原有的政权被推翻后，阶级利益和生产关系却鲜有变化，社会问题不仅没有减少，反而成倍增加。阿拉伯之春演变为阿拉伯之冬，极端组织“伊斯兰国”（IS）大行其道，普京在联合国大会质问：“你们知道你们在干些什么吗？”美国通过输出民主扶植起来的政权，是瑟瑟发抖的傀儡，一旦与美国的利益相悖，就会被毫不留情地抛弃。2011 年发生在埃及的街头民主，在美国的支持和默许下，推翻了“强人”总统穆巴拉克。曾在美国留学、子女加入美国国籍的“穆兄会”领导人穆尔西赢得了总统选举，成为埃及首任民选总统。2012 年 6 月 30 日，穆尔西正式宣誓就职。然而仅仅一年之后，在穆尔西执政一周年的纪念日上，埃及再次爆发大规模游行，“民主”又要求穆尔西下台。最终，军方“代表人民的意志”罢黜了这位民选总统，暂停新宪法并对他提出多项指控。美国国务卿克里声称，埃及军方推翻穆尔西是一次“恢复民主”之举。曾经的广场聚集代表“民主胜利”，如今的清场被称为“恢复秩序”，美国在向埃及输出民主的过程中翻云覆雨，挑动民众推翻了“独裁政府”，又将“民选政府”罢黜下台。所谓的民主，不过是“美”主——美国做主。

美国等西方发达国家基于国家利益需要，将形形色色的民主测评指数作为宣扬西式民主价值观的工具，体现了一种傲慢与偏见。这些设计出来的计量工具被用来给各国民主打分定性，似乎由此就能说明谁是民主、谁是独裁。“指数民主”其实只是美国等西方发达国家维护话语优势和规制权的重要工具。英国外交部发布年度《民主与自由报告》，妄称中国打压民权组织和新闻媒体，借以挑动香港问题。美国国务院发表年度《促进自由与民主国别报告》，妄评中国的人权状况。这些形形色色的民主测评机构，绝大多数是由美国及西方势力操纵的，如美国“自由之家”的全球自由评估、美国舆论研究所的盖洛普民意测验、英国《经济学人》的全球民主指数、总部位于柏林的“透明国际”组织发布的“清廉指数”，等等。轮替选举，是大多数民主指数的一个重要参考。亨廷顿提出了“两次轮替测验法”，即政府需要经过两次轮替选举，才能作为民主稳定的标志，因为“缺乏轮替的体制总是腐败的”。这么一刀切下，将很多卓有成效的“善治”政府排除在民主的门槛之外。英国《经济学人》的民主指数根据五个指标，即“选举程序与多样性、政府运作、政治参与、政治文化和公民自由”对全球所有政权进行赋值，按照得分高低分为“完全民主”“部分民主”“混合政权”和“独裁政权”四类。根据2015年的民主指数报告，北欧国家瑞典排名第一，朝鲜排名垫底，而中国居然排在第136位，低于科特迪瓦和阿塞拜疆，属于不民主的国家。美国策划的伊拉克和埃及民主，其得分却在中国之上。此外，“透明国际”发布的“清廉指数”在中国政府反腐败决心如此巨大和成效如此显著的情况下，2014年中国“清廉印象指数”不升反降，从前一年的80位直降到100位。这种评分和排名与中国反腐败取得举世瞩目成就的现实情况完全相悖、严重不符。

民主不是装饰品，不是用来做摆设的，而是要用来解决人民要解决的问题的。美式民主只是“一家之言”。美国宣称，反对党打击现任官员的腐败行为能够有效遏止公共权力的滥用，缺乏民主轮替的体制总是腐败的。但是美国也只是把腐败“漂白”，民主竞选中花费的大量资金被法院裁定“合法”，高昂的竞选成本挡住了普通平民的参政希望；高额的政治捐款成了权力分肥的依据，公共权力被投桃报李地划给“价高者”；层出不穷的院外游说集团，在两党之间串联逢迎，轮替民主对于腐败的制约作用可以说是微乎其微。美国宣称，民主政体能够减少尸位素餐，提高效率，但利益集团的纠葛却使得“否决政治”横行。福山批判美国正承受“政治衰败”之苦，原因之一就在于“否决政治”，美国宪政体制产生了形形色色的利益集团，任何触动其利益的改革都寸步难行。从历史的角度来看，这些利益集团有的曾经为美国发展做出了贡献，如建国初期的民兵、大萧条时期的农场主和“二战”时期的军火商，曾经帮助了美国的崛起，但是今天有关禁枪、农业补贴和军火采购方面的法案却在这些利益集团的阻挠下很难推进。由此可见，民主不应该僵化为某种制度，而是一种精神、一种价值、一份责任。习近平主席在与奥巴马的“瀛台夜会”上说，我们讲究的民主未必仅仅体现在“一人一票”直选上。我们在追求民意方面，不仅不比西方国家少，甚至还要更多。西方某个政党往往是某个阶层或某个方面的代表，而我们必须代表全体人民。

3. 正义骗子

正义，英文单词“justice”，也含有司法制度之意，在美国的话语标签中还可作为头衔名称，用于法官姓名之前。因此，在美国的政治叙事中，上层的正义、中层的司法体系和基层的法官，构成了“三位一体”的结构。托克维尔说，美国所有的政治问题到最后都会演变为法律问题甚至是司法问题。支撑“美国例外”的正义理论，看似是稳固的立柱，实则是骗人的谎言。

马克思认为，法的关系既不能从它们本身来理解，也不能从所谓人类精神的一般发展来理解，相反，它们根源于物质的生活关系。在美国刑事指控中，任何合理的怀疑都可能导致控告不予成立。但是这种合理与否的标准，是由法官及陪审员的主观判断得出，这就使得美国社会中一些侵犯正义的现象借助无罪推定的幌子而开脱。2014 年 8 月 9 日，美国密苏里州的弗格森，18 岁黑人学生迈克尔·布朗被警察击毙，然而，白人警察却被免予起诉，一时间使人们的目光聚集在执法过程中的种族歧视上。布朗被枪杀在当地引发抗议活动，并演变成骚乱，该州州长宣布宵禁、命令国民警卫队进驻和进入“紧急状态”。此案中，大陪审团的“合理怀疑”却引人怀疑。大陪审团认定，涉案警察认定嫌犯意图危害他人性命，并且开枪射杀黑人主观上属于自卫。人的想法难以证明，也难以证否。站在被杀黑人的立场上，他举起双手就是要“投降”，而站在警察的立场上，认为他举起双手是要抢枪，开枪是自卫行为。如此的“合理”推测，实际上是曲解正义。美国的种族歧视一直是痼疾。白人警察枪击黑人而免予起诉，表面上是司法问题，但屡屡发生的“个案”之间显然有某种共同的东西。在“合理怀疑”的幌子下，实际上正义偏向占经济社会优势的白人群体。看似公平的法律程序，并不是全体公民意志的体现，而是经济和舆论意志的体现。

美国各州司法体系不同，但不外乎党派/非党派选举、委员会推选、州长/州议会任命几种，法官与政客之间、法官与律师之间、法官与检察官之间，都存在司法系统的“旋转门”现象。因而想要成为法官，也要像政客选举一样，得到大量的资金支持，得到重要利益集团的支持，得到身居高位的党派政客的支持。也就是说，法官的任免与选举息息相关，而这些都会直接或间接地影响司法公正，留下权力寻租的空间。自由裁量，本是代表正义的法官的权力。但在审判程序中，可供法官裁量的空间很多，如逮捕、搜查、保释、量刑、缓刑等。自由裁量成为不正义的司法寻租的借口，不过是皇帝的新衣。一种方式是“重罪轻罚”。比如沸沸扬扬的斯坦福名校生性侵案，20岁的斯坦福游泳明星特纳被指控性侵、袭击、意图强奸三项罪名，最终被判入狱六个月，实际服刑三个月，并察看三年。检方指控的求刑年限是六年，《量刑指南》则是最低3年，最高14年的刑罚。之所以重罪轻判因为“他前途光明，是高才生，有人求情，并且受害者醉酒”。特纳父母聘请的两位加州大律师都曾获得过最佳律师称号：一位是从斯坦福大学法学院毕业，有着刑事案件辩护超过35年的从业经验；另一位是曾在斯坦福大学法学院担任兼职教授，同样声名赫赫。而由于2005年美国联邦最高法院裁定《量刑指南》不再作为强制性的法律规定，法官拥有更大的自由裁量权。另一种方式则是“轻罪重罚”。例如在宾夕法尼亚州路泽恩县，青少年监狱承包给私人运营。青少年法官马克·恰瓦雷拉与主任法官迈克尔·科纳汗收取私人监狱数百万美元贿赂，诱使青少年放弃律师辩护的权利，轻罪重判导致3000多名少年进入监狱，为当地的私人监狱承包商招揽生意。主任法官迈克尔·科纳汗甚至裁定关闭了公立的青少年监狱，减少同伙的“竞争对手”。

新自由主义者约翰·罗尔斯认为，社会制度的首要价值就是正义。当正义拓展到国际领域时，却认为只有在民主自由的国家组成的国际社会里才适用诸如平等原则、自卫原则、不干涉原则等，对于那些压制人权的专制社会这些原则是不适用的。由此美国自认为人权干涉、民主输出是正义行为，从而为美国的侵略行为进行辩护。2009年，以约翰·齐尔考特为首的伊拉克战争调查委员会，历时七年完成了由英国布朗政府授权的长达260万字的“伊拉克战争调查报告”（也称齐尔考特报告），尽管此时已经物是人非——萨达姆被处以绞刑、美国“重返亚太”、“伊斯兰国”肆虐中东、英国脱欧已成定局——但不列颠人还是承认了伊拉克战争是基于错误情报发动的，伊拉克存在大规模杀伤性武器的说法站不住脚，时任首相布莱尔负有责任。但是西方始终没有承认，这是一场非正义的战争。曾于2003年美军攻入巴格达时率先砸毁萨达姆雕像的卡齐姆·谢里夫·贾布里也为自己的“英勇”感到后悔，他对外媒表示，“小布什和布莱尔都是骗子。是他们毁了伊拉克，把我们带回中世纪甚至更早的岁月”，“现在，每每经过那座雕像的位置，我都感到痛苦和羞愧”。“潘多拉之盒”已被打开，犯错的人却不承认错误。与个人相比，国家层面的悔错殊为不易，甚至难于上青天。尤其是在西方“民主政治”体系中，本党不管他党的错，下任不管上任的错，是司空见惯的，这就是偏颇的正义。

习近平主席指出，“法律是成文的道德，道德是内心的法律”。

法律的正义在于人民发自内心的拥护，正义的伟力出自人民真诚的信仰。尽管每一个国家的法治道路不尽相同，国际惯例也不能代表一切，但是人民内心深处的正义却是共通的。偏见和歧视、仇恨和战争只会带来灾难和痛苦。相互尊重、平等相处、和平发展、共同繁荣，才是人间正道。世界各国应该共同维护以联合国宪章宗旨和原则为核心的国际秩序和国际体系，积极构建以合作共赢为核心的新型大国关系，共同推进世界和平与发展的崇高事业。

三、“合法化”战争

师出有名则直，师出无名则曲。中国古代兵学早有“义兵”“义战”的说法，

“庶几义声昭彰，理直气壮，师出有名，火功可就矣。”随着人类社会进步，人们越来越把战争的正义性与合法性联系起来，用合法性来证明其战争行为的正义性。然而，冷战结束后，美国为了建立单极霸权，经常利用国际规则主导权，为战争的师出有名寻找各种借口，竭力使战争“合法化”，点燃了一场场战火。

1.“代理人”战争

“代理人”战争，也称傀儡战争。它是国家或非国家行为体之间不发生实体对抗，而是利用外部冲突以某种方式打击对方关切和利益，包括打击对方盟友和扶持反对力量等。“代理人”战争并不是一种新的战争形式，早在美国独立战争时期就有了“代理人”战争的影子，法国对美国经济和军事支持是基于与英国争夺霸权的需要。冷战时期，由于美苏之间“相互确保摧毁”的恐怖平衡，在全球范围内扶植“代理人”

进行对抗，全面冷战、局部热战的特点显著。冷战结束后，“代理人”战争依然是美国战争“合法化”的重要手段。美国通过“代理人”战争，最大限度规避国际法中的战争责任，以期达到利益最大化和风险最小化。在叙利亚内战和乌克兰危机中，美国以“人权”“民主”等幌子毫不避讳地进行干预，又没有投入大规模军事力量，依靠“代理人”冲锋陷阵。

“项庄舞剑，意在沛公。”2014 年乌克兰危机，美国的直接战略目标就是削弱俄罗斯的战略能力。乌克兰是苏联的加盟共和国，也是俄罗斯民族的发源地，历史上著名的“罗斯受洗”就是在乌克兰。美国通过扶植乌克兰国内的政治寡头，制造“颜色革命”，建立亲美的乌克兰政府。尽管背后是大西洋彼岸的美国和近在咫尺的俄罗斯，但发生在乌克兰东部的武装冲突却被认为是“国内冲突”，是一场典型的“代理人”战争，出现了有组织的军事暴力、政权更迭、领土变化等战争特征。美国没有直接进行军事干预，只是向东欧延伸基地增派了一个装甲旅，但不断通过外部手段打击俄罗斯，包括政治孤立、经济制裁、舆论唱衰、军事挤压，搅动欧洲安全局势。

在叙利亚内战中，一个焦点问题就是巴沙尔政权的合法性。美国等西方发达国家完全站在反对派武装的立场，给予政治造势、武器支援、情报支持，削弱巴沙尔政权的合法性。逊尼派主导的阿拉伯国家联盟自 2011 年 11 月起中止了叙利亚的代表资格，而反对派联盟“叙利亚全国委员会”被部分欧美国家与部分阿拉伯国家承认为叙利亚的合法代表。2015 年 9 月 30 日，俄罗斯联邦委员会批准在叙利亚动用武装力量，打击极端组织“伊斯兰国”的空袭。俄罗斯在叙利亚的军事行动，其合法性来源于巴沙尔政府的正式要求。一旦叙利亚当局在国际组织中被排除合法性，俄罗斯的处境将十分尴尬。为此，美国利用强大的传播工具，制造国际舆论，主导叙利亚危机的话语权。叙利亚战争的持续发酵，带给叙利亚人民深重的灾难，人道主义危机频见报端，民众对于战争的厌倦极易转化为对交战双方的敌视，即便达成最终停火协议并组织大选，巴沙尔政权也可能在战争之后失去执政地位。今日俄罗斯电视台（RT）凭借在北美、欧洲地区的高收视率，以及视频网站上的高点击率，在全球范围内播出俄罗斯在叙利亚打击恐怖主义的信息，为巴沙尔政权赢得舆论支持。在美俄叙利亚矛盾再次激化之际，英国苏格兰皇家银行旗下的国民威斯敏斯特银行宣布关闭 RT 电视台在这家银行的账户，不再对其提供金融服务。尽管英国政府声称是银行的经济行为，但作为美国的盟友，关键节点上舆论支持可见并不含糊。

美国大打“代理人”战争，谨慎地进行军事干预，体现了奥巴马政府对于战争的新态度，“战争在某些时候是必要的，同时战争在某种程度上是人类愚蠢的表现”。奥巴马将战争定义为可管控的长期安全问题，而不是全国总动员。奥巴马因做出反战的竞选承诺，获得过诺贝尔和平奖，但从接过布什政府“反恐战争”的接力棒开始，就不知不觉间成为“美国史上进行战争时间最久的总统”。美国政府“敲边鼓”的“代理人”战争，很大程度上稀释了国内的反战撤军压力，保持了在中东地区相当程度的军事存在和战略影响。

尽管美国通过“代理人”战争实现了一定程度的战争“合法化”，但战争的不确定性表明，其结果并不总能在预料之中。一是无法控制战争进程。越南战争中，美国担心东南亚出现社会主义的“多米诺骨牌”效应，支持南越政府进行“代理人”战争。但肯尼迪政府的“特种作战”模式并没有取得预期效果，最终被拖进越南战争的泥潭。二是无法控制“代理人”。如果“代理人”较弱，美国就不得已直接上阵；如果“代理人”过强，也可能反目成仇，开启新的战争。最典型的莫过于塔利班，作为阿富汗战争中反苏的“代理人”，美国曾向其秘密提供大量武器，并帮助其训练武装人员。最后的结果是扶植出最大的恐怖组织，养虎为患，反受其害。三是无法控制战争结果。战争是对一个国家的系统性破坏，人们可以设计战争过程，却很难设计战争结果。利比亚战争中，北约的“奥德赛黎明”行动等空袭帮助反政府军最终获胜，但利比亚局势至今动荡不安，大量常规武器扩散，加剧了周边军事冲突，恐怖活动日益嚣张。

2. 预防性打击

《孙子兵法・虚实篇》中写道，“凡先处战地而待敌者佚，后处战地而趋战者劳。故善战者，致人而不致于人”。《汉书・项籍传》中也说，“先发制人，后发制于人”。美国国防部艾什顿・卡特和威廉姆・佩里在1997年出版了《预防性防御：一项美国新安全战略》一书，警示“美国境内发生前所未有的灾难性恐怖主义活动”，将成为冷战结束后美国面临的五大安全风险之一。预防性打击的“合法性”逻辑在于，如果政府预见到“侵略者”造成的伤害是“持续的、严重的和确定的”，并且这种预见有“十足的把握”，那么诉诸战争就是合法的。

“9・11”事件后，美国社会弥漫着一股恐慌情绪。自1815年美英《根特条约》签订以来，美国本土从未受到过敌国袭击。“9・11”事件使得美国风声鹤唳，邮寄炸弹与炭疽信件等小规模的恐怖行动也被与“基地”组织联系起来。媒体捕风捉影捏造新闻，情报界面对“恐怖警告”草木皆兵，整个美国感到焦虑和压抑，无处宣泄。美国总统小布什提出“先发制人”战略构想：“在威胁进入美国边界前发现和摧毁之，从而达到保卫美国、美国人民和美国海内外利益的目的。美国将一如既往争取国际社会的支持，但是在必要的时候我们将果断地单独采取行动，以行使我们的自卫权力，对这些恐怖主义分子采取先发制人的打击，防止他们伤害我们的人民和我们的国家。”“我们必须有备无患，在无赖国家和受他们庇护的恐怖主义分子有能力对美国以及我们的盟国和友邦进行威胁或使用大规模毁灭性武器之前制止他们。”预防性给了民众焦虑情绪一个宣泄口，借助国内社会的恐慌和国际社会的同情，美国在阿富汗拉开了“反恐战争”的序幕。打着反恐的旗号，美国刻意营造出一种“政治正确”，“反恐”一词，就像在公众的思想和真实的事件中制造的一个屏幕，美国使用武力的种种问题和“麻烦”碰到这个屏幕就被弹开，人们的注意力被“反恐”所吸引，从而突破了战争的底线。几年过后，“越反越恐”的教训才使人们重新思考“反恐”之后的那个单词——战争。

在伊拉克战争中，美国大肆渲染伊拉克拥有大规模杀伤性武器，并且用“过去的前科”和“未来的灾难”来为发动“现在的战争”寻找借口。美国假设萨达姆政权拥有“大规模杀伤性武器”的原因有二：一是萨达姆政权有侵略的“前科”，曾经入侵科威特，在持续八年的两伊战争中，伊拉克不顾国际舆论的谴责，不断使用神经性毒剂等化学武器。而今又开始集结“大规模杀伤性武器”。因此，美国认为，不必等到萨达姆率先发难，只要对其侵略行为的即将发生怀有确信，就已足够。布什总统对伊拉克宣战，是为了推翻一个血腥的暴君、一个违抗世界长达 12 年的人、一个建造了大规模杀伤性武器计划的人。二是即使伊拉克没有“大规模杀伤性武器”，但是萨达姆政权拥有研制大规模杀伤性武器的能力，美国必须在威胁成为现实之前做出反应。据英国《观察家》报披露，伊拉克从1978年开始就建造了秘密的化学毒剂工厂，并以制造农药杀虫剂为名，生产VX等神经性毒剂。伊拉克还从英美等国大量进口了两用中间体（既可用于制造杀虫剂又可制造化学毒剂），当时美伊两国正处于蜜月期，美国低调回应国际社会关于伊拉克化武问题甚至试图掩盖事实。如今，假设伊拉克真正拥有了大规模杀伤性武器，威胁将成倍放大，美国因此将付出大得多的代价。其实，美国情报机构早就知道伊拉克到底有没有大规模杀伤性武器，但这并不重要。在美国编织的借口铺天盖地的宣传下，“伊拉克拥有大规模杀伤性武器”蒙蔽了不少人。在2003年2月的一项盖洛普民意调查显示，55%的美国人“肯定”伊拉克拥有制造大规模杀伤性武器的设施，另有38%的人则认为“可能有”。于是，美国发动了伊拉克战争。伊拉克战争后，对于“找不到的”大规模杀伤性武器，美国的逻辑就是伊拉克具有研制大规模杀伤性武器的能力。

美国预防性打击的另一个理由是威慑理论的失效。冷战时期形成的威慑战略不能对伊拉克产生效果，因为萨达姆是一个“疯子”而不是“理性行为者”。疯子是无法沟通、无法对话、无法协调的。根据这一假设推理，一旦萨达姆获得大规模杀伤性武器，战争就可能成为“最后的手段”，这些武器也可能会落入恐怖分子手中。小布什辩称：“我们不能冀望一个疯子可以成为正常人，我们不能指望萨达姆做出理智的决定，当这样一个疯子与恐怖组织建立联系后，他的行为就会更加可怕，所以控制、牵制以及威慑理论对萨达姆都没有用。”于是，美国和西方媒体就把萨达姆建构成一个独裁者、暴君、侵略者、使用化学武器、屠杀库尔德人、支持恐怖活动的疯子，用这些标签一遍又一遍地“轰炸”人们的眼球，为战争的合法性辩护。美国宣称通过对伊拉克的预防性打击，并运用强制、激励和建立信任等措施促成了利比亚的核裁军进程，2003年年底利比亚与美国和英国达成历史性协议，宣布放弃大规模杀伤性武器，被誉为核裁军进程的“利比亚模式”。然而，到了利比亚战争期间，曾经“理性地”与西方达成核裁军协议的卡扎菲却也被认为是一个“疯子”，被贴上了独裁者、暴君、大屠杀、性虐、虐囚、奇装异服、虐待记者和平民、发动恐怖活动、使用雇佣军、切断平民生存和救援通道等标签，仿佛是萨达姆的阴魂重现。

3.“程序”正义

古罗马历史学家提图斯·李维曾说：“对那些需要战争的人来说，战争是正义的；对那些失去一切希望的人来说，战争是合理的。”正义不仅应得到实现，而且要以人们看得见的方式实现。这就是程序正义，它表现为严密的组织、严苛的程序、专业的人员、严谨的证据规则甚至繁复的仪式。美国等西方国家在战争“合法化”过程中，经常忽视“正义”，而只玩弄“程序”手段，借以推卸战争责任。

模糊战争责任主体，是美国等西方国家惯用的伎俩。因为如果无法确定谁来为战争负责，也就意味着没有人为战争负责。美国发动的种种“代理人”战争，事实上就是在模糊责任主体。例如，在利比亚战争中，美国藏身于北约“集体干涉”之中，假手北约军事集团，通过联合国的议程设置将军事行动“合法化”。利比亚战争原本是国内不同部落和派别之间的争斗而引发的国内动荡，后来由于西方国家的介入而发展成为西方国家与中东北非的国际战争，也是以西方国家为首的军事联盟第四次对主权国家发动的大规模军事打击。美国等西方国家大肆渲染利比亚“人道主义灾难”，促成联合国安理会于2011年3月17日通过决议，决定在利比亚设立“禁飞区”，并要求有关国家采取一切必要措施保护利比亚平民和平民居住区免受武装袭击的威胁。由于此前已经有过“波黑禁飞区”“伊拉克禁飞区”的先例，安理会最终以十票赞成、五票弃权，在没有任何一个常任理事国反对的情况下通过了“1973号”决议。中方尽管弃权，但对决议中一些内容持“严重保留”的态度。随后，北约联合军队发动了代号“奥德赛黎明”的军事行动，借口“保护平民”和“打击卡扎菲政权抵抗设立禁飞区的能力”，集体干涉最终促成联合国66年来第一次通过预防屠杀的军事行动。对于北约，联合国显然无法制裁这么一个国际组织，也无法追究其战争责任。

不可否认的是，预防性打击有悖于《联合国宪章》确立的禁止使用武力以及禁止发动进攻性战争的原则，因为这样一来，法治将被强权所取代。尽管美国在国内宣称萨达姆政权同基地恐怖组织有着密切联系，在国际社会渲染伊拉克拥有大规模杀伤性武器。但美国对伊拉克发动战争的“合法性”建立在联合国1991年第687号决议基础上，安理会责成萨达姆政权放弃所有大规模杀伤性武器的生产设施，并且允许进行全面核查。联合国的决议，给予美国发动“授权战争”以借口。因此，美国借口萨达姆政权违反了联合国第687号决议，以及联合国第678号决议允许动用武装力量以支持将伊拉克从被其占领的科威特驱逐出去以后所有的相关决议。这样一来，美国发动伊拉克战争的责任归谁？美国，还是联合国？布什总统声称，他动用军事力量是正当的，因为他动用的原因是正当的，程序也是合法的。然而，对世界上许多其他国家来说，情况正好相反：美国及其联盟国家根据自己的意愿行事，因为在美国人看来，权力决定正当性。

美国等西方国家还通过对他国领导人的审判来体现其所谓的“程序正义”。如果这些人被判“有罪”，也就意味着美国发动战争是“合理”的。如对南联盟前总统米洛舍维奇的审判就是在这种“公正”的名义下进行的。审判米洛舍维奇的国际刑事法庭是根据 1993 年联合国安理会第 827 号决议设立的，1994 年正式成立。法官由联合国大会挑选，检察官由联合国秘书长提名、安理会指定。该法庭拥有完整的举证与抗辩制度，可以说是最符合司法习惯的法庭。2015 年联合国海牙法庭裁定塞尔维亚在 20 世纪 90 年代初期的巴尔干战争中并未对克罗地亚犯下种族屠杀的罪行，这就意味着南联盟前总统米洛舍维奇种族屠杀罪等相关罪名不成立，北约发动科索沃战争的主要理由自然也不成立，米洛舍维奇成为美国谎言下的一个牺牲品。对于前伊拉克总统萨达姆的审判则根本没有经过联合国，而是由美国控制下的伊拉克当局高等法庭，援引国内法的形式进行判决。萨达姆的罪名也不是通常意义上的“战争罪”，而是被指控杀害杜贾尔村 148 名什叶派村民。而这种国内审判，最大的好处就在于结案迅速、罪名明确，美国几乎不用担心节外生枝。对于利比亚前总统卡扎菲，压根就没有进入审判程序，在被利比亚过渡政府士兵擒获后即被枪决。由此可见，国际上所谓的“正义”战争，都不过是“大鱼吃小鱼”的利益争夺，遵循的依然是“弱肉强食”的森林法则。

四、从参与到制定

早在 19 世纪，马克思、恩格斯在《德意志意识形态》《共产党宣言》《资本论》等著作中，就详细论述了世界贸易、世界市场、世界历史等问题，指出“资产阶级，由于开拓了世界市场，使一切国家的生产和消费都成为世界性的了”。马克思、恩格斯的这些敏锐洞见和精辟论述，深刻揭示了经济全球化的本质、逻辑、过程，奠定了我们认识当今全球化的理论基础。全球化主要经历了两个阶段：第一个全球化阶段是殖民扩张和世界市场的形成。西方国家靠巧取豪夺、强权占领、殖民扩张，到第一次世界大战前基本完成了对世界的瓜分，世界各地区各民族都被卷入资本主义世界体系之中。第二个全球化阶段是美国霸权主导的自由贸易体系建立。“二战”之后，美国依靠军事霸权和经济实力建立起一整套的全球制度体系，把力量转化为制度，开始全面推进全球化的历史进程。目前，全球化正在向第三个阶段过渡。当今世界，经济增长低迷态势仍在延续，“逆全球化”思潮和保护主义倾向抬头，以美国等西方国家主导的经济全球化正进入蜕变和调整期，西方出现治理危机，“黑天鹅”事件频出，而以中国为代表的新兴经济体成为世界上推动贸易和投资自由化便利化的主要力量，全球治理体系正在发生深刻的变革，新一轮全球化进程将是多极化、多元化、多中心的全球化。

我国在鸦片战争之前隔绝于世界市场和工业化大潮，接着在鸦片战争及以后的数次列强侵略战争中屡战屡败，“被动”卷入全球化的中国长期徘徊在封闭与开放之间。新中国成立后，特别是改革开放以来，我国充分利用经济全球化带来的机遇，不断扩大对外开放，主动顺应经济全球化潮流，实现了同世界关系的历史性转变。中国认识、参与和积极推动全球治理经历了逐步深入的过程。在 1971-2001 年的 30 年里，中国恢复在联合国的合法席位以及正式加入世贸组织的进程，就是参与全球治理的进程。2008 年，中国成为二十国集团峰会的核心倡导国，并从此开始以全球大国的身份日益走近世界舞台的中心。2009年，中国政府公开肯定全球经济治理的积极意义。十八大以后，我国在世界经济和全球治理中的分量迅速上升，对全球经济增长的贡献率达到39%，超过了美、欧、日贡献率之和，成为全球经济的主要“发动机”之一、世界第二经济大国、最大货物出口国、第二大货物进口国、第二大直接对外投资国、最大外汇储备国、最大旅游市场，是影响世界政治经济版图变化的一个主要因素。如果说，20年前甚至15年前，经济全球化的主要推手是美国等西方国家的话，那么今天反而是我们被认为是世界上推动经济全球化的最大旗手。特别是在国际风云变幻、西方保护主义思潮泛起的关键时刻，习近平主席出席2017年达沃斯论坛并发表主旨演讲，就经济全球化、世界经济困境等问题宣示了中国主张和中国方案，为世界经济航船指明了前进方向。可以说，在世界经济面临困境、全球化处于困难的背景下，中国以长远眼光和切实行动展现了大国的时代担当。我国倡导的“一带一路”建设得到100多个国家的响应，亚投行有90多个国家加入，“构建人类命运共同体”、G20杭州模式等在世界上成为广泛共识，在全球治理中留下了深刻的中国印记。中国经济稳中求进也给世界创造了更多发展机遇，关注中国成为各国关切自身利益的需要，对中国的质疑、偏见、唱衰，逐渐变成了向“东”看，搭中国快车，中国模式、中国道路、中国方案的影响力、辐射力发生了历史性变化。

1. 更加公正合理

当前的全球治理体系是“二战”后由美国等发达国家主导建立的，发展中国家的利益很难得到保障。尤其是全球金融危机后，这一体系很难适应当前国际政治形势、世界经济环境、力量格局变迁。近年来，新兴市场国家和一大批发展中国家快速发展撬动着现有的国际政治格局，世界上的事情越来越需要各国共同商量着办，加强全球治理、推进全球治理体制变革、建立国际机制、遵守国际规则、追求国际正义是大势所趋。这不仅事关应对各种全球性挑战，而且事关给国际秩序和国际体系定规则、定方向；不仅事关对发展制高点的争夺，而且事关各国在国际秩序和国际体系长远制度性安排中的地位和作用。因此，必须推动全球治理体系朝着更加公正合理方向发展。

2015 年 10 月 12 日，在中共中央政治局第二十七次集体学习时，习近平主席提出推动全球治理体制“更加公正合理”，代表了广大发展中国家的心声。建立更加公正合理的全球治理体系，就是要改变全球治理体制中不公正不合理的制度规则，推动国际货币基金组织、世界银行等国际经济金融组织切实反映国际格局的变化，特别是要增加新兴市场国家和发展中国家的代表性和发言权，推动各国在国际经济合作中权利平等、机会平等、规则平等，推进全球治理规则民主化、法治化，努力使全球治理体制更加平衡地反映大多数国家意愿和利益。推动建设国际经济金融领域、新兴领域、周边区域合作等方面的新机制新规则，推动建设和完善区域合作机制，加强周边区域合作，加强国际社会应对资源能源安全、粮食安全、网络信息安全，应对气候变化，打击恐怖主义，防范重大传染性疾病等全球性挑战的能力。自 2008 年 G20 峰会以来，中国就在其中发挥着重要作用，甚至被一些观察家认为是关键性作用。G20 内的发达国家与发展中国家的地位都是平等的，体现在鲜明的代表性、平等性和有效性，在这一点上与“G7+”有本质区别，有利于集团内国家平等协商，相互尊重彼此的利益。特别是在杭州峰会上，中国借助主办国的特殊地位，进一步推动全球治理体系和国际秩序朝着更加公正合理的方向发展。

2. 共商共建共享

当今世界，人类已经走出20世纪战争和冲突的阴霾，正在走进21世纪和平、发展、合作、共赢的新时代。各国相互依存、利益交融越来越深，日益成为休戚与共的命运共同体。如果不参与国际规则的制定必然导致在全球治理中的边缘化，过去数百年来列强通过战争、殖民等方式争夺势力范围的事实已充分说明了这一点。如何让全球治理体制更加公正？这就需要站在人类命运共同体的高度来推动。习近平主席提出，“要推动全球治理理念创新发展，积极发掘中华文化中积极的处世之道和治理理念同当今时代的共鸣点，继续丰富打造人类命运共同体等主张，弘扬共商共建共享的全球治理理念”。“共商共建共享”是推进全球治理体系朝着更加公正合理的方向发展的完整链条，缺一不可。共商就是集思广益，由全球所有参与治理方共同商议。共建就是各施所长、各尽所能，持续加以推进建设。共享就是让全球治理体系的成果更多更公平地惠及全球各个参与方。

全球治理体系应由全球共商共建共享，而不能由任何一个国家独自主导。任何规则的制定、秩序的建立，都必须由所有治理参与方共同协商和建设，而治理的成果则由所有参与者公正地共享。推进全球治理体制变革并不是推倒重来，也不是另起炉灶，而是创新完善，使全球治理体系更好地反映国际格局的变化，更加平衡地反映大多数国家特别是新兴市场国家和发展中国家的意愿和利益。中国作为现行国际体系的参与者、建设者、贡献者，旨在解决治理成果失效、治理手段失灵、治理方向偏差，以“共商共建共享”作为自身的全球治理理念，对全球治理体系和能力现代化进行探索与实践。推动全球治理体系变革，就要坚定维护以联合国宪章宗旨和原则为核心的国际秩序和国际体系，维护和巩固第二次世界大战的胜利成果。当今世界发生的各种对抗和不公，不是因为联合国宪章宗旨和原则过时了，而恰恰是由于这些宗旨和原则未能得到有效履行。我们要积极维护开放型世界经济体制，旗帜鲜明地反对贸易和投资保护主义，提高国际法在全球治理中的地位和作用。坚持从我国国情出发，坚持发展中国家定位，把维护我国利益同维护广大发展中国家共同利益结合起来，坚持权利和义务相平衡，这既是我国发展对世界的贡献，也是国际社会对我国的期待。

3. 共担时代责任

大国要有大担当，大责任，大使命。当今世界，各国安危与共、唇齿相依，维护国际秩序与安全事关各国切身利益，是每个国家应尽的责任，更是大国义不容辞的使命。作为国际体系中的主要角色，大国有责任推动更加公正合理的全球治理体系建设，逐步改革不合理的国际政治经济秩序。中国自古就有“己欲立而立人，己欲达而达人”的优良传统和追求“天下大同”的美好理想。新中国一成立，就把坚持国际主义、反对狭隘民族主义作为一条重要的外交方针，坚定致力于维护国际和平、促进各国人民之间的友好合作。如今，中国越来越接近世界舞台的中心，国际社会期待我国发挥更大的作用，希望中国能够在推动事关人类发展与安全等重大问题的解决上投入更多力量，贡献更多智慧。事实上，国际政治、经济、安全等各领域诸多问题的解决也越来越离不开中国的参与，这些问题的解决也越来越关系到中国的切身利益和前途命运。积极承担国际责任和义务，符合当前中国历史方位，顺应时代发展潮流，也回应了国际社会对我国的期待。

作为大国，我国一直在探索全球治理的新理念和新方式，提出“一带一路”构想，倡议建立亚洲基础设施投资银行、建立以合作共赢为核心的新型国际关系、构建“不冲突、不对抗，相互尊重，合作共赢”的新型大国关系，与发展中国家关系坚持正确义利观，与周边国家关系恪守“亲、诚、惠、容”，提议构建人类命运共同体等新理念和新举措。1950-2016 年，我国在自身长期发展水平和人民生活水平不高的情况下，累计对外提供援款 4000 多亿人民币，实施各类援外项目 5000 多个，其中成套项目近 3000 个，举办 11000 多期培训班，为发展中国家在华培训各类人员 26 万余名。改革开放以来，我国累计吸引外资超过 1.7 万亿美元，累计对外直接投资超过 1.2 万亿美元，为世界经济发展做出了巨大贡献。国际金融危机爆发以来，我国经济增长对世界经济增长的贡献率年均在 30% 以上。这些数字在世界上都名列前茅。今后，我们要继续推动全球治理理念创新发展，积极发掘中华文化中积极的处世之道和治理理念同当今时代的共鸣点，继续丰富打造人类命运共同体等主张，弘扬共商共建共享的全球治理新理念，努力为完善全球治理贡献中国智慧、中国力量，拿出“中国方案”，为国际社会提供公共产品，引领全球治理体系变革向着有利于提升新兴市场和发展中国家话语权发展，构建起更加合理、公正、公平的全球治理体系框架。

方向决定道路，道路决定命运。世界发展需要中国贡献，人类发展需要中国方案。历史不会终结，人类应当在互鉴治理经验中走出合作共赢的新篇章。只要我们牢牢占据推动人类社会进步、实现人类美好理想的道义制高点，“中国方案”必将走向世界。

第十二章

伐交

故上兵伐谋，其次伐交，其次伐兵，其下攻城，攻城之法，为不得已。

——孙子

取天下者，非负其土地而从之之谓也，道足以壹人而已矣。

——荀子

伐交，是孙子“不战而屈人之兵”的重要手段。“伐”，就是征伐、讨伐。“伐”字还隐含了另一层意思，就是“主动”。伐交，亦可理解为“攻势外交”，它是以外交手段取得战略上的有利态势，也就是通过外交之胜求得军事胜利，乃至国家全胜。“伐交”包含两层含义：一是在战争时期，通过系列外交手段分化瓦解敌人联盟，巩固扩大己方阵营，陷敌于孤立境地使其屈服，达到一定的军事、政治目的；二是在和平时期，通过系列外交活动为国家发展赢得有利的外部环境。一个国家在面对现实或潜在的战争威胁时，只有采取灵活得当的外交策略，方可在战术上达到“全伍”“全卒”的目的，战役上达到“全旅”“全军”的目的，战略上达到“全国”乃至“全胜”的目的。

一、没有硝烟的暗战

战争与和平是人类社会的永恒主题，外交则是贯穿始终的一条主线。外交，是国家以和平手段对外行使主权的活动，是国家对外政策的主要工具，是治国理政方略的重要组成部分。从某种意义上说，外交与军事都是国家实现其对外政策的重要工具。不同的是，外交主要使用和平手段，军事主要使用暴力手段。任何一种外交行为都不是孤立的，都是与政治、经济、文化或军事相关联的，不同国家针对不同对象的外交手段选择也不一样。或唇枪舌剑雄辩天下，或纵横捭阖化解危机，或糖衣炮弹拉拢对手，或银弹攻击争取支持，或缔结同盟谋求霸权，或离间策反瓦解敌营，这既非战场上真枪实弹对阵厮杀的“热战”，也非集团对抗下相互遏制的“冷战”，而是国家与国家之间或明或暗，或讲求信义，或背信弃义，或以地区利益为重，或以一国利益为大，或以多方协商为主，或以霸权主义为先的“暗战”。

游说。春秋战国时期，中国就有了游说。可谓一人之辩，重于九鼎之宝；三寸之舌，强于百万之师。那时候游说主要指通过雄辩的口才去说服和影响朝廷的决策。公元前630年，晋、秦合兵围郑，郑国危在旦夕。郑国大夫烛之武面见秦穆公，陈说攻郑之利害关系，以“亡郑”只会壮大晋国而对秦无利为由劝秦穆公退兵。秦穆公听取了烛之武建议，最后，权衡利弊，决定退兵，秦晋联军也随即分化瓦解。一场强弱对比极为悬殊的战争被“外交斡旋”化解了。孔子之周游列国，苏秦和张仪之合纵连横都是游说的早期典范。现代国际关系中，游说更是左右国际政治的重要因素。众所周知，当今美国对外政策直接影响其他国家的利益，在美国开展院外游说已经成为许多国家的通常做法。美国的中东政策就与以色列游说集团有着密切关系。以色列游说集团有着严密的组织和统一的目的，通过提供政治捐款，影响美国政党集团，以及发挥舆论的喉舌作用，加强亲以宣传，或是直接进入美国政界上层，维护犹太人权益，达到左右美国政策的目的。在美国，以色列的游说集团有350多个社团组织，主要由美国犹太人组成，也包括一些半边缘的团体和个人，如美国以色列公共事务委员会就有以色列设在“联邦政府中心的第二个大使馆”之称。美国国会每年都会通过100多项有利于以色列的立法行动，包括每年对以色列近30亿美元的援助，与以色列游说集团有效的沟通分不开。

结盟。结成政治或军事同盟，壮大己方阵营，瓦解敌方阵营，进而谋取外交和军事上的优势，是大多数国家采取的重要外交举措。例如，古希腊的伯罗奔尼撒战争。公元前 431 年，战争伊始，双方都在不断争取盟友的支持。到公元前 420 年，雅典与阿格斯、伊利斯、曼提尼亚组成反斯巴达的“百年同盟”。而斯巴达则与麦加拉、科林斯结盟，并邀请马其顿、色雷斯的卡尔西斯人和曼提尼亚加盟，同时还得到了波斯王之子居鲁士的大力支持。公元前 405 年，实力大增的斯巴达舰队在“羊河战役”中彻底击溃雅典海军，雅典无条件投降。从古希腊城邦霸权之争到古罗马帝国的崛起，再到欧洲三十年战争，以及 20 世纪的两次世界大战，欧洲历史上大大小小的战争几乎全是结盟之战。另外，小国在大国的强权模式下生存发展，为了避免被肢解和侵占，往往采取结盟策略，互相借重、合力发展，以改变被动局面。不过，盟友之间也并非铁板一块。比如，冷战结束后，美国与日本、欧盟在经济领域竞争激烈，美日同盟、美欧同盟就出现过裂痕。20 世纪 90 年代初，美国的经济政策是联欧压日。1999 年欧元启动后，欧盟经济实力得到加强，成为美国的心腹大患。此时，美国又借南联盟问题发动科索沃战争，达到控制和削弱欧盟的目的。由此可见，对一个国家来说，结盟无非是实现自己战略利益的工具。如果一个国家依靠自己的力量能够达成预期目的，那便无须结盟。对小国、弱国来说，结盟仅仅是大国博弈的一枚棋子。

银弹。银弹外交也称“金钱外交”或“经贸外交”。当然，“银弹”外交并非是无私的，其背后往往隐藏着援助国为维护自己利益企图控制别国的目的。正如美国国际政治学者摩根索说：“对外援助和外交、军事、宣传等政策并没有什么区别，它们都是国家‘军械库’里的武器装备。”中国古代，银弹外交主要是以割地、进贡等方式进行。当今世界，经济利益越来越成为左右外交格局的前提，银弹外交也因此成为西方强国屡试不爽的外交手段。例如，国际货币基金组织每年向发展中国家提供大量无息或低息贷款，作为回报，接受国政府不得不在军事基地、关税贸易、政治合作等方面做出妥协和让步，发达国家则获得了一般外交手段难以达到的目的。再比如，日本为了达到遏制中国的目的，不断加强金钱游说和金钱外交，包括：对泰国进行武器免费转让，对柬埔寨以经济援助进行政治施压，以换取各方在南海对中国的压力；对新加坡、马来西亚、印尼等国则许以长期高额低息或无息贷款来阻滞中国高铁海外市场；对印度提供巨额贷款和经济合作项目，共同推进“日本工业城区”计划。2017 年 2 月 9 日，日本首相安倍访问美国，为了缓解特朗普总统因美国对日贸易常年赤字产生的不满，特向特朗普政府提供一项总额或高达 1500 亿美元的经济合作计划，为美国创造数万个就业机会，以此取悦美国，维系日美双边联盟关系。

离间。离间就是通过对他国特点的分析，分化瓦解对方同盟，同时积极吸引、争取有利于自己发展壮大的力量加入。一国对他国进行挑拨离间引起内讧的案例在历史上屡见不鲜。秦国统一中原的重要战略，就是秦王采纳了李斯的“离间计”，派遣谋士持金玉游说关东六国，离间各国君臣和反秦同盟，逐步清除了秦国统一进程中的障碍，为统一中原奠定了基础。现代社会，离间外交也依旧是一些国家对外政策的常用手段。1871-1890 年，俾斯麦担任德国首相，为了防止德国陷入被两面夹击的境地，积极分化瓦解其他国家。他采取的外交战略可以概括为联奥、拉俄、亲英、反法，主要目的是孤立法国，拉拢俄国，防止法俄接近，促使英、奥、意合作对付俄国。在他的主导下通过了《三国同盟续约》、两次《地中海协定》和《再保险条约》，达到了分化瓦解其他国家与法国结盟的目的，形成了其主导的“大陆联盟”体系。再比如，在南海问题上，美国和日本作为域外国家，出于一己之利的地缘政治考虑，打着所谓支持盟国和伙伴的旗号，幕后操纵南海仲裁案，试图通过穿梭外交，挑唆个别争端国向中国施压，使东海、南海问题产生联动。2016 年 9 月 7 日，第 19 次中国—东盟领导人会议在老挝首都万象举行，尽管美国利用东盟某些国家与中国在南海的争端企图浑水摸鱼，极力渲染中国在南海的威胁，挑拨中国与南海国家的矛盾，宣称美国将对盟国不离不弃，继续在南海巡航。但无论是东盟领导人峰会，还是东盟与其他各方领导人的峰会，均没有提及南海仲裁案。特别是在中国与东盟领导人峰会结束时还发表了《中国与东盟国家应对海上紧急事态外交高官热线平台指导方针》和《中国与东盟国家关于在南海使用〈海上意外相遇规则〉的联合声明》。这两项共识是中国坚持不懈倡导和平外交的重要成果，表明中国一贯主张的通过政治谈判和平解决南海分歧的主张获得了东盟各方的理解和支持。在本次东盟峰会上，不仅其他东盟成员国没有公开提及南海仲裁，就连一向在推动南海问题国际化上表现最为积极的菲律宾和越南在谈及南海争端时口吻也与以前大不相同，这使得美国企图利用南海问题裹挟东盟诸国围堵中国的如意算盘化作泡影。

遏制。遏制战略是第二次世界大战后美国推行的一种对外战略。1946 年 2 月 22 日，美国驻苏联代办乔治·凯南向美国国务院发回一封长达 8000 字的电文，对苏联的内部社会和对外政策进行了深入分析，提出必须把苏联看作政治上的敌手，采取强硬政策。1947 年 3 月，美国总统杜鲁门向国会发表国情咨文，提出以遏制苏联为指导思想的杜鲁门主义，标志着遏制战略的正式形成。遏制战略主张美国在战后国际社会主义运动高涨和西方国家受到严重削弱的情况下，以军事包围、经济封锁、政治颠覆，特别是局部性的武装干涉和持续不断的政治冷战，来遏制社会主义国家和国际共产主义运动的发展。冷战期间，分化苏东是美国全球战略中的重要目标，瓦解削弱中苏同盟是其重中之重。为此，美国建立北约，和华约形成分庭抗礼之势。以美国为首的北约试图在苏联和中国之间打入楔子，促使中苏分裂。一方面，进行拉拢的“软”策略，试图改善同新中国的关系，从而瓦解中苏同盟及社会主义阵营。另一方面，采用“以压促变”的“硬”手段，通过经济封锁、政治孤立和军事围堵，向中国施加压力，将中苏同盟扼杀在萌芽阶段。不仅仅对社会主义阵营进行分化瓦解，面对美国强力扶持而崛起的盟友日本，美国也积极打压以维系其霸权地位。1985 年 9 月 22 日，为了解决美国巨额贸易赤字问题，美国召集日本、联邦德国、法国以及英国的财政部长和中央银行行长在纽约广场饭店举行会议，史称“广场协议”。会议达成五国政府联合干预外汇市场，诱导美元对主要货币的汇率有秩序地贬值。在“广场协议”的推动下，日本很快陷入了经济低迷的十年。针对普京执政的俄罗斯，美国加速北约扩张，把俄罗斯挤压在欧洲的顶端。同时，对一体化的欧盟进行限制，打压欧元，也是美国外交政策中的隐含之意。

伐交，通常是“水面下的运作”，公开活动已经是外交的成果而不是过程。所以，从这个意义上讲，外交都是“秘密”的，某种程度上，“秘密外交”才是政治常态。其实秘密并不等于有问题，也不等于见不得人，这与外交所展现内容、运作方式的相对私密性有关。比如，1970 年 8

月底，美国 U-2 飞机发现苏联正在古巴的西恩富戈斯建设一个基地，供携带核导弹的潜艇使用。尽管这违反了 1962 年美苏关于古巴的协议，但美国并未就此与苏联发生直接对抗，而是采用秘密外交的方式促使苏方体面地撤回核导弹，化解了“古巴导弹危机”。

中国外交史上出名的中美破冰之旅，也是在秘密外交中实现的。1972 年尼克松出现在北京机场的背后，是周恩来与基辛格等中美外交家数年来秘密协调的结果。其间不只是中美双方都在努力，还有巴基斯坦等国家的穿针引线与积极协助。显然，在冷战尚未结束的大背景下，中美之间的“秘密外交”是当时客观条件下的一种必须，也是一种必然。如今，中美两国领导人早已不再“秘密外交”，每年他们都会在大大小小的国际场合会面，一对一互访的安排也保持着一种平稳的节奏。2013 年习奥“加州庄园会”、2014 年习奥“中南海瀛台会”、2015 年习奥“白宫秋叙”、2016 年习奥“西湖漫步”，更是将气氛严肃的政治谈判转化为更加亲切友好的谈天说地。由此可见，大国彼此之间最初针锋相对的角力，往往会伴随着国家利益的需要，逐渐演化成握手言和，哪怕这个过程磕磕绊绊。这期间，伐交可起到不可忽视的作用。我们或许可以从起起伏伏的中美关系中获得更多的外交灵感。

二、军事同盟，福兮祸兮？

军事同盟，亦称军事联盟，是指两个以上国家或政治集团为对付共同的敌人，通过缔结盟约而建立的一种军事合作关系，是伐交的一种常见形式。美国政治学家阿诺德·沃尔弗斯认为：“军事同盟一词表示两个或多个主权国家之间所做出的关于相互间进行军事援助的承诺。这些承诺与那些松散的合作协定不同，一旦签订包含这种承诺的军事协定，国家便正式许诺和他国一起与共同的敌人战斗。”[①]可以看出，军事同盟是主权国家间根据军事协议或军事承诺，为保证自身和盟友的安全，有义务进行的军事援助和采取的联合行动。军事同盟的建立，取决于参加联盟国家的共同利益或面临的共同威胁以及本国的综合条件。在面临安全威胁或战争风险时，西方列强热衷于军事结盟，将军事同盟奉为圭臬。如第一次世界大战中的同盟国与协约国，第二次世界大战中的轴心国与同盟国，以及冷战期间的北约组织和华沙组织。冷战结束后，世界上的主要军事同盟由美国主导。美国现在掌握的正式盟国主要包括北约组织成员国、日本、韩国、澳大利亚和新西兰，这也充分表明这些军事同盟依然是冷战的产物。随着全球反恐战争的兴起，美国提出了“志愿者联盟”概念，但这种联盟不同于传统意义上的军事同盟，参与国之间的关系十分松散，不具备军事同盟的作用和意义。

1.“脆弱的联姻”

“没有永恒的朋友，只有永恒的利益。”任何国家都尊崇国家利益至上原则。共同利益是同盟产生的根本前提，而成员国面临外部共同的威胁，是同盟存在的必要基础。一旦利益得到满足或者明显地无法通过这种方式满足其利益，这种集团组合就会趋于破裂。如果同盟间仅仅存在共同利益，国家间进行合作即可，不需要承担建立同盟所必需的成本。因此，同盟产生的动力肯定来自于成员国共同利益受到威胁，而且这种威胁大于建立结盟所必须支付的成本。一旦共同利益减少或共同威胁消失，那么军事同盟的存在也就毫无意义。此外，基

---

① See Arnold Wolfers, Alliances, International Encyclopedia of Social Sciences, New York: Macmillan, 1968, p268-269.

于自身利益需求，每个国家结盟的目的意愿也大不相同。大国结盟是为了扩大其国家权力和地区影响力，旨在将其他国家权力添加到自己权力上，或阻止其他国家权力添加到对手权力上；小国结盟的目的是维护自身的国家安全。大国与小国在结盟目标和利益上的差异，即追逐权力还是维护安全，是影响同盟牢固程度的重要原因。例如，第二次世界大战前，许多欧洲小国与列强之间签订了军事协防条约，但是英国和法国出于自身利益的考虑，对纳粹德国入侵捷克斯洛伐克的行动，采取了默许不制止的态度，导致捷克领土被占领。英法的绥靖政策被称为“西方盟国的背叛”。由此可见，同盟的形成基于双方共同的利益，而共同利益的完全实现就意味着同盟生命力的终结，一旦利益得到满足或者明显无法通过这种方式满足其利益，这种集团组合就会趋于破裂。

军事同盟虽然建立在双方共同利益和相同威胁基础上，但同盟之间并不是一种相互对等的关系，盟国之间存在着天然的“不互信”，国家之间犹如“野兽与野兽之间的关系”，同盟的根基建立在一时之利的虚幻之中。战国时期，“合纵”与“连横”两大阵营中的成员基于自身利益，随时可以改变角色，转换阵营。各国间缺乏“互信”，很难建立起同盟的战略稳定性，由此，盟友“骑墙”“变色”和同盟分崩离析的现象普遍而频繁。另外，一些小国依附大国，小国势必要让渡部分主权并受制于大国。例如，由于缺乏共同目标与战略互信，半个多世纪以来，美国与巴基斯坦的关系经历了“三亲三疏”跌宕起伏的发展历程。冷战伊始，为了遏制苏联的全球战略，美国在拉拢印度失败后开始重视与巴基斯坦的关系，签订了《共同防御协定》。同时，巴基斯坦也希望得到美国的军事和经济援助以抵御印度，1959 年，美巴又签订《双边合作协定》，正式结为同盟，巴基斯坦遂成为美国在亚洲“最亲近的盟友”，迎来了历史上两国关系的“蜜月期”。然而，双方均未获得结盟之初所期待的利益。尤其是中印边界冲突后，美国转而支持印度抗衡中国，并逼迫巴基斯坦放弃研制核武器。于是，导致巴美关系几近破裂。20世纪80年代，美国又利用巴基斯坦抵抗苏联，美巴关系得到加强，巴基斯坦核武研制也取得突破性的进展，但双方分歧并未消弭。“9·11”事件后，鉴于巴基斯坦在阿富汗反恐战争中的特殊地位与作用，美国再次调整“重印轻巴”政策，迅速改善美巴关系。美巴为反恐而再次结盟实为权宜之策，随着双方矛盾逐渐激化，两国关系在2011年再一次出现逆转。由此可见，美巴同盟的跌宕发展彰显了“国家利益决定外交政策”，也反映出其同盟关系中的实质性特征。美巴盟友关系与美欧或者美日关系不同，前者更多地表现出“利益交换”的特性，双方并非基于平等互信与共同利益结成盟友，而往往是迫于客观形势需要，这就为双方发展长期关系埋下隐患。一旦联盟面临外部压力和内部分歧时，容易导致联盟内部成员之间的政策与措施不协调，直至爆发冲突，从而使联盟走向破裂。

汉斯·摩根索曾经提出，任何同盟都不是永久的。同盟建立在国家综合国力变动的“均势”基础上，一旦国家之间的力量结构发生变动，同盟的稳定性就会受到强烈冲击。中世纪时期欧洲各国在面对威胁时结盟，但彼此貌合神离，如果其中一个国家发展壮大、打破已有的均势，军事盟约就会成为一张废纸，各国便化友为敌，卷入规模空前的战争。16世纪初，英国首席大臣沃尔西起初支持西班牙同法国作战，但当西班牙取得支配欧洲的优势时，又转而支持法国。19世纪，奥地利帝国首相为了建立在中欧的霸权，联合英国，团结普鲁士，对沙俄若即若离，其目标是为孤立法国、防止两线作战。俾斯麦的均势结构是建立德、俄、奥三皇同盟。但是，均势外交只适用于拥有强大实力的大国，小国和弱国往往是列强谋取均势的筹码。若把同盟看作是均势的自然表现形式，国际关系就会陷入同盟“为对抗而对抗”的“囚徒困境”泥潭，结果导致为了追求安全建立同盟，建立同盟后又搞对抗，对抗的结果导致冲突，冲突造成了国家的不安全，从而失去了维护安全的选择性，到头来只是一场“历史的悲剧”。法国前总理多米尼克·德维尔潘认为，北约军事同盟体系本身非常不稳定，并不能保证参与国家的集体安全。因为一旦进入这个同盟体系，国与国之间的关系就会僵化，对非盟友的排他性就会非常强，反而容易使原有的力量均势被打破。

2. 被“绑架”的战车

军事同盟，作为战争的“孪生兄弟”，或因战争而起，或致战争之祸。翻开世界战争史，无论是中国古代战国时期的合纵连横、秦国灭六国的“统一”战争，还是欧洲古希腊的城邦霸权战争、古罗马帝国的崛起战争；无论是近代欧洲三十年战争，还是第一次世界大战、第二次世界大战，这些战争无不闪烁着交战各方结盟的影子。这些军事同盟不仅没有成为和平稳定的凝固剂，反而将盟国拖入了战争的泥潭，成为战争危险的加速器。

19 世纪 70 年代初，自由资本主义开始向帝国主义过渡。世界列强在欧洲大陆和全世界争霸和瓜分领土，战争危机不断上升。普鲁士通过普丹、普奥和普法三次王朝战争，最终实现了德意志的统一。为了防止俄国在巴尔干的扩张，也为了孤立法国，1879 年 10 月，德国和奥地利在维也纳秘密签订了《德奥同盟条约》。1882 年 5 月，德国、奥地利和意大利在维也纳又签订了《同盟条约》，至此三国军事集团正式形成。对德国来说，俾斯麦奉行对外结盟政策只是为了防止法国复仇，然而却引起了其他国家对德国的战略误解。法国与俄国越来越感受到来自三国同盟的压力和威胁，双方于1893年签订《俄法协约》，协议规定法国和俄国任何一方遭到德国或意大利的进攻，另一方将以全部军事力量进攻德国。欧洲大陆结盟形势的发展让奉行“光辉孤立”政策的英国日益感到紧张和不安，为了制衡德国，英国改变了不结盟的原则，走上大国结盟的不归路，先后与法国和俄国签订协约，成立了英法俄三国协约。列强之间分分合合、聚聚散散的结盟过程虽然曲折复杂，但最终欧洲出现两个分庭抗礼的军事集团。欧洲列强也许谁都不想在欧洲大陆发动战争，然而，构成两大军事同盟法律基础的德奥同盟条约和法俄同盟条约，都规定了“自动卷入”的义务。结果是，貌似强大的奥匈帝国鲁莽地向塞尔维亚宣战，轻易地把欧洲强国绑上了战车，第一次世界大战就此爆发。

如果说近代欧洲国家的结盟或多或少带有集体安全意味的话，那么，法西斯国家的军事同盟完全是战争的机器。希特勒曾毫不讳言地说：“缔结同盟的目的如果不包括战争，这种同盟就毫无意义、毫无价值，我们缔结同盟是为了进行战争。”第一次世界大战尽管结束了，但帝国主义矛盾的毒瘤却一个也没有解决，反而加剧了战败国和战胜国之间的矛盾。《凡尔赛和约》对德国的严苛惩罚，加深了其对欧洲其他国家的仇恨，复仇的种子在德国各阶层发芽开花，最终将纳粹势力推向了德国的权力顶峰。经历了短暂而又“危机四伏”的20年后，德国复仇结盟启动了法西斯“战车”。1936年10月25日，《德意协定》签订，宣告“柏林—罗马”轴心国正式建立。一个月后，德日双方签订《反共产国际协定》，1937年11月6日，意大利也加入《反共产国际协定》，“柏林—罗马—东京”轴心建立，法西斯侵略集团初步形成。德意日法西斯侵略扩张势力沆瀣一气、狼狈为奸，以有限战争方式，实行各个击破以取得有限目标，先后在东非、东亚和中欧燃起战火，最终挑起了第二次世界大战。

当第二次世界大战序幕刚刚揭开时，世界反法西斯力量显然占绝对优势，但是英、法、美、苏等国没有联合起来支持亚洲、非洲和欧洲各国的反法西斯侵略战争。1939 年春，丘吉尔认为，如果英、法、苏团结起来，“历史就会沿着完全不同的道路发展了”，“在这个时候结盟这一事实本身就可以防止战争的爆发”。然而，英法当局纵容侵略的绥靖政策，美国政府采取“不干涉”政策，苏联政府“中立”自保政策，都妨碍了国际反法西斯联盟的建立。中国、埃塞俄比亚、奥地利、捷克斯洛伐克等国的反法西斯侵略斗争基本上处于孤军奋战状态，在法西斯的强大军事进攻和威胁下，先后遭受严重挫折。英、法、美、苏的民族利己政策在德、日法西斯分进合击、东西呼应、各个击破的闪电战术打击下也遭重创，第二次世界大战前一系列局部战争不仅未能被制止，反而进一步扩大为全球规模的总体战。

从 1939 年 9 月德国侵略波兰，英法和德国交战，到 1942 年 1 月 1 日美、英、苏、中等 26 国在华盛顿发表《联合国家共同宣言》，国际反法西斯联盟才正式形成，苏联、美国先后卷入战争，这是各大国和世界人民用极其沉重的血的代价换来的。1945 年 2 月 4 日，美、英、苏三国政府首脑在雅尔塔召开会议，就最后击溃德国法西斯的战略和战后对德政策、建立联合国组织和苏联参加对日作战的条件等问题达成了协议。1945 年 7 月 17 日 -8 月 2 日，美、英、苏三国政府在波茨坦又召开了战时最后一次首脑会议，确定了管制德国初期的政治经济原则及欧洲各国重大问题，发表了《波茨坦公告》，规定了日本无条件投降的具体条款。尽管会议对世界反法西斯战争结束起到了积极作用，但也显示美苏之间出现了矛盾，为战后美苏争霸埋下了不安的种子。

3. 行走在毁灭边缘

两次世界大战的灾难并没有引起某些国家对军事同盟的反省，基于战时利益走到一起的反法西斯同盟，随着德意日法西斯的灭亡而迅速重新分化组合。1946 年 3 月，英国首相丘吉尔指出，“英美等西方国家要联合起来，对抗苏联在欧洲布下的铁幕”。1949 年 4 月 4 日，美、英、法、加等 12 个西方国家正式签署《北大西洋公约》，结成北约政治军事同盟。1954 年 10 月联邦德国被批准加入北约，极大地刺激了苏联和东欧国家。1955 年 5 月 14 日，苏联、民主德国、匈牙利、波兰等八国在华沙共同签署《华沙友好合作互助条约》。军事大国对于霸权的追逐又将世界划分为两大军事同盟——北约与华约，从此揭开了东西方两大阵营之间的冷战序幕。

北约与华约的军事对抗，加剧了双方互不信任的螺旋上升。双方军事同盟的空前扩大带来了美苏双方战略负担的增长和安全边界的延伸，常规军事能力已经无法满足各自的战略需求，于是，美苏两国走上了核军备竞赛和太空竞赛的道路。1957 年苏联人造卫星升空和洲际导弹发射成功后，“导弹差距”的阴影始终笼罩在美国人头上。美国政府不断扩大防务计划，大力发展洲际导弹和潜射导弹，与苏联展开了激烈的核军备竞赛。美国冷战期间共进行了 1054 次核试验，苏联从 1949-1992 年也进行了 715 次核试验。为了谋求核优势，美苏积极发展核武库，任何一方都有能力把人类毁灭若干次，疯狂的核计划把人类从“二战”后短暂的和平光芒中拽入冷战的阴影。双方以核武器相威胁，以相互毁灭为抵押，最终形成“恐怖平衡”，核乌云笼罩全球，人类胆战心惊地行走在毁灭的边缘。1962年10月的“古巴导弹危机”，美苏双方剑拔弩张，战争一触即发，冷战被推到了核大战的边缘。惊心动魄的“古巴导弹危机”使美苏领导人意识到核战争的灾难性后果，双方开始就禁止核军备竞赛进行第二轮核军备控制谈判。

冷战结束后，美国仍然将同盟作为其维护全球霸权的重要工具，多次打着维护地区和全球安全的旗号发动战争，而每次战争都离不开盟国的支持。海湾战争时，盟国在多国部队中出钱出力最多。在波黑和科索沃，盟国的维和兵力分别占多国维和部队人数的80%和85%。[①]“9·11”事件后，美国更是打着反恐的旗号，在盟国的积极配合下，发动了阿富汗战争、伊拉克战争。如果没有同盟，美国只是一个“孤独的超级大国”，影响力难以深入全球各个角落。美国在欧、亚立足，导致这两个地区的安全被域外国家所主导，也使美国从偏居一隅的地区性大国一跃而为全球霸主。布热津斯基称，“跨大西洋联盟在欧亚大陆直接确立了美国的政治影响和军事力量”，“若没有跨大西洋的紧密关系，美国在欧亚大陆的首要地位也就不复存在”。同样，美国在亚太的双边同盟体系使其成为亚太“常驻大国”，并主导着该地区安全。日本逆世界和平发展大势而动，把美日军事同盟作为工具，强化其在亚太的影响力。安倍内阁违背和平宪法，强行在国会众议院通过新安保法案，放弃“二战”后长期奉行的“专守防卫”安保政策，打造军事大国，制造地区紧张气氛，给地区和平稳定与世界和平发展

① Secretary of Defense, Report on Allied Contributions to the Common Defense, March 2000, p. 3, http://www.defense.gov/pubs/allied_contrib2000/allied2000.pdf.

埋下了十分严重的祸患。

回顾人类历史的发展，不难看到，军事同盟是祸不是福。基于军事同盟的安全理念是行不通的，只会让人类一次又一次地陷入战争境地，难以带来和平之福。当前，和平与发展是时代的潮流，世界各国人民积极谋和平、求发展、促合作，是该跟军事同盟彻底说声“再见”的时候了。只有“不结盟，不对抗，合作共赢”才是人类走向世界和平的正途，也是全人类的福祉所在。

三、亚太再平衡

冷战期间，美国奉行的全球战略把苏联当作主要对手，战略重心在欧亚大陆，美苏两个超级大国在欧洲陈兵百万，剑拔弩张，对峙长达半个世纪。随着苏联解体、冷战结束，美国失去了唯一能与之抗衡的战略对手。2001 年小布什上台执政，美国新保守主义抬头，将中国作为其新的战略对手，抛弃了克林顿时期曾经使用的“积极合作战略伙伴”提法，直接用“战略竞争对手”定义中美关系，公开扬言要“全力以赴协防台湾”。然而，始料不及的是，“9·11”恐怖主义袭击迫使美国暂时把战略注意力转向了反恐，从此深陷中东战争泥潭十年，战略资源严重透支。而中国作为一个欣欣向荣的经济体，综合国力快速增长，GDP 居世界第二位，使美国产生了战略焦虑症。

奥巴马政府上台以后，根据世界战略形势的变化和美国国家利益的需要，推出了亚太“再平衡”战略。2009 年 7 月，美国国务卿希拉里在东盟会议上首次提出“重返亚太”。同年 11 月，奥巴马访问日本时宣称，自己是美国第一个太平洋总统。2011 年 11 月希拉里在《外交政策》杂志发表题为《美国的太平洋世纪》一文，强调亚太地区对美国的重要性，从理论上对美国战略重心东移和未来十年的亚太战略做了全面阐述。2012 年 1 月 5 日，美国国防部发表《维持美国的全球领导地位：21 世纪国防的优先任务》报告，提出将美国军事重心转向亚太地区。2012 年 6 月，时任美国国防部长帕内塔在新加坡出席第 11 届“亚洲安全大会”即“香格里拉对话会议”时，明确提出亚太“再平衡”战略。2013 年 6 月，美国国防部长哈格尔在第 12 届“香格里拉对话会议”中重申了亚太“再平衡”战略，被称为亚太“再平衡”战略的增强型 2.0 版。2016 年 9 月，美国国防部长卡特在圣地亚哥的“卡尔·文森”号航空母舰上发表讲话，称美国的亚太“再平衡”战略进入了第三阶段，将继续提升和稳固美军在亚太地区的军力优势。

美国之所以强力推出亚太“再平衡”战略，其根本目的就是要塑造对美国有利的国际环境，通过主导未来地缘战略的枢纽——亚太地区，抵消和平衡他国日渐增长的影响力，进而维护其世界霸权地位。亚太“再平衡”战略虽然指向是模糊的，没有明确谁是对手，但实际上针对的就是中国。为了遏止中国崛起，美国对华战略环环相扣，步步进逼，从地区机制、经济贸易、军事安全、地缘政治等方面给中国设下战略困局，牵制中国的发展，抵消中国影响力。从亚太“再平衡”战略实施效果来看，亚太地区的战略平衡被逐渐打破，亚太一体化进程被迟滞，地区安全被推向更加危险的境地，整个亚太地区的发展利益受到损害。总体来看，亚太“再平衡”战略的前景与地区发展的愿景格格不入，其隐含的冷战思维和霸权行径昭然若揭。

1. 失衡的天平

第二次世界大战以后，经过美苏冷战和朝鲜战争的洗礼，亚太地区虽然安全机制较为脆弱，但还是维持了战略上的相对平衡与长期和平。然而，随着美国亚太“再平衡”战略的推进，这种战略平衡正被逐渐打破，并由此引起一系列连锁反应，给地区安全和稳定蒙上了阴影。

美国同盟体系是美国在亚太地区的战略支撑，是其维持亚太主导权不可或缺的依托，强化盟国合作是美国“重返亚洲”和实施亚太“再平衡”的核心要素。为此，美国加强了与日本、韩国、澳大利亚、菲律宾和新西兰等国军事同盟关系，构建起美国主导的亚太军事同盟体系，并通过这个体系保持其在该地区的实力优势，以维护其在亚太地区的主导地位。美国副总统拜登在访问澳大利亚时就公开表示，美澳应加强军事合作，建立“太平洋统一战线”，巩固美澳军事同盟，并致力于亚太安全秩序的建设。同时，美国还试图与印度、越南等国家建立更多的双边同盟，并一步步扩大亚太军事同盟关系，鼓励其盟国自主建立同盟，将双边同盟转变为多边同盟。比如，鼓励日本与菲律宾、越南、印度等国家间建立“二级同盟”，将同盟关系网格化、密集化，最终逐步形成“亚洲版北约”。

前沿部署是美国全球战略的重要力量支撑。朝鲜战争结束以后，美军难舍战略要地，在韩国、日本、关岛、菲律宾、新加坡等地依旧维持大量驻军。随着世界形势和战略格局的变化，尽管美国面临大幅削减军费预算的困境，但美军却不断增加在亚太地区的军事开支，扩大亚太军事力量，将亚太打造成美军前沿军事力量部署的重心，确保其军事优势。一是加快推进军事再部署。根据计划，到 2020 年美国海军舰艇的 60% 和本土以外 60% 的空军力量，以及一大批新型先进高科技武器将部署到亚太地区，同时辅以“空海一体战”和“网络战”等各类型作战计划的实施。二是扩大军事活动和影响力。在军事基地使用、联合军事演习、武器出口和其他安全方面，不断拉拢美国的亚太盟国以及印度、越南等伙伴国。积极推动对日、对韩、对澳、对台的军售，加强同亚太国家的军事联系，如取消对越武器禁运，加强美泰、美印军事联系，减轻美军亚太“再平衡”的负担。三是持续增加在中国周边军事演习的次数和规模，强化军事实力的动态存在。一方面为了对他国实施军事威慑，另一方面也是给亚太盟友鼓气。例如在朝鲜半岛问题上，美军主导美韩联军多次举行大规模军演，并派B-1B、B-2、B-52等可携带核弹的战略轰炸机飞临朝鲜半岛上空，派驻“斯坦尼斯”号和“里根”号航母战斗群常驻亚太；在南海问题上，美军不断在中国周边海域巡航和抵近侦察，挑战中国海上岛屿的领海范围，试探中国底线和鼓舞盟国士气。

冷战后亚太地区基本维持了战略平衡态势，然而美韩“萨德”反导系统的建立将彻底打破亚太地区的战略平衡。首先是打破大国之间的战略平衡，该系统X波段雷达的探测距离可达3000公里，其探测范围将涵盖中国东北、华北、黄海海域及俄罗斯远东地区，能够有效削弱中俄等国的远程战略威慑能力。毋庸置疑，亚太地区战略平衡将进一步向有利于美国的方向倾斜。其次是打破半岛地区脆弱的战略平衡。从军队规模及常规武器装备数量上看，朝鲜拥有一定的优势，而从武器装备的性能和质量来看，韩国则拥有绝对优势。实际上，半岛军事力量平衡实际上总体有利于韩国，而“萨德”反导系统的部署将使半岛战略平衡朝着进一步有利于韩方发展，势必加剧朝鲜的不安全感和军备投入力度。无论是否愿意，韩国已然成为美国遏制中俄的“跳板”和“桥头堡”，被正式绑上了美国战车。最后是严重损害地区安全互信。亚太安全问题的关键是大国之间、大国与中小国家之间、中小国家之间存在严重的信任缺失，影响着地区间安全对话与各方相互合作的进程。“萨德”系统在战略上远远超出了韩国的防卫需要，在战术上又无法满足韩国防卫需要，实际拦截能力有限，背后针对中俄的意图明显。美韩合作部署“萨德”反导系统，势将引起中俄的关切，无疑有损中俄与美国之间的安全信任。“吹灭别人的灯，会烧掉自己的胡子”，美韩这种无限扩大安全边界和榨取安全资源的自私行为只能损害他国安全利益，必将引火烧身，将自己置于更加危险的境地。

2. 亚太一体化的“粉碎机”

亚太是当前世界最具经济活力的地区，同时也是大国博弈最集中、地缘政治和地缘经济关系最复杂的地区。亚洲的未来在于地区内国家之间的协调与合作，近十几年来，地区内双边自贸协议层出不穷，亚太经合组织（APEC）、东盟“10+X”体系彼此促进，共同推动亚太经济合作不断深化发展。建立中日韩自贸区是着眼于未来的战略举措，是亚洲区域经济一体化的大势所趋。然而，就是在中日韩自贸区谈判取得实质性进展的时候，美国煽动日本国内右翼势力掀起“购岛”闹剧。无独有偶，南海“仲裁”闹剧也给中国同东盟多年来建立的政治互信和经济合作造成障碍。

第二次世界大战结束以来，亚太地区秩序由美国牢牢掌控。随着新兴国家的崛起、东南亚国家的政治觉醒，以及美国全球相对实力的下降，美国对亚太秩序的控制有所松动。一方面是美国在联合国权力的相对削弱，另一方面是亚太地区双边和多边机制逐步成熟。为了巩固和加强对亚太地区秩序的主导权，美国企图“另起炉灶”，建立新机制和改造现有机制，将中国排除在外或纳入美国控制之下，抵消中国日渐增长的地区影响力，对中、日、韩及东盟倡导的亚太合作努力进行“釜底抽薪”，彻底阻挠亚太可能出现的一体化进程。

散布“中国威胁论”，渲染并扭曲中国正常军事力量建设和维护周边和平的决心，增加周边国家对中国的戒心和不信任。2016 年 8 月美国海军分析中心一份报告宣称，中国海军在未来四年内将拥有超过 270 艘舰艇，成为世界上最庞大的海军。日本智库“防卫研究所”发布的《2016 中国安保报告》中也大肆宣扬中国军队的活动范围将扩大，对中国战略武器的发展进行炒作。应该说，类似论调一直以来在美日及西方媒体上屡见不鲜，“中国威胁论”被一些别有用心的人频频推到国际舆论的旋涡中心，以此恶化中国形象。尽管美日等国鼓吹的“中国威胁论”老调不改，但在一些国家还是很有市场，并且严重影响了中国的外交和发展。一是影响和限制了他国对华投资和贸易，西方对华武器禁运和战略物资禁运就是例证。二是诋毁了中国形象，造成他国对中国的误解，影响中国与他国的正常交往。三是消耗了中国的外交和战略资源，牵制中国的正常发展。除了以上目的外，美国通过散布“中国军事威胁论”，炒作中国周边海上争端，鼓动东海、南海部分主权声索国实施挑衅行动来激化争端和矛盾，以减少和降低美国军事再平衡的阻力。日本等一些国家也不断配合美国发声，企图借宣扬“中国威胁论”达到不可告人的政治目的。

根据世界银行的数据统计，亚太地区经济增长率远远高于世界经济增长率，对世界经济增长贡献率超过 40%，成为推动世界经济发展的主要引擎。2010 年 1 月 1 日，中国—东盟自贸区启动，涵盖 19 亿人口，贸易额达 4.5 万亿美元，这令美国倍感压力。2012 年 11 月 20 日，中日韩自贸区谈判正式启动，三国对外贸易额近 7 万亿美元，占全球贸易额的20%以上，将超过北美自由贸易区。作为世界第一大经济体的美国感到有可能被边缘化，因此，想通过实施亚太“再平衡”战略，恢复其在亚太地区的制度塑造力。美国通过参与和主导G7峰会、东盟首脑和部长级会议、东亚峰会、香格里拉安全对话以及亚太地区安全论坛等，力图在国际法、国际规范、地区规则等方面推广美国价值观和美国规则，重新塑造并提升美国在亚太的影响力和主导亚太地区秩序的能力，排除和抵消中国影响力的扩大。美国知名智库彼得森国际经济研究所估计，一个没有美国参与的亚太自贸区可能使美国公司的年出口至少损失250亿美元。从里根的“太平洋经济共同体”到老布什的“太平洋共同体”，再到克林顿的“新太平洋共同体”和小布什的“亚太自由贸易区”，美国始终一贯的立场，就是谋求建立一个把东亚国家纳入其主导之下的泛太平洋一体化组织，实现亚太经济一体化。为此，美国积极介入亚太自贸区建设，凭借自身经济实力和影响力，逐步将其打造成跨太平洋伙伴关系协议，以此来冲淡和抵消中国所倡导的自贸区建设的努力和成果。此外，美国一直拒绝承认中国市场经济地位，为中国参与相关经济活动设置障碍，遏止中国经济的高速增长。总之，美国主张在亚太地区建立一个“基于规则的”、以美、日、澳为主轴，涵盖韩国、东南亚等盟国的亚太集体安全体系。

长期以来，尽管亚太地区没有成型的安全机制，但地区内各国之间有着相对稳定的政治关系，这是地区总体稳定的政治基础。过去近20年，中国为整合亚太经济和推动亚太政治互信做出了巨大的努力。为了遏制中国和打乱中国经济发展步伐，美国不惜弱化APEC的作用，企图将整个东盟纳入美国经济体系而将中国经济排除在外。为此，美国鼓动东南亚有关国家挑起与中国的海上争端，瓦解中国与周边国家传统伙伴关系。以中缅、美缅关系为例。缅甸政治转型之后，尤其是在吴登盛政府执政以后，中国在缅投资遭遇一系列挫折，中缅关系面临新的挑战，这与以美国为首的西方国家加大对缅外交施压与利诱密切相关。近几年，美缅关系迅速解冻、升温，逐渐成为美国亚太“再平衡”战略的支撑力量。2011 年 11 月，希拉里访问缅甸，这是 50 多年来美国国务卿首次访问缅甸。2012 年 5 月，美国恢复与缅甸的大使级外交关系。2012 年 11 月，奥巴马总统与希拉里国务卿一道访问缅甸。2013 年 5 月，缅甸总统吴登盛访问美国，成为自 1966 年以来首位访美的缅甸领导人。2014 年 8 月，美国国务卿克里率团对缅甸展开正式访问，与缅甸总统吴登盛、反对派领袖昂山素季等举行会谈。美国与中国周边国家的紧密互动，加紧改善关系和争取中国周边国家，无非是想在中国周边打入楔子，破坏中国传统伙伴关系。

3. 地缘政治的“定时炸弹”

亚太“再平衡”战略不仅引发地区战略失衡，破坏亚太经济合作，而且也为地区和平发展埋设了“定时炸弹”，让业已复杂的亚太地缘政治环境动荡不定。

中国周边地缘政治形势复杂，海上历史遗留问题较多，这为美国搅动亚太局势提供了“便利”。中菲“黄岩岛”问题、菲律宾单方面“南海仲裁”、美军南海巡航等事件的台前幕后都少不了美国的影子。由于历史遗留问题，中国同周边海上国家或多或少地存在岛礁和划界争端，这本属中国同当事国之间的事情，为此中国提出双边公平协商谈判的解决方案。美国作为域外国家却极力反对中国提出的仅与其他主权声索国展开双边协商的做法，表示美国将强力支持东南亚国家作为一个共同体展开协商，并制定解决争端的“行为准则”。可以说，美国为维护其在亚太地区的主导权和影响力，不惜以各种理由插手南海争端，穿梭同盟外交，明里维护国际道义，暗地浑水搅局，对中国形成围堵之势，导致中国南海问题急剧升温，并日益复杂化，严重影响和损害了中国的国家利益。南海问题，仅是美国在亚太战略下给中国带来的第一个麻烦。与此同时，被搁置数十年的钓鱼岛争端也被激活，美日之间的私相授受和安保承诺助长了日本军国主义势力。未来极有可能出现黄海、东海、台海和南海的“四海联动”局面。

东北亚素有“冷战活化石之说”，是当今世界唯一仍然在冷战思维轨道上运行的地区。东北亚问题，尤其是朝鲜半岛危机的主要根源在于美国。美国借朝鲜问题搅动东北亚局势主要目的是牵制中国。其一，尽管朝鲜的军事力量和仅有的核武器并不能威胁到美国的关键利益和本土安全，但美国始终不愿同朝鲜实质性改善关系，更不愿达成和平协议，反而舆论丑化唱衰朝鲜，军事安全上刺激朝鲜，对朝鲜发展军力及朝鲜半岛的紧张态势持默许态度，从而为美军长期驻扎半岛和东北亚地区提供借口，也为巩固美日韩军事同盟提供依据。其二，军事部署是美国“重返亚太”战略的主要环节，借半岛危机，美国将提前完成在西太平洋的军事部署。美国从“二战”后期就布局东北亚，不惜参与朝鲜战争，其战略目的就是稳住并推进军事前沿，确保美国在太平洋地区的霸权优势。2016年1月6日，朝鲜进行了第四次核试验，美国和韩国随即举行了代号为“关键决断”“秃鹰”的军事演习，调派“斯坦尼斯”号和“里根”号核动力航母、“北卡罗来纳”号核潜艇、B-52战略轰炸机、F-22隐形战机、特战队等史无前例的军事力量部署半岛及附近，军演规模达30万人。其三，遏制中俄的需要。美国搅动半岛局势，并同韩国、日本协商部署“萨德”反导系统，一方面为了增加同中俄关于半岛危机政治谈判的筹码，另一方面为了推进美国全球反导系统在东北亚地区的部署，有助于削弱中俄的战略威慑力，遏止中俄的进一步崛起。

“恃德者昌，恃力者亡”，这是历史规律，违背人类发展方向和历史发展规律的注定将是失败的。

美国为了维护霸权地位，捞取政治和经济利益，不断“平衡”全球战略。以亚太“再平衡”和“北约东扩”为抓手，一方面加紧对华遏制，另一方面拉拢北约和欧洲伙伴挤压俄罗斯。然而，在美国“再平衡”的背后，欧洲出现了乌克兰危机、英国脱欧、难民危机等问题；中东则陷入叙利亚危机、也门乱局、“伊斯兰国”肆虐等问题；亚太则涌现南海风波、朝鲜半岛危机、中日海上争端等动荡。尽管美国一意孤行，但中国终究不是苏联，亚太也不是当年的华约，美国费尽心思经营和打造的“亚太版北约”终将是徒劳，亚太“再平衡”战略有可能沦为“烂尾工程”，反受其累，作茧自缚。在霸权思维的主导下，亚太“再平衡”呈现过度扩张态势，产生诸多负面外溢效应。例如，军事同盟体系的不稳定、不可控性在升高，风险越发突出，军事再平衡的成本不断上升；“再平衡”战略或为一些别有用心的盟友利用，导致引火烧身，增添美国的战略负担；特朗普上台后的第一周就签署总统令，宣布退出“跨太平洋伙伴关系协议”，有可能动摇亚太“再平衡”战略的经济基础，增加全球贸易的不确定性，加剧美国与日本、新加坡、澳大利亚等盟友的矛盾。

亚太“再平衡”损人不利己，美国主导的亚太军事同盟逐渐饱受诟病。随着美军财政预算的缩减，美军以军事再平衡为借口，迫使盟友国家承担更多的责任和军事费用，这种“明修栈道，暗度陈仓”的行为受到大多数国家的抵触。例如美日就驻冲绳美军基地搬迁费用问题进行了马拉松式的谈判，美国向韩国提出将驻韩美军经费韩国的份额从 42% 提高到 50% 也遭到韩国的抵触。美国与澳大利亚也因难民安置问题产生分歧。相反，大多数亚太国家同中国在地缘上更为接近，保持着良好的经贸关系，对中国有着较强的经济依赖，导致它们不愿意“选边站队”。目前来看，亚太“再平衡”同美国的全球战略相比已经“失衡”，也因过度军事化产生内部矛盾，而美国似乎并没有意识到或看清其中暗含的风险，通过经济胁迫和军事施压刺激地区内各方展开军备竞赛，可能将亚太地区推向不稳定、不可控状态，对美国自身也将是重大考验。总之，亚太“再平衡”已然成为美国霸权逻辑和冷战思维下的怪胎，与亚太国家和平愿望和世界发展的趋势相背离。历史已经证明，冷战思维没有出路，军事同盟没有未来。在美国看来，冷战的胜利是因为建立了跨大西洋体制，反观今日亚太地区，却没有这样一个可以借重的力量，所以应当把跨大西洋体制复制到亚太地区。这显然是冷战思维的延续，是注定要破产的。

四、破局

“不谋万世不足谋一时，不谋全局不足谋一域。”

大国，应有大格局。大国，当有大智慧。大国，自有大气象。面对世界多极化、经济全球化深入发展和文化多样化、社会信息化持续推进，今天的人类比以往任何时候都更有条件朝和平与发展的目标迈进。我们要跟上时代前进的步伐，就必须抛弃冷战思维，跳出“国强必霸”的狭隘格局，以“天下大同、和而不同”的中国智慧，“以义为利、舍我其谁”的中国担当，着眼人类共同发展，统筹国内和国际两个大局，对内“保安全、谋发展”，对外“同发展、共命运”，以“巧局”破“死局”，积极打造人类命运共同体，推动构建以合作共赢为核心的新型国际关系，共同应对复杂的国际形势和全球性挑战，开启人类文明发展新进程。

1. 人类命运共同体

“命运共同体，时也，势也。”当今世界，开放包容、多元互鉴是主基调，一荣俱荣、一损俱损是大潮流。人类只有一个地球，各国共处一个世界。这个世界，各国相互联系、相互依存的程度空前加深，越来越成为“你中有我，我中有你”的命运共同体。人类命运共同体是超越了民族国家和意识形态的“全球观”，表达了中国追求和平发展的愿望，体现了中国与各国合作共赢的理念，与中华传统文化有着内在的一致性。“以和为贵”“有容乃大”“天下为公”“万邦和谐”“万国咸宁”等思想，是中华民族的历史基因，也是东方文明的精髓，强调整体思维和天下情怀。一个国家要谋求自身发展，也必须让别人发展；要谋求自身安全，也必须让别人安全；要谋求自己过得好，也必须让别人过得好。中国的发展离不开世界，世界的发展也同样离不开中国。中国经济发展进入新常态，将继续给世界各国提供更多市场、增长、投资、合作机遇。中国实现贫困人口全部脱贫的目标，不仅将为全球经济发展减负，更带来了宝贵经验。中国的发展与强大，对其他国家来说不是威胁，而是机遇。“一花独放不是春，万紫千红春满园”“大河有水小河满，小河有水大河满”。人类命运共同体站在全人类命运的高度提出关于未来世界秩序的一种构想，反映了大多数国家，特别是发展中国家的心声，代表了时代发展趋势，是世界人民共同追求的目标，超越了西方现代化发展的模式。打造人类命运共同体，建立平等相待、互商互谅的伙伴关系，营造公道正义、共建共享的安全格局，谋求开放创新、包容互惠的发展前景，促进和而不同、兼收并蓄的文明交流，构筑尊崇自然、绿色发展的生态体系。促进不同文明、不同发展模式交流对话，在竞争比较中取长补短，在交流互鉴中共同发展。解决好工业文明带来的矛盾，以人与自然和谐相处为目标，实现世界的可持续发展和人的全面发展，创造一个各尽所能、合作共赢、奉行法治、公平正义、包容互鉴、共同发展的未来。

2. 树立新安全观

“明者因时而变，知者随事而制。”形势在发展，时代在进步。国家安全与世界安全“休戚与共”，安全不是你死我活，而是求同存异。世界的兴与衰、安与危、治与乱，攸关所有国家的命运，攸关各国人民的福祉，这是亘古不变的道理。历史一再证明，没有和平就没有发展，没有稳定就没有繁荣。在全球化不断深入发展的今天，各国安全紧密相关，没有哪一个国家可以独善其身，更没有哪一个国家可以包打天下。那种追求独自安全和同盟安全的冷战思维已然过时，树立共同、综合、合作、可持续的新安全观是当务之急。世界各国应该共同推动建立以合作共赢为核心的新型国际关系，各国人民应该一起来维护世界和平、促进共同发展，共同享受尊严、共同享受发展成果、共同享受安全保障。坚持国家不分大小、强弱、贫富，一律平等，尊重各国人民自主选择发展道路的权利，反对干涉别国内政，维护国际公平正义。各国要共同维护世界和平，以和平促进发展，以发展巩固和平。每个国家在谋求自身发展的同时，要积极促进其他各国共同发展。不能把世界长期发展建立在一批国家越来越富裕而另一批国家却长期贫困落后的基础上。各国要同心协力，妥善应对各种问题和挑战，共同变压力为动力、化危机为生机，谋求合作安全、集体安全、共同安全，以合作取代对抗，以共赢取代独占。中国是维护世界和平、促进共同发展的重要力量，是国际社会可以信赖的伙伴和朋友，中国将高举和平、发展、合作、共赢的旗帜，牢牢把握坚持和平发展、促进民族复兴这条主线，维护国家主权、安全、发展利益，为和平发展营造良好的国际环境。中国所倡导的新安全观，既不是零和博弈的危险游戏，也不是无底线原则的无限退让，在事关民族利益和安全原则的大事上，必须坚定不移、寸步不让，以国家核心利益为重。同时，要避免“修昔底德陷阱”，努力走出一条共建、共享、共赢的全球安全之路。

3. 经略大国及周边

大国是影响世界和平与发展的决定性力量，大国关系是维护世界政治秩序的基石。切实运筹好中美、中俄及中欧等大国关系、构建健康稳定的大国关系框架至关重要。中美关系是当今世界最重要的双边关系之一，中美构建新型大国关系，实现双方不冲突不对抗、相互尊重、合作共赢，可以成为世界稳定的压舱石、世界和平的助推器，是符合时代潮流的正确选择。中美合则两利，斗则俱伤，唯有两国携手并肩，沿着中美新型大国关系之路不断前行才是唯一正确的选择。欧洲是多极化世界的重要一极，是中国的全面战略伙伴。要从战略高度看待中欧关系，将中欧两大力量、两大市场、两大文明结合起来，共同打造中欧和平、增长、改革、文明四大伙伴关系，提升中欧全面战略伙伴关系的全球影响力，为世界发展繁荣做出更大贡献。俄罗斯是我国周边最大邻国和世界大国，中俄两国是好邻居、好伙伴、好朋友。当前，全球战略稳定和力量对比出现失衡，中俄作为全球性大国，必须牢固建立起全面战略协作伙伴关系，提升国际战略协调与合作能力，共同应对未来全球战略失衡带来的风险和冲击，成为和平共处、合作共赢的典范。远亲不如近邻。周边是中国安身立命之所，发展繁荣之基。经略周边要谋大势、讲战略、重运筹，坚持与邻为善、以邻为伴，坚持睦邻、安邻、富邻，突出体现亲、诚、惠、容的理念，把东北亚、东南亚、中亚作为我国周边外交的战略重点，不断增进互信、巩固友好、加强合作、促进共同繁荣。积极参与多边事务，高度重视联合国的作用，支持二十国集团、上海合作组织、金砖国家等发挥积极作用。推动亚洲相互协作与信任措施会议，为亚洲安全发挥更大作用，搭建地区安全和合作新架构，在力所能及的范围内承担更多的国际责任和义务，为人类和平与发展做出更大的贡献。

4. 构建国际合作机制

当前，人类社会面临的全球性挑战日益凸显，全球经济持续低迷，贫富差距日益拉大，恐怖主义、地区动荡等影响国际安全的因素日趋多样，全球治理体系弊端不断显现，迫切需要因时而变，与时俱进。推动全球治理体系朝着更加公正合理的方向发展，符合世界各国的普遍需求。新兴市场国家和一大批发展中国家快速发展，国际影响力不断增强，是近代以来国际力量对比中最具革命性的变化。经济全球化深入发展，把世界各国利益和命运更加紧密地联系在一起，很多问题不再局限于一国内部，很多挑战也不再是一国之力所能应对。“小智治事，大智治制。”世界上的事情越来越需要各国共同商量着办，建立国际机制、遵守国际规则、追求国际正义成为多数国家的共识。中国是现行国际体系的参与者、建设者、贡献者，是国际合作的倡导者和国际多边主义的积极参与者。可以说，从 APEC 到 G20，中国在地区和全球治理层面，议题设置和引导能力不断增强，合作范围越来越广，影响力与塑造力也正在取得新的突破。特别是 2016 年在杭州举行的 G20 峰会，中国推动各方把创新和结构性改革作为合作共赢、开创世界发展新局的主线，开出标本兼治、综合施策的“中国药方”，为推进全球增长注入强劲动力。在亚太经合组织利马会议上，习近平主席直面“逆全球化”、保护主义、区域合作碎片化等重大问题，强调要反对一切形式的保护主义，重申亚太经济合作支持全球化的决心不变，信心不减，引领经济全球化向更加包容普惠的方向发展。当然，推进全球治理体制变革并不是推倒重来，也不是另起炉灶，而是发掘中华文化中积极的处世之道和治理理念同当今时代的共鸣点，努力为完善全球治理贡献中国智慧、中国力量。

第十三章

决胜“不战之战”

能战方能止战，准备打才可能不必打，越不能打越可能挨打，这就是战争与和平的辩证法。

——习近平

军事力量是保底的手段。

——习近平

当今世界，大国之间看似风平浪静，波澜不惊，其实背后暗潮涌动，没有硝烟的战争每天都在发生。在我国日益走向世界舞台中心的历史进程中，也必然面临一个地区安全震荡期、国际秩序重塑期、大国角力加速期，战略遏制与战略突围的博弈、固守格局与重构格局的博弈、新兴大国与守成大国的博弈将更趋激烈。因此，我们必须深刻洞察世界时势变迁和国家安危脉动，统筹国内国际两个大局、安全发展两件大事，综合运用政治、军事、经济、外交、文化等斗争手段，开展舆论、法理、威慑、心理、道义等斗争形式，以坚定清晰的战略目标、扎实有效的战略准备、灵活多样的战略战术、统筹谋划，文武兼备，刚柔相济，多策并举，打好组合拳，谋取未来战争的力胜之势，智胜之策，心胜之道。

一、树立总体国家安全观

国家安全是人民幸福安康的基本要求，是安邦定国的重要基石。大国安全战略的制定和实施，不仅关乎本国安全，也牵动地区和国际安全。当前，我国面临复杂多变的安全和发展环境，各种可以预见和难以预见的风险因素明显增多，各方面风险可能不断积累甚至集中显露，国家安全内涵和外延比历史上任何时候都要丰富，时空领域比历史上任何时候都要宽广，内外因素比历史上任何时候都要复杂，维护国家安全的任务更加繁重艰巨。这就要求我们必须审时度势、与时俱进，创新国家安全理念，统揽国家安全全局，坚持总体国家安全观。

1. 科学把握

每个国家的安全观都因自己的独特国情、安全环境和形势任务而呈现出自己的特点。同一个国家在不同历史阶段也会有不同的安全形势与任务，因而会有不同的安全观。冷战期间，世界大多数国家主要关注军事安全、政治安全等传统安全。随着国际安全环境的变化，特别是进入21世纪后，暴力恐怖袭击以及金融危机、气候变化等非传统安全问题越来越突出，许多国家，特别是西方大国，越来越重视非传统安全问题。

中国的安全环境、形势与任务与其他大国相比一直有自己的突出特点。建国初期我国面临严峻的外部军事威胁，毛泽东指出必须建立强大的国防军，必须建立强大的经济力量，这是两件大事。改革开放后，邓小平强调，中国要实现自己的发展目标，必不可少的条件是安定的国内环境与和平的国际环境。江泽民顺应时代发展潮流，提出建立以“互信、互利、平等、合作”为核心的新安全观。胡锦涛强调，要正确认识和把握国家安全形势发展变化，牢固树立综合安全观。2014年4月，习近平主席主持召开中央国家安全委员会第一次会议，首次提出总体国家安全观这一全新的国家安全理念。这是我们党对国家安全理念的继承和发展，反映了我们党对国家安全形势新特点、新目标、新任务的准确把握，体现了我们党善于并勇于从战略高度主动运筹国家安全工作的政治勇气和高超智慧。

坚持总体国家安全观，就是要以人民安全为宗旨，以政治安全为根本，以经济安全为基础，以军事、文化、社会安全为保障，以促进国际安全为依托，走出一条中国特色国家安全道路。以人民安全为宗旨，就是要坚持以民为本、以人为本，坚持国家安全一切为了人民、一切依靠人民，真正夯实国家安全的群众基础。以政治安全为根本，就是要坚持党的领导和中国特色社会主义制度不动摇，把制度安全、政权安全放在首要位置，为国家安全提供根本政治保证。以经济安全为基础，就是要确保国家经济发展不受侵害，促进经济持续稳定健康发展，提高国家经济实力，为国家安全提供坚实物质基础。以军事、文化、社会安全为保障，就是要注意这些领域面临的大量新情况新问题，遵循不同领域的特点规律，建立完善强基固本、化险为夷的各项对策措施，为维护国家安全提供硬实力和软实力保障。以促进国际安全为依托，就是要始终不渝地走和平发展道路，在注重维护本国安全利益的同时，注重维护共同安全，推动建设持久和平、共同繁荣的和谐世界。上述五方面，清晰反映了国家安全的内在逻辑关系。

过去，我们对国家安全的认识比较单一，一般仅包括政权安全、国土安全、军事安全等。这样的国家安全理念已经不适应今天国家面对的严峻安全形势，难以应对各种复杂的安全挑战。总体国家安全观强调总体性，就是要将各领域的安全综合到一起，形成一个体系，从国家政权、主权、统一和领土完整、人民福祉、经济社会可持续发展和国家其他重大利益等方面来审视国家安全。总体国家安全观打破了以往有关国家安全理念与实践在国际国内、不同领域、不同方面之间的相互区隔和各自局限，改变了就事论事、头痛医头、脚痛医脚、彼此羁绊、存盲留白的局面，实现了全面系统的顶层设计，具有鲜明的“中国意蕴”。

2. 综合施策

贯彻总体国家安全观，必须以整体的、全面的、联系的、系统的观点来思考和把握国家安全问题，要求：既重视外部安全，又重视内部安全，对内求发展、求变革、求稳定、建设平安中国，对外求和平、求合作、求共赢、建设和谐世界；既重视国土安全，又重视国民安全，坚持以民为本、以人为本，坚持国家安全一切为了人民、一切依靠人民，真正夯实国家安全的群众基础；既重视传统安全，又重视非传统安全，构建融政治安全、国土安全、军事安全、经济安全、文化安全、社会安全、科技安全、信息安全、生态安全、资源安全、核安全等为一体的国家安全体系；既重视发展问题，又重视安全问题，发展是安全的基础，安全是发展的条件，富国才能强兵，强兵才能卫国；既重视自身安全，又重视共同安全，打造命运共同体，推动各方朝着互利互惠、共同安全的目标相向而行。

贯彻总体国家安全观，必须建立集中统一、高效权威的国家安全体制。党的十八届三中全会决定成立国家安全委员会，目的就是要更好地适应我国国家安全面临的新形势、新任务，加强对国家安全工作的集中统一领导，统筹协调涉及国家安全的重大事项和重要工作。必须加强顶层设计，立足国际秩序大变局来把握规律，立足防范风险的大前提来统筹，立足我国发展重要战略机遇期大背景来谋划，把维护国家安全的战略主动权牢牢掌握在自己手中。建立健全国家安全运行机制，有效整合各方面力量，协调各方面资源，实现各地区各部门各层级各司其职、各负其责，密切配合、通力合作，勇于负责、敢于担当，下好国家安全战略“一盘棋”，努力形成维护国家安全和社会安定的强大合力。积极适应有效维护国家安全的迫切需要，制定和实施《国家安全战略纲要》，加快国家安全立法，着力构建国家安全法律体系，将法治贯穿于维护国家安全的全过程，为维护国家安全提供有力的法治保障。

贯彻总体国家安全观，必须统筹运用政治、经济、军事等各种手段，切实提高维护国家安全的能力。其中，最重要的是要增强自己的综合实力。经济实力是最基础的实力，必须把促进经济社会发展作为第一要务，使我国社会生产力不断向更高水平迈进。科技实力是经济社会发展和国家安全的强有力支撑，必须大力提高我国自主创新能力，推动科学技术跨越式发展，加快把知识和技术转化为现实生产力。国家武装力量是维护国家安全与世界和平的坚定力量，必须加强国防和军队建设，深化国防和军队改革，不断提高我军能打仗、打胜仗的能力。人民群众是国家安全的智慧和力量来源，必须加强对人民群众的国家安全教育，提高全民国家安全意识，努力打造高素质的国家安全专业队伍，形成全体人民自觉维护国家安全的生动局面。

3. 突出重点

根据总体国家安全观，国家安全涉及政治、国土、军事、经济、文化、社会、科技、网络、生态、资源、核以及海外利益等多个领域。落实总体国家安全观，是一项重要而复杂的系统工程，需要我们从战略高度分析和处理各种形式的安全问题，制定切实有效的国家安全政策，明确国家安全工作任务和措施，切实维护好重点领域的国家安全。习近平在国家安全工作座谈会上指出，当前和今后一个时期要突出抓好政治安全、经济安全、国土安全、社会安全、网络安全等各方面安全工作。

政治安全的核心是政权安全和制度安全，它不仅关系到国家的长治久安，更与民族复兴和人民福祉休戚相关。只有在国家的政权、政治制度、意识形态和党的执政地位等免受各种侵袭、干扰、威胁和危害的状态下，中国特色社会主义事业才有健康发展的前提和基础。当前，我国政治安全形势复杂，精神懈怠、能力不足、脱离群众、消极腐败的危险十分尖锐，“颜色革命”对我国政治安全构成重大的现实威胁，意识形态领域“制脑权”争夺日趋激烈，“一国两制”实践遇到新情况、新问题。这就需要我们站在党和国家事业发展全局的高度，充分认识维护政治安全的重要性，守住政治安全防线，决不能在根本性问题上出现颠覆性错误。

经济安全是国家安全体系的重要组成部分，是国家安全的基础。维护经济安全，核心是要坚持社会主义基本经济制度不动摇，不断完善社会主义市场经济体制，坚持发展是硬道理，不断提高国家的经济整体实力、竞争力和抵御内外各种冲击与威胁的能力，重点防控好各种重大风险挑战，保护国家根本利益不受伤害。当前，由于多方面因素影响和国内外条件变化，我国经济发展面临一些突出矛盾和问题，国际经济秩序变革和经济金融动荡对我国经济平稳运行带来风险隐患，我国经济发展面临“四降一升”，即经济增速下降、工业品价格下降、实体企业盈利下降、财政收入下降、经济风险发生概率上升。这就需要我们主动适应、把握、引领经济发展新常态，加快供给侧结构性改革，有效防范经济隐患和控制金融风险，特别是外部金融动荡对国内市场的冲击，不断提高国际金融博弈能力，推动经济持续健康发展。

国土安全是立国之基，是传统安全备受关注的首要方面。经过多年努力，我国已成功解决了绝大部分的陆地领土主权争议，从战略上消除了周边的主要对抗因素，为集中处理剩余的领土主权和海洋权益争议奠定了基础。同时，随着我国进一步发展壮大，国土安全面临的形势较以往更加突出复杂。海上安全形势严峻，与八个海上邻国都存在海洋争议；反分裂斗争形势依然错综复杂，某些外部势力纵容扶持"台独"分裂势力，"藏独""东突"等民族分裂势力暴力倾向进一步加剧。这就需要我们加强国防和军队现代化建设，建立健全国土安全体制机制和反恐工作格局，完善国土安全法律法规体系，广泛开展国土安全宣传教育，提升维护国土安全能力。

网络安全是信息网络时代国家安全的战略基石。政治、经济、社会、军事、文化等各领域安全问题，都与网络安全紧密关联。政治领域的"颜色革命"暗流涌动、经济领域的网络犯罪频繁发生、社会领域的网络攻击日益猖獗、军事领域的作战方式加速转型、文化领域的网络话语争夺日趋激烈，都是网络空间对传统安全问题的催化与变异。谁控制网络空间谁就能控制一切，网络安全是我们面临的"最大变量"，搞不好会成为我们的"心头之患"。这就需要我们统筹协调信息化与各个领域的网络安全问题，深入实施国家网络安全和信息化发展战略，提高信息网络技术自主创新能力，加大依法管理网络空间力度，形成从技术到内容、从日常安全到打击犯罪的网络管理合力，加强网络空间国际合作，不断增强网络安全保障能力，牢牢把握网络空间安全主导权。

二、以多手对多样

大国之间的较量，是综合国力的较量。在全球秩序重塑的关键期，世界格局调整的动荡期，各国在政治、经济、军事、科技、文化等领域的竞争空前激烈，无论是硬实力的直接碰撞，软实力的间接交锋，抑或软硬实力的综合博弈，崛起的新兴国家与守成的主导国家之间的竞逐日趋白热化。尤其是美国为了维护其全球霸权地位，千方百计地谋求遏制中国的快速崛起，无论是军事上推出的亚太“再平衡”战略，还是经济上掀起的金融风暴，抑或文化上布局的“颜色革命”，科技上开展的突袭战略，等等，都对我国的安全与发展带来严峻挑战。大国较量的焦点就是战略运筹的重心，面对全球范围内空前激烈的综合博弈，我国要突出重围，就要善于从维护国家安全的大视野、大坐标、大切面寻找对弈的策略，尤其是要注重软与硬、攻与防、威与惠之间的辩证法，最终赢得大国博弈的战略主动权。

1. 软硬并重

2006 年，中央电视台推出了纪录片《大国崛起》，开篇这样写道：“公元 1500 年前后的地理大发现，拉开了不同国家相互对话和相互竞争的历史大幕。由此，大国崛起的道路有了全球坐标。500 年来，在人类现代化进程的大舞台上，相继出现了九个世界性大国，他们是葡萄牙、西班牙、荷兰、英国、法国、德国、日本、俄罗斯和美国。大国兴衰更替的故事，留下了各具特色的发展道路和经验教训，启迪着今天，也影响着未来。”从历史上看，这些先后崛起的世界大国不仅拥有强大的军事力量，而且也是军事、经济与科技等硬实力与制度、理念及文化等软实力综合运用的结果。从某种意义上说，大国崛起大都以军事实力和经济实力为基础，同时在生产生活方式、社会组织形态、思想政治理念以及国际秩序构建等方面也引领时代潮流，为他国所推崇。

如荷兰创建了国家主权体系的原则，英国建立了宪政体制、现代财政制度、政教分离与宗教宽容，加上工业革命以及自由贸易体制，成了显赫的世界大国。19世纪末，经济已实现腾飞的美国，其国际影响力仍十分有限，仅仅被看作是国际体系中的二流国家，直到“二战”结束开启了“军事—金融—文化”复合模式，凭借“芯片”“薯片”和“大片”称霸世界。

当今时代，军事和政治的联系更加紧密，在战略层面上的相关性和整体性日益增强，政治因素对战争的影响和制约越发突出，军事斗争的政治性、政策性、敏感性显著增强。大国之间的博弈虽然斗争方式不同，对抗程度不同，战法运用不同，无论是军备竞逐、经济缠斗，还是政治攻心、外交斡旋，抑或文化渗透、话语争夺，都是在政治框架下综合运用各种力量，通过软硬手段达成政治目的的战略运筹。习近平主席指出，“筹划和指导战争，必须深刻认识战争的政治属性，坚持军事服从政治、战略服从政略，从政治高度思考战争问题”。我们观察处理战争问题，既要算军事账也要算政治账，跳出军事看军事，立足政略谋战略，综合运用军事硬实力、文化软实力、外交巧实力等，推动军事斗争与政治斗争、经济斗争、外交斗争高度融合，最大限度地发挥军事斗争和政治经济外交斗争相结合的整体效应。我们要构建新型大国关系，经略周边，深化中非合作、“金砖国家”互动，实施“一带一路”战略，用好经济、外交杠杆等，打破美国等西方国家的围堵遏制。实施巧妙恰宜的手段、多手用力刚柔并重维护国家主权和领土完整，既扎实做好军事斗争准备，强力宣示捍卫领土主权和海洋权益的决心，又要释放善意、展示灵活、坚持原则、稳妥应对。积极构建中国话语体系，不断提升传播能力，讲好中国故事，传播中国声音，阐释中国特色，为全球治理体系建设提供中国智慧、中国方案。

2. 攻防兼备

如果要用最简单的范畴来刻画人类波澜壮阔的竞逐史的话，那就是“攻”与“防”。进攻与防御是相互对立、相互依存并相互转换的矛盾统一体。中华民族是一个重防御的民族。无论是墨子提出的“非攻”军事观念，还是古代修筑的万里长城，都是固守防御思想的体现。纵然是兵学圣祖孙子，也讲“无恃其不来，恃吾有以待也；无恃其不攻，恃吾有所不可攻也”。可以说，在中国历史的大部分时间里，这种防御传统带来了自身的繁荣和睦邻友好关系，但在进入19世纪中叶以后，却陷入被动和危机之中。在长期革命战争实践中，我军形成了一整套积极防御战略思想。新中国成立后，我军根据我国社会主义性质和根本利益，确立了积极防御的军事战略方针。攻防兼备是积极防御战略思想的内在要求。在政治层面，攻防兼备的本质就是毛泽东所说的，“人不犯我，我不犯人；人若犯我，我必犯人”，始终占据道义的制高点，赢得主动。在军事层面，攻防兼备就是毛泽东所说的，“积极防御，又叫攻势防御，又叫决战防御”，“只有积极防御才是真防御，才是为了反攻和进攻的防御”。

当前，国家安全问题范围和领域不断扩大，从自然空间、技术空间向认知空间、社会空间拓展，国家之间的整体对抗特征尤为凸显，我军职能从维护领土边疆向维护利益边疆、从维护生存安全向维护发展安全拓展，军事力量运用日益常态化，运用方式越来越多样化。这就要求我们坚持积极防御战略思想，同时深刻把握国家安全内涵和外延的发展变化，进一步丰富发展积极防御的时代内涵，以防御为根本，在“积极”二字上做文章，真正做到攻防兼备。我们要拓宽战略视野、更新战略思维，善于把谋当前之局与布长远之势统一起来，把“克一子”与“活全局”统一起来，把化解当前危机与消除潜在威胁统一起来，不能局限于对手出招我接招、见招拆招，而是要下好先手棋，主动出牌、谋势造势、有限刺激、深远经略。全时空全方位前移战略指导重心，不再局限于盯着我边境线、海岸线谋篇布局，而是要放眼全球瞄准世界风云变幻综合运用军事、经济、外交等各种手段，为国家利益拓展提供战略支撑。精准把握敌我双方力量对比，精准研判利益攸关方战略目的，精准把控战略较量的行动强度、对抗烈度，既坚决捍卫权益又讲究策略方法，既敢于斗争又善于斗争，积极进取，稳中求进。建设攻防兼备的军事力量体系，按照机动作战、立体攻防的战略要求实现陆军由区域防卫型向全域机动型转变，按照近海防御、远海护卫的战略要求实现海军由近海防御型向近海防御与远海护卫型结合转变，按照空天一体、攻防兼备的战略要求实现空军由国土防空型向攻防兼备型转变，按照精干有效、核常兼备的战略要求提高火箭军战略威慑与核反击和中远程精确打击能力，加强网络、太空等新作战空间的军民融合、攻防兼备力量建设。

3. 惠威相济

“令之以文，齐之以武。”这一思想既是文武兼施、德威并重的治军原则，也为我们在大国角逐中掌握主动提供了启迪，惠威相济的文武之道应成为我们应对挑战的战略思维。2014 年 3 月 27 日，习近平主席在中法建交 50 周年纪念大会上说，中国给世界带来的是机遇不是威胁，是和平不是动荡，是进步不是倒退。拿破仑说过，中国是一头沉睡的狮子，当这头睡狮醒来时，世界都会为之发抖。中国这头狮子已经醒了，但这是一只和平的、可亲的、文明的狮子。“计利当计天下利”，我们的惠威相济不是历史上某些西方强权国家推销的“胡萝卜＋大棒”，而是“橄榄枝＋利剑”，让世界上更多的国家共享中国发展的成果，让中国发展的成果更好地惠及世界。中国推动共建“一带一路”、设立丝路基金，倡议成立亚洲基础设施投资银行等，目的是支持各国共同发展，而不是谋求政治势力范围，追求的是百花齐放的大利，而不是一枝独秀的小利，将给沿线各国人民带来实实在在的利益，也将为中国和沿线国家共同发展带来巨大的机遇。

但是，走和平发展道路、倡导合作共赢是有底线的，这个底线就是国家核心利益。习近平主席指出：“我们要坚持走和平发展道路，但决不能放弃我们的正当权益，决不能牺牲国家核心利益。任何外国不要指望我们会拿自己的核心利益做交易，不要指望我们会吞下损害我国主权、安全、发展利益的苦果。”新中国成立 60 多年来，我国在维护国家独立和主权、捍卫民族尊严上的立场是一贯的。如果说几十年前，我国在一穷二白的时候敢于维护国家利益、反对世界强权，从未在外来压力下弯过腰、低过头，那么现在我国发展强大了，更不会屈服于任何外来压力，在涉及我国核心利益的问题上，要敢于划出红线，亮出底线。在东海维权斗争中，我们坚决顶住美日战略压力，常态化进入钓鱼岛 12 海里巡航，打破了自甲午战争以来我国对钓鱼岛持续百年的失控失管局面，赢得了东海维权斗争的战略主动。一些人把我国维护合理合法的国家权益说成是“咄咄逼人”“傲慢”“强硬”，鼓吹“中国威胁论”“中国扩张论”等论调，这都是无稽之谈。当然，我们不仅要坚决捍卫自身的核心利益，也要在国际上更加积极主动地发挥建设性作用，积极承担国际责任和义务，加强国际反恐和防扩散合作，支持并参与联合国维和行动，开展人道主义救援，维护全球网络安全、太空安全等非传统安全，积极应对全球气候变化，做全球安全稳定、繁荣发展的“压舱石”。

三、科技创新为驱动

恩格斯曾经说,“科学是一种在历史上起推动作用的、革命的力量”。科技兴则民族兴，科技强则民族强。纵览人类发展的浩瀚世界史，不同民族和国家的相互竞争，在现代化进程的大舞台上，演绎了全球格局演化的惊心动魄，也彰显了科学技术的独特价值。无论是早年瑞士雇佣兵因引入长矛而获得的变革国际体系权力，抑或后来德国迅速将铁路用于战争动员而对世界和平大局的冲击，直至核武器的诞生，两大力量体系军备竞赛导致了东西方长达半个世纪的冷战。冷战结束后，美国凭借对信息科技的抢先布局而获得的竞争优势，至今仍给其带来军事和经济的双重红利，使其在国际舞台上处于主导地位。当前，新一轮科技革命、产业变革和军事变革加速演进，正在重塑世界竞争格局、改变国家力量对比，创新驱动成为许多国家谋求竞争优势的核心战略。我们既面临赶超跨越的难得历史机遇，也面临差距拉大的严峻挑战。唯有勇立世界科技创新潮头，才能赢得发展，赢得未来。

1. 创新是引领发展的第一动力

发展动力决定发展速度、效能、可持续性。创新是一个民族进步的灵魂，是一个国家兴旺发达的不竭动力。回顾近代以来世界发展历程，可以清楚看到，一个国家和民族的创新能力，从根本上影响甚至决定国家和民族的命运。近代以来人类社会进入前所未有的创新活跃期，人类在科学技术方面取得的创新成果超过过去几千年的总和，世界发生了几次重大科技革命，每一次科技和产业革命都深刻改变了世界发展面貌和格局。一些国家抓住了机遇，经济社会发展驶入快车道，经济实力、科技实力、军事实力迅速增强，甚至一跃成为世界强国。中华民族是勇于创新、善于创新的民族，16 世纪以前世界上最重要的 300 项发明和发现中，我国占 173 项，远远超过同时代的欧洲。我国发展历史上长期处于世界领先地位，我国思想文化、社会制度、经济发展、科学技术以及其他许多方面对世界发挥了重要的辐射和引领作用。近代以来，我国逐渐由领先变为落后，一个重要原因就是我们错失了科技和产业革命带来的巨大发展机遇。当今世界，经济社会发展越来越依赖于理论、制度、科技、文化等领域的创新，国际竞争新优势也越来越体现在创新能力上。谁在创新上先行一步，谁就能拥有引领发展的主动权。

抓创新，必须下大力气抓科技创新。谁牵住了科技创新这个牛鼻子，谁走好了科技创新这步先手棋，谁就能占领先机、赢得优势。经过多年努力，我国科技发展正在进入由量的增长向质的提升的跃升期，科研体系日益完备，人才队伍不断壮大，科学、技术、工程、产业的自主创新能力快速提升。经济转型升级、民生持续改善和国防现代化建设对科技创新提出了巨大需求。庞大的市场规模、完备的产业体系、多样化的消费需求与互联网时代创新效率的提升相结合，为科技创新提供了广阔空间。中国特色社会主义制度能够有效结合集中力量办大事和市场配置资源的优势，为实现创新驱动发展提供了根本保障。同时，我们也要清楚地看到，我国创新能力还不强，科技发展水平总体不高，关键核心技术受制于人的局面并未改变，科技对经济社会发展的支撑能力不足，科技对经济增长、战斗力提升的贡献率远低于发达国家水平，创造新产业、引领未来发展的科技储备还远远不够，产业还处于全球价值链中低端，军事、安全领域高技术方面同发达国家仍有较大差距，这是我国进一步发展的“阿喀琉斯之踵”。

抓创新就是抓发展，谋创新就是谋未来。站在新的历史起点上，面对新的现实挑战，我国今天比历史上任何时候都更加需要确立创新发展理念、实施创新驱动发展战略，这是关系我国发展全局的重大抉择。军事领域创新和竞争尤为激烈，创新能力是一支军队的核心竞争力，也是生成战斗力的加速器，依靠改革创新推动国防和军队建设实现新跨越，是决定我军前途命运的一个关键。党的十八届五中全会提出的创新驱动发展战略，是一个立足全局、面向全球、聚焦关键、带动整体的国家战略，是落实创新发展理念的具体行动，契合我国发展的历史逻辑和现实逻辑。我们要坚持在“四个全面”战略布局、“五位一体”建设的大局中来思考和谋划创新，让创新贯穿党、国家和军队一切工作，成为国家意志和全社会的共同行动。通过创新破除制约创新的思想障碍和制度藩篱，促进科技创新与理论创新、制度创新、文化创新等持续发展和全面融合，打通科技创新和经济社会发展、军用技术和民用技术之间的通道，让一切劳动、知识、技术、管理、资本的活力竞相迸发，释放巨大的发展潜能，不断提高创新对社会生产力和军队战斗力的贡献率。倡导敢为人先、勇于冒尖的创新精神，使创新成为全社会的一种价值导向、一种生活方式、一种时代气息。

2. 占领未来科技创新制高点

人类发展的历史表明，重大原始科技创新对生产力发展和社会进步具有重大的促进作用。那些抓住科技革命机遇走向现代化的国家，都是科学基础雄厚的国家。那些抓住科技革命成为世界强国的国家，都是在重要领域处于领先行列的国家。进入21世纪以来，新一轮科技革命和产业变革正在孕育兴起，全球科技创新呈现出新的发展态势和特征。面对科技创新发展新趋势，世界主要国家都在寻找科技创新的突破口，抢占未来经济科技发展的先机。过去30多年，我们主要是跟踪发展，好处是决策较容易做、方案较容易定、研发和使用也有参考和借鉴。但是，跟踪发展只能永远跟在他人后面，跟得再好也就是第二，跟不好还有可能拉大差距。经过长期努力，我国在一些领域已接近或达到世界先进水平，某些领域正由“跟跑者”向“并行者”“领跑者”转变。我国发展到现在这个阶段，不仅从别人那里拿不到关键技术，就是想拿到一般的关键技术也是很难的，何况我们不能总是指望依赖他人的科技成果来提高自己的科技水平，更不能做其他国家的技术附庸，永远跟在别人的后面亦步亦趋。我们没有别的选择，只能走自主创新的发展道路。习近平主席指出，“面向未来，增强自主创新能力，最重要的就是坚定不移走中国特色自主创新道路，坚持自主创新、自主跨越、支撑发展、引领未来的方针”。因此，我们必须要坚定不移走中国特色自主创新道路，准确把握科技创新方向，对看准的方向要超前规划布局，加大投入力度，下好先手棋，打好主动仗，加快赶超甚至引领步伐，牢牢掌握科技创新的制高点和主动权。

自主创新。自主创新是科技创新和武器装备发展的战略基点。自力更生是中华民族自立于民族之林的奋斗基点，自主创新是我们攀登世界科技高峰的必由之路。没有自主创新，就没有国家的未来、没有军队的未来。依赖于人必然制于人，依靠自己才能制人。实践告诉我们，真正的核心关键技术是花钱买不来的，长期进口武器装备是靠不住的，走引进仿制的路子是走不远的。在日趋激烈的全球综合国力竞争中，我们没有更多的选择，必须采取更加积极有效的应对措施，把科技发展和武器装备建设的薄弱环节作为推进自主创新的主攻方向，在涉及未来的重点科技领域超前部署、大胆探索，搞出别人没有的“一招鲜”，努力在前瞻性、战略性领域占有一席之地，为经济社会发展、保障国防安全提供有力的科技支撑。

重点跨越。重点跨越是科技创新和武器装备发展的有效途径。在战略上要坚持灵活自主，根据我国的基本国情和军事战略要求，正确处理当前和长远、需要和可能、重点和一般、局部和全局等关系，集中优势力量，重点突破，实现跨越式发展。按照主动跟进、精心选择、有所为有所不为的方针，提高技术认知力，明确我国科技创新和武器装备发展的主攻方向和突破口，着力攻克一批关键核心技术，加速赶超甚至引领步伐。以我为主，把握主动，“你打你的，我打我的”，重点发展克敌软肋、使敌害怕的“撒手锏”武器装备，在一些关键领域形成非对称战略制衡能力。发挥我国社会主义制度集中力量办大事的优势，实施重大专项和重大工程，部署一批体现国家战略意图的重大科技项目，形成梯次接续的系统布局，在国家战略优先领域率先实现跨越。

支撑发展。基础研究是整个科学体系的源头，是新知识的源泉，新技术、新发明的先导，决定着科技创新和武器装备发展的后劲。当前，基础研究和应用开发关联度日益增强，基础研究显得更为重要。基础研究点多面广，具有周期长、风险大、难度高的特点，切忌急功近利、急于求成，只有站高谋远、把握方向、精耕细作、持续用力，才有可能在关键领域取得突破。加强面向国家战略需求的基础前沿和高技术研究，加大对空间、海洋、网络、核、材料、能源、信息、生命等领域基础研究和战略高技术攻关力度，实现关键核心技术安全自主可控。面向科学前沿加强原始创新，大力支持自由探索的基础研究，力争在更多领域引领科学研究方向。围绕支撑重大技术突破，推进变革性研究，在新思想、新发现、新知识、新原理、新方法上积极进取，强化源头储备。建设一批具有国际水平、突出学科交叉和协同创新的国家实验室，夯实自主创新的物质技术基础。

引领未来。引领未来是科技创新和武器装备发展的长期根本任务。前沿是必争的高地，前沿技术一旦取得重大突破，往往会催生新的科技革命和新军事变革，以至推动人类社会发生变革。我们不能囿于昨天的思维设计明天的战争，只盯着主要对手和当前任务适应需求，而是要见之于未萌、识之于未发，用前瞻眼光密切关注世界新军事革命发展态势，瞄准未来可能“打什么仗、和谁打仗、在哪打仗、怎么打仗”，通过设计战争创造需求，真正牵引和驱动国防科技和武器装备创新。以超常的思维、敏锐的眼光，在技术发展战略判断上下功夫，切实增强技术鉴别力，既防止技术欺骗不盲目跟随，又防止技术突袭与军事强国形成技术鸿沟。以先知先觉的“头脑”，自发自觉的行动，洞悉基础科学和前沿技术动向，关注世界专利进展，围绕支撑武器装备和重大技术突破，推进改变未来战争“游戏规则”的颠覆性技术研究。

3. 吹响科技兴军的时代号角

党的十八大以来，习近平主席站在国家安全与发展战略全局的高度，深刻洞察世界格局走势，准确把握科技发展态势，主动应对军事变革趋势，反复强调创新能力是一支军队的核心竞争力，也是生成和提高战斗力的加速器，科技创新是实现强军目标的必然选择。在十二届全国人大五次会议上又明确提出，要下更大气力推动科技兴军，坚持向科技创新要战斗力，吹响了科技兴军的时代号角。

军事领域是对科技前沿感知最敏感的领域，只有第一，没有第二，创新则生，守旧则死。纵观人类历史上曾发生的五次科技革命，我们可以清晰地看到，科技创新能力决定着大国博弈的成败，也关系大国军队的生死荣辱。在“科技革命—产业革命—军事革命”这一完整链条上，原点的迟钝与错失，直接影响着世界舞台上竞争者的不同命运。适者兴、违者衰，主动者赢、被动者败，毫无例外。近代我国也曾错失过科技革命、产业革命和军事变革的良机。如今，面对新的“变革浪潮”“机遇风暴”，我们能否站立潮头，主动创新，顺势而为？对此，我们必须要有强烈的忧患意识、创新意识，敏锐研判世界科技创新的发展大势，紧紧抓住和利用好科技革命、产业革命、军事革命的机遇，通过创新发展新一轮战略前沿技术，成为新竞赛规则的重要制定者、新竞赛领域的重要主导者、新竞赛范式的重要引领者，制胜未来而不是尾随未来，打败敌人而不是被敌人打败。

推动科技兴军必须在国家战略布局中统筹谋划。顶层设计和战略筹划的实质是设计未来、引领行动。党中央已经对深入实施国家创新驱动发展战略、军民融合发展战略做出战略决策，制定了一系列规划，为推动科技兴军提供了重要指导。把国防和军队建设规划的宏观需求纳入经济社会发展规划之中，加强同国家战略规划对接，把军队创新纳入国家创新体系，统筹协调军民融合科技创新的重要方向领域、基础要素、资源条件和成果应用等。我军要结合贯彻军队建设发展“十三五”规划，找准目标、路径、重点和突破口，坚持实战牵引、体系论证，运用先进理念、方法、手段，发挥专家智库体系作用，提高战略筹划水平。

推动科技兴军必须抓住国防科技和武器装备这个重点。国防科技和武器装备，是军队现代化的重要标志。列宁说过，“用人群抵挡大炮，用左轮手枪防守街垒，是愚蠢的”。战争的信息化程度越高，国防科技和武器装备的制胜作用就越明显，对军民协同创新的依赖程度也就越大。国防科技和武器装备领域是军民融合发展的重点，也是衡量军民融合发展水平的重要标志。随着科学技术不断发展，多学科专业交叉群集，多领域技术融合集成的特征日益凸现，靠单打独斗很难有大的作为。因此，我们应主动发现、培育、运用可服务于国防和军队建设的前沿尖端技术，捕捉军事能力发展的潜在增长点，最大限度地实现民为军用，做好国防科技民用转化这篇大文章，形成多维一体、协同推进、跨越发展的新兴领域融合发展布局，为实现中国梦强军梦提供强大物质技术支撑。

推动科技兴军必须深化体制机制和政策制度改革。2017 年 1 月，党中央决定设立中央军民融合发展委员会，集中统一领导军民融合发展。同时，国家科技体制改革正在加速推进，组建了军委科技委，这些都为科技兴军提供了有力保障。要以此为契机，向改革要出路，以体制机制和政策制度改革为抓手，加快构建统一领导、需求对接、资源共享的军民融合体制机制，完善系统完备的科技军民融合政策制度体系，坚决拆壁垒、破坚冰、去门槛，破除制度藩篱和利益羁绊，切实提高军民融合创新能力。紧贴实战，服务部队，使科技创新同部队建设发展接好轨、对好焦，把创新驱动新引擎全速发动起来，让创新贯穿部队建设各领域和全过程。

推动科技兴军必须紧紧抓住人才这个根本。未来战争的信息化程度越来越高，谁拥有科技人才优势，谁就能掌握主动权。当年，如果没有钱学森、钱三强等一大批科技人才，“两弹一星”是搞不出来的。我军现代化建设和军事斗争准备深入推进，武器装备和新型作战力量快速发展，对拓宽人才培养渠道、改进人才培养模式提出了新的要求。要充分发挥国家教育资源优势和我军院校特色，健全军事人才依托培养体系，培养大批高素质新型军事人才。深化军队院校改革，构建以联合作战院校为核心、以兵种专业院校为基础、以军民融合培养为补充的院校格局，着力解决院校培养与部队实际需要相脱节的问题。加大人才培养引进力度，不断壮大人才队伍。把提高官兵科技素养作为一项基础性工作来抓，在全军大力传播科学精神、普及科学知识，不断提高官兵对高新技术武器装备的理解、把握和运用能力，使学习科技、运用科技在全军蔚然成风。

四、军事力量是保底的手段

“有文事者，必有武备。”在国际较量中，政治运筹很重要，但说到底还是要看有没有实力、会不会运用实力。有足够的实力，政治运筹才有强大后盾，光靠三寸不烂之舌是不行的。中华民族历史上多次收复失地或实现统一，没有一次是和平谈判谈出来的，都是以武力或以武力为后盾解决的。毛泽东曾经说过，打是为了争取和平。我军从战争中学习战争，从实战中提高本领，打一仗进一步，越打能力越强。新中国成立以来，正是因为我们高度重视国防建设，敢于在关键时刻亮剑，才顶住了来自外部的各种压力，维护了国家的独立、自主、安全、尊严。历史经验证明，只有具备敢打必胜的战争意志、精心缜密的战争准备、绝对过硬的打赢能力，才能在关键时刻威慑敌人、遏制战争、赢得和平。面对当前日益复杂的国家安全形势，虽然维护国家安全的手段和选择增多了，我们可以灵活运用、纵横捭阖，但千万不能忘记，军事斗争始终是国家政治和外交斗争的坚强后盾，军事手段永远是保底的手段。把军队搞得更强大，这样底气才足、腰杆才硬。

1. 能战方能止战

战场打不赢，一切等于零。遏制战争、打赢战争是军队存在的根本意义、根本价值。兵可以千日而不用，不可一日而不备。习近平主席指出：“能战方能止战，准备打才可能不必打，越不能打越可能挨打，这就是战争与和平的辩证法。”科学揭示了战争与和平相互联系、相互转化的矛盾特征，为我们认识新的时代条件下战争问题提供了方法论指导。古今中外的历史表明，“不战”“止战”莫不以“能战”“善战”为基础。战国时期，楚国造云梯将攻打宋国，墨子解带为城、以牒为械，九次推演大败公输盘，迫使楚王放弃攻宋图谋。第二次世界大战前期，苏军在诺门罕一战痛击日本关东军，使其彻底放弃“北进”企图，自此苏联东线无战事，即使后来德军兵临莫斯科城下，日军也不敢与之配合。建国初期，抗美援朝战争的胜利，打出了中国的国威、军威，打出了 60 多年的和平时期。当然，我们也要看到，能打胜仗的能力标准是随着战争实践发展而不断变化的，以前能打胜仗不等于现在能打胜仗，现在能打胜仗不等于将来能打胜仗。因此，我们必须强化随时准备打仗思想，坚持把能打仗、打胜仗作为推进军事斗争准备的出发点和落脚点，坚持把全部心思向打仗聚焦、各项工作向打仗用劲，扎实有效推进各项备战工作，切实提高我军信息化条件下威慑和实战能力，确保部队召之即来、来之能战、战之必胜。

军队首先是一个战斗队，是为打仗而存在的，而且是要能打赢的。虽然我军在不同时期担负的具体任务不同，但作为战斗队的根本职能始终没有改变，在国家发生局部战争和武装冲突的时候，军队必须上得去、打得赢，这是军队的第一职责。我军长期处在和平时期，一些官兵不同程度地存在当和平兵、做和平官的想法，危机意识淡薄，思想和精神懈怠，甚至产生了仗打不起来、打仗也轮不上我的心态。这种和平麻痹思想是十分危险的，忘战必危。因此，必须牢固树立战斗力这个唯一的根本的标准。也就是说，军队建设各项工作的根本意义和根本价值只有一个标准，这就是战斗力。无论是政治工作、战备训练，还是部队管理、后装保障和基层建设，都是部队战斗力的重要组成部分，但任何单项标准都不能取代战斗力标准，任何原因都不能削弱战斗力标准，任何时候都不能偏离战斗力标准。必须坚持把战斗力标准贯穿到军队建设全过程和各方面，坚持把提高战斗力作为全军各项建设的出发点和落脚点，坚持用是否有利于战斗力来衡量和检验各项工作，使全军各项建设和工作向实现建设信息化军队、打赢信息化战争的战略目标聚焦，向实施信息化条件下联合作战的要求聚焦，向形成基于信息系统的体系作战能力聚焦。必须坚决纠正同实战要求不相符合的一切思想和行动，解决影响战斗力生成提高的武器装备、人才队伍、体制机制等方面的突出矛盾和问题，推动战斗力建设不断取得实质性进展，确保部队建设发展经得起实战检验。

2. 构建军事斗争战略新布局

我军是执行党的政治任务的武装集团，党和人民所需就是军队使命任务所系，随着时代发展和国家安全环境变化，我军职能使命不断拓展。新的历史时期军队的使命是：坚决维护中国共产党的领导和中国特色社会主义制度，坚决维护国家主权、安全、发展利益，坚决维护国家发展的重要战略机遇期，坚决维护地区与世界和平，为全面建成小康社会、实现中华民族伟大复兴提供坚强保障。新形势下，我国安全各个方向关联性、整体性、传导性更强，任何一处出事都可能产生连锁反应、“蝴蝶效应”，我军既要应对传统安全威胁又要应对非传统安全威胁，既要维护安全利益又要维护发展利益，既要维护内部安全又要维护外部安全，战略任务进一步拓展和延伸。因此，我们必须紧扣国家地缘战略特点，科学把握来自多方向军事安全威胁，在军事指导上坚持既通盘谋划、确保战略全局稳定，又突出重点、抓住关系全局的战略枢纽，强化战略布局的平衡性立体性外向性，立足军事斗争全局谋篇布局，构建军事斗争战略新布局。

回顾新中国成立以来特别是改革开放以来我军建设实践，军事战略的每一次创新发展，都极大地推动了军事斗争准备，有力地指导了军事斗争实践。新形势下军事战略方针，对军事斗争准备基点做出调整，根据战争形态演变和国家安全形势发展，将军事斗争准备基点放在打赢信息化局部战争上，突出海上军事斗争和军事斗争准备，有效控制重大危机，妥善应对连锁反应，坚决捍卫国家领土、主权、统一和安全。这就要求我们将军事斗争准备聚焦在打赢信息化局部战争的核心作战能力上，掌握军事斗争战略主动权，以更高的标准推进军队建设和军事斗争准备。紧贴我国从陆权国家向陆海兼备国家迈进的战略需求，把军事斗争战略重心放在海上方向，积极应对来自海上方向遏制和反遏制、分裂和反分裂、侵权和反侵权等诸多矛盾和斗争。充分发挥军事力量在营造态势、预防危机、遏制战争、打赢战争方面的战略功能，把备战与止战、威慑与实战、战争行动与和平时期军事力量运用作为一个整体加以运筹，为国家和平发展营造有利战略态势。从战略全局统筹好主要战略方向和其他战略方向军事斗争准备，积极运筹谋划各方向、各领域军事斗争，前移军事战略指导重心，扩大积极防御战略纵深，形成远近相济、内外结合、尽远御敌的战略部署和军事布局。积极经略网络、太空等新型安全领域，加强关注和及早谋划极地、深海等“全球公域”，构建维护国家远边疆、高边疆、新边疆的新型领域布局。加强海外利益攸关区国家安全合作，维护海外利益安全。全方位发展对外军事关系，推动建立公平有效的集体安全机制和军事互信机制，积极拓展军事安全合作空间，营造有利于国家和平发展的安全环境。

3. 实现富国与强军的统一

兵不强不可以御敌，国不富不可以养兵。安全与发展是国家建设的两个重要方面，犹如“车之两轮”“鸟之双翼”。正确认识和处理两者的关系，事关国之兴衰、民之福祉。纵观历史，一国的强盛莫不以强大的国防力量做后盾。如果国家的国防实力不强，其安全就会受到威胁。每个国家无论大小都把国家的独立自主、领土完整和经济建设视为国家的基本利益，而国防建设是保障三者的先决条件。“二战”初期法国的失败就令人深思。“一战”结束后，法国统治者和民众无视战争威胁的存在，和平麻痹思想非常严重，甚至提出了“放弃防卫”“不要战争”的口号。结果“二战”爆发后，拥有300万军队，号称“欧洲第一陆军”强国的法国，短短六星期，就被德国击败，损失十分惨重。富国是强军的基础。不谋经济发展，成不了富国，更谈不上强国。1500年以来，世界经历了多次大国的兴衰。德国、日本和苏联都曾经是世界大国，试图挑战霸主地位，但都没有成功。重要原因之一就是这些国家在尚不具备挑战实力的前提下，长期陷入巨额的战争经济消耗而趋于衰落。美国中央情报局前雇员彼得·施瓦茨在《胜利——美国政府对苏联的秘密战略》一书中透露，当年美国里根政府秘密制定了迫使苏联与美国进行军备竞赛、最终拖垮苏联的“软战争战略”，沉重的军备负担成为苏联这一超级大国解体的重要原因。这一幕幕大国兴衰的历史背后，蕴藏着历史的铁律：经济建设和国防建设的关系处理不好，就会走弯路，吃苦头。所以，我们既不能走历史上有些朝代文盛武衰、国富兵弱的老路，也不能走当今世界有些国家穷兵黩武、搞军备竞赛最终拖垮国家的邪路，要在富国与强军的统一中实现中华民族伟大复兴。

新中国成立60多年来，我们党始终高度重视、艰苦探索，不断深化对推进经济建设和国防建设协调发展规律的认识。党的十八大以来，习近平主席着眼实现中国梦强军梦，提出深入实施军民融合发展战略，并作为一项国家战略加以推进，为新形势下实现富国与强军的统一指明了前进方向。当前随着科学技术快速发展，国家战略竞争力、社会生产力、军队战斗力的耦合关联越来越紧，国防经济和社会经济、军用技术和民用技术的融合度越来越深。信息化战争条件下的体系对抗，已集中表现为以国家整体实力为基础的体系对抗，而不仅仅是军事体系之间的对抗，军队建设、作战和非战争军事行动都是军民一体的，不走融合发展之路将难以持续。坚持军民融合发展已成为许多国家的通行做法，也是我们的兴国之举、强军之策、制胜之基。我们要在国家总体战略中兼顾发展和安全，科学统筹经济建设和国防建设，使国防和军队建设深深根植于经济社会发展体系，努力推动国防实力与经济实力同步发展，不断增强国家战争潜力和国防实力，建设一支与国家国际地位相称、与国家安全与发展利益相适应的巩固国防和强大军队。在更广范围、更高层次、更深程度上推进军民融合，形成全要素、多领域、高效益的军民深度融合发展格局，促进经济建设和国防建设协调发展、平衡发展、兼容发展。把国防科技和武器装备领域作为军民融合发展的重点，主动发现、培育、运用可服务于国防和军队建设的前沿尖端技术，捕捉军事能力发展的潜在增长点，强化军事需求牵引，最大限度地实现民为军用，做好国防科技民用转化这篇大文章，发挥国防科技转化运用最大效益，形成多维一体、协同推进、跨越发展的新兴领域融合发展布局。弘扬军政军民团结的优良传统，为富国强军提供坚强的政治保障。

后记
POSTSCRIPT

本书的写作历时一年多。参加本书讨论、收集整理资料的有：曾华锋、石海明、刘戟锋、龙方成、张煌、黄嘉、马建光、刘杨钺、赵阵、谭琦、杜雁芸、孙迁杰、赵博文同志，曾华锋和石海明同志还参加了全书统稿，在此一并表示感谢。本书研究的问题还需要随着形势的发展而深化拓展，也期待大家对这一问题的关注和思考。

王建伟

2017 年 5 月 1 日于长沙

图书在版编目（CIP）数据

全胜 / 王建伟著 .—武汉：长江文艺出版社，
2017.6

ISBN 978-7-5354-9666-9

I. ①全…II. ①王… III. ①信息战 - 研究
IV. ① E866

中国版本图书馆 CIP 数据核字（2017）第 090075 号

全胜

王建伟　著

选题产品策划生产机构｜北京长江新世纪文化传媒有限公司

选题策划｜金丽红　黎　波　安波舜　孟　通

责任编辑｜管紫璇　　封面设计｜郭　璐　　媒体运营｜洪振宇

法律顾问｜张艳萍　　助理编辑｜刘笑迎　　内文制作｜杨　宇

责任印制｜张志杰

总 发 行｜北京长江新世纪文化传媒有限公司

电　　话｜010-58678881　　传　　真｜010-58677346

地　　址｜北京市朝阳区曙光西里甲 6 号时间国际大厦 A 座 1905 室

邮　　编｜100028

出　　版｜长江出版传媒｜长江文艺出版社

地　　址｜湖北省武汉市雄楚大街 268 号湖北出版文化城 B 座 9-11 楼

邮　　编｜430070

印　　刷｜北京正合鼎业印刷技术有限公司

开　　本｜720 毫米 ×1000 毫米　1/16　　印张｜30.5

版　　次｜2017 年 6 月第 1 版　　印次｜2017 年 6 月第 1 次印刷

字　　数｜360 千字

定　　价｜68 元